니싸의 성 그레고리오스 1

아가 강화
雅歌講話

■ 김산춘 요한 신부

1958년 서울에서 태어나 홍익대학교 미학과 석사과정을 마치고 1985년 예수회에 입회하였다. 로마 그레고리안 대학 신학부를 졸업하고 1993년 사제품을 받았다. 이후 일본 조치대학 철학연구과 박사과정을 수료한 후 현재 서강대학교 철학과 교수로 재직 중이다. 저서에 『감각과 초월』(분도출판사, 2003), 『나를 넘어 당신 안에서』(문학수첩, 2018) 등이 있다.

아가 강화 雅歌講話

초판 1쇄 인쇄	2021년 4월 4일
초판 1쇄 발행	2021년 4월 4일
옮 긴 이	김산춘 요한 신부
펴 낸 이	조성암 암브로시오스 대주교
펴 낸 곳	정교회출판사
출 판 등 록	제313-2010-5호
주　　　소	서울시 마포구 마포대로18길 43
전　　　화	02-364-7020
팩　　　스	02-6354-0092
홈 페 이 지	www.philokalia.co.kr
이 메 일	orthodoxeditions@gmail.com

ISBN 978-89-92941-64-8
ISBN 978-89-92941-63-1(세트)

정가 28,000원

이 책의 저작권은 정교회출판사에 있습니다.
저작권법에 의해 한국 내에서 보호를 받는 저작물이므로 무단 전재 및 복제를 금합니다.

ニュッサのグレゴリオス 『雅歌講話』
© 新世社, 1991
All right reserved.

정교회 교부전집
니싸의 성 그레고리오스 1

아가 강화
雅歌講話

김산춘 요한 신부 옮김

정교회출판사

• 머리말

「아가」에서 사랑은, 생동감 있게 때로는 대담하게 묘사되면서도 동시에 놀라운 서정적 언어로 노래되어 있습니다. 성서의 정경 속에 이러한 책이 자리하고 있다는 것은 독자들에게 놀라움을 불러일으킬 것입니다. 그럼에도 불구하고, 사랑은 사람들을 하나로 묶는 다른 모든 순수한 감정들처럼, 하느님의 선물입니다. 따라서 하느님의 이 선물이 성서에서 빠질 수는 없었을 것입니다.

「아가」에서 신랑과 신부 사이에 묘사되고 있는 부부의 사랑은 육적인 사랑이 아니라 하느님과 이스라엘, 그리스도와 교회와의 관계를 우의(寓意)적으로 표현한 것입니다.

제7차 세계공의회(787)에서 "교부 중의 교부"라고 불렸으며, 모든 위대한 카파도키아 교부들 중에서 가장 철학적인 니싸의 그레고리오스 성인은 자신이 깊이 연구한 본서의 해석을 통해 "영혼과 신성의 결합", 즉 영혼과 하느님의 결합에 대해 말하고 있고, 해석의 우의적인 방법을 통해 "하느님께로 나아가는 정신의 여정(ἀνάκρασιν τῆς ψυχῆς πρὸς τὸ Θεῖον)"과 비밀스런 결혼 속에서 영혼과 하느님과의 결합을 암시하고 있습니다.

니싸의 그레고리오스 성인은 성서와 그리스철학(주로 플라톤)에 대한 깊은 지식과 자신의 수사학적 역량을 통해 성서의 이 중요한 시가 함축하고 있는 영적 깊이와 아름다움을 더할 나위 없는 방식으로 독자들에게 제시하고 있습니다.

성인은 분석을 통해 「아가」가 단순한 사랑의 시가 아니라 풍부한 의미를 지니고 있는 고도의 신학적 작품임을 우리에게 보여주고 있습니다. 니싸의 성인 작품을 통해 우리가 알 수 있는 것은, 하느님이 사랑이라는 것입니다. 인간이 하느님과의 친족성(親族性)을 발견하면 할수록 그만큼 더 그는 그분에 대한 사랑을 강하게 느끼게 됩니다. 하느님을 향한 그의 움직임은 너무도 필사적이고 충격적이어서, 격정적인 사랑 이야기만이 그들의 관계를 보여줄 수 있었을 것입니다.

니싸의 그레고리오스 성인의 이 작품은 정교회의 신학에 영향을 미쳤으며 정교인이 그리스도와 자신의 관계를 이해하는 방식을 완벽하게 표현해주고 있습니다. 그리스도와의 관계는 사랑의 관계입니다. 대인 관계입니다. 다른 식으로 그리스도를 사랑하는 것은 불가능합니다. 사랑에 빠진 사람으로서 그 어떤 것보다, 그 어떤 사람보다 그분을 더 사랑하고 기도와 교회의 성사 생활을 통해 그분과 끊임없이 소통하기를 갈망하든지, 아니면 사랑하지 않는 것입니다. 중간이라는 것은 있을 수 없습니다. "미지근함"(요한묵시록 3,16)은 이미 실패로써 단죄 받은 것과 다름이 없습니다.

정교회에서 그리스도와 신자들 사이의 사랑의 관계가 어떻게 경험

되는지 더 잘 이해하기 위해서는 다음과 같은 예를 언급하는 것으로 충분하다 할 것입니다. 매번 성찬 예배에서 교인들은 자신들의 영혼의 신랑과 은밀하게 결합하기 위해, 그리스도의 몸과 피를 받으러 나올 때 이렇게 기도합니다. "그리스도시여, 당신은 나를 당신에 대한 열망으로 가득 차게 만드셨고 당신의 신성한 사랑으로 나를 변하게 하셨나이다." 그리고 성 대 주간에 정교회는 자발적인 수난을 받으러 오시는 그리스도를 "교회의 신랑"으로 소개하며 모든 교인들에게 다음과 같이 찬양하도록 요청합니다. "형제들이여, 우리 모두 신랑을 사랑합시다. … 그분과 함께 결혼식에 들어갈 준비를 합시다."

하느님의 나라는 "영적 결혼"에 비유됩니다. 결혼이 원격으로, 온라인으로, 또는 제 삼자를 통해, 다시 말해 사랑하는 두 사람의 개인적인 관계와 접촉이 없이 거행되는 것이 불가능한 것처럼, 그 누구도 그리스도와 개인적, 사랑의 관계와 친분이 없이는 하느님의 나라에 들어갈 수는 없습니다. 신랑인 그리스도와 신부인 교회의 결혼, 더 나아가 신랑인 그리스도와 신부의 영혼인 그의 교회의 모든 구성원들과의 결혼은 구원과 직결되는 매우 중요하고도 근본적인 주제입니다.

"신성한 사랑"은 정교회의 모든 교부들의 가르침의 공통분모이고 영적 삶의 목표입니다. 일례로 『영적 사다리(Κλίμαξ)』를 저술한 시나이의 요한 성인은 다음과 같이 썼습니다. "연인을 미친 듯이 사랑하는 사람의 열정처럼 하느님에 대해서도 그러한 열정을 가진 사람은 복되도다."(영적 사다리 30:11) "진정한 연인은 언제나 사랑하는 사람의 얼굴을 떠올리고 쾌락을 느끼며 은밀하게 그를 포옹한다. 그는 잠을 자는 동안에도 진정이 되지 않아 그때에도 그리운 얼굴을 보고 이야기를 나눈다. 이것은 육체적 사랑에서 일어나는 일이다. 몸이 있더라도 몸이 없는 사람처럼 영적인 사랑을 이루어 나가는 사람들도 마찬가지다. 이 화살에 맞은 누군가가 자기 자신에 대해 이렇게 말했다. －이것은 정말 나를 감탄하게 만든다－ 육체에 필요해서 '내가 자리에 들었어도' 넘치는 사랑으로 '정신은 말짱하구나'라고."(영적 사다리 30:13)

기도를 통해 인간과 신랑 그리스도가 끊임없이 소통하는 것을 묘사하고 있는 "내가 자리에 들었어도 정신이 말짱하구나."(아가5,2)라는 이 놀라운 구절은, 전혀 불가능한 것처럼 보입니다. 하지만 이것은 수없이 많이 실현되어 왔습니다. 우리는 교회의 모든 남녀 성인들의 삶 속에서 그러한 모습을 많이 지켜볼 수 있었으며, 심지어는 잠을 자는 가운데서도 심장으로 기도를 한 성인들도 여럿 알고 있습니다. 또한 어떤 성인들은 그들 영혼의 신랑과 더 오랜 시간 친교하기 위해 잠자는 시간을 최소로 줄이기도 했습니다.

정교회출판사가 "교부전집"이라는 이름으로 새롭게 시리즈의 첫 번째로 간행하게 될 이 고전적인 작품은 한국 그리스도인들의 영적인 삶에 있어서 매우 핵심적이고 중요한 자리를 차지하게 될 것입니다. 한국정교회에서 본서를 번역 출판할 수 있도록 아무런 대가 없이 호의를 베풀어주신 서강대학교 김산춘 신부님께 진심으로 감사드립니다. 앞으로 본서뿐만 아니라 정교회 교부들의 지혜의 보고로부터 계속해서 출간될 정교회 서적들이 우리가 그리스도를 더욱 깊이 사랑하게 하고 또 영원히 그분과 하나 될 수 있도록 하는 계기가 되기를 진심으로 기원합니다.

† 조성암 암브로시오스 한국대주교

† 조성암 대주교

• 옮긴이의 말

　내가 일본어판 공역자 가운데 한 분인, 큐슈(九州)대학의 타니 선생을 처음 만난 것은, 1995년 여름 일본 홋카이도 트라피스트 수도원에서였다. 선생은 25년 전 25세 때 수도원을 방문한 이래 두 번째라고 했다. 그해가 마침 50세가 되는 해여서 기념으로 다시 오게 되었다고 했다. 그날 저녁 수도사들의 작은 모임방에서 선생의 강화(講話)가 있다기에 나도 허락을 받아 참석하였다. 주제는 바로 니싸의 그레고리오스였다. 나는 그때 처음으로 니싸의 그레고리오스의 『아가 강화』와 『모세의 생애』의 두 중심사상인 '에펙타시스'와 '에클레시아'에 관한 설명을 들었다. 『아가 강화』가 1991년에, 『모세의 생애』가 1992년에 각각 선생의 번역으로 나온 것을 보면, 그 무렵 선생의 머릿속은 이 두 권의 책으로 꽉 차 있었던 것 같다. 그리고 한참 지나서 다시 하느님의 섭리라고나 할까, 2002년 나는 또 한 분의 번역자인 미야모토 신부님을 만나게 되었다. 신부님은 나의 박사학위논문 심사위원 가운데 한 분이셨다. 나는 집 뒤에 있는 도쿄대학 코마바 캠퍼스 신부님의 연구실로 가끔 놀러가곤 했는데, 그때 이 『아가 강화』를 선물로 받았다. 『아가 강화』를 다 읽고 난 후의 감동은 오랜 시간이 지난 지금도 여전히 나를 행복하게 한다.

귀국 후 나는 『아가 강화』를 초역(抄譯)하여, 서강대학교 대학원에서 학생들과 몇 차례 함께 읽었다. 매번 읽을 때마다 여전히 커다란 감동이 새롭게 되살아났다. 한번은 네덜란드 예수회 신학원이 문을 닫는 바람에 그곳에 있던 많은 책들이 서강대학교 도서관으로 기증되었는데, 그 가운데는 베르너 예거가 편집한 니싸의 그레고리오스의 라이덴 판 전집도 포함되어있었다. 나는 그것을 우연히 발견하고는 뛸 듯이 기뻤다. 그러나 학교의 현실은 고전 번역보다는 논문 업적만을 요구하고 있어, 본격적인 번역에는 직접 손도 대지 못했고, 그러는 사이 세월은 야속하게만 흘러갔다.

그러다 이번에 예전에 일본어에서 초역해두었던 것을 다시 보완하여 부족하나마 우리말로 내기로 하였다. 다섯 분의 공역이라 각 강화마다 느낌이 조금씩 다르긴 하지만, 그래도 워낙 원전에 충실한 번역이라서 안심하고 내놓기로 하였다. 언젠가 우리에게도 이분들과 같은, 니싸의 그레고리오스를 연구하는 애지자(愛知者, philosopher)들의 정열적인 모임이 이루어졌으면 하는 마음 간절하다.

누구보다도 아무 조건 없이 일본어판을 사용하도록 허락해주신 신세사(新世社) 나카야마 노리오(中山訓男) 사장님께 감사를 드린다. 그리고 한국어판을 흔쾌히 출판해주신 정교회출판사 조성암 암브로시오스 대주교님과 임종훈 안토니오스 신부님께도 깊이 감사를 드린다. 이분들이 아니었으면 지금과 같은 종말론적 상황에서 이 책은 세상에 나오지 못했을 것이다. 언젠가 천국에서 니싸의 그레고리오스 성인을 뵙게 되면 이분들을 제일 먼저 소개해드리고 싶다. 암브로시오스 대주교님께서는 머리말도 써주셨는데, 〈아가〉와 『아가 강화』의 의의를 누구보다도 적확하게 말씀해주셨다. 또 안토니오스 신부님은 친히 수차례에 걸친 교정을 통해 거친 번역이 원문에 더 가까이 다가가게 해주셨다. 자주 뵈온 것은 아니지만 언제부터인가 이 분들의 영혼에서 그리스도의 향기가 나는 게 느껴진다. 거듭 감사의 예를 올린다.

2021년 주님 봉헌 축일에

김산춘 요한 신부

• 차례

머리말 · 조성암 암브로시오스 대주교　6
옮긴이의 말 · 김산춘 요한 신부　10

『아가 강화』에 관하여 · 미야모토 히사오(宮本久雄) …………… 15
프롤로고스(序) ……………………………………………… 27
제 1 강화 …………………………………………………… 35
제 2 강화 …………………………………………………… 59
제 3 강화 …………………………………………………… 79
제 4 강화 …………………………………………………… 101
제 5 강화 …………………………………………………… 127
제 6 강화 …………………………………………………… 157
제 7 강화 …………………………………………………… 179
제 8 강화 …………………………………………………… 217
제 9 강화 …………………………………………………… 233
제 10 강화 ………………………………………………… 261
제 11 강화 ………………………………………………… 279
제 12 강화 ………………………………………………… 301
제 13 강화 ………………………………………………… 325
제 14 강화 ………………………………………………… 353
제 15 강화 ………………………………………………… 381
후기 · 타니 류이치로(谷　隆一郎) ………………………… 416

• 일러두기

(1) 본서는 J. P. Migne(ed.), Patrologia Graeca, Paris, 1858, vol.44를 기초로 하고, W. Jaeger and H. Langerbeck(eds.), Gregorii Nysseni, In Canticum Canticorum, Leiden, 1960, vol.6을 참조하여, 오오모리 마사키(大森 正樹), 미야모토 히사오(宮本 久雄), 타니 류이치로(谷 隆一郎), 시노자키 사카에(篠崎 榮), 아키야마 마나부(秋山 学)가 일본어로 공역한 『雅歌講話』(新世社, 1991)를 우리말로 번역한 것이다. 또 원서를 접할 독자들이 미뉴 판보다는 라이덴 판을 더 많이 참조할 거라고 생각하여, 그 편의를 위하여 라이덴 판의 쪽 번호를 덧붙였다. 또한 우리말 번역을 위해서, 종종 Saint Gregory of Nyssa, Commentary on the Song of Songs, tr. by Casimir McCambley OCSO(Hellenic College Press, 1987)을 참조하였다.
(2) 성서의 인용 표시는 라이덴 판을 따랐다.
(3) 각 강화의 처음에 나오는 〈아가〉의 본문 및 그레고리오스의 원문 가운데 나오는 성서의 인용은 기본적으로 공역자들에 의한 번역이다. 그레고리오스가 사용한 성서가 『70인역 그리스어 성서(Septuaginta)』나 히브리어 「마소라본」을 반드시 따르고 있지 않기 때문이다. 하지만 우리말 번역은 『성서』(공동번역, 1997)와 『성경』(한국천주교주교회의, 2005)에 따른 곳도 있다.
(4) 성경 구절이 『70인역 그리스어 성서』에만 나오는 경우는 「LXX」이라고 표기하였다.
(5) 성경에 등장하는 인물의 이름과 약호는 주로 『성서』를 참고하였다.
(6) 본문에서 [ ]는 공역자들의 보완을, 〈 〉은 인용 가운데 인용을 가리킨다.

『아가 강화雅歌講話』에 관하여

미야모토 히사오(宮本久雄)

1. 구약성경의 「아가(雅歌)」

[처녀의 노래]
연인은 나에게 대답하여 말합니다.
"사랑스런 가인(佳人)이여,
나의 아름다운 비둘기여,
일어나 나오세요.
자, 이제 겨울은 지나고
장마는 걷혔다오.
땅에는 꽃들이 흐드러지게 피어
이미 꽃 따는 계절이라오.
우리 땅에서는 멧비둘기 소리가 들려온다오.
무화과나무는 이른 열매를 맺어가고
포도나무 꽃송이들은 향기를 내뿜는다오.
나의 사랑스런 가인(佳人)이여, 일어나오.
나의 아름다운 여인이여, 이리 와주오."(아가2,10-13)
…………

나는 자고 있어도, 마음은 깨어있답니다.
연인의 음성이 문을 두드리고 있습니다.
"열어주오. 사랑스런 누이여, 사랑스런 가인이여.
나의 비둘기여, 완전한 여인이여.
내 머리는 이슬로,
굽이치는 머리채는 밤안개로 흠뻑 젖었다오."
………… 연인이 문틈으로 손을 내밀자
내 가슴은 그이 때문에 몹시도 요동쳤습니다.
나는 연인에게 문을 열어주려고 일어났습니다.(아가5,2-5)

 구약성경『아가』를 읽으면 이처럼 격렬하게 타오르는 남녀 간의 사랑(아하바)을 표현한 부분들이 눈에 띤다. 거기에는 온 마음과 온몸으로 상대방을 갈망하는 남녀 간의 사랑만이 끓어오르고 있어, 누구라도 감동한 나머지, 자신의 몸 안에서 똑같은 사랑의 아픔을 느끼지 않을 수 없다. 히브리인들은, 이 고동치는 정열의 노래를 「노래 중의 노래(시르 하시림)」라고 불러왔다.
 그러므로「아가」라는 번역은, 어딘지 모르게 왕조 귀족의 말투 같아서 아무리 생각해도「시르 하시림」을 번역한 말로는 약한 느낌이 든다. 이 노래는, 오히려 만엽집(万葉集)의 소박하고 힘찬 남녀의 연가와 비교하는 편이 나을 것이다. 그런데 이「아가」가 구약성경에 편입된 것은 기이한 느낌을 준다. 게다가 이 노래에는, '하느님'이라고 하는 말이 한 번도 나오지 않는다. 그래서 유대교는, 이러한 남녀의 연애시를 성경 안에 넣어도 좋을지 주저했다. 하지만 머리가 굳어진 율법 전문가가 이런 문제를 고민하기 전부터 이미 예언자들은 남녀 간의 무서우리만치 질투에 가득 찬 사랑을 하느님과 인간 사이의 사랑에 비유했다고 여겨 소중하게 채택하고 있었다. 곧 연인이 잠들든

깨어있든 상대방을 생각하며 상대방에게 좋은 일이 있기를 바라고, 배신을 당하면 분노하고 괴로워하고 미워하면서도 용서하는 마음으로 상대방을 그리워하는, 말하기 어려운 모습 안에서 하느님 사랑의 비밀을 통찰하였던 것이다(호세아1-3;예레미야2,2-). 이것은 결코 현실의 남녀 간 사랑을 무시하는 고답주의(高踏主義)적 사랑의 관점에서 유래하는 통찰이 아니다. 오히려 인간의 사랑이 죽음을 초월하고 자신조차 초월하는 초월적 에너지 안에서, 우주 만물의 생명을 영원히 살리는 본원(本源)적 생명의 거칠고 강한 숨결을 느끼지 않을 수 없었기 때문이다.

이처럼 남녀가 거기에 깃들이는 사랑(아하바)은 하느님과 무관한 것이 아니라, 오히려 하느님을 본원으로 한다. 그래서 유대교 랍비들은, 이 남녀 간의 사랑을 하느님과 인간 사이의 사랑으로 받아들여, 종교적 삶의 양식으로 삼는 정신적 흐름을 창출하였다. 또한 그 영향을 받은 초기 그리스도교 교회의 사색가와 수도자들도 이러한 흐름 안에서 『아가』를 받아들여 주석했다. 이 흐름은, 교부 가운데 첫 『아가』 주석가로 알려진 로마의 히폴리투스(170년경-235년경)와 최대의 주석가 오리게네스(185년-254년경)를 거쳐 지금 우리가 읽고 있는 니싸의 그레고리오스에 이르고, 또한 여기에서 나와서 계속 이어지는 그리스도교 주석가들의 흐름이다.

2. 니싸의 그레고리오스의 생애

'카파도키아의 세 별'이란, 대 바실리오스와 니싸의 그레고리오스 형제, 그리고 이 둘의 벗 나지안조스의 그레고리오스 세 명의 카파도키아 출신의 애지인(愛知人, philosopher)을 가리키는 말이다. 그들은 초기 교부와 오리게네스 이래의 그리스도교의 사색과 삶을 통합하여, 신학과 수도원 제도 등에 한 획을 그은 사람들이었다. 반짝이는 세 별 중 하나인 니싸의 그레고리오스는, 330년경 부유한 그리스도교인 가정에서 태어났다. 성장하며 당시의 교육법에 따라, 수사학을 중심으로 하는 그리스적 교양을 몸에 익혔다. 그는 아테네에서 교육을 받았는데, 이때 나지안조스의 그레고리오스와 평생의 우정을 맺었다고 한다. 아마 이 시기에 그리스철학과도 접촉했을 것이다. 그후 역시 평생 함께 깊은 사랑을 나눈 한 여성과 결혼하였다. 『아가 강화』에는 그녀와 교류했던 마음의 흔적이 미묘한 음영으로 남아 있는 듯 보인다. 그런데 형 대 바실리오스는, 이미 수도생활의 수련을 거쳐 주교로서 활약하고 있었고, 특히 니케아 신경[1]의 적대자들(아리우스파)과 힘든 싸움을 하고 있었다. 형에게서 니싸의 주교로 품을 받은 그레고리오스 역시 아리우스파와 논쟁하며 정치적 분규에 휘말렸지만, 천성적 자질과 영적 감수성이 풍부한 누이 마크리나의 감화 덕분에, 오히려 내면적 영적 생활을 심화할 수 있었다. 그리고 콘스탄티노플에서 벗들과 교류를 지속하면서 철학적 신학적 사색에 잠심하였으니, 그 성과가 『모세의 생애』와 『아가 강화』 등 오늘날까지 우리에게 전해오는 다수의 신비신학적·철학적 저작들이다. 그레고리오스는 평생 살아계신 하느님의 말씀(로고스)이신 그리스도를 따라 그분과 깊이 일치했으며 395년경 안식하였다.

---

1) 325년 니케아 공의회에서 결정된 신앙의 정식으로, 말씀이신 로고스 그리스도가, 성부의 피조물이 아니라, 아버지와 동일 본질(호모우시오스)인 성자임을 표현한 것

3. 로고스(말씀)의 의의

　로고스라는 그리스어는, 이성, 법칙, 말, 계산 등을 의미한다. 헬레니즘철학에서는 우주 자연이나 인간의 영혼을 지배하는 원리, 이법인 로고스를 이성이나 사색이나 말로 탐구하는 일을 필로소피아(愛知, 철학) 활동으로 여겼다. 그레고리오스는, 중기 스토아철학과 플로티노스를 통하여, 그 알짜인 플라톤이나 아리스토텔레스의 철학에 접했을 것이다. 그에게 자기와 우주의 근거 로고스란, 필로소피아의 지혜 그 자체였다고 해도 과언이 아니다.

　그러나 그는 그리스도교 수행을 하면서 이미 성경과 친숙하였고 예수와 만나고 있었다. 그는 요한복음서 첫머리에 나오는 로고스는 물론, 구약성경 혹은 유대인 철학자 알렉산드리아의 필론(기원전25년경-후45년경)이 열어 보인 히브리적 우주창조의 로고스를 이미 알고 있었을 터이다. 그런데 신약성경에서는 이 로고스가 나자렛 예수라는 인간이 되어 인간의 삶을 살며, 수난하고 부활하고 승천하였다고 알려져 있다. 그렇다면 그레고리오스에게 예전에 배운 철학적 지혜, 우주의 이법, 히브리적 만유의 창조 근거인 로고스는, 피와 살을 가지고 살았던 인물, 타자를 진리의 무지와 이기심의 죄에서 구원하는 자 그리스도 예수로서 나타났다고 말할 수 있다. 이는 그레고리오스가, 다른 교부들처럼, 자기의 지혜, 진리 탐구의 중심에, 살아계신 로고스 그리스도를 두고, 거기로부터 영혼과 우주의 진리를 추구하는 새로운 필로소피아의 지평을 열 수 있었음을 의미하는 것이다. 그리고 이 필로소피아의 한 방법으로서, 그는 '상징적 우의적 해석'을 실천하여 간다. 그것은 어떠한 것일까?

4. 성경의 우의적 해석

서로 사랑하는 연인들에게 모든 것은 사랑의 표징으로 변모한다. 그녀의 미묘한 몸짓이나 말투 그리고 그에 대한 행동이나 선물은 모두 그에게 사랑의 비유가 된다. 사랑이 현실, 원상(原像)이고, 다른 모든 것은 그 비유이며 모상이다.

그리스도는 로고스, 진리 자체로서, 모든 사람들을 진리로 초대하고자, 진리를 감추는 죄업이나 하느님의 사랑으로부터 도피하여 허위로 향하는 정욕을 무(無)로 만드는 십자가에 달리셨다. 그것은 이른바 진리 자신 쪽에서 사람에게 호소하는 사랑(아가페)의 모습이었다. 이 사랑에 감동하여 인간 안에 진리에 대한 열애(에로스)가 생겨난다. 그레고리오스를 포함하여 초대교회의 교부들은, 그리스도 로고스 안에서 전면적인 진리의 현현을 보고, 그 진리 탐구에 평생 투신하였다. 그러므로 이처럼 아가페에 감동한 에로스 안에서 진리를 추구하는 사람들에게는, 이 세계에서 발생하는 갖가지 사건이나 역사에서 발설되는 수많은 진리, 말(로고스)은, 그들이 사랑하는 진리 그리스도의 모상, 비유가 될 것이다. 예를 들면 유스티노스를 선두로 교부들은, 부처나 소크라테스 같은 성인이나 철학자들이 파악한 진리란, 전체적인 로고스 그리스도를 부분적으로 인식한 진리 자체의 표징이나 비유라고 생각하였다. 비유라는 생각을, 특히 성경에 응용한 인물이 고대 교부 가운데 최대의 성서학자라고 일컬어지는 오리게네스(185년경-254년경)였다. 그는 필론의 영향을 받아, 성경의 문자적(역사적) 의미 너머에 있는 정신적 의미와 현실을 탐구하였다. 이것이 성경의 우의적 해석법이었다. 바꿔 말하면 눈에 보이는 세계로부터 눈에 보이지 않는 세계로 초월하는 방법이다. 상징적 해석에 의해 처음으로, 인간은 감성계로부터 영적 정신적 세계로 비약

하는 길을 열었던 것이다. 이 방법으로 성경이 말하는 역사적 사건의 단편적 진리로부터, 그것들이 상징하는 그리스도이신 전면적 진리에 이를 수 있었던 것이다.

그런데 이 우의적 방법은, 문자 그대로의 의미 즉 감성의 세계와 그 원상인 영적 정신적 세계를 분별한다. 그러한 의미에서 이 방법은 감성계와 사유계를 구별하는 신플라톤주의의 이원론적 세계관의 영향과 지지를 분명하게 받고 있다. 그러나 다른 편으로 이 우의적 해석은, 성경의 마샬(히브리어 mashal)에도 근거를 두고 있다. 마샬은 비유, 격언, 우의, 수수께끼, 상징, 비교 등 모든 상징적 표현을 포섭하는 넓은 개념이며, C.H.도드나 J.예레미아스 같은 성서학자는, 예수의 비유를 그 역사적 맥락, 곧 삶의 자리(Sitz im Leben)로부터 완벽하게 해명하여 보여주었다. 그러나 이러한 양식사적 방법과는 별개로 신약성경의 원 본문을 그대로 음미하면, 우의적 방법으로 쓰인 것 같은 비유들이 많다. 그리스도를 왕이나 상인이나 신랑이나 집주인이나 씨 뿌리는 사람 등에 비유하는 예들이 그렇다. 그리고 교부들에게서 우의적 방법이 발전한 이유가, 성경과 그리스철학사조와의 만남에 의한 것이라고는 하나, 역시 그들이 로고스 그리스도를 향해 새로운 초월로 나아가려는 길을 추구했기 때문일 것이다. 그리고 이 초월은, 신부가 신랑의 부름에 응해 그와 일치하려는 사랑의 역정이었다. 바로 이러한 초월을 표현하는 『아가』를 여러 신비가들이 우의적으로 주해한 데에는 다 이유가 있었던 것이다.

5. 『아가 강화』와 『모세의 생애』

「아가」의 우의적 해석은, 성경의 여러 우의적 해석 중에서도 최상이라고 여겨진다. 오리게네스는 과거, 영혼이 정화되어 하느님과 일치하는 역정(歷程)을 삼 단계로 나누어, 각각을 성경의 세 책에 적용했다. 즉 제1단계는, 영혼이 덕에 의해 제 정념으로부터 해방되어, 아파테이아(무정념)를 얻는 윤리적 단계이며, 이는 「잠언」에 해당한다. 제2단계는, 지나가버리는 것과 불멸을 구별하는 「전도서」의 단계이며, 최상의 단계는, 관상하여 하느님과 일치하는 「아가」의 단계이다. 따라서 니싸의 그레고리오스가, 영적 여정 만년(晩年)에 「아가」 주해를 기획한 일은 시기적절하고 아름다운 일이라고 말할 수 있다. 앞에서도 언급하였듯이 이 일은, 남녀 간의 사랑을, 하느님과 인간이 사랑하며 일치를 이루어 가는 여정으로 관상하는 일이다. 그레고리오스는, 신부를 개인적 영혼이자 교회 협동태[2]의 상징으로 해석한다. 특히 하느님과 영혼의 관계를 '에펙타시스'론으로 설명하는 것은 여러 교부의 주해 가운데서도 백미(白眉)이다. 에펙타시스란 한마디로 말하면, 로고스 그리스도의 부르심이 영혼 안에서 일으키는, 하느님을 향한 끊임없는 운동이라고 말할 수 있다. 이 운동은, 사도 바울로가 "영광에서 영광으로"(2고린토3,18)라고 말하는 존재의 부단한 변모 과정이다. 영혼은 겨우 도달한 자기 형성의 지점에서, 로고스의 사랑에 매혹되어, 다시 더 높은 곳을 찾아 나선다. 에펙타시스론은 그런 의미에서, 운동이야말로 인간 존재의 본질이며, 바로 그것이 덕이라고 생각한다. 그러므로 이 인간론, 덕론은, 종래의 스토아학파 등의 그리스철학이, 부동심(不動心)을 인간의 형상(形相)적 완성이라고 한 덕론과 정면으로 대치한다. 이 운동의 덕론은 또한,

---

[2] 역자 미야모토는 교회를 공동체라고 부르지 않고 협동태라고 부른다. 공동(共同)이란 말은 획일적인 전체주의의 뉘앙스가 강하고, 체(體)라는 말 또한 고정된 느낌을 주기 때문이다. 반면 협동(協働)은 서로 다른 것들이 모여 시너지 효과를 내는 다양성의 일치를 의미한다. 태(態) 역시 유동적인 움직임 안에 있다는 뜻이 담겨있다.

궁극존재를 형상적으로 생각하는 본질주의에 대해서, 궁극존재를 무한이라고 통찰하는 에네르기아적(활력적) 존재론에 의해 지지되고 있다고 말할 수 있다.

그런데 이스라엘 백성의 이집트 탈출을 비롯해 모세의 시나이산 등반과 하느님의 현존과 만남 등의 역사를 다루면서 다른 시점에서 에펙타시스를 우의적으로 해석하는 신비적 저작이 있으니 바로 『모세의 생애』이다. 그레고리오스는 『모세의 생애』에서도 덕의 형성, 하느님의 어둠(그노포스 γνόφος) 안에서 하느님과 만남, 에펙타시스 등의 주제를 다루고 있다. 특히, 하느님의 어둠 안에서 하느님과 만난다는 말은, 인간은 어둠과 같은 절대자의 본질을 인식할 수 없지만 아가페와 같은 신적 에너지가 발현하면 하느님과의 만남에 참여할 수 있다는 의미로, 후대에 하느님의 본질과 활력을 구분하는 사색으로 발전한다. 그리고 이 사색과 체험은 디오니시오스의 부정신학을 통하여, 훗날 독일 신비주의(마이스터 에카르트) 나아가 스페인의 어둠의 신비주의(십자가의 성 요한)가 탄생하는 원천이 된다.

『모세의 생애』와 『아가 강화』를 읽어 보면, 니싸의 그레고리오스가, 한편으로 신플라톤주의나 스토아철학의 술어를 사용하면서, 그것들을 얼마나 놀랍게 그리스도 로고스의 관상 안에서 통합하고 있는지 경탄스럽다. 예를 들면, 감성계와 사유계를 구별하는 플라톤적 인식은 우의의 존재론적 기초가 되지만, 창조주와 피조물이라는 새로운 창조론적 이분법 안에서는 감성계와 사유계가 모두 피조물의 영역에 포함되며 플라톤적 구별이 지양된다. 그리고, 스토아가 인간의 정열 그 자체를 악으로 간주하여 부동심을 이상으로 삼는 데 대해서, 그레고리오스는 로고스화된 정열의 좋음을 설명한다. 또한 앞에서 언급한 것처럼, 아가페에 대한 반응으로서의 애지의 정열(에로스)은, 그리스적인 에로스(인간의 자율적인 이데아 추구의 정열)와 달리, 절대자 로고스의 은혜로 파악되고 있다. 나아가 그레고리오스가 배운 그리스적 수사법은, 로고스와의 일치의 길을 더듬어 찾는 영혼의 역설적인 처지를 표현하기 위하여 잘 사용되고 있다. 예를 들면, "깨어있는 잠" "부동의 운동" "동요 없는 정열" "빛나는 어둠" 등의 모순어법의 예를 들 수 있다.

　이처럼 『모세의 생애』와 『아가 강화』는, 그레고리오스 만년의 영적 환경에서 그윽한 향기로 피어난 매화꽃과 벚꽃이다. 따라서 서로가 서로의 주해서가 될 수 있다. 두 책이 서로 반조하며 교차하는 그 장소에서, 그레고리오스의 애지는 빛나고 있다.

6. 필로소피아

　『아가 강화』 제5강화나 제6강화 첫머리에서 밝히듯 그레고리오스에게 애지란, 우의적 해석과 에펙타시스의 길을 따라서, 로고스와 나아가 하느님과 일치하는 것이었다. 그러나 이 애지는 때때로 신플라톤주의철학이나 헬레니즘철학(안심입명을 추구하는 스토아, 에피쿠로스, 회의파)이, 현실도피의 경향에 빠져있었듯이 도취적인 사랑의 황홀경에서 노는 것을 목표로 하는 것은 아니었다. 오히려 그레고리오스의 애지는, 아가페가 이 감성적 세계, 역사 안에서 육화하여, 그것을 변모시켜 가는 힘을 체현한 협동태와 함께 있는 것이었다. 이 협동태와 함께 하는 자기 및 세계 변모로 향한 애지의 활동은, 『아가 강화』에서는, 교회 협동태의 애지 추구로 고찰되고 있다. 또한 『모세의 생애』 안에서는, 하느님과의 일치라고 하는 이른바 수직적인 초월적인 애지 추구가, 윤리학으로서 사람과 사람 사이에 실현되어가지 않으면 안 되는 여정으로 나타나있다. 이리하여 이상의 모든 의미 안에서 그레고리오스의 애지는, 역사 내재적인 성경이 말하는 전통에 확고하게 뿌리를 내리면서, 그 역사적 현실과 함께 자기의 모든 것을, 신랑이자 오늘도 부르시는 로고스에게로 방향을 돌려, 용솟음치도록 흘러넘치는 에펙타시스적 정열인 것이다.

히브리인은, 이 정열을 「아가」 가운데서 다음과 같이 노래하며, 오늘도 우리를 그처럼 감동시킨다.

"사랑은 죽음처럼 강하고
정열은 저승처럼 억센 것.
그 열기는 더할 나위 없이 격렬한 불길
큰물도 사랑을 끌 수 없고
강물도 휩쓸어가지 못한답니다.
누가 사랑을 사려고
제집의 온 재산을 내놓는다 해도
비웃음만 사고 말겠지."(아가8,6-7)

프롤로고스(序)

[3] 니싸의 주교 그레고리오스가 가장 존경해마지 않는 올림피아스[3]님에게 주님 안에서 인사드립니다.

나는 그대가 직접 혹은 서신으로 나에게 보여준 「아가(雅歌)」에 대한 열의가, 그대의 고귀한 삶과 깨끗한 영혼[4]에 어울린다는 것을 잘 이해하였습니다. 그 열의라고 하는 것은, 텍스트의 깊은 흐름을 읽어

---

3) 올림피아스(361/66-408년경). 콘스탄티노폴리스에서 태어나, 남편과 사별한 후, 많은 어려움을 극복하고, 요한 크리소스토모스를 영적 스승으로 모셔 신앙의 길을 깊이 탐구하였다. 그레고리오스는 『아가 강화』를 그녀에게 390년경 헌정한 것 같다. 또한 나지안조스의 그레고리오스도 그녀가 결혼하였을 때 축혼가를 보냈다. 이처럼 『아가 강화』는 성인들의 친교에서 탄생하였다.
4) 여기서 영혼이라고 번역하는 프쉬케(psyche)는 교부철학에 따르면 두 가지 성격을 가지고 있다. 하나는 그리스적 사고방식으로, 신체를 살게 하는 생명의 원리(生魂)이며, 다른 하나는 히브리적 사고방식으로, 하느님의 영(프네우마)과 관계하는 것 이른바 하느님의 영을 받아들이는 창구(窓口)라는 것이다.
5) 여기서 애지라고 번역하는 필로소피아(philosophia)는 본래 지혜에 대한 사랑을 의미한다. 그리스철학은 이 지혜의 탐구에 온 힘을 다 기울였다. 그레고리오스에게 있어서 애지는, 한편으로는 비유적 성서 해석에 의한 지혜 탐구의 동적인 구도(求道)를 의미하지만, 다른 한편으로는 그러한 애지의 목적(telos)인 지혜이신 그리스도를 의미한다. 이 경우 지혜에 대한 사랑이란, 지혜인 그리스도가 육화하여 진리를 만인에게 개시(開示)한 그 지혜의 활동에 대한 인간의 감동 내지 응답이다.

내는 관상에 의해, 그 말들 깊숙이 감추어져있는 애지(愛知)[5]가 드러나길 바라는 것입니다. 그 경우, 이 애지는 문자 그대로의 의미로부터 순수한 의미의 차원으로 정화되어 있는 것입니다.[6] 그러기에 나는 이『아가 강화』라고 하는 일에 관한 그대의 관심에 기꺼이 동조(同調)하였습니다. [4] 그러나 나는 그대의 도덕적 생활(ethos)에 도움을 주는 것을 보내는 것이 아니라(왜냐하면 나는 그대의 영혼의 눈이 모든 정욕적이고 불결한 생각으로부터 이미 정화되어 있으며, 이「아가」의 신적인 말들에 의해, 하느님의 은혜(charis)를 방해받는 일 없이 볼 수 있다고 확신하고 있기 때문입니다), 오히려 이 일이 육(肉)적인 생각을 가진 사람들에 대해서, 영혼의 영(靈)적 비(非)질료적 차원에로의 인도자가 되길 바라고 있습니다. 실제로 그러한 차원으로「아가」는, 거기에 감추어져있는 지혜(sophia)를 통하여 인도하는 것입니다.

그런데 교회 안의 어떤 사람들은, 항상 성경을 문자대로만 읽는 방식에 찬성하고 있기에, 수수께끼(ainigma)나 암시(hyponoia)를 통해서 성경으로부터 우리에게 유익한 것을 배울 수 있다고는 생각하지 않습니다. 그러므로 이처럼 비유적 탐구에 관해서 우리들을 비난하는 사람들에게 먼저 다음과 같이 변명해야겠다고 생각합니다. 즉 우리가 하느님의 영감을 받은 성경으로부터 유익한 것을 파악하고자 모든 방법에 있어서 열심한 자가 되었다 하더라도, 조금도 빗나가는 일은 없다고 말입니다. 그러므로 만일 이른바 문자 그대로 읽기가 유익한 경우라면, 우리가 열심히 찾고 있던 것은 이미 얻은 것이 될 것입니다. [5] 다른 한편, 만일 암시나 수수께끼 등 은폐하는 말로 말해지고 있

---

6) 여기서는 성서의 비유적 해석(allegoria)을 말하고 있다. 이 알레고리아의 방법은 그레고리오스에게 있어서는 그의 애지의 근본적 방법론이다. 이 프롤로고스는 그의 방법론에 대한 설명, 소개이다. 특히 그레고리오스가 바울로의 알레고리아 용법(갈라디아4,24)을 예로 들어 자신의 이야기의 근거로 삼는 것은 주목된다.

는 것이, 문자 그대로의 의미를 따르면 무익한 경우, 「잠언」(1,6)을 통해서, 우리들을 가르치시는 말씀(Logos)이 인도하는 대로, 오히려 그러한 말을 이른바 비유로서, 혹은 불분명한 말로서, 혹은 현자의 말로서, 혹은 수수께끼로서 생각하도록 합시다. 그리고 이 말들에 대한 천상적 해석(anagoge)이건, 전의(轉義)적 용법(tropologia)이건, 비유(allegoria)이건, 그밖에 어떤 이름이 붙더라도, 만일 그것들이 성경의 알맞은 의미를 파악하는 데에 도움이 된다면, 우리가 어떤 이름으로 부르더라도 차이가 없다고 생각합니다. 왜냐하면 위대한 사도 바울로는 율법(nomos)은 영적이다(로마7,14)라고 말하며, 역사 이야기들도 율법의 이름 아래 포함시키고 있습니다. 영감을 받은 성경 전체는, 분명한 훈계를 통해서만이 아니라, 역사 이야기를 통해서도, 경청하는 사람을 신비의 인식과 청정한 삶의 길로 교육시키고 있습니다. 이 책은 그것을 읽는 사람에게 있어서는 율법인 것입니다. 그리고 이 바울로는 한편으로, 유익한 것을 보면서 자신에게 최선이라고 여겨지는 성경 석의법(釋義法)을 사용하며, 다른 편으로는 그 석의법의 종류가 어떻게 명명되어야 하는가 하는 명칭의 일에 관해서는 관심을 보이지 않습니다.

그러나 그는 역사를 신약과 구약의 섭리(oikonomia)의 표징으로 바꿔 읽으면 그 이름이 바뀐다고 말합니다. [6] 그리고 아브라함의 두 아들을 (하나는 노예로부터, 다른 하나는 자유인으로부터 태어났습니다만) 상기하며, 그들에 관한 고찰을 비유(allegoria)라고 부릅니다(갈라디아4,24). 그리고 다른 곳에서는 역사적 사실을 상세히 언급한 후, "이 일들은 예형(豫型)으로서(typikos) 그들에게 일어난 것이며, 우리에게 경고가 되라고 기록되었습니다."(1고린토10,11)라고 말하고 있습니다. 또 다른 곳에서는 "타작 일을 하는 소에게 부리망을 씌워서는 안 된다"고 기록되어 있습니다. 이 기록에 대해서 그는 "하느님께서 소에게 마음을 쓰시는 것입니까? 어쨌든 우리를 위하여 말씀하시는 것이 아닙니까? 물론 우리를 위하여 그렇게 기록된 것입니다."(1고린토9,9-10)라고 부언합니다. 또 그는 분명하지 않은 지식이나 부분적인 인식을 거울 또는 수수께끼라고 부르기도 합니다(1고린토13,12). 또 다른 곳에서는, 그는 물체적인 것으로부터 정신적인 것에로의 전환을 "주님에게로의 회귀와 너울의 제거"(2고린토3,16)라고 부르고 있습니다.

 이 모든 정신적 관상의 서로 다른 방법들이나 이름들 안에서, 바울로는 하나의 가르침을 주고 있습니다. 즉 문자 그대로의 표현은 많은 경우 우리들이 유덕한 삶으로 나아가는 것을 방해하므로, 문자에만 전적으로 머물지 말고 비물질적이고 정신적인 관상으로 전환해 가지 않으면 안 된다는 것입니다. 그러면 언어 표현의 육적인 의미가 먼지처럼 털려나가, 물체적인 의미가 정신적인 의미로 전환되는 것입니다. [7] 그러므로 그는 "문자는 죽이고, 성령은 살립니다."(2고린토3,6)라고 말하고 있는 것입니다. 그 의미는, 만일 우리가 텍스트의 역사적 사실들에만 머무른다면, 대개의 경우, 역사에 의해 선한 삶의 모범을 얻을 수 없다는 것입니다. 실제로 예언자 호세아는 창녀 짓을 한 여자의 자식을 맞아들였으며(호세아1,2), 이사야는 여예언자와 정을 통하였는데(이사야8,3), 만일 말해지고 있는 것을 문자대로의 의미로밖에 파악하지 않는다면, 도대체 그것은 유덕한 삶(建德, virtuous living)에 무슨 도움이 되겠습니까. 혹은 다윗에 관한 이야기 즉 하나의 죄악을 둘러싸고 동시에 발생한 간통과 살인에 관한 이야기(2사무엘11)는 도대체 유덕한 삶을 위해서 어떤 공헌을 하고 있는 것입니까.

 만일 이상과 같은 사실(史實)을 통하여 안배된 섭리가, 비난받을 만한 것은 아니라고 누군가가 주장한다면, 사도 바울로의 말이 옳다는 것이 입증됩니다. 즉 "문자는 죽이고"(왜냐하면 문자는 자신 안에 악한 행위의 예들을 담고 있기 때문입니다), "성령은 살린다"는 것입니다. 왜냐하면 성령은, 일관성 없이 비난받는 의미를 보다 신적인 의미로 전환하기 때문입니다.

우리들은 피조물 전체로부터 흠숭 받는 말씀 자신이, 인간과 닮은 육신의 모습을 취하고 하느님의 신비를 전하였을 때, [8] 다음과 같은 식으로, 율법의 의미를 우리에게 드러내보이셨음을 알고 있습니다. 즉 말씀은, 그 증언이 진실인 두 사람이란 자신과 하느님 아버지라고 말했던(요한8,14) 것입니다. 그리고 그분은, 높이 들어 올려져 독사에게 물린 상처로부터 백성을 살린 구리뱀을(민수기21,8;요한3,14), 십자가에 의해 우리를 위해 성취하신 섭리로 변모시키셨던 것입니다. 그리고 또 그분은 비유나 다양한 이미지들, 분명하지 않은 말과 수수께끼를 통해서 말해진 이야기 등 가려진 말들에 의해, 자신의 제자들의 통찰력을 훈련시켰습니다. 종종 그분은 제자들과만 남아있게 되었을 때 그들에게 그 말들의 불분명한 점을 설명해 주셨습니다(마태오13,34-36).

그러나 그들이 그 말의 의미를 이해하지 못할 때에는 그 이해의 느림과 태만을 꾸짖었습니다. 실제로 그분이 제자들에게 바리사이파의 누룩을 멀리하도록 명하였을 때(마태오16,6), 그들은 그 의미를 통찰하지 못하고 빵이 떨어진 가죽 부대를 들여다보았습니다. 그때 그분은 누룩이 바리사이파의 가르침을 상징하고 있다는 것을 깨닫지 못한 제자들을 꾸짖었던 것입니다. [9] 또 다른 곳에서는, 제자들이 식탁을 준비하고 있었을 때, 그분은 "우리에게는 너희가 모르는 먹을 양식이 있다."(요한4,32)라고 대답하셨습니다. 그때 제자들은 다른 곳에서 가지고 온 물질적인 음식을 그분이 말하고 있다고 생각했으므로, 그분은 자신의 말을 설명하기를, 아버지의 구원 의지를 성취하는 것이야말로 자신에게 진실로 어울리는 음식이라고 말했던 것입니다(요한4,34).

이처럼 문자 그대로의 의미가, 텍스트의 정신적 의미와는 다른 무수한 사례를 복음서로부터 골라낼 수가 있습니다. 예를 들면, 목마른 사람들에게 약속되었기에 그것에 의해 믿는 사람들이 강의 원천이 되는 물이라든가, 하늘로부터 내려온 빵이라든가, 무너져도 사흘 내로 다시 세워질 신전이라든가, 길이나 문이라든가, 집짓는 사람이 내버린 모퉁이의 머릿돌이라든가, 한 침대에 있는 두 사람이라든가, 맷돌이라든가, 한 사람은 데려가고 한 사람은 남게 되는 맷돌질하는 여자라든가, 시체나 독수리라든가, 연해지면서 싹을 내는 무화과나무라든가 말입니다. 이 모든 것과 그와 유사한 예들은 우리들에 대해서 다음과 같이 권유합니다. 즉 우리들은 하느님의 말씀을 찾아 주의 깊게 읽어, [10] 문자 그대로 이해하기 보다는 고차원적으로, 게다가 신적이며 비물체적인 것으로 사색을 이끄는 무언가의 석의법을 발견하기 위해서 가능한 모든 방법을 동원하여 추적해나가야만 한다고 말입니다. 이런 이유로 우리는 그 열매를 따먹는 것이 금지된 나무(창세기2,16-17)가, 어떤 사람이 명언하듯이 무화과가 아니며, 그밖에 어떤 다른 과일나무도 아니라는 것을 확신합니다. 왜냐하면 만일 무화과가 그때 죽음을 가져다주는 나무였다면, 지금도 전혀 그 열매를 먹을 수 없을 것이기 때문입니다. 그것을 부정적 표현으로 가르치는 주님의 말씀으로부터, 우리는 동시에 또한 "입으로 몸 안에 들어가는 것으로 사람을 더럽히는 것은 하나도 없다."(마태오15,11)는 것을 배웠습니다.

그러나 우리는 지금 말해진 율법의 또 다른 의미를 (그것은 율법 제정자의 위대함에 어울리는 것입니다만) 탐구합니다. 만일 우리가, 낙원은 하느님이 나무를 심어서 조성된 것이며, 그 한가운데에는 생명의 나무가 심어져있다는 것을 듣는다면, 감추어진 신비를 드러내 보이시는 분으로부터 다음 사실을 배우려고 노력할 것입니다. 즉 아버지는 [생명의 나무와 선악의 나무 가운데] 어느 나무의 농부(재배자)일까? 어찌하여 낙원의 중심에 구원의 나무[생명의 나무]와 파멸의 나무[선악을 아는 나무]라고 하는 두 그루의 나무가 함께 있을 수 있을까, 하는 것에 대해서 말입니다. 원(圓)의 경우처럼, 정확한 의미에서 중심점은 단 한 점뿐입니다. 그러나 만일 또 다른 중심점이 그 첫 번째 중심점 곁에 차례차례 놓인다면, 그 다른 중심점들과 함께 다른 원들이 놓입니다. 그 결과 첫 번째 중심점은 더 이상 중심에 있지 않게 됩니다.

[11] 낙원은 하나뿐이었습니다. 그런데 어찌하여 텍스트는 각각의 나무가 별도로 보이면서 그 둘이 한 중심에 있다고 말하는 것일까요? 실제로 하느님께서 손수 만드신 모든 것은 참으로 아름다웠다고 표명하고 있는 텍스트(창세기1,31)는, 파멸을 가져오는 나무가 하느님이 심으신 나무와는 다른 나무라는 것을 가르쳐줍니다. 만일 애지(philosophia)에 의해 진리를 관상하지 않는다면, 여기서 말해지고 있는 것은, 깊이 생각하지 않는 사람에게는 지지하기 어렵거나 옛날이야기 같은 것이 되어버릴 것입니다.

예언자들이 말한 것을 하나하나 열거한다면 끝이 없을 것입니다. 마지막 날, 미가는 하나의 산이 다른 산들 꼭대기에 나타날 것이라고 말하고 있습니다(미가4,1). 그는 이처럼 적의 세력을 쳐부순 때에 나타날 신앙의 신비를 산이라고 명명하고 있는 것입니다. 또 고상하고 원대한 이사야는, 이새의 그루터기에서 햇순이 돋아나고, 그 뿌리에서 꽃이 피리라고 말합니다(이사야11,1). 그는 이처럼 주님이 육화에 의해 나타나실 것을 알리고 있는 것입니다. 혹은 위대한 다윗은 (치즈 모양으로) 응고한 산에 대해서 말하고 있습니다만, 그 깊은 의미는 「시편」(68, 16-17) 안에서 분명합니다. 혹은 수 만대의 전차(시편68, 18), 혹은 여러 민족들의 암소를 이끄는 수소들의 무리(시편68, 31), 혹은 피에다 발을 씻은 자 또는 개의 혀(시편68, 24), 혹은 송아지처럼 뛰는 삼나무가 없는 레바논(시편29, 6) 등등은 각각 깊은 의미를 가지고 있습니다.

[12] 여기에 덧붙여 다른 예언들의 많은 예들이, 말들을 보다 깊은 정신적 차원에서 관상할 필요를 보여줍니다. 그러나 말해지고 있는 말을 어떤 사람들의 기호에 맞추어 관상하지 않을 때가 있습니다. 이는 나에게 마치 식탁에서 남에게 식사를 올릴 때, 곡물을 맷돌에 갈지 않고 내논다거나, 겉겨를 까불러 나누지 않고 내논다거나, 혹은 밀을 가루로 정제하지 않고 내논다거나, 혹은 빵을 적절한 방식으로 만들지 않고 내어놓는 것과 비슷하다고 여겨집니다. 그러므로 충분히 정제되고 음미되지 않은 음식이 인간이 아니라 동물에게 적합한 것처럼, 하느님의 영감에 의한 구약의 말과 신약의 가르침에 관한 말도, 정치(精緻)한 관상에 의해 잘 음미되지 않은 경우는, 그것은 이성적인 인간이라기보다는 비이성적인 동물에게 적합한 음식이 된다고 말해질 것입니다. 신약의 가르침에 관한 말로서는, 보리타작 마당의 키, 날려버린 왕겨, 키질하는 사람의 발밑에 남은 알곡, 꺼지지 않는 불, 알곡을 모아들이는 곳간, 좋은 열매를 맺지 않는 나무, 이미 나무뿌리에 닿아있는 도끼날의 위협, 인간에 대한 비유로 쓰이고 있는 돌(마태오3, 9-12) 등이 그 예입니다.

이상은 그대의 통찰력에 어울리게 편지의 형태로 쓴 것입니다. 그것이 또한 내게 있어, 신적인 말로부터 문자대로의 의미 이상은 그 어떤 것도 탐구하지 못하게 하는 사람들에 대한 변명(apologia)이 되기를 빕니다. [13] 오리게네스[7]가 이 「아가」에 대하여 열심히 탐구하였습니다만, 우리들도 또한 자신의 노력을 저작의 형태로 보여드리고자 합니다. 그 일로 나를 비난하지 마십시오. 오히려 사도의 신적인 말 "저마다 수고한 만큼 자기의 삯을 받을 뿐입니다."(1고린토 3,8)를 유념하시기 바랍니다. 나에게 있어서 이 강해서(講解書)는 과시를 위해서 쓴 것이 아닙니다. 그것은 우리들의 동료가, 교회에서 말해진 많은 것을 배우기를 좋아하는 마음에서 기록하여 전해준 것입니다.[8] 한편으로 나는 그 가운데 우선순위가 되는 것을 선택하고, 다른 한편 필요하다면 스스로 추가도 하였습니다. 그리고 「아가」의 말의 순서에 따라서 그 관상을 진척시키면서 강화(講話, homilia)의 형태로 이 강해(講解)를 작성하였습니다. 그것도 단식의 날들에 이 일을 위해서 시간과 사정이 허락하는 한에서 그러했던 것입니다. 왜냐하면 이 날들에 우리들은 가능한 한 보다 많은 사람들이 이 강해서를 듣고 알게 되기를 열렬히 바랐기 때문입니다. 우리들에게 생명을 나누어주시는 하느님께서, 충분한 목숨과 평화의 나날들을 내려주신다면, 남은 「아가」의 부분도 마찬가지로 강해하게 될 것입니다. 왜냐하면 「아가」의 강해와 관상은, 아직 절반밖에 진척되어있지 못하기 때문입니다.[9]

---

7) 오리게네스의 주해·강화는 그레고리오스의 강화의 토대가 되고 있으나, 그레고리오스는 다른 한편 에펙타시스에 관한 독자적인 관상도 전개하고 있다.
8) 그레고리오스의 강화는 교회의 공동작업과 전통에서 탄생한 것이지 그의 개인적인 업적은 아니다. 즉 그는 오리게네스 등 선인들의 전통으로부터 배움과 동시에 그가 말한 강화를 기록해준 교회 신도들과의 협동 작업도 있었을 것이다. 이런 의미에서 이 강해서의 배후에 많은 익명의 사람들과 교회의 애지에 대한 공동 탐구의 열의가 느껴진다.
9) 「아가」의 본문은 8장 14절까지이다. 그레고리오스는 여기서 6장 9절까지만 강화하고 있다. 참고로 오리게네스의 주해·강화는 2장 15절까지이다.

제 1 강화

[신부]
[1.2] 아, 제발 그이가 몇 번이고 몇 번이고
내게 입 맞춰주었으면!
포도주보다 더 나은
당신의 가슴.
[1.3] 당신 향유의 향기는
모든 향료보다도 낫고,
당신의 이름은
부어진 향유랍니다.
그러기에 처녀들은 당신을 사랑하고,
[1.4] 당신을 가까이 끌어당겼습니다.
우리들은
당신의 뒤를 좇아
그 향유의 향기 곁으로 서둘러 달려갑니다.
임금님은 나를
당신의 침실로 들라 하셨습니다.
우리들은 당신 안에서 희희낙락(喜喜樂樂)하고,

포도주보다 당신의 가슴을 더 사랑하리다.
정의는 당신을 사랑하였습니다.

[14] 바울로의 충고(골로사이3,9)에 따라서, 더러워진 웃옷 같은 옛 인간을, 그 행실과 욕구와 함께 벗어버리고, 산위에서의 변모(metamorphosis) 때에 주님이 보여주신 그 옷의 광휘를 정결한 삶을 통하여 몸에 두른 여러분, [15] 또 우리 주 그리스도를 그 거룩한 웃옷과 함께 두르고, 부동심(不動心, to apathes)[10]을 가지고, 한층 더 신적인 것이 되려고 그와 함께 변모한 여러분은, 이 「아가」의 신비에 귀를 기울이시오. 정결한 신랑의 방에 들어가, 정화되어 더러움이 없는 생각의 옷을 입으시오. 누구도 정념에 내몰린 육적인 생각을 몸에 걸치지 않도록 하시오. 그리고 또한 하느님의 혼례에 어울리는 양심(syneidesis)[11]의 옷을 자기의 생각으로 묶어버리지 않도록 하시오. 또 신랑과 신부의 깨끗한 말을 짐승처럼 불합리한 정념 안으로 떨구지 마시오. 그리함으로써 부끄러운 상상에 얽매여 있는 자는, 혼례의 광휘에서 밖으로 내던져져, 혼례의 방에서 기뻐하는 대신에 이를 갈며 울게 될 것이다.(마태오22,10-13) 나는 이 점을 「아가」의 신비적[12]인 관상(theoria)에 착수함에 즈음해서 주의를 주고 싶다. 왜냐하면, 거기에 쓰여있는 말에 의해, 어떤 식으로든 영혼은 하느님과의 비신체적, 영적 그리고 티 없는 일치로 향

---

10) 보통은 apatheia라고 한다(여기서는 형용사를 명사화한 것). 본래 스토아 철학의 용어로, 번잡한 정념(情念)에 휘둘리지 않는 달관한 경지를 말하는데, 교부들의 경우는 그러한 정념을 억누르는 것이 아니라, 오히려 그것을 정화하여, 정념이 가진 힘을 하느님께로 향하는 힘으로 변용시키는 것이기에, 스토아학자들이 말하듯 고통이나 감수성이 결여되는 것이 아니다. 본래 아파테이아는 하느님에게 고유한 것으로, 인간이 도달하여야 할, 혹은 동경해야 할 목표라고도 생각되었다.
11) 양심이란, 자신의 생각(eidesis)에 갇힘 없이, 어디까지나 하느님과 함께 하는 앎이다.

한 혼례의 꽃길을 걸을 수 있기 때문이다. 즉 "모든 사람이 다 구원을 받게 되고 진리를 깨닫게 되기를 바라시는"(1디모테오2,4) 분은 여기서 가장 완전하고 행복한 구원의 방법-곧 사랑에 의한 방법-을 보여주시기 때문이다. 예를 들면, 지옥에서의 벌의 위협을 보고 악에서 멀어지려고 하는 경우, 어떤 사람들에게 있어서는 구원은 두려움에 의해 생기는 것이다. [16] 또 이런 사람들도 있다. 즉 착한 삶을 산 사람들을 위하여 몰래 마련되어있는 보상에 희망을 걸고 덕행을 실천하는 사람들로, 그것은 선을 사랑하기 때문이 아니라, 보상을 받기를 기대하고 있는 것이다. 그러나 영혼의 완전함에 도달하려고 하는 자는 두려움을 버리고(그것은 사랑에 의해 주님 곁에 머무는 것이 아니라, 채찍질 당할 것이 무서워 도망가지 못하는 상황은 노예적인 것이기 때문이다), 그 보상조차 경멸한다. 그는 이익을 주는 자보다도 보상에 더 가치를 두고 있다고는 생각되어지고 싶지 않은 것이다. 그는 "마음을 다하고, 목숨을 다하고, 힘을 다하여"(신명기6,5), 하느님으로부터 생겨나는 그 무엇이 아니라 선의 원천이신 그분 자체를 사랑하는 것이다. 이는 자신과의 친교에 참여하도록(metousia) 우리를 초대하시는 분이, 청종(聽從)하려는 영혼에게 규정하신 상황이다.

그러한 규정을 정한 것은 솔로몬이다. 하느님의 증언에 의하면(1열왕기3,12;5,9-14), 그의 지혜(sophia)는 측량할 수 없어, 그의 지혜와 비교할 수 있는 사람은 그의 앞에도 그의 뒤에도 없었다. 그는 어떤 일도 빠뜨리는 일이 없었다. 그런데 산당에서 번제물을 천 마

---

12) '신비적'의 '신비'(mysterion)라는 것은 바울로가 그리스도와 교회의 관계를 남녀 관계로 비겼을 때(예: 에페소5,21 이하), 그리스도는 바로 하느님의 신비를 나타내는 것이었다. 그레고리오스도 이 생각을 이어받고, 나아가 그 원뜻을 확대하여, 하느님, 교회, 덕 등에 관한 영적 해석을 행한 초월적 차원 혹은 의미를 신비로 하고 있다.

리씩 바치고, 시돈의 여신과 언약을 맺어 죄를 범한 저 바쎄바의 아들 솔로몬(동3,4;11,6-8)의 일을 내가 말하고 있다고 생각하는 것인가? [17] 아니다. 여기서 말하려고 하는 것은 다른 솔로몬의 일이다. 그는 육에 의하면 다윗의 씨에서 태어났다. 그의 이름은 평화이며, 이스라엘의 참다운 왕, 하느님의 궁궐의 건설자였고, 모르는 것이 없을 만큼 그 지혜는 무한하였다. 오히려 그 존재가 지혜이며, 진리이며, 또한 하느님에게 어울리는, 지고한 모든 이름과 관념(noema)이 그에 존재에 걸맞는다. [그리스도는] 솔로몬을 도구로서 사용하여, 그 음성을 통하여 우선은 「잠언」 안에서, 다음은 「전도서」 안에서 우리에게 말씀하시고, 그 둘 다음에, 「아가」에 표명되어있는 애지(philosophia)로 인도하시어, 완전함에로의 오름길을 말씀으로 가다듬어 보여주시는 것이다. 육에 의한 생명은 반드시 전 생애 동안 모든 신체적 활동을 필요로 하는 것은 아니다. [18] 우리의 생명이 같은 방식으로 생애의 다양한 시기에 전진하는 것이 아닌 것처럼(그것은, 아이가 완전한 것[어른]의 활동에 어깨를 나란히 하는 것도 아니며, 어른이 유모의 팔에 안기는 것도 아니듯, 생애의 각 시기에 각각 다른 일들이 서로를 돕고, 또한 그 시기에 어울리는 활동을 하기 때문이다) 영혼 안에서도 신체의 생애와 닮은 것을 볼 수 있는데, 거기에는 유덕한 삶에로 손수 인도하는 질서와 순서(akolouthia)가 발견되는 것이다.

 이런 이유로 「잠언」은 어떤 한 방식으로 가르치고, 또한 「전도서」는 또 다른 방식으로 말하는 것이다. 그러나 「아가」의 애지는 보다 높은 가르침으로 그 둘을 능가하고 있다. 왜냐하면 「잠언」의 가르침은 아직 젊은 사람들을 위한 것으로 그 연령에 알맞은 언어를 권고 형식으로 사용하고 있기 때문이다. "아들아, 네 아비의 법을 듣고, 네 어미의 규칙을 버리지 마라."(잠언1,8)고 말하고 있다. 그대는 이렇게 말해진 것으로부터, 그 영혼은 부드럽고 또한 쉽게 형성될 수 있는 시기에 있음을 알 것이다. 나아가 그에게는 어미의 규칙과 아비의 권고가 필요함을 알 것이다. 그것은 아이가 보다 열심히 부모의 말에 주의를 기울이고, 공부를 열심히 하면 아이에게 장신구가 약속되는 것과도 같다. [19] 그러한 아이의 장신구는 목에 걸어서 반짝반짝 빛나고 있는 금 목걸이이거나, 예쁜 꽃을 엮은 화관이기도 하다. 이 비유가 의도하는 것이 보다 훌륭한 것에로 어떻게 이끄는 가를 충분히 이해할 필요가 있다. 이처럼 여러 가지 방식으로 「잠언」은 아이에게 지혜에 관한 기술(記述)을 시작하고, 말로 표현할 수 없는 아름다움을 다양한 형태를 취하여, 무서움이나 필연성 때문이 아니라, 욕구와 갈망에 의해 선에 참여하는 마음을 일으키기 위하여 설명을 부가하는 것이다. 그것은 아름다움을 기술하는 일이, 아름다움에 참여하고 싶다는 갈망을 불태워, 보여진 것에로 젊은이의 욕구를 어떤 식으로든 끌어당기기 때문이다.

그것은 그의 욕구가 마치 물질적인 집착에서 비(非)물질적인 상태로 변화하여, 한층 늘어가기 위함으로, 솔로몬은 찬가에 의해 지혜의 미를 그리워하며 찬미하고 있는 것이다. 말로 아름다움의 만개(滿開)를 보여줄 뿐만 아니라, 그 부요함도 하나하나 열거하기에, 주님은 참으로 우리와 함께 사시게 되는 것이다. 그때, 부요함은 사람의 눈을 끄는 지혜의 장식 안에서 보여진다. 왜냐하면 그 오른손의 장식은 영원한 것으로, 그것은 "그녀의 오른손에는 그 생애의 장수(長壽)와 생명의 세월이 있다."(잠언3,16)고 말해지는 대로이며, [20] 왼손에는 영광의 광채와 함께 번쩍이는 덕의 가치가 높은 부요함을 두르고 있는데, 그것은 "그녀의 왼손에는 부와 영광이 있다"(동3,16)고 말해지고 있기 때문이다. 그리고 솔로몬은 정의의 향료(aroma)를 숨 쉬는 그녀의 입의 좋은 향기에 관하여, "그녀의 입에서는 정의가 나온다."(동3,16a)고 말하고 있다.

그녀의 입술에는 자연의 붉음 대신에 율법과 자비가 꽃피어있다고 그는 말한다. 모든 점에서 아름다움이 이 신부의 것일 수 있도록, 그녀의 걸음걸이도 찬미되어, "정의의 길을 그녀는 걷는다."(잠언8,20)고 말해지고 있다. 그 아름다움을 찬미하여, 그것이 힘찬 기세로 뻗어나가는 식물과 같은 크기라고조차 말하고 있다. 그 높이가 비교되는 이 식물은 생명의 나무로서 그것을 붙잡고 있는 것에게는 영양을 주고, 찰싹 의지하고 있는 것에게는 안전하고 흔들림 없는 기둥이라고 말한다. 이 두 가지는 주님을 언급하고 있다고 나는 생각한다. 주님이야말로 생명이자 지탱이기 때문이다. 다음과 같이 이 텍스트를 읽을 수 있다. 그녀는 그것을 움켜쥐는 모두에게는 생명의 나무이며, 또 주님에게 의지하듯이 그녀에게 의지하는 자에게는 안전한 것이다. 나아가 힘도 그녀에의 그 후의 찬미와 함께 거론되고 있는 것은, 지혜의 아름다움에 대한 찬미가 모든 선한 것을 통해서 채워지도록 하기 위함이다. 왜냐하면 "하느님은 지혜로 땅에 기초를 놓으시고, 사려로 하늘을 설치하셨다."(동3,19)고 말하고 있고, 피조물 안에 보여지는 각각의 것은 지혜의 힘에로 돌아가며, 많은 이름을 가진 지혜를 찬미하기 때문이다. [21] 참으로 그는 같은 것을 지혜, 사려(phronesis), 감각(aisthesis), 인식(gnosis), 파악(synesis) 그리고 그 밖의 이름으로 말하고 있기 때문이다.

다음으로 솔로몬은 그 젊은이를 수행하여, 둘이서 사는 집으로 인도하여, 신적인 신부의 침실을 보도록 권한다. "지혜를 버려서는 안 된다, 그녀는 그대에게 충실하다. 그녀를 사랑하라, 그러면 그녀는 그대를 지켜준다. 그녀를 굳게 지켜라, 그러면 그녀는 그대를 높여준다. 그녀가 그대를 안아주고, 그대의 머리에 은혜의 관을 씌워주고, 감미로움의 관으로 그대를 덮어주도록 그녀를 존경하라."(잠언4,6-

9)고 말한다. 신랑으로서 혼례의 관[13]으로 장식된 젊은이는 그녀로부터 떨어지지 않도록 권유받아, "걸을 때에는 언제나 그녀를 동반하여, 그녀와 함께 있으라. 그대가 잠잘 때 그대를 지키게 하라. 깨어나면 그대의 말벗이 되도록."(동6,22)이라고 말해진다. 이처럼 다양한 권유에 의해, 그는 내적인 인간(eso anthropos)에 따라서, 젊은이의 욕구적 부분에 불을 지피고, 지혜가 자신에 관하여 말하는 것을 말로 보여준다. 그렇게 하여 솔로몬은 듣는 이에게 특히 사랑의 상태를 일으킨다. 거기에 덧붙여 지혜는 말한다. "나는 나를 사랑하는 자를 사랑한다."(잠언8,17) [22] (왜냐하면 답례로 사랑받을지도 모른다는 희망은 사랑하는 자를 한층 강한 욕구에로 이끌기 때문이다.) 그리고 이 말들과 함께 다른 충고를 아주 이해하기 쉬운 말투로 덧붙이고 있다. 그리고 「잠언」의 끝에서, 젊은이를 보다 완전한 상태로 이끌고 있는데, 이 좋은 결합을 복된 것이라고 부르며, 저 훌륭한 아내를 찬미하고 있다(동31,10-31). 그리고 나서 덕을 욕구하는 일에로, 「잠언」의 훈육을 통하여 충분히 인도된 자를 위해서, 「전도서」에 있는 애지를 부가하고 있다. 그 책 안에서는 인간의 외적 현상에 대한 태도를 비난하고, 늘 있지 않는 것은 다 무상하고, 지나가버리는 것이라고 말한다. "지나가버리는 것은 다 헛되다."(전도서11,8) 그는 감각에 의해 파악된 모든 것 위에 보이지 않는 미를 향한 우리 영혼의 욕구 운동을 두고, 그리하여 마음을 외적 현상으로 향한 상태로부터 정화하여, 「아가」로써 하느님의 내적인 성역의 비의(秘義)에로 정신을 참여케 한다. 거기서 묘사되고 있는 것은 결혼에 관한 것인데, 의도되고 있는 것은 인간의 영혼과 하느님과의 합일이다.

[23] 이 때문에 「잠언」에서 말하는 아들은 여기서는 '신부'라고 불

---

13) 동방교회에서는 결혼식 때, 신랑 신부의 머리에 관이 장식된다(加冠式).

리며, 지혜는 신랑의 신분으로 바뀌는데, 그것은 사람이 신랑에 의해 깨끗한 처녀가 되어 하느님과 혼약하기 위함이다. 즉 섞임이 없는, 정념에 의해 움직이지 않는 일치에 의해, 육신이라는 무거운 짐 대신에 깨끗한 사유(noema)가 되어, 주님과 결합하여 하나의 영이 되기 위함이다(1고린토6,17). 그런데 그것은, 마음을 다하여 힘을 다하여 사랑하라(신명기6,5), 또 할 수 있는 만큼 바라라, 라고 말하는 지혜이기에, 이 말에 나는 대담하게도 "그것을 열렬히 사랑하라"고 덧붙인다. 왜냐하면 비신체적인 것에 대한 이러한 정념(pathos)은 비난받아 마땅한 것이 아니고, 부동심(不動心)과도 같은 것이며, 그것은 「잠언」안에서, 지혜가 하느님의 미에 대한 정열적 사랑을 규정하여 말하고 있는 것과도 같다.

그러나 지금 우리 앞에 있는 텍스트는 같은 충고를 주고 있다. 그것은 사랑에 관해 단순한 충고를 주고 있을 뿐만 아니라, 말할 수 없는 신비로부터, 사유를 통하여 철학을 하고, 그 가르침의 형성을 위한 길 위로 생의 기쁨을 보여주는 이미지를 제공한다. 그것은 결혼 준비를 상징하고 있으며, 거기서는 아름다움에 대한 동경이 그러한 일치에로의 갈망을 중개하는 것이다. 그리고 처녀의 신랑에 대한 그리움은 세상 풍습대로 신랑 쪽에서부터 시작하는 것이 아니고, [24] 오히려 처녀는 수줍어하는 일 없이, 그 그리움을 드러내며 신랑을 기쁘게 기다리다, 신랑의 키스를 즐길 수 있기를 기도하는 것이다.

처녀의 혼례에 입회하는 아름다운 사람들은 성조(聖祖), 예언자, 율법 제정자들로서, 그들은 신부에게 이른바 혼례의 축하로서 하느님의 은혜를 가져다준 것이다. 결혼의 선물은 관습상 헤도나라고 불리는데, 그것은 다음과 같이 불리운다. (위반의 용서, 범한 악을 잊는 것, 죄를 제거하는 것, 본성의 변화, 썩을 것을 썩지 않는 것으로 바꾸는 것, 낙원의 감미로움, 왕국의 존엄, 끝없는 기쁨) 그러므로 처녀는 하느님의 이 선물을, 그 예언적 가르침을 통하여 고귀한 혼례의 선물을 가져온 사자(使者)로부터 받고, 신랑의 욕구에 동의하며, 그녀가 강하게 원하고 있는 저 화려함의 은혜를 누리기 위하여 열심히 서두르는 것이다. 처녀를 섬기는 자나 그 동료는 그녀의 일을 듣고, 신부의 소망을 보다 커다란 것에로 북돋운다. 그리고 나서 신랑은 그의 벗과 호의를 지닌 사람들의 합창대를 인솔하여 온다. 그들은 그것을 통해서 인간이 구원에 참여하는 바에 봉사하는 영(靈), 혹은 거룩한 예언자들이다. 그들은 신랑의 음성을 듣자, [25] 순수한 혼인의 유대를 기뻐하며, 찬미하는데(요한3,29), 주님과 결합되어있는 영혼은 이 유대에 의해, 사도가 말하고 있듯이(1고린토6,17) 하나의 영이 되는 것이다.

그런데 이 강화의 서두에서 내가 했던 말을 다시 한 번 살펴보자. 그것은 정념에 휘둘리고, 육(肉)적이며, 게다가 낡은 인간(2고린토2,16)의 죽음의 냄새를 풍기는 인간이, 하느님의 숨을 받은 생각이나 말의 의미를 짐승 같은 불합리한 생각으로 끌어내리지 않게 하기 위함이다. 각자가 자기로부터 나와서, 물질계 밖으로 나가기 위함이다. 그리고 부동심에 의해 낙원으로 되돌아가, 정결함으로 하느님을 닮고, 그리하여 이 「아가」에 의해 우리에게 분명해진 신비의 지성소로 들어가기 위함이다. 만일 영혼이 이러한 일을 들을 준비가 아직 되어있지 않다면, 우리 마음의 웃옷을 빨아서, 사념(logismos)에 어울리는 관수(灌水)로 영혼을 정화하기 전에는, 영적인 산으로 감히 올라가서는 안 된다고 하는 규칙을 만든 모세의 말을 들음이 좋다. 우리가 그 관상에로 향하는 지금, 이때, 모세의 명령에 따라서(출애굽기19,15) 결혼이라고 하는 생각을 일단 잊어야 할 것이다. 그는 신비를 전수받은 사람들에게 결혼생활로부터 몸을 정결하게 하라는 규칙을 만든 것이다. [26] 그리고 우리가 하느님의 지혜의 영적인 산에 접근하고 있다고 한다면, 무엇보다도 율법자의 명령에 따라야만 한다고 생각한다. 그리고 부인에 관한 생각은, 물질적인 것과 함께, 하계(下界)에서의 생활 가운데에 남겨두는 것이다. 만일 비이성적인 생각이 이 산 주위에 보인다면, 보다 강한 사념에 의해 마치 돌을 가지고 하듯이 박살내야하는 것이다. 그렇지 않으면 우리는 청력의 수용범위를 넘는 이 커다랗고 매우 난폭한 음을 내는 나팔 소리를 들을 수 없기 때문이다. 이 소리는 하느님이 계시는 불분명한 암흑(gnophos)에서 나오고, 하느님은 이 산 위에서 일체의 물질적인 것을 불로 태워버리시기 때문이다.

그러면 거룩한 것 중의 거룩한 것, 즉 노래 중의 노래인 「아가」에 들어가 보자. 거룩한 것 중의 거룩한 것이라고 하는, 이 출중한 양태를 나타내는 말에 의해, 거룩함의 풍요로움과 심오함을 우리가 배운 것처럼, 노래 중의 노래라는 표현에 의해, 숭고한 문장은 신비 중의 신비를 가르친다는 것을 약속해준다. 왜냐하면 하느님의 숨을 받은 가르침에는 많은 노래가 있고, 그것을 통하여 위대한 다윗이나 이사야나 모세나 그 밖의 사람들로부터 하느님에 관한 위대한 생각을 우리는 배웠다. [27] 이교의 노래보다도 성인들의 노래가 멀리 떨어진 곳에 있듯이, 성인들의 노래보다도 「아가」의 신비가 뛰어남을 그 제목으로부터 배운다. 그리고 인간 본성은 대체로 「아가」의 신비를 이해하거나 파악할 수 없다. 그러기에 가장 격렬한 쾌락(즉 사랑의 정념)이 이 가르침을 해석하는 것으로서 상징적으로 택해져 있는데, 그것은 그럼으로써, 영혼이 하느님의 본성의 접근할 수 없는 미에 굳게 들러붙어, 마치 신체가 같은 족속의 같은 것에 대한 경향성을 가지고 있는 것처럼, 그것을 사랑할 필요가 있음을 배우기 위함이다. 그리고 정념이 부동심으로 바뀌어, 신체가 지닌 경향성이 모두 제거되면, 우리들 안에서 사고(dianoia)는, 주님이 그것을 지상에 던지기 위하여 오신, 그 불(루가12,49)로 뜨겁게 되어, 영 안에서만 정열적으로(erotikos) 끓어오르는 것이다.

　이상, 우리는 이러한 신비적인 말을 듣는 사람들이 영혼의 입장에서 어떠한 상태에 있어야 하는가에 관해서는 충분히 말했다고 하겠다. 그러므로「아가」의 신적인 말을 고려해야 할 시기가 왔다. 우선 그 제목의 의미를 배워보자. [28]「아가」가 그 제목으로부터 보아 솔로몬에게 바쳐진 것은 까닭이 없는 것은 아니라고 생각한다. 즉 그것은 말해진 것 안에 무언가 위대하고 신적인 것을 독자에게 기대하게끔 하기 때문이다. 왜냐하면 지혜에 관해서 솔로몬은 누구도 능가할 수 없을 만큼 경탄할 만한 자라고, 그에 관한 증언을 통해서 누구라도 그렇게 생각하고 있기에, 그의 이름을 바로 처음에 올리는 것은, 독자에게「아가」에 의해 무언가 위대하고, 또한 그의 영광에 값하는 것을 기대하도록 초대하기 때문이다.

　회화의 기술에서는, 각종의 염료를 사용하여 살아있는 것을 완전하게 모방하는 것이 주제이다. 그런데 이 색들을 통하여 기법을 사용하여 만들어진 상을 보는 자는, 판자 위에 그려진 색의 광경에 죽 머무르는 것이 아니고, 예술가가 색을 통하여 나타낸 형태만을 보는 것이다. 그처럼「아가」의 경우도 마찬가지이다. 말 안에 있는 색의 소재를 보는 것이 아니라 그것들 안에서 정결한 사고에 의해서 표현된 임금의 형태를 보는 것이다. 왜냐하면 하양이나 노랑, 검정, 빨강, 감색(紺色) 또한 다른 색은, 그 겉에 드러난 모습에 의하면, 입이라든가 입맞춤, 향유, 포도주, 지체(肢體), 침대, 처녀 등의 이름으로 나타난 것이다. 그러한 색에 의해 구성된 형태는, 행복한 것, 부동심적인 것, 하느님과의 일치, 악으로부터의 돌아섬, 참으로 아름다운 것이나 선한 것과의 유사함이다. [29] 그것은 솔로몬에 의해, 그의 지혜가 인간 지식의 한계를 초월한 것이라는 것이 증명되어 있는 개념(noemata)인 것이다. 왜냐하면 본성 그 자체를 그 고유한 정념으로부터 정화하여, 정념(pathos)에 얽혀있다고 흔히 여겨지는 말을 가지고 부동심(apatheia)을 가르치는 것 이상으로 역설적인 것이 있을까? 솔로몬은 육으로부터 발생하는 움직임 밖에 있어야한다든가, 지상의 지체를 죽이고, 입에서부터 정념에 사로잡힌 말을 정화해야한다고 말하지 않고, 이른바 당착어법(撞着語法)을 사용하여, 영혼에서 정결함을 찾게 하고, 정념에 사로잡힌 말투로 정결한 사고를 해설하고 있기 때문이다.

  텍스트는 우리에게 그 서두의 말을 통하여 한가지만을 가르쳐줄 것이다. 즉 「아가」의 신비 깊숙한 곳으로 인도된 자는 이제 인간이 아니라, 주님의 제자가 됨으로서 한층 더 신적인 것으로 본성이 변화한 자라는 것을. 그 말씀은 제자들에게 그들이 인간 이상의 자라는 것을 증거하고 있다. 주님도 다음과 같이 물으며, 제자들을 다른 인간들로부터 구별하고 있기 때문이다. "사람들이 나를 누구라고 말하고 있느냐?", "너희들은 나를 누구라고 말하고 있느냐?"(마르코 8,27.29) [30] 실제로, 그 표면상의 모습이 육의 기쁨을 나타내고 있는 듯한 말에 의해, 더러운 생각 안에 빠져드는 것이 아니라, 정결한 의도로 신적인 것들에 대한 애지에로 향하고, 그러한 말로 인도되는 자는 더 이상 인간이 아니라는 것, 즉 살과 피가 섞인 본성을 가지고 있지 않다는 것이 분명해진다. 그 사람은 부동심 때문에 천사처럼 되어, 성인의 부활 안에서 소망되는 생명을 지시하는 것이다.

  왜냐하면 부활 후, 불멸의 것으로 변모한 몸은 인간의 영혼과 결합하는데, 그때 육 때문에 우리를 괴롭히는 정념은 이 몸들에서 또 생기는 것이 아니고, 우리의 생명은 무언가 평화로운 상태를 받기 때문이다. 이제 육의 교만(phronema tes sarkos)은 영혼과 다투지 않고, 정념의 움직임이 일으키는 싸움을 통해서 정신의 법칙에 도전하는 듯한(영혼을 약화시켜 죄의 포로로 만들어버리는 듯한) 투쟁은 더 이상 없으며, 그때 본성은 그러한 모든 것으로부터 정화되어, 둘 안에서(육과 영이라는 것) 하나의 사고가 된다. 그리고 일체의 신체적 상태는 인간 본성으로부터 추방되어, [31] 비록 우리가 육 안에 살고 있어도, 「아가」의 텍스트는 그것을 듣는 자가 생각 안에서 육으로 향하지 않고, 영혼만으로 눈길을 주어, 그 말들의 사랑의 의미를, 일체의 정신을 초월한 선에로, 더러움 없는 정결한 것으로서 귀속시키도록 충고한다. 이 선하신 분만이 참으로 감미롭고, 바람직하고, 사랑스럽기에, 그분을 즐거워하면, 그 즐거움은 그 선에 참여하고 싶다고 하는 갈망을 점점 더 크게 하는 보다 커다란 욕구의 시작이 되어간다. 그런데 「아가」에서 처녀가, "아, 제발 그이가 몇 번이고 몇 번이고, 내게 입 맞춰 주었으면!"(1,2) 하고 말하고 있듯이, 신부는 신랑을 사랑하고 있다. 모세의 경우, 성경이 올바르게 증언하는 것처럼(출애굽기33,11), 그는 입과 입을 마주하고 하느님과 말하고[14](신명기34,10), 또 그 하느님의 나타나심 후에도 이러한 입맞춤을 강하게 원하며, [32] 아직 하느님을 보지 않은 것처럼, 찾고 있는 분을 보기를 기대한다. 하느님에의 소망을 안에 강하게 지니고 있는 다른 사람들도 그와 마찬가지이며, 그들은 결코 그 소망을 멈추지 않는다. 그들은 갈망하고 있는 분을 누리기 위하여 하느님으로부터 자신들에게 생기는 모든 것을, 보다 강한 소망을 위한 재료와 연료로 삼는 것이다.

---

14) 신명기34,10에서는 '얼굴과 얼굴을 마주하고'라고 번역된다. 70인역에서는 prosopon kata prosopon이니, 바로 하느님의 면전에서의 친교를 나타낸다. 본 텍스트에서는 dia tes stoma kata stoma로, stoma는 '입' 혹은 '얼굴'이지만, 문맥상 입맞춤이 문제가 되어있기에, "입과 입을 마주하고"라고 번역하였다.

하느님과 결합한 영혼의 기쁨은 다 채워지는 일이 없다. 그 풍성한 아름다움을 충분히 누리면 누릴수록, 그 갈망은 한층 더 격렬해진다. 신랑의 말은 영(靈)이요 생명이므로(요한6,63), 영에 결합된 자는 영이 되고(1고린토6,17), 주님의 말씀에 의하면, 생명과 결합된 자는 죽음으로부터 생명으로 옮겨가므로(요한5,24), 그러기에 처녀의 영혼은 영적 생명의 원천에 가까이 가기를 바라는 것이다. 그 원천은 영원한 생명의 말씀이 넘쳐 나오는 신랑의 입이다. 그것은 마치 예언자가 입으로 영을 마시듯이(시편119,131), 거기에 끌어당겨진 입을 채운다. 한편 원천에서 물을 마시려면 입을 그 입에 갖다 대지 않으면 안 되고, 또 "목마른 사람은 다 나에게 와서 마셔라."(요한7,37)라고 말씀하시는 주님이 원천이므로, 목마른 영혼은 그 입을 생명을 뿜어내는 입에 갖다 대고 "몇 번이고 몇 번이고, 내게 입 맞춰 주었으면!"(아가1,2) 하고 말하는 것이다. [33] 모두에게 생명을 채워주시고, 모두가 구원되기를 바라시는 분은, 그 입맞춤에 누구든지 참여하여 구원되기를 바라고 계시다. 그 입맞춤이 모든 더러움을 제거하기 때문이다.

그러기에 주님이 나병환자 시몬에게 "너는 나에게 입 맞추어 주지 않았다."(루가7,45)라고 말씀하셨을 때, 주님은 그를 비난하고 있었던 것처럼 나에게는 여겨진다. 왜냐하면 입으로 정결함을 마시면 정념으로부터 정화될 것이기 때문이다. 그러나 십중팔구 시몬은 병 때문에 살이 부풀어 올라 사랑하는 데 어울리지 않고, 정념 때문에 하느님께 대한 소망 안에서도 움직이지 않고 있었다. 그러나 혼이 깨끗해져, 육체의 나병으로부터 방해를 받지 않으면, 선의 보고(寶庫)를 보는 것이다. 이 보고의 이름은 마음(kardia)[15]이다. 거기서부터 하느

---

15) 이 마음의 중요함에 주목하는 경향은 후에 '마음의 기도'를 지지하는 영성으로 발전한다.

님의 풍부한 젖이 가슴에서 생겨나, 그것으로 영혼이 양육되며, 신앙의 정도에 따라 은혜가 나오는 것이다. 그러므로 "포도주보다 당신의 가슴이 더 낫다"고 말해지는 것이며, 가슴이라고 하는 장소적 위치로 마음을 가리키는 것이다. 만일 마음을 숨겨진, 비밀스런 하느님의 힘이라고 생각하여도 잘못된 것은 없다. 가슴을 우리를 위해 서 있는 하느님의 힘의 선한 활동이라고도 생각할 수 있다. 그것으로 하느님은 각각의 생명을 기르시고, 각자가 받는 데에 적합한 영양을 은혜로서 주시는 것이다.

[34] 그런데 우리는 「아가」가 지닌 애지를 통해서, 간접적으로 별도의 가르침을 받고 있다. 즉 우리 안에는 두 개의 감각, 곧 신체적인 것과 신적인 것이 있다는 것이다.[16] "너는 신적인 감각을 발견하리라"는 「잠언」(2,5)의 말이 바로 그것을 말하고 있다. 영혼의 활동과 신체의 감각 기관 사이에는 어떤 유사함이 있다. 이것을 우리는 현재의 텍스트에서 배우고 있다. 포도주와 우유는 미각에서 구별되지만, 영혼의 지적이며 예리한 이해력은 그 가지(可知)적 현실을 완전히 파악하기 때문이다. 입맞춤은 촉각을 통하여 행해진다. 입맞춤은 서로의 입술이 닿기 때문이다. 또한 말씀과 서로 닿은 영혼의 촉각이라는 것도 있어, 그것은 어떤 비신체적이고 가지적인 접촉을 통하여 작용한다. 이것은 바로 "우리의 손은 생명의 말씀을 만졌다."(1요한1,1)고 말하는 사람이 말한 대로이다. 마찬가지로 하느님의 향유의 향기는 코로는 맡을 수 없고, 무언가 가지적이고 비물질적인 힘으로 그리스도가 끌어당기는 감미로운 향기를 우리의 영이 들이마

---

16) 인간 안에 두 가지 감각의 존재를 인정하는 생각은 오리게네스 이래의 동방 그리스도교의 깊은 인간 이해를 보여주는 것이며, 하느님을 향하여 창조된 인간의 본원적 성격을 나타낸다. 이것은 훨씬 뒤 빨라마스의 그레고리오스(14세기)에게까지 계승되고 있다(『3부작』 제1부 제3권 참조).

시는 것이다. 이리하여 「아가」의 처음에 있는 처녀의 기도는 다음과 같이 이어진다. "포도주보다 더 나은 당신의 가슴. 당신 향유의 향기는 모든 향료보다도 낫고."(1,2-3)

[35] 우리가 이해하고 있듯이, 이것이 의미하고 있는 것은, 작은 혹은 깔볼 만한 생각은 아니다. 우리가 하느님의 가슴의 젖과 포도주에 의한 우리의 즐거움을 비교해보면, 모든 인간의 지혜와 제 존재에 관한 지식, 또한 관찰력이나 상상력은 하느님의 가르침의 보다 단순한 영양과 비교할 수 없다는 것을 배우게 된다. 젖은 가슴에서 나온다. 젖은 갓난아기의 영양이다. 한편 포도주는 그 힘과 열에 의해 어른이 즐기는 것이다. 그럼에도 불구하고 이 세상의 지혜 가운데 있는 완전함은 하느님의 말씀의 어린아이와도 같은 가르침보다도 작은 것이다. 그러므로 하느님의 가슴은 인간의 포도주보다도 뛰어난 것이다. 하느님의 향유의 향기는 향유의 모든 감미로운 향기보다도 훨씬 아름답다.

실제로 이 일은 다음을 의미하고 있다고 나는 생각한다. 향료라고 하는 것은 덕(德, arete) 즉 지혜, 절제, 정의, 용기, 사려 등등을 의미한다. 즉 자신의 힘과 자유로운 선택(proairesis)에 의해서 그것을 바른다면, 각각은 별도의 방식으로 좋은 향기를 빚어낸다. [36] 어떤 사람에게는 절제나 지혜, 어떤 사람에게는 정의나 용기, 혹은 다른 그러한 덕이 생각된다. 어떤 사람은 아마 자신 안에 그러한 향기 모두가 섞인 좋은 향기를 가지고 있을 것이다. 하지만 그러한 것은 모두, 하늘이 가지고 있는 저 지극히 완전한 덕과는 비교할 수 없을 것이다. 예언자 하바꾹은 말하고 있다. "그분의 덕은 하늘을 덮었다."(하바꾹3,3) 그것은 하느님의 절대적인 지혜, 정의 그리고 진리 등등이다. 따라서 이 당신의 향유의 향기는 우리가 알고 있는 향유와 비교할 수 없을 정도의 기쁨을 가지고 있다고 그는 말한다.

나아가 그것에 이어지는 구절에서는, 영혼 즉 신부는 보다 숭고한 애지에 단단히 결합하여, 인간의 사념은 하느님의 힘에 근접할 수 없고, 그것을 담을 수 없음을 보여주니, 그것을 텍스트에서는 "당신의 이름은 부어진 향유랍니다."(1,3)라고 말한다. 그런데 이러한 말의 의미는 다음과 같은 것이라고 나는 생각한다. 즉 무한의 본성은 정확히 지명하여 파악할 수 있는 것이 아니고, 개념의 일체의 힘 및 언어나 이름의 일체의 표현 기능은, [37] 비록 그것이 위대하고 하느님에게 적합한 내용을 가지고 있는 것처럼 보여도, 존재 그 자체를 파악하는 본성을 가지고 있지 않다. 마치 무엇인가 족적(足跡)이나 섬광을 출발로 하는 것처럼, 이미 파악된 것을 통해서 유비에 의해 파악할 수 없는 것을 계속 추측하면서, 우리의 언어는 알려지지 않은 것에로 나아가는 것이다. 즉 신성(神性)의 향기에 관해서 그것이라고 아는 듯한 이름을 생각해도, 말의 표현에 의해 향기 그 자체를 의미하는 것은 아니고, 오히려 얼마 안 되는 잔향(殘香)을 신학적 명칭에 의해 우리는 보여주고 있는 것이다. 그릇이 있고, 거기서부터 향유가 흘러내리는 경우, 그릇으로부터 흘러나온 향유 그 자체는, 그 본성에 있어 어떠한 것인지 알 수 없다. 그러나 그릇에 남아 있는 미미한 향기로부터, 흘러나온 향유의 성질을 우리는 추량하는 것이다. 말해진 것으로부터 우리가 배우는 것은, 신성의 향유 그 자체는, 그 본질상 그것이 무엇인가에 관해서는, 모든 이름과 사고를 초월하고 있다는 것이다. 그러나 우주에서 보여지는 놀랄 만한 것들이 신학상의 명명의 재료를 제공하고 있어, 그러한 놀랄 만한 것을 통해서 지혜로운 분, 힘 있는 분, 선한 분, 거룩한 분, 행복한 분, 영원한 분, 재판관, 구세주라고 하는 이름을 붙이는 것이다. [38] 이러한 것 모두는 하느님의 향유에 관한 얼마 되지 않는 성질을 보여주고 있는데, 모든 피조물은, 관찰되는 불가사의한 것들을 통해서,

향유 그릇의 경우처럼, 그 안에 이 성질을 각인하고 있는 것이다. "그러기에 처녀들은 당신을 사랑하고, 당신을 가까이 끌어당겼습니다."(1,3)라고 말하고 있다. 신부는 칭찬에 값하는 욕구와 사랑의 마음을 말했다. 만일 사람이 그 아름다움을 응시할 수 있는 하나의 눈이라도 가지고 있다면, 어떻게 그 아름다움을 사랑하지 않을 수 있으랴. 파악된 아름다움도 크지만, 그러나 그 외관을 통해서 이와 같은 것이라고 추량한 것은 무한하게 아름다운 것이기 때문이다.

그러나 물질적인 것에 대한 집착은 아직 어린이의 상태에 있는 자의 마음을 움직이지 못하고(왜냐하면 어린이는 애착이라고 하는 그 정념을 가지고 있지 않기에), 아주 나이를 많이 먹은 자에게도 있어서도 그 일로 고생하는 일은 없듯이, 하느님의 미에 관해서도, 아직 어린이이어서 가르침의 바람에 흔들리며 그것을 참아내고 있는 자나, 나이 먹어 이 세상에서 떠날 때가 가까워진 자는 그러한 욕구에는 움직여지는 일이 없다는 것을 알 수 있다. 왜냐하면 보이지 않는 아름다움은 그들의 마음을 움직이지 않고, 어린이의 상태를 넘어서, 영적 연령이 개화한 영혼만이, 더러움이나 주름이나 그러한 종류의 것을 받아들이지 않고, 어린이이기에 감각을 결하고 있다든가, 노인이기에 약해져 있다고 하는 일이 없으므로(그러한 영혼을 말씀[아가 1,3]은 처녀라고 말하고 있다), 가장 크고 제일가는 계명-마음을 다하고 힘을 다해 그 아름다움을 사랑하라(신명기6,5)-에 따르는 것이다. 인간의 이성으로는 이러한 아름다움의 기술(記述), 범례, 그리고 해석은 발견할 수 없다.

[39] 그러므로 그러한 처녀들은 덕에 의해 성장하고, 적절한 때에 하느님의 침실의 신비 안으로 들어가, 신랑의 아름다움을 사랑하고, 사랑으로 자기에게 끌어당기는 것이다. 왜냐하면 그는 강하게 구하는 사랑에는 답례하고, 지혜의 입을 빌어, "나는 나를 사랑하는 자

를 사랑한다."(잠언8,12)고 말하고, "나는 나를 사랑하는 자에게 재산을 물려주고"(그는 유산이기에), "그들의 창고를 보물로 채워 준다."(동8,21)고 말하는 신랑이기 때문이다. 영혼들은 불멸의 신랑에 대한 갈망을 자신들에게 끌어당겨, 성경에 쓰여 있듯이(호세아 11,10) 주님이신 하느님의 뒤를 따라간다. 그들의 사랑의 원인은 좋은 향기이며, 그것을 향하여 그들은 언제나 뛰어간다. 그들은 뒤에 있는 것을 다 잊어버리고 앞에 놓여있는 것만을 바라보며 온몸을 쭉 내밀어(에펙타시스) 달려간다. "우리들은 당신의 뒤를 좇아, 그 향유의 향기 곁으로 서둘러 달려갑니다."(1,4)

아직 완전한 덕을 지니지 못한 자, 아직 어린 자는 향유의 향기가 나타내고 있는 목적지에 서둘러 가는 것을 약속은 하지만(왜냐하면 "우리들은 당신의 향유의 향기 곁으로 서둘러 달려갑니다"라고 말하고 있으므로), 그러나 보다 완전한 영혼은 더욱 열심히 앞으로 쭉 내밀어, 이미 그 목적지에 도달해있고, 그 가는 길을 끝내, 그 보고(寶庫)에 어울리는 보물이 되었다. [40] 즉 "임금님은 나를, 당신의 침실로 들라 하셨습니다."(1,4)라고 말하고 있다. 그녀는 그 입술 끝으로 선에 닿고 싶다고 바라고, 그 기도의 힘이 도달하는 한에서만 그 아름다움에 닿는다. (그녀는 말씀의 비추임에 의해 그 입맞춤에 상응하는 자가 되도록 기도하였다.) 그녀는 이미 성취한 일을 통하여, 그녀의 사고(思考)와 함께 신비의 보다 깊숙한 부분으로 들어가, 그 길은 선의 입구로 통하고 있을 뿐만 아니라, 성령의 첫 열매에도 통하고 있다고 외친다. 게다가 마치 입맞춤에 의한 성령의 최초의 은혜에 의해 그녀는 하느님의 깊이를 철저히 탐사하며, 낙원의 성역에로 들어가기에 어울리는 자가 된다. 이는 위대한 바울로가 말한 바에 의하면, 볼 수 없는 것을 보고, 말할 수 없는 것을 듣는(2고린토12,4) 일이다.

이어지는 문장은 교회의 경륜(oikonomia)을 말로 분명히 하고 있다. 왜냐하면 은혜에 의해 최초로 가르침을 받고, 말씀의 증인이 된 자는 자신 안에 선을 가두는 일 없이, 그들 뒤에 오는 이에게 그 같은 은혜를 나누었기 때문이다. 그러기에 처녀들은, 최초로 말씀과 얼굴과 얼굴을 맞대고 선한 것으로 채워져, 감추어진 신비에 어울리는 자가 된 신부에게 다음과 같이 말한다. "우리들은 당신 안에서 희희낙락(喜喜樂樂)합니다. [41] (왜냐하면 당신의 기쁨은 우리들 모두의 기쁨이므로) 당신은 포도주보다 말씀의 가슴을 더 사랑하기에, 우리들은 당신을 따라, 인간의 포도주보다 당신의 가슴을 더 사랑합니다. 당신은 그 가슴으로 그리스도 안에서 아이들에게 젖을 먹이는 것입니다."

그리고 이 생각을 더 분명히 하기 위해서는 다음을 생각해봄이 좋겠다. 주님의 가슴에 기대었던 요한은 말씀의 가슴을 사랑하였다(요한13,25). 그리고 그의 마음을 해면처럼 생명의 원천 곁에 두고, 주님의 마음 안에 감싸여진 신비를 형언할 수 없는 방식으로 넘칠 만큼 부여 받아, 그는 말씀으로 가득 찬 젖꼭지를 우리에게 내밀고, 큰 소리로 항상 계시는 말씀을 알리며, 그가 그 원천에 저장해둔 좋은 것으로 우리를 채워준다. 그래서 우리는 처녀처럼 되어, 정신이 더 이상 어린아이 같은 허영의 족쇄를 채우는 일도 없고, 또 노인이 되어 죽음에 이르는 죄를 통하여 주름 잡히는 일도 없이, "포도주보다 당신의 가슴을 더 사랑합니다"라고 그를 향하여 올바르게 말할 것이다. [42] 그러기에 당신의 가르침의 흐름을 사랑하자. 그것은 "정의는 당신을 사랑하였기"(1,4) 때문이다. 그 '당신'은 예수가 사랑한 제자이기 때문이다. 그리고 예수는 정의(euthytes)인 것이다. 이 텍스트는 예언자 다윗이 한 이상으로 아름답게 하느님께 어울리는 이름을 주님에게 달고 있다. 다윗은 "하느님은 올곧으신 주님이시다."(시편

92,16)라고 말하고 있는데, 이 텍스트는 정의라고 명명하고 있다. 그분은 굽어진 것을 모두 똑바로 펴신다. 우리 안에 굽어진 것 모두가 똑바로 펴지며, 울퉁불퉁한 것이 우리 주 예수 그리스도의 은혜에 의해 매끄러운 길(이사야40,4)이 되기를. 주 그리스도께 영광이 처음과 같이 이제와 항상 영원히. 아멘.

제 2 강화

[신부]

[1.5] 예루살렘의 딸들이여,
나 비록 가뭇하지만 어여쁘답니다.
케달의 천막처럼, 솔로몬의 가죽 휘장처럼.
[1.6] 내가 햇볕에 그을려 가무잡잡하다고,
해가 나를 얕본다고 하여,
빤히 보지 말아요.
내 어미의 자식들이,
내 안에서 싸워,
나를 포도밭 파수꾼으로 만들었습니다.
자신의 포도밭은 지키지도 못했던 것입니다.
[1.7] 알려주세요, 내 영혼이 사랑하는 이여,
당신이 어디서 양을 치시는지,
한낮에는 어디서 양 무리를 쉬게 하시는지.
나 당신 동료들의 양 무리 사이를
헤매고 다니지 않도록.

[신랑의 친구들]*

[1.8] 여자들 가운데서도 아름다운 이여,
만일 그대가 자기 자신을 모른다면,
양 무리의 발자국을 더듬어,
천막으로 가,
새끼염소들에게 풀을 뜯게 하시오.

[43] 거룩한 증거의 성막(martyriou skene)의 외관은 안에 감추어진 아름다움과 같은 영예를 갖지 않는다. 성막은 아마실로 짜여있고, 또한 산양의 모피와, 붉게 무두질한 가죽 덮개가 성막 겉 장식이 되며(출애굽기26,14), 밖에서 본 바로는 그밖에 멋지고 가치 있는 것은 보이지 않지만, 내부는 증거의 성막 전체가 금, 은, 보석으로 빛나고 있다(히브리9,2-5). [44] 기둥, 받침대, 기둥머리(株頭), 향로, 제단, 궤, 촛대, 속죄의 좌(座), 물 대야, 그리고 입구의 막이 있다. 아름다운 막은 모든 종류의 아름다운 색으로 물들어있다. 제비꽃 같은 짙은 보라색, 자주색, 아마의 황갈색, 진홍색으로 솜씨 뛰어난 장인에 의해 아름답게 짜인 황금색의 실, 또 온갖 것이 섞여서 직물의 광채가 무지개의 광채처럼 빛나고 있다.[17] 어째서 내가 거기서부터 시작하는가에 관해서는, 이제부터 말하는 것으로 아주 분명해질 것이다. 다시금 「아가」는 모든 애지와 하느님 인식의 빛남에로 우리를 인도하는 것임이 드러난다. 「아가」는 증거의 참 성막이며, 그 휘장이나 모피, 그리고 막으로 덮은 장소는 무언가 연애의 말과 갈망의 대상에

---

* 보통 성경에서는 8절을 '예루살렘의 딸'들의 노래라고 하지만, 여기서는 그레고리오스의 본문에 따라서 '신랑의 친구'로 하였다.
17) 곧 이어서 설명되듯이, 「아가」야말로 증거의 참다운 성막이다. 「아가」의 표면상의 의미와 그 내면의 의미는 크게 다르다. 표면의 의미에 끌려서, 그 속 깊숙이 들어가, 거기서 신비를 감득하기 위해서는, 영혼의 정화가 필요하다.

대한 관련을 분명히 하는 표현과도 같은 것이다. 나아가 아름다움의 묘사와 지체(肢體)의 거시(擧示), 즉 얼굴에 나타나있는 것과 의복으로 감추어져있는 곳의 거시가, 그러한 덮음에 해당된다.

그러나 안쪽에는 신비에 가득 찬 빛나는 촛대와 궤가 있다. 그리고 좋은 향기가 나는 향로, 죄의 정화, 두터운 신심의 황금 제단, 덕의 고운 빛깔로 우미함과 위엄을 가지고 짠 막의 아름다움, 우뚝 선 이성의 기둥, 가르침의 변함없는 받침돌, [45] 그것에 의해 영혼의 주도적인 부분의 은총을 나타내는 기둥머리의 아름다움, 영혼의 대야, 또한 천상의 비(非)물질적인 생활양식을 추구하는 일체의 것이 있다. 그것들을 율법은 수수께끼로 알린다. 만일 말씀의 대야에서, 사고가 지닌 부끄러운 더러움을 일체 씻어버리고, 주의 깊게, 거룩함 중의 거룩함인 것의 입구에로 우리 자신을 적응시키려고만 한다면, 언술 밑에 감추어진 생각 안에서, 그것을 발견할 수 있다. 만일 율법에 반하여 사고의 사체(死體)를 만지거나, 더러운 생각에 구애받는다면 성막 안의 놀라운 것들을 볼 수 없기 때문이다(1베드로 3,21). 그것은 모세의 규정에 의하면(민수기19,11), 영의 율법은 무언가 사체라든가 꺼려야할 생각에 접한 자가, 그 양심의 웃옷을 씻지 않는다면, 거기에 들어가는 것을 허락하지 않기 때문이다.

앞서 음미한 것의 의미관련에 의하면, 이 강화는 신부가 처녀들에게 말한 말의 관상(theoria)에 이른다. 그것은 다음과 같다. "예루살렘 딸들이여, 나 비록 가뭇하지만 어여쁘답니다. 케달의 천막처럼, 솔로몬의 가죽 휘장처럼"(1,5) 교사는 배우고자 하는 영혼에게 필요한 것을 가지고, 선에 관한 지도를 올바르게 시작하는 것이다. [46] 그 영혼들은 말해진 것에 의하면, 비유적으로 포도주라고 불리는 일체의 인간적인 말을 즉시 이해하고, 그 이성적인 가슴에서 흘러내리는 은혜를 가치 높은 것으로 삼아, "우리는 포도주보다 당신의 가슴을 더 사랑할 것입니다. 왜냐하면 정의가 당신을 사랑했으므로"라고 말한다. 다른 한편, 신부 쪽은 배우고자 하는 영혼에게 그녀 자신에 관한 놀라운 일을 부가하는데, 그것은 신랑이 그 사랑에 의해 사랑받는 자에게 아름다움을 늘려준다고 하는 그의 헤아릴 수 없는 인간에의 사랑을 우리가 배우기 위함이다. "놀라서는 안 된다"고 그녀는 말한다. 그것은 "정의가 나를 사랑했다. 죄 때문에 나는 검고, 업보로 어둠에 살고 있지만, 그는 사랑으로 나를 아름답게 하고, 그분의 아름다움을 나의 치욕과 교환하였다(이사야53,2-3;필립비2,7). 왜냐하면 내 죄의 더러움을 자기가 떠맡아, 나를 그 정결함에 참여시키고, 나를 그 아름다움의 동료로 삼아, 우선 더러운 것으로부터 사랑스러운 것으로 만들어, 사랑을 보여주셨기 때문이다."

그 후 신부는 처녀들 자신도 아름답게 되라고 격려하며, 그녀 자신의 아름다움을 보여주는데, 그것은 "내가 여러분과 같이 되었으니 여러분도 나와 같이 되십시오."(갈라디아4,12) 또한 "내가 그리스도를 본받는 것처럼 여러분도 나를 본받으십시오."(1고린토11,1)라고 말하는 위대한 바울로와 마찬가지이다. [47] 따라서 신부는 자신에게 배우고자하는 영혼이, 그 과거의 삶을 바라보고, 아름답게 되는 일에 절망해버리는 일이 없도록 한다. 오히려 현재는, 만일 그것이 흠이 없다면, 과거의 생활을 덮는 것이라는, 그녀가 보여주는 모범을 보고 영혼은 배우는 것이다(이사야65,17;43,18;2고린토5,17). 즉 지금은 정의에게 사랑받았기 때문에, 아름다움이 마치 자신의 것인 양 빛나고 있지만, 처음은 빛나지 않았고, 검었던 것을 알고 있다고 신부는 말하고 있기 때문이다. 내 이전의 삶이 나에게 이 검고 둔탁한 모습을 만들어 냈다. 그러나 그랬지만 지금은 이러하다. 어둠의 형상이 아름다운 형태로 변모하였기 때문이다. 예루살렘의 딸들이여, 그대들의 어머니 예루살렘을 보라. 그대들 안에 어둠의 힘의 지배자가 살고 있었기에, 그대들이 케달의 천막이었다면('케달'이라고 하는 것은 어둠을 의미하기에)[18], 솔로몬의 가죽 휘장이 될 것이다. 즉 그대들 안에 솔로몬 왕이 살고, 그대들은 왕의 궁전(1고린토3,16)이 될 것이다.

[48] 솔로몬이라고 하는 이름은 '평화'(eirene)로부터 취해지고 있는데, 그는 평화를 가져오는 사람이다. 솔로몬의 가죽 휘장은 부분적으로는 왕의 천막 전체를 의미하고 있다. 그러한 생각을 위대한 바울로는 「로마인들에게 보낸 편지」(5,8) 가운데서 특히 좋아했던 것처럼 나에게는 여겨진다. 거기서 그는, 우리는 죄 많고, 검은 사람들이지만, 하느님의 빛나는 은혜에 의해, 빛나는 아름다운 자가 되었다고 말하며, 우리들에 대한 하느님의 사랑을 보여주고 있다. 밤에 모든 것은, 비록 본성상 빛나는 것이었어도, 주위를 지배하는 어둠에 의해 검게 되지만, 해가 뜨면 어둠에 의해 검게 되었던 것은 더 이상 어둠과 닮는 일이 없듯이, 영혼은 오류로부터 진리에로 옮겨지고, 삶의 어두운 형태는 빛나는 은혜에로 변화하여 간다. 그것을 그리스도의 신부인 바울로는 처녀들에게 있어서의 신부로서 디모테오(1디모테오1,13)에게 말하고 있다. 요컨대 바울로는 나중에 검은 자로부터 빛나는 자가 되었다. 즉 이전에는 모독자, 박해자, 오만한 자, 색깔 검은 자였지만, 아름다운 자가 되었다. 또한 그리스도는 세상에 들어와 검은 것을 빛나게 하셨다. [49] 그분은 의인을 자신의 곁으로 부르신 것이 아니라, 죄인을 회심하도록 초대하여, 물로 그 검은 모습을 씻어버리는 재생의 대야에서 그들을 빛나게 하신(필립비2,15) 것이다. 그 일은 다윗의 눈이 위의 도시를 본 것으로, 그 광경은 놀라운 것이었다(시편87,5이하). 하느님의 나라에서 -그것에 관해서는 빛나는 것이 말해지고 있는데- 바빌론이 어떻게 살고 있

---

18) 이스라엘의 12부족 연합의 하나. 그들의 천막은 검었다고 함.

는지 라든가, 창녀 라합[19]의 일도 언급되고, 외국 종족 띠로[20]나 에티오피아인도 거기에 있다. 그리고 "그러한 사람이 거기서 태어났는가?" 하고 시온에게 물어보아서는 안 된다(시편87,5)고 하듯이, 누구도 이 도시의 황폐함을 비난할 수 없는 것이다. 거기서는 외국인이 그 도시의 주민이, 바빌로니아 사람이 예루살렘의 주민이, 창녀가 처녀가 되며, 에티오피아 사람이 빛나고, 띠로가 천상 도시가 된다. 이리하여 거기서 신부는 예루살렘의 딸들에게 신랑의 선하심을 보여주고, 용기를 북돋운다. 즉 만일 그가 검은 영혼을 받아들이면, 그것을 그와 함께 함으로써 아름다운 것으로 만들고, 사람이 만일 '케달의 천막'이라면, 진실한 솔로몬의 빛의 주거가 된다. '진실한 솔로몬'이란 그 사람 안에 사는 평화의 왕을 말한다. [50] 그러기에 텍스트는 "예루살렘의 딸들이여, 나 비록 가뭇하지만 어여쁘답니다"라고 말하며, 나에게 주목한다면 그대들은 비록 케달의 천막이었을지라도 솔로몬의 가죽 휘장이 된다고 말하는 것이다.

나아가 [텍스트는] 배우는 자의 사고를 확실한 것으로 만드는 사항을 지금까지 말한 것에 이어서 덧붙인다. 즉 창조주에게 검은 모습의 원인을 귀속시키는 것이 아니라, 각 사람의 자유로운 선택이 그러한 모습의 기원이라고 규정한다. 「내가 검다고 해서 나를 빤히 보지 마세요. 내가 처음부터 그런 것은 아니랍니다」라고 말한다. 그것은 하느님의 빛나는 손에 의해 만들어진 것이 무언가 어둡고 검은 형태로 덮여져있다는 것은 있을 법하지 않기 때문이다. 그녀는 말한다, 「나는 그렇지 않았습니다만 그렇게 되었던 것입니다. 내가 처음부터 검었던 것은 아닙니다. 그런 부끄러운 일이 나에게 일어난 것

---

19) 가나안 인. 예리고의 창녀. 「여호수아기」(2,6) 참조.
20) 페니키아의 도시. 「사무엘기 하권」(5,11), 「열왕기 상권」(5,1-12) 참조.

은, 태양이 나의 모습을 빛남에서 검정으로 바꾸어버렸기 때문입니다. 해가 나를 깔본 것입니다.」

이로부터 우리는 어떠한 것을 배울 수 있을까? 주님은 군중을 향하여 비유로 말씀하신다(마태오13,3-7;루가8,5-7). [51] 말씀의 씨를 뿌리는 사람은 좋은 마음만이 아니라, 돌멩이가 많고 가시덤불로 덮여있는 자의 마음에도 뿌리는 것이다. 비록 그러한 마음이 길바닥이어서 발에 밟힌다 하더라도, 주님은 인간을 향한 사랑에서 모든 사람에게 말씀의 씨를 뿌리는 것이다. 그리고 각각의 특징을 설명할 때, 주님은 돌투성이의 영혼에게는 다음과 같은 일이 일어난다고 말씀하신다. 즉 뿌려진 씨가 깊이 뿌리를 내리지 못했기에(루가8,12-13), 표면에 뿌려진 것은 곧 꽃이 펴 열매를 약속하지만, 태양의 강한 열이 땅속의 씨를 달구면, 그 뿌리에는 습기가 없기에 말라버리는 것이다. 그 설명에 의하면 태양이란 유혹을 말한다. 따라서 우리가 스승 그리스도로부터 배우는 가르침, 인간의 본성은 참 빛을 드러내는 것으로 창조되어, 어둠으로부터 멀리 떨어지는 성격을 가져, 미의 원형과 닮음으로써 빛나고 있었지만(창세기1,27), 불처럼 타오르는 열을 보내는 유혹은 부드럽고 뿌리가 없는 최초의 봉오리를 교활하게 붙잡아, 선한 상태가 되기 전에, 또한 사고를 경작하여, 뿌리에게 깊은 장소를 만들어주기 이전에, 즉시 불순종에 의해서 푸른 풀과 꽃을 말리고, 타는 열로 검게 만들어버린 것이다. 그러나 비록 적대적인 [52] 유혹의 공격이 태양이라고 불리어도, 하느님의 영감을 받은 성서가 많은 곳에서 이것을 가르치고 있으므로, 그것을 듣고 있는 자는 아무도 놀라지 말기 바란다.

두 번째 「순례의 노래」(시편121,2)에는, 하늘과 땅을 만드신 주님으로부터 도움을 받는 자는, 낮에도 태양으로 그슬리는 일이 없다고 찬양하고 있다. 예언자 이사야는 교회의 설립을 예언하며, 그것이 백성을 인솔하는 것인 양 묘사하고 있다(이사야60,4;49,22;66,12). 또한 그때 딸들은 어깨에 메어지고, 아이들은 덮개 달린 전차(戰車)로 운반되며, 태양의 열은 양산으로 차단된다고 밝게 말한다. 그러한 비유에 의해, 덕에 의한 삶이라는 것을 묘사하고 있다. 어린 나이라는 것으로 이제 막 태어나 악이 없는 것을 보여주고, 다름 한편 양산이라는 것으로 자제와 정결함에 의해, 영혼에 부가된 뜨거운 열로부터의 해방을 보여주고 있다. 그것들로부터 우리가 배우는 것은, 하느님과 약혼한 영혼은 어깨에 메어져있어, 그것은 육(肉)에 밟히는 일 없이 오히려 육의 덩어리를 깔고 앉는 것이다. '덮개 달린 전차'(lampene)라는 말을 들으면, 그것에 의해 우리가 어린이가 되는 조명의 은혜에 의한 빛남(eklamptikos)임을 배운다.[21] [53] 즉 더 이상 지상에 발자취를 남기지 않고, 지상에서 천상 생명에로 운반되는 것이다. 뜨거운 열이 덕의 양산으로 소거되어 버리면 우리의 생명은 덮개로 견디어내기 쉽게 되며, 이슬처럼 된다.[22] 그리하여 주님이 그들에게 덮개로서 펼치신(이사야4,5-6) 영의 구름에 의해 태양의 불길 같은 열이 차단되지 않으면, 그것이 태양이 주는 해가 된다. 태양은 유혹을 가지고 공격하며, 신체의 빛나는 표면을 태워, 그것을 추하고 검게 만들기 때문이다.

그리고 나서 「아가」는, 우리의 좋던 안색이 어디서부터 검은 색으로 변했는지를 말한다. "내 어미의 자식들이, 내 안에서 싸워, 나를 포도밭 파수꾼으로 만들었습니다. 자신의 포도밭은 지키지도 못했던 것입니다."(1,6) 그 말의 조합을 지나치게 정확하게 취하지 말고, 생

---

21) 비슷한 발음의 말에 의해, 의미 연관을 유추하여, 거기에 특별한 의미를 주려고 하는 일종의 레토릭. eklamptikos는 '비추다'라는 의미.
22) '이슬처럼 된다'는 것에 관해서는 「즈가리야서」(8,12) 참조.

각의 조리를 보듯이, 내가 말하는 것을 잘 들어보기 바란다. 만일 일련의 말에 무언가 정확하게 결합되어 있던 것이 없다면, 그것은 히브리어에서 그리스어로 옮긴 자의 약점이라고 간주해도 좋다(「집회서」머리글15-22 참조). 왜냐하면 히브리어를 주의 깊게 배운 자에게 있어서는, 이러한 조리 없음은 발견되지 않기 때문이다. [54] 우리 그리스어의 구성은 히브리어의 능란한 어법과 비교할 수 없고, 말의 의미를 표면적으로 좇는 자에게는 혼란이 발생한다. 이하는 우리가 파악한 한에서의, 우리 앞에 있는 말의 의미이다. 즉 처음에 인간은 하느님의 선이 무엇 하나 빠진 일 없이 태어났다. 인간이 할 일이란 다만 그 선을 지키는 것이었지 획득하는 일이 아니었다. 그러나 적의 획책에 의해 사람은 지니고 있던 선을 빼앗겼는데, 그것은 하느님에 의해 인간에게 본성상 주어진 행운을 지키지 않았기 때문이다.

그러한 말의 의미는 이상과 같은 것인데, 그 생각은 "내 어미의 자식들이, 내 안에서 싸워, 나를 포도밭 파수꾼으로 만들었습니다. 자신의 포도밭은 지키지도 못했던 것입니다"라고 하는 수수께끼로 가득 찬(ainigmatikos) 말에 의해 전해지고 있다. 이 텍스트는 적은 말로 우리에게 많은 것을 가르쳐준다. 우선 첫째로, 위대한 바울로도 선언하고 있는 것인데, 모든 것은 하느님으로부터 나오며, 오직 한분이신 하느님이 만물이 거기서부터 나오는 아버지시라는 것(1고린토 8,6;골로사이11,36), 그리고 존재하는 것 안에 어느 것도 그분에 의하지 않고, [55] 그분으로부터가 아니면서 존재를 가지는 것은 없다는 것이다. ("모든 것이 그분을 통하여 생겨났고, 그분 없이 생겨난 것은 하나도 없다."〈요한1,3〉 그리고 모든 것을 하느님이 만드셨기에, 그것들은 참 좋았다〈창세기1,31〉.) 왜냐하면 하느님은 모든 것을 지혜 안에서 만드셨기(시편104,24) 때문이다. 또한 하느님은 이성적 본성에 자유의지란 은혜를 주시어, 자기 생각에 맞는 것을 발견할 힘을 주셨다. 즉 선이 우리 곁에서, 강제나 마지못해서가 아니라, 자유로운 선택(proairesis)에 의한 올바른 행위에서 탄생하도록 하기 위함이었다. 그러나 자유의지의 운동은 횡포를 부리며 겉보기에만 그럴듯한 것으로 우리를 이끄므로, 이 존재자의 세계 안에서 의지의 힘을 잘못 사용하는 자가 꼭 나온다. 사도의 말에 의하면, 그 자는 악한 짓거리의 발명자가 되었다(로마1,30). 그자는 한편으로는 그자신도 또한 하느님으로부터 나온 자라는 점에서는 우리의 형제이지만, 선한 일에 참여하는 것을 부러 피한다는 점에서는 악한 것을 처음으로 도입한 자이며, '거짓의 아비'(요한8,44)가 되어, 자유로운 선택의 수호자가 목표로 하는 보다 좋은 것 그 모두에 대항하여, 자신을 전열(戰列)에 편입시키는 것이다. 그러므로 선으로부터의 타락이란 출발점이 남은 자들에게 심어져있음으로(그것은 인간성에 이미 발생하고 있었다), 예전에는 검고 지금은 아름답게 된 자는 검은 외관의 원인을 '그들 어미의 자식'에게 올바르게 귀속시킨다. [56] 여기서 우리가 배우는 것은, 한편으로는 모든 것에는 한 어미, 즉 제 존재의 원인이 있다는 것이다. 그러기에 존재하고 있다고 여겨지는 것은 모두 동포(同胞)인 것이다. 하지만 자유로운 선택은 벗에 대한 것과 적에 대한 것으로 본성상 구별된다. 선한 상태로부터 떠난 자는 보다 좋은 것으로부터 멀어짐으로써 악에 종속하게 되며(악에는 실체가 없다. 악은 선한 것으로부터의 분리일 뿐이다.[23]), 아주 열심히 타인과 함께 악의 한패가 되려고 한다. 따라서 이렇게 말한다. '내 어미의 자식들은'(복수형으로 말하는 것은 많은 나쁜 일이 여러

---

23) 악이란 무엇인가? 라는 물음이 고대와 중세의 철학자들 신학자들을 괴롭혔다. 그들은 악은 실체를 가지지 않으며, 선의 결여라고 생각하였다. 그레고리오스는 "선으로부터 떠남으로써 악이 발생한다."고 말하고 있다. cf. De hom. op. xii, PG 44,164A.

가지로 나뉘어있음을 보여준다) 내 안에서 싸운다. [57] 그것은 밖으로부터 공격을 하는 것이 아니라, 영혼 그 자체를 전쟁터로 삼는다. 전투는 각 사람 안에 있다. 그것을 신적인 사도는 다음과 같이 말하며 설명한다. "내 지체 안에는 다른 법이 있어 내 이성의 법과 대결하고 있음을 나는 봅니다. 그 다른 법이 나를 내 지체 안에 있는 죄의 법에 사로잡히게 합니다."(로마7,23) 즉 내 구원을 싫어하는 형제에 의해 같은 싸움이 내 안에서 일어나, 적에게 완전히 패하여 검게 되었으며, 나의 포도밭을 지킬 수 없었던 것이다.

 이 포도밭은 낙원이라고 이해되어야만 한다. 사람은 그곳을 지키도록 명령받았기 때문이다. 그 지킴을 소홀히 하다 인간은 낙원에서 추방되어, 해 뜨는 곳을 떠나 해 지는 곳의 주민이 되는 것이다. 그러기에 일출(日出)은 일몰(日沒)에 의해 스스로를 드러내는 것이다. "일몰 위에 걸터앉으신 주님을 찬미하라."(시편68,5)고 말한다. 그것은 어둠 가운데 빛이 빛나고, 어둠이 광선으로 바뀌어, 검은 것이 다시 아름답게 되기 위함이다. 텍스트가 조리 없다고 여겨지는 곳은 다음과 같은 의미를 취하면 조리가 선다. "나를 포도밭 파수꾼으로 만들었습니다"라고 말하고 있는 것은, "그들은 예루살렘을 헛간으로 만들었다."(시편79,1)와 같은 것이다. 사람이 쉽게 생각하는 것과 달리, [58] 그들이 그녀를 하느님의 포도밭의 파수꾼으로 세운 것이 아니라, 세운 것은 하느님이고, 그들은 다만 그녀 안에서 싸워, 그녀를 포도밭의 천막과 오이밭의 초소에(이사야1,8) 둔 것뿐이다. 불순종에 의해 지켜야할 과일을 빼앗기고, 지켜야할 것이 그녀 안에 없으므로, 비참한 광경이 되어버렸다. 하느님은 인간을 낙원에서 일하고, 그것을 지키도록 세우셨기에(창세기2,15), 신부는 말한다. 하느님이 내 영혼을 생명 안에 세우셨을 때(생명은 낙원의 즐거움이며, 거기서 하느님은 사람을 일하게 하고, 그것을 지키도록 두셨다), 적은 낙원의 지킴으로부터 내 영혼을 그들의 포도밭을 돌보도록 옮겨놓았다. 그 밭의 포도송이는 쓰고, 또한 그 송이들은 분노를 기르고 있었다.

 소돔의 포도밭은 그러한 것이었다. 소돔과 같이 단죄 받은 고모라는 그러한 어린 가지였다. 그들에 의해, 치유할 수 없는 뱀의 분노는 소돔의 악한 술통에 넘칠 만큼 부어졌다(신명기32,32-33;요엘4,13). 지금까지도 그러한 포도밭을 망보거나, 지키거나 하는 사람들이 많이 있는데, 그들은 악을 상실하는 것을 두려워하는 것처럼, 열심히 정념을 스스로 지키고 있다. 그들은 경건하지 못함과 탐욕에 의해 일하는 우상숭배의 악한 지킴이이다. [59] 또한 부정(不正)을 빼앗기는 것이 손실이라고 생각하여 악한 일을 지키는 데에 급급하다. 또 다른 경우, 마찬가지로 정념 안에 쾌락이나 오만함이나 허영 같은 종류의 것을 받아들이는 사람들이 있다는 것을 볼 수 있다. 또 그러한 악한 것을 마음을 다해 지키며, 결코 영혼을 악으로부터 정화하지 않는 것을 이익이라고 하는 사람들을 볼 수 있다. 그래서 신부는 다음과 같이 말하며 탄식한다. 「나는 원수의 가라지(마태오13,25)와 그 악한 어린 가지들을 지키다가 검게 되었다. 그 일로 바빠서 내 포도밭은 지킬 수 없었던 것입니다.」

 '자신의 포도밭을 지킬 수 없었다'는 것은, 그것을 감각적으로 듣는 자에게는 얼마나 큰 슬픔을 불러일으키는가. 이 음성은 참으로 탄식이며, 그 탄식은 예언자에게 동정심을 일으켜, 비통하게 만든다. 어찌하여 신심 깊은 도시 시온은 숱한 시련으로 창녀가 되었는가? 시온의 딸은 어찌하여 포도밭 안에 있는 천막처럼 버림받았는가? 예전에 사람들로 가득 차있던 도시가 어찌하여 버려지고, 토지를 지배하고 있던 자가 공물을 바치게 되었는가? [60] 어찌하여 황금이 빛을 잃고, 아름다운 은(銀)이 변했는가?(애가4,1) 처음에 진실의 빛에 의해 함께 빛나고 있던 그녀는 어찌하여 검게 되었는가?

그녀는 말한다.「그러한 일 모두가 나에게 일어난 것은, 내가 포도밭을 지킬 수 없었기 때문입니다.」

불사(不死, athanasia)는 포도밭이며, 부동심이나 하느님을 닮는 것, 또한 온갖 악에서 멀리 떠나는 일도 포도밭이다. 이 포도밭의 열매는 정결함이다. 그것은 햇빛에 덥혀져 형태를 이루고, 영혼의 감각기관을 정결함 안에서 감미로운 것으로 만드는 빛남이며, 잘 익은 포도송이이다. 포도덩굴은 영원한 생명에 감겨있고, 그것과 본성을 같이 하며, 싹을 내미는 어린 가지는 천사의 높이에로 올라가는 덕의 극치이다. 움튼 잎은 온화한 흔들거림에 의해, 어린 가지 위에서 미끄럼을 타고 놀며, 영(靈)과 함께 피어나는 하느님의 덕들의 다채로운 장식이 된다. 그녀는 말한다.「나는 이 모두를 얻고, 기쁨 안에서 그 빛남을 받았지만, 포도밭을 지키지 않았기에, 슬픔 안에서 검게 되었다.」그것은 정결함에서 내쫓기어, 검은 형태를 둘렀기 때문이다. (피부는 그러한 형태를 한 웃옷이었다〈창세기3,21〉.) 그러나 지금 다시 정의는 나를 사랑하여, 나는 아름답고 또한 빛의 모습을 취했으므로, 나는 그 행운을 의심하지만, 밭을 확실한 방법으로 지키는데 실패하여, 다시 무지에 의해 아름다움을 잃는 일은 없을 것이다.

[61] 그 때문에 그녀는 딸들과의 말을 멈추고, 기도로 신랑의 이름을 부르며, 그를 그리워하며 찾는 심경을 알리고자 한다. 무슨 말을 하려는 것일까? "알려주세요, 내 영혼이 사랑하는 이여, 당신이 어디서 양을 치시는지, 한낮에는 어디서 양 무리를 쉬게 하시는지. 나 당신 동료들의 양 무리 사이를 헤매고 다니지 않도록."(1,7)「무리 전체를 어깨에 메신 착한 목자여, 당신은 어디서 양을 치고 계십니까? 당신이 어깨에 멘 한 마리 양은 우리 인간 본성 전체입니다. 어린 가지가 있는 장소를 나에게 보여주세요. 쉬시는 물터를 알려주세요(시편23,2). 기르시는 풀밭으로 나를 이끌어주소서. 당신의 양인 내가, 당신의 음성

을 알아들을 수 있도록, 내 이름을 불러주소서(요한10,16). 당신의 목소리로 영원한 생명을 내게 주소서. 내 영혼이 사랑하는 이여.」

「나는 이처럼 당신을 부릅니다. 당신의 이름(onoma)은 모든 이름 위에 뛰어난 이름이기에(필립비2,9), 모든 이성적 본성으로는 형언할 수도 주워 담을 수도 없습니다. 그러므로 당신에 대한 내 영혼의 관계가 선하심을 드러내는 당신의 이름입니다. 이토록 나를, 그것도 시키면 나를 사랑해주시는 당신을 어찌 사랑하지 않고 배길 수 있겠습니까. 당신은 목숨을 당신이 치시는 양들을 위하여 버리십니다. 그보다 더 큰 사랑은 생각할 수 없습니다(요한15,13). 당신의 목숨을 나의 구원과 바꾸어주셨으므로. [62] 그러니 어디서 당신이 양을 치시는지 알려주세요」라고 말한다. 「구원의 목장을 발견하여, 내가 천상 양식으로 길러지기를. 그것을 먹지 않으면 생명 안으로 들어갈 수 없습니다. 샘이신 당신께로 달려가, 당신이 목마른 자를 위하여 뿜어내시는 하느님의 물을 마십시다. 물이 옆구리에서 흘러나오고, 창이 그 혈관에 입을 벌려(요한19,34), 그것을 맛보는 자는 영원한 생명에로 솟구치는 물의 샘이 됩니다(요한4,14). 만일 당신이 거기서 나를 지켜주신다면, 내가 한낮 평화로이 그림자 없는 빛 가운데 누워 잘 때, 당신은 나를 온전히 쉬게 하실 것입니다. 한낮에는 머리 위에서 쨍쨍 내리쬐는 해 때문에 그림자는 없고, 당신이 자기 자식을 자신과 함께 침상에 데리고 가면, 당신이 풀을 먹이고 있는 것도 쉬게 되는 것입니다.」

빛의 자녀나 낮의 자녀가 되어있지 않으면 누구도 한낮의 휴식을 취하는 데 부족하다(1데살로니카5,5). 해질녘과 동틀녘의 어둠(즉 악의 시작과 끝 무렵)으로부터 자신을 멀리하고 있는 자는 한낮의 정의의 태양에 의해 쉬게 될 것이다(말라기3,20). 신부는 말한다.「어디서 내가 풀을 뜯으면 좋을지 가르쳐주십시오. 한낮의 휴식의 길을 보여주십시오. 그렇지 않으면, 내가 좋은 이끄심으로부터 벗어나, 헤매며 진실을 모르게 됩니다. 또 당신의 다른 무리와 마찬가지로 지킴을 받지 못할 것입니다.」 [63] 그녀는 이 말을 하느님이 그녀에게 주신 아름다움을 걱정하며 말하고 있는데, 그 아름다움이 어찌하면 그녀 곁에 죽 머무를 수 있는지를 배우려고 생각하고 있다. 하지만 그녀는 아직 신랑의 목소리에 상응할 만한 것은 아니다. 하느님은 그녀에게 어떤 일이 일어날지 미리 잘 알고 계시기 때문이다. 기쁨의 서곡이 그녀의 욕구에 보다 강한 갈망의 불을 지피면, 그 갈망에 의해 기쁨은 점점 커지는 것이다.

그러나 신랑의 친구들은 그녀에게 충고하며, 신부의 미래의 선의 확실한 상황을 말한다. 그들의 말은 불분명한 채로 가리어져있다. 텍스트는 다음과 같이 표현되어있다.

"여자들 가운데서도 아름다운 이여, 만일 그대가 자기 자신을 모른다면, 양 무리의 발자국을 더듬어, 천막으로 가, 새끼염소들에게 풀을 뜯게 하시오."(1,8) 그 말의 의미는 앞에서 조사하여 동의한 것으로부터 분명하다. 그러나 말의 조합은 불분명해 보인다. 그럼 그 천막의 의미는 무엇인가? 우리에게 있어서 가장 확실한 안전 보장 (phylakterion)은 자신에 대해 무지하지 않다는 것이며, 자신과 관계 없는 것을 보고 자신을 보고 있다고 생각하지 않는 것이다.[24] 그러한 일은 자신을 잘 살펴보지 않는 자에게서 일어난다. 그들은 힘이나 아름다움, 영광, 주권, 부(富)에 의한 이익이나 허영, 오만함, 몸의 크기, 아름다운 자태 등 그들 안에 있는 것을 보고, [64] 그것들

---

24) 무엇보다도 중요한 것은 '자기 자신을 아는 것'이다. 그것은 소크라테스에게 '무지의 지'를 깨우치게 한 델포이 신전에 새겨진 글이기도 했다. 자기 자신을 아는 것만큼 쉽고도 어려운 일은 없다. 자기를 자기가 아닌 것으로부터 구별하여, 자신의 내면까지 탐구를 깊이 하는 자는 거기서 하느님과 만난다.

이 그들 자신이라고 생각하고 있다. 그러므로 그렇게 말하는 사람은 갈팡질팡하는 파수꾼으로, 타인의 것인 상태를 부주의하게도 자신의 것으로 간주하고 있다. 대관절 어찌하면 좋을지 모르는 것을 사람이 어찌 지킬 수 있단 말인가. 그러므로 우리 안에 있는 선의 가장 확실한 안전 보장은 자기 자신에 대하여 무지하지 않다는 것이며, 각 사람은 자신을 있는 그대로 알고, 자기 자신을 자기에게 붙어있는 것으로부터 정확하게 구별해야 하는 것이다. 자기 자신 대신에 모르고 타인의 것을 지키고 있는 일이 없도록 해야겠다. 왜냐하면 현세의 생명을 바라고, 현세의 가치가 지킬 만한 것이라고 판단하는 자는 자신의 것을 타인의 것과 구별하는 일을 모르기 때문이다. 또한 지나가 버리는 것은 그 어떤 것도 우리의 것이 아니기 때문이다. 한 때일 뿐이며 흘러가 버리는 것을 어떻게 사람이 붙잡을 수 있단 말인가. 가지적이고 비질료적인 본성이라고 하는 한 가지만이, 동일한 상태에 있고, 물질적인 것은 일종의 흐름이나 운동에 의해 항상 변하고 이동하며, 단단히 서있던 것으로부터 분리된 것은 불완전한 것에 의해 완전히 실려 가는 일은 필연이다. 지나가버리는 것을 추구하여, 단단히 서있던 것을 버리고 가는 자는, 후자를 놓고, 전자를 꽉 붙잡을 수 없다고 하는 양면에서 온전히 길을 그르치는 것이다.

[65] 따라서 신랑의 친구는 다음과 같이 충고한다. "여자들 가운데서도 아름다운 이여, 만일 그대가 자기 자신을 모른다면, 양 무리의 발자국을 더듬어, 천막으로 가, 새끼염소들에게 풀을 뜯게 하시오." 이것은 무슨 말인가? 자기 자신을 모르는 자는 양의 무리를 남겨두고, [그리스도에 의해] 왼편으로 내몰린 염소를 치고 있다(마태오25,33). 이처럼 착한 목자는 오른편에 양 무리를 세우고, 염소를 좋은 할당에서 제외하여 왼편에 두는 것이다. 그래서 신랑의 친구의 충고로부터, 사물의 본성 그 자체를 보는 것, 그릇된 발자취에 의해

진리라고 하는 목표를 벗어나지 않는 것을 배우는 것이다. 이것들에 관해서 명백한 설명을 해야만 한다. 많은 사람들은 스스로 사물의 본성(ta pragmata physeos) 그대로를 판단하지 않고, 이전에 살았던 사람들의 습관을 보고, 사물에 대한 건전한 판단에 실패하여, 분별 있는 생각이 아니라, 비이성적인 습관을 선한 것의 기준으로 삼고 있다. 거기서부터 힘과 주권을 가지고, 이 세상의 명성을 얻으려고 자기 자신을 억지로 권한다. 또한 물질적인 것을 두텁게 평가하나, 그것들이 후세에 무엇으로 귀착할지는 분명하지 않다. [66] 왜냐하면 습관은 장래에 대한 확실한 보증이 아니고, 그 끝은 양의 무리가 아니고, 종종 염소 곁에 이르기 때문이다.

　복음서에 기록된 대로 그대에게는 그 의미가 분명할 것이다. 인간 본성에 고유한 것(즉 이성)을 보는 자는 비이성적인 습관을 경멸하고, 영혼에 유익이 되지 않는 것을 선으로 취하지 않는다. 따라서 이 지상에서 살 때에는 우리보다 앞서 걸은 사람들이 있었다는 것을 그 발자취로 안다고 해도, 가축의 발자취를 찾을 필요는 없는 것이다. 왜냐하면 눈에 보이는 것으로부터 가치 있는 것을 [선택하는] 판단은, 우리가 삶의 밖으로 나갈 때까지는 불분명하고, 밖으로 나가서야 비로소 누구의 발자취를 따랐는지 알 수 있기 때문이다. 그런데 사태 그 자체로부터 선과 악을 구별함 없이, 자기보다 앞서 걷고 있던 자의 발자취를 따라, 현세의 지나가 버리는 습관을 자신의 생명의 인도자로 삼는 자는, 종종 정의의 심판 때에는 양 대신에 염소가 된다는 것을 잊고 있는 것이다. 그러므로 친구들이 다음과 같이 말하고 있는 것을 들어야만 한다. 「영혼아, 너는 검었지만 아름답게 되었다. [67] 만일 그 아름다운 모습의 은혜가 영원히 이어지길 바란다면, 네 앞에 걷고 있던 자들의 발자취에 미혹되어서는 안 된다. 왜냐하면 발자취를 통해서 그 길을 걸어가 버린 사람들이 네게는 보이지 않으므로, 네가 이제부터 따라가는 눈에 보이는 길이 염소의 것인지 아닌지 분명치 않기 때문이다. 이 삶이 지나가고, 죽음의 울타리 안에 갇혀버리고 나서, 평생 네가 모른 채 그 발자취를 따르고 있었던 염소 무리의 한패가 되어버리지 않기 위함이다.」

"여자들 가운데서도 아름다운 이여, 만일 그대가 자기 자신을 모른다면, 양 무리의 발자국을 더듬어, 천막으로 가, 새끼염소들에게 풀을 뜯게 하시오"라고 말한다. 이 텍스트의 다른 판에 의하면, 이 말의 조합이 일관되지 않은 것은 아니라는 것을 보다 확실하게 이해할 수 있다. 그것에 의하면, "여자들 가운데서도 아름다운 이여, 만일 그대가 자기 자신을 모른다면, 양 무리의 발자취로부터 나와, 양 무리의 천막 앞에서, 새끼염소들에게 풀을 뜯게 하시오"라고 되기 때문이다. 따라서 그러한 말로 표현된 생각은 앞에서 언급한 문장의 관상과 정확히 일치한다. 즉 그러한 일로 그대가 곤란하지 않도록, 자기 자신에게 주의하시오, 라고 이 텍스트는 말하고 있다. 그것이 선한 것의 확실한 안전 보장이기 때문이다. [68] 다른 피조물을 초월하여 그대가 얼마나 창조주에게 귀하게 여겨지고 있는지를 알아야한다. 창조주는 하늘도, 달도, 태양도, 별의 아름다움조차도, 또한 그 밖의 어떤 피조물도 하느님의 모습(eikon tou theou)으로 삼지 않았다. 그대만이 일체의 지성을 초월하는 본성의 복사(複寫), 썩는 일이 없는 아름다움의 닮은꼴(kallous homoioma), 참된 신성의 각인(theotetos apotypoma), 행복한 삶의 보유자, 그리고 참 빛의 인장(印章)이 되었다. 그분을 봄으로써 그대는 계신 그대로의 그분처럼 된다. 그대의 정결함으로부터 반사하는 광선을 통해서, 그대 안에서 빛나고 계신 분을 그대는 닮는 것이다(2고린토4,6).

이리하여, 존재하고 있는 그 어떤 것도, 그대의 크기에 필적할 만큼 큰 것은 없다. 하늘 전체는 하느님의 손안에 쥐어져 있고, 땅과 바다는 하느님의 손바닥 위에 있다. 하느님은 그처럼 위대하시고, 그렇게 일체의 피조물을 손안에 쥐고 계시지만, 그분 전체는 그대 안에 들어와, 그대 안에 살고, 그대의 본성 안에 진입해서도 결코 좁혀지는 일이 없다. 그리고 말씀하신다. "나는 그들 안에서 살며, 그들과 함께 걷는다."(2고린토6,16) 만일 그대가 이것을 생각한다면, 이 지상의 어떤 것에도 눈을 멈추는 일이 없을 것이다. [69] 무엇을 말하려는 것인가? 그대가 하늘을 놀라운 것이라고 생각하지 않도록 하기 위함이다. 사람아, 그대는 자신이 하늘보다도 한층 견고함을 보고 있으면서도, 어찌하여 하늘을 보고 놀라는가. 그것들은 지나가 버리지만(마태오24,35), 그대는 항상 계시는 분과 함께 영원히 있을 것이기 때문이다.

　땅의 면적과 무한히 펼쳐진 바다를 보고도 놀라지 마라. 그대는, 그것들이 그대의 생각에 충실히 따르는 두 마리의 어린 말을 모는 기수처럼, 그것들을 지배하도록 명함 받고 있다. 땅은 그대에게 살아가는 데 필요한 것을 제공하고, 바다는 유순한 망아지처럼 그대에게 등을 내밀어, 사람이 그 전사(戰士)가 되기를 기다리고 있다. "여자들 가운데서도 아름다운 이여, 만일 그대가 자기 자신을 알고 있다면", 세계 전체를 경멸하고, 끊임없이 비(非)질료적인 선을 보아, 인생의 그릇된 발자취를 무시할 것이다. 그러므로 항상 자기 자신에게 주의하라. 그릇된 염소의 무리에 들지 않도록, 또 심판 날에, 양이면서도 염소라고 판단 받지 않도록. 또한 왕좌의 오른편에서 물리쳐지지 않도록. 그리하면 더부룩한 털을 가진 유순한 양에게 말하는 다음과 같은 감미로운 음성을 들을 것이다. "내 아버지께 복을 받은 이들아, 와서, 세상 창조 때부터 너희를 위하여 준비된 나라를 차지하여라."(마태오25,34) 우리 주 그리스도 예수 안에서 우리가 그 왕국에 합당한 자가 되기를.
　주 그리스도께 영광이 처음과 같이 이제와 항상 영원히. 아멘.

제 3 강화

[신랑]

[1.9] 나의 가인(佳人)이여,
　　　파라오의 전차에 맞선 나의 말(馬)에
　　　그대를 비기리.

[1.10] 왜 그대의 뺨은 산비둘기처럼,
　　　그대의 목은 목걸이처럼
　　　화려한 것일까.

[1.11] 은장식 징이 박힌 금상(金像)을
　　　그대에게 만들어주리.

[신부]

[1,12] 임금님이 잔칫상에 비스듬히 누워 계시는 동안,
　　　나의 나르드는 향기를 뿜고 있었다.

[1.13] 내 연인은 몰약이 든 주머니,
　　　내 젖가슴 사이에서 밤을 지새네.

[1,14] 내 연인은
　　　가디의 포도밭에 피는
　　　헨나 나무의 꽃송이.

[70] 이 텍스트를 읽기 전, 「아가」의 첫머리에서 고찰된 것은, 밤이 막 지나고 새벽 동이 트면서 비치는 서광(曙光)과도 유사하다. 그것은 순수한 빛이 아니고, 빛의 서곡(序曲)이다. 그러한 어조에서, 우리는 참 빛이 떠오름을 알지만, 우리 자신 안에 뚜렷이 빛나는 둥근 태양 그 자체를 지니고 있는 것은 아니다. 그 첫머리의 말 가운데서는, 신부나 친구, 딸들이 말하지만, 지금은 신랑의 음성이 둥근 태양처럼 떠올라, 그 빛나는 광선에 의해 별빛과 동틀 무렵의 빛은 덮여 가리어진다. [71] 그러한 것 모두는 무언가를 정화하고, 씻는 힘을 가지고 있어, 그것에 의해 영혼은 정화되어, 하느님을 받아들일 준비를 한다. 그런데 하느님의 말씀(logos) 그 자체는 그 음성을 통하여 듣는 자에게 깨끗한 힘의 친교(koinonia)를 주시므로, 이 「아가」의 말은 신성 그 자체에 참여하고 있다. 이것은 마치 시나이 산에서 이스라엘 사람이 이틀간 미리 정화되어(출애굽기19,10), 삼 일째 동틀 무렵, 하느님의 현현에 걸맞는 자가 된 것과도 같다. 그들은 더 이상 웃옷을 빠는 일에 구애받지 않고, 하느님을 위하여 영혼의 더러움을 미리 깨끗이 씻어버리고, 하느님을 명백한 방식으로 영접한 것이다. 이리하여 지금, 「아가」 첫머리 말의 고찰은, 그 앞의 이틀이라고 하는 것을 고려한다면, 육의 더러움으로부터 그 말들의 이해를 씻어서, 정화하여 주는 도움이 되는 것이다.

오늘 즉 제1일과 제2일 뒤의 제3일에, 하느님의 말씀 그 자체는 정화된 영혼에 나타날 것이다. [72] 하느님은 어둠이나 폭풍, 나팔소리나 산 밑에서 정상까지 연기를 내는 무서운 불에 의해 그 현존을 알리고, 나타나시는 것이 아니라, 그 무서운 모습으로부터, 달콤하고 접근하기 쉬운 혼례의 경사스러움으로 모습을 바꾸는 것이다. 신부가, 착한 목자가 휴식의 시간을 어디서 보내는지 그 장소를 알고 싶다고 물었을 때, 신부가 더 이상 무지(agnoia)로 인해 달갑지 않게 무언가를 겪지 않도록, 신랑의 친구들은 진리의 확실한 규범을 설명한다. 즉 영혼은 자신을 지켜보고, 자신을 알아야한다. (왜냐하면 자기를 모른다고 하는 것은, 무엇보다도 사람이 알아야할 것을 모른다는 것의 시작이자 결과라는 것을 보여주고 있기 때문이다. 사람이 자신에 대해 무지이면서 어떻게 무언가를 배울 수 있을까.) 그 위에 영혼의 지배적인 부분이 충분히 정화되어 있으면, 말씀은 그를 몹시 원하는 자에게 태양처럼 떠올라, 이미 존재하는 것을 받아들임으로써 보다 완전한 것에로 향하도록 격려하는 것이다. 왜냐하면 올바로 행해진 것을 칭찬하는 것은, 보다 좋은 것에 대한 강한 바람을, 올바르게 행한 자에게 불러일으키기 때문이다.

[73] 그런데 참다운 말씀으로부터 처녀에게 하신 말은 무엇일까? "나의 가인(佳人)이여, 파라오의 전차에 맞선 나의 말(馬)에 그대를 비기리."(1,9) 그러나 말해진 것의 의미를 고찰하는 것은 쉽지 않으므로, 텍스트를 따라 주의 깊게 조사해야만 한다. 역사 이야기(historia)가 말하는 바에 의하면(출애굽기14,16-29), 파라오의 말에 대립하는 별도의 힘을 우리는 알고 있다. 즉 구름, 홀(笏), 격렬한 바람, 둘로 나뉜 바다, 흙먼지처럼 마른 바다 밑, 파도의 벽, 물의 벽 한가운데서 마른 땅이 된 심연이다. 그것들 모두에 의해 이스라엘 사람들에게는 구원이 왔다. 반면 말과 전차와 함께 파라오의 군대 모두는 물에 잠겨버렸다. 그런데 어떠한 말의 힘도 이집트 군대에 대치시킬 수 없기에, 이집트의 전차에 대항하여 한결 돋보이는 어떤 말에 이 신부가 지금 말씀에 의해 비유되고 있는가를 안다는 것은 어렵다. 확실히 「파라오의 전차와 싸워 승리한 나의 말에 그대를 비유한다, 나의 가인이여」라고 말하고 있기 때문이다. 해전에서 해군이 적의 군대를 격침시키지 않으면, 완전히 이겼다고 할 수 없는 것이 분명한 것처럼, [74] 말에 의해 적과 대치하는 힘이 없으면, 기마전(騎馬戰)에

서 완전히 이기는 일도 없을 것이다. 그런데 말은 이집트군의 최강의 것이므로, 이집트인에 대한 승리를 보이지 않는 방식으로 인도한 힘을, 텍스트는 말이라고 부르고 있다. 왜냐하면 이집트인도 또한 그 싸우는 힘을 지각한 바가 있어, 「주님이 이집트인과 싸우고 있다, 주님의 면전에서 도망치자」라고 서로 말하며 울부짖었기 때문이다. 참다운 지휘관은 적의 장비에 따라 자기 군대의 힘을 갖춘다는 것은 분명하다. 따라서 보이지 않는 힘이 해상에서 놀라운 기적으로 이집트인들을 멸한 것이며, 그것을 텍스트는 말이라고 부르고 있는 것이다. 우리는 그것을 예언자가 말한 천사의 군대라고 상상한다. 즉 "당신의 말에 올라타십시오. 당신이 말에 올라타시면 구원이 됩니다."(하바꾹3,8) 그러나 다윗은 하느님의 전차를 언급한다. "하느님의 전차는 수만 수천"(시편68,18). 거기에는 수만 수천마리의 멋지게 길러진 말들이 매여져있다. 나아가 예언자 엘리야를 지상에서 천상까지 떠오르게 한 힘은 성경[2열왕기2,11]에 의하면 말이라는 이름으로 불리고 있고, 그 예언자를 역사서는 이스라엘의 전차와 기수(騎手)라고 말한다. [75] 또한 세상을 두루 다니며, 온 세상이 평온하게 지내고 있는 모습을 보는 사람들을 예언자 즈가리야는 말이라고 부르는데, 그 사람들은 두 언덕 사이에 있는 사람(천사)에게 말을 건넨다(즈가리야1,10-11). 따라서 전 세계를 소유하고 계신 분은 말을 가지고 계시다. 말은 예언자를 높이 올리고, 사람들의 주거지를 설정하고, 전차에 매이고, 어떤 때는 인간의 구원을 위하여 하느님을 그 등에 태우고, 또 어떤 때는 이집트 군대를 침몰시키는 것이다. 따라서 하느님의 말에는 그 활동에 가지가지 차이가 있다. 이집트 군대를 괴멸시킨 말에는 덕(德)의 경기를 통해 하느님께 가까이 가는 [영혼이] 빗대어지는 것이다. 그래서 텍스트는 다음과 같이 말하는 것이다. "나의 가인(佳人)이여, 파라오의 전차에 맞선 나의 말(馬)에 그대를 비기리."

이 텍스트에는 많은 찬사(epainos)가 포함되어있다. 말에 비겨서 말한다는 것은 올바르게 행해진 것들의 일람표와도 같은 것이다. 그것은 이스라엘이 이집트에 머무르고 있던 때의 일을 상기시키는 것이 있기 때문이다. 즉 예속, 왕겨, 진흙, 벽돌 만들기, 흙을 사용하는 모든 일, 이러한 일의 엄격한 감독, 그들에게 매일 벽돌의 할당량을 요구하는 자들. 그 때문에 물은 피가 되고, 빛은 어두워지고, [76] 개구리가 집안에 들어오고, 부뚜막의 그을음은 몸에 물집을 만들고, 메뚜기, 벼룩, 싸라기눈, 맏아들의 재난이라고 하는 모든 불행이 있다. 그것을 통해서 이스라엘인에게 구원이 온 이 모두와 역사 이야기가 강하게 보여주는 비슷한 예들은, 하느님에게 결합한 영혼들을 위한 칭찬의 기초인 것이다. 왜냐하면 영혼이, 악한 이집트인을 괴멸시키고, 이스라엘을 악한 전제정치에서 자유롭게 한 저 힘에 비유된 것은, 이 모든 일 즉 이집트인을 괴멸시키고, 이집트의 진흙에서 약속의 땅으로 주거를 바꾸는, 하느님에로의 여정의 준비가 영혼에 의해 성공하였기 때문이다.

그런데 신적인 사도가 바로 말하고 있듯이(1고린토10,11), 하느님의 숨을 받은 책이 담고 있는 모든 것은 우리에 대한 훈계로서 쓰인 것이기에, 신부에게 말해진 것을 통해서, 이 텍스트는 우리에게 충고를 준다. 즉 우리는 말처럼 자기 위에 안장과 함께 말씀을 받아들이고, 그 전차를 끌며, 전사를 태운 이집트 말과 싸워, 그 악한 힘 전부를 물밑으로 끌어들여 고통을 주어, 얼룩처럼 대항하는 군대를 물속에 내던지는 힘과 닮은 것이 되어야만 한다.

[77] 말해진 것을 우리가 보다 정확히 배우는 것은 다음과 같다. 만일 사람이 신비적인 물(hydor)에 의해 적에의 예속으로부터 해방되지 않는다면, 이집트의 전차를 깊은 바다 속에 던져 넣은 말에 비유될 수 없다. 사람은 일체의 이집트적인 생각, 일체의 이국의 악이나

죄를 물 한가운데 던져버리고, 깨끗하여져서 떠올라, 그 이후의 삶에 이집트적인 의식을 가져와서는 안 되는 것이다.[25] 왜냐하면 이집트인들에게 가해진 타격들-피, 개구리, 물집, 어둠, 메뚜기, 벼룩, 싸라기눈, 하늘로부터 불이 내려옴, 또한 역사 이야기의 말이 상기시키는 그 밖의 것들-로부터 깨끗이 정화된 자는 말씀이 그 위에 올라타는 저 힘에 비유되기에 합당하기 때문이다. 그런데 어찌하여 이집트인에게 피의 타격, 개구리의 역한 냄새, 빛이 어둠으로 바뀐 일 또한 그러한 일 모두가 발생하였는지를 우리가 아주 모르는 바는 아니다. 왜냐하면 어떠한 나라의 생활을 통해서 피가 생겨났는지, 즉 처음에는 마시기에 적합하였지만, 썩은 물로 변했다고 하는 저 이야기를 누가 모르겠는가. 또한 무슨 짓을 저질러 자기 집에 개구리의 역한 냄새를 발생시키고, 어떻게 하여 밝은 삶을 밤을 좋아하는 그림자의 소행으로 바꾸었는가를 모르겠는가. 그러한 사악한 삶으로 인해 게헨나의 가마솥은 단죄 받은 악행의 물집을 끓이는 것이다. 이리하여 이집트에서 발생한 각각의 악한 사항들은 쉽게 사람을 타일러, [78] 듣는 자를 아주 얌전하게 만들 수 있는데, 우리가 이에 동의한다면 긴 설명은 필요 없을 것이다. 우리가 그러한 것들을 이겨내고, 하느님께 가까이 가게 되기만 한다면, 우리 또한 다음과 같은 말을 확실히 들을 것이다. "나의 가인(佳人)이여, 파라오의 전차에 맞선 나의 말(馬)에 그대를 비기리."

그러나 말에 비유하는 일은 절도 있는 정결한 삶을 보내온 자를 아마 난처하게 할 것이다. 왜냐하면 많은 예언자들은 우리가 말에 비유하는 일을 금하고 있기 때문이다. 즉 예레미야는 간통에의 열광을 말이라는 이름으로 지적하며, "그들은 욕정에 불타는 말이 되어, 이

---

25) 물에 얽힌 이 이미지는 세례를 시사하고 있다.

웃집 아내를 좇아다니며 힝힝거린다."(예레미야5,8)고 말하고 있다. 또한 위대한 다윗도 말이나 노새처럼 되는 것은 두려운 일이라고 하며(시편32,9), 그러한 짐승의 턱(siagon)을 고삐와 재갈로 죄어 매도록 권하고 있다.[26] 그러기에 거기에 이어지는 텍스트에서 [「아가」 저자는] 다음과 같이 말하며 그러한 생각을 완화시키고 있다. 즉 그대가 비록 말이어도, 그대의 턱은 죄어 매기 위해 고삐와 재갈을 필요로 하는 것은 아니다. 산비둘기의 깨끗함으로 그대의 뺨(턱, siagon)은 아름답게 되어있다. 왜냐하면 "왜 그대의 뺨은 산비둘기처럼, 화려한 것일까?"(1,10) 하고 말하고 있기 때문이다. [79] 그러한 일을 주의 깊게 보아온 자의 증언에 의하면, 그 새는, 만일 자기 짝과 헤어지면, 홀로 남아 마치 자연스럽게 정절을 지키듯 결코 다른 짝을 찾지 않는다는 것이다. 이 때문에 그 산비둘기는 말씀에 의해 수수께끼 같은 찬사 안에 포함되고, 하느님의 말의 턱을 위한 재갈 대신에 산비둘기의 뺨에 대한 비유가 있으며, 그것이 의미하는 바는 정결한 삶이 그러한 말(馬)에 어울린다는 것이다. 그러므로 말씀은 놀라운 방식으로 신부를 향하여, "왜 그대의 뺨은 산비둘기처럼, 화려한 것일까?" 하고 말하고 있는 것이다.

그는 거기에 또 비유로 별도의 찬사를 덧붙여 이렇게 말하고 있다. "그대의 목은 목걸이처럼"(1,10) 일단은 비유적인 용어를 사용하여, 말에서 본 것들을 가지고, 그는 신부를 찬미하려고 하고 있다. 그는 그녀의 목이 기막히게 좋은 어린 말에서 보는 듯한 원형을 하고 있다고 칭찬한다. 작은 목걸이를 언급하는 것은 원(圓)을 말하기 위함인데, 그 목 주위의 원형은 어린 말을 보기에 한층 아름답

---

26) 하나의 말로 번역할 수 없기에, 말(馬)과 산비둘기로 나누어 번역하고 있으나, 본래는 동일한 siagon이 말에도 산비둘기에도 사용되고 있다.

게 만들어주는 것이다. [쇠사슬을 가리키는] 호르모스(hormos)라고 하는 말은 정확히는 해변이 초승달 모양으로 안으로 휘어져있는 장소를 말하며, [80] 그 가슴에 바다를 받아들여, 바다로부터 들어오는 자를 쉬게 하는 곳이다. 은유로서 그 형태 때문에 목걸이는 사슬(hormos)이라고 말해지는 것이다. 우리가 사슬 대신에 적은 것을 가리키는 말(指少辭)로 목걸이(hormiskos)라고 말할 때, 그러한 어법으로 형태상 작은 것과 닮은 것이라는 것이 드러난다. 따라서 작은 사슬과 목이 닮았다는 것은 신부를 크게 칭찬하고 있음을 보여준다. 무엇보다도 먼저 어린 말은 그 목을 늘어뜨려서, 자신의 발밑을 보고 있다. 즉 돌과 부딪치거나 구멍에 빠지는 일이 없도록, 걸려 넘어지지 않고 안전하게 달릴 수 있도록 하고 있는 것이다. (자신에게 주의하고, 아주 안전하게 하느님에게로의 길을 서둘러 달려서, 그 도중에 있는 모든 방해하는 유혹을 넘어가는 영혼에 대한 작지 않은 칭찬이다.) 실제로는 호르모스가 본래의 이름이지만, —목걸이가 그 형태와 닮고 있으므로 호르미스코스라고 일컬어진다— 목이 목걸이에 비유될 때, 커다란 칭찬이 포함되어있는 것이다.[27] 그것에 의해 우리에게 성경이 분명히 하는 칭찬은 무엇일까? 항구는 항해하는 자에게 있어 반갑고 안전한 피난처이며, 바다에서의 힘든 일 뒤에 쉴 수 있는 잔잔한 안식처이다. 거기서 그들은 모두 해상에서의 나쁜 일들을 잊고 [81] 휴식하며, 고요함을 통해서 긴 노고를 위로하는 것이다. 그들에게는 난파의 두려움, 깊은 바다에 대한 불안, 해적의 위험, 바람의 소동은 없고, 바람 때문에 큰 파도가 너울거리는 일도 없다.

---

27) '호르모스'는 본문에 있듯이 쇠사슬이라든가 끈이다. 그것은 특별히 목 주위를 장식하는 것을 가리킨다. 또 그밖에 배가 피난하기 위해 머무는 장소를 의미한다. '호르미스코스'는 '호르모스'에서 유래하며, 작은 목걸이를 말한다.

폭풍우로 고생한 자는 그 모든 위험으로부터 멀어져 차분한 마음으로 부두에 있는 것이다. 거기서 만일 누군가가 자신의 영혼을 파도가 일지 않는 정밀(靜謐)함 안에 진정시키어, 악덕의 바람에 자극받지 않고, 높은 파도로 부풀어오르지 않으며, 분노의 파도로 거품이 일지 않고, 다른 정념의 파도에 내팽겨지지 않으며, 많은 정념의 파도를 일으키는 온갖 바람에 운반되지 않는다면, 즉 만일 영혼이 이와 같은 상태가 되어, 인생의 바다 안에서 온갖 종류의 악덕의 놀(큰 파도)로 시달린 자의 몸을 가다듬어, 그들을 위하여 순조롭고, 파도가 일지 않는 유덕한 생활을 펼친다면, 거기에 들어간 자들은, 난파의 재난에서 멀어져, 그리하여 말씀에 의해 올바르게도 많은 목걸이에 비유된다(목걸이의 복수형은 온갖 형태의 완전한 덕을 보여주고 있기 때문이다). 왜냐하면 만일 그녀가 단 하나의 목걸이에 비유되고 있다면, [82] 그 칭찬은 다른 덕을 증거하고 있지 않으므로, 아주 불완전하기 때문이다. 그러나 지금 많은 목걸이에 비유되고 있으므로, 그 말에는 온갖 덕의 증거가 모아져있다. 그리고 이것은 말씀으로부터 교회 전체에 향해진 일종의 충고이다. 즉 우리가 갖가지 선 가운데 어느 하나에 몰두하여, 나머지 올바른 행위들을 등한히 해서는 안 된다고 하는 충고이다. 만일 흡사 진주처럼 정결한 삶으로 목을 장식하고 있는 절제의 목걸이를 그대가 가지고 있다면, 또한 다른 목걸이도 가지고 있어야한다는 것이다. 즉 그 가운데 계율의 보석을 감싸, 그것으로 목의 아름다움을 몇 배나 되게 해주는 '열심'이라는 목걸이다. 그대는 또 다른 목걸이를 지녀야한다. 그것은 경건함 즉 건전한 신앙으로 영혼의 목을 둥글게 감는다. 이것은 하느님 인식의 순금으로 만든 금목걸이로, 그것은 목 주위를 빛낸다. 그것에 관해서「잠언」(1,9)은 말한다. "네 머리에 은혜의 관을, 목에 금목걸이를 받아라."

이 작은 목걸이에 의한 충고가 이상과 같다면, 이번엔 신랑의 친구들이 처녀에게 한 다음 말을 잘 고찰해볼 차례이다. [83] 그것은 이러하다. "은장식 징이 박힌 금상(金像)을 그대에게 만들어주리. 임금님이 잔칫상에 비스듬히 누워 계시는 동안."(1,11-12) 이 말들의 연결에 주목하는 사람에게는, 이 의미는 앞에서 우리에게 주어진 고찰과 일치하며, 연속하고 있다고 여겨진다. 그러나 이 텍스트는 깊은 비유적인 의미를 담고 있으므로, 수수께끼처럼 보이는 말로 나타나있는 곳이 파악하기 어렵게 되어있다. 왜냐하면 영혼의 아름다움은 이집트인의 전차를 파괴한 말에(그것은 천사의 군대인데) 비유되고, 아름다운 기수는 그 말의 재갈을 산비둘기의 뺨의 비유가 나타내는 정결함이라고 부르며, 목걸이는 덕에 의해 빛나고 있는 색색의 사슬로 만들어져있으므로, 친구들은, 은의 정결함으로 징 박은 말장식을 달아, 금상을 그 말의 아름다움에 덧붙이기를 바라고 있다. 그것은 은의 빛남이 금의 광택과 섞여서, 앞장식의 아름다움이 한층 더 두루 빛나도록 하기 위함이다.

  [84] 그러나 이 비유적인 표현을 그대로 놔두어, 우리에게 도움이 될지도 모르는 어떤 의미내용을 빠뜨리는 일은 없어야 할 것이다. 먼저 덕으로 정화된 영혼은 저 말에 비유되었다. 그러나 그것은 아직 말씀에 복종하고 있지 않고, 구원에로 향하여 그러한 말을 타는 자를 자기 위에 태우고 있지 않았다(하바꾹3,8;즈가리야9,9). 그것은 먼저 말은 충분히 장식되어야만 하고, 다음으로 임금을 안장에 받아들여야만 하기 때문이다. 즉 예언자가 말하는 대로, 말인 우리 위에 올라타, 우리의 구원을 위하여, 우리 위에 걸터앉아 말을 모는 주님이, 처음부터 그 말을 자신에게 잘 따르게 하고 있는지, 혹은 우리 안에 사시고, 함께 걸으며, 우리의 영혼의 깊은 곳까지 침투하여 가는 그분이 우리 안에 오시는지, 그 어느 쪽도 의미상의 차이는 없

다. 왜냐하면 그 양쪽 가운데 한쪽이 행해진 자에게 있어서는, 남은 한쪽도 함께 성취되기 때문이다. 그것은 자기 위에 하느님을 태우고 있는 자는 참으로 자신 안에도 하느님을 모시고 있으며, 또 자신 안에 하느님을 받아들인 자는 자신 안에 오신 분의 밑이 되어서 걸어가기 때문이다. 따라서 임금은 이 말 위에서 쉬려고 하신다. 이미 말한 대로, [85] 하느님의 힘 안에서는, 앉는 자리와 눕는 자리는 같은 것이다. 그 양쪽 가운데 어느 쪽이 우리의 자리이건 은혜는 같다. 임금의 시종들은 임금을 태우기 위하여 장식으로 말을 준비한다. 하느님이 보시기에는 어떤 자의 '안'에 있는 것과 어떤 자의 '위'에 있는 것은 마찬가지이므로, 비유적인 의미연관을 지금 제외하면, 준비하며 수행하는 자들은 말을 침대로 꾸미는 것이다. 왜냐하면 말해진 대로, 말의 형태를 아름답게 가다듬는 것으로서, 우리는 은으로 된 장식 징으로 금상을 만들어, 임금이 어좌가 아니라 자신의 침대에서 쉬시도록 할 필요가 있기 때문이다.

이 설명이 보여주듯이, 텍스트의 의미관련은 이러한 것인데, 어째서 임금은 금을 장식으로 가지지 않고, 금의 상(像)을, 또 은이 아니라, 금의 상에 새겨진, 은으로 된 장식 징을 지녔는지에 대해 고찰하지 않고서는 앞으로 나아가서는 안 될 것이다. 그러므로 우리가 고찰한 것은 이것이다. 말할 수 없는 본성에 대한 가르침은, 하느님에게 어울리게 숭고한 가르침을 최대한으로 표현하고 있는 것처럼 보여도, 금의 상이지, 금 그 자체는 아니다.[28] 왜냐하면 이성을 초월한 선은 정확히 보여줄 수 없기 때문이다. 비록 바울로와 같은

---

28) 하느님의 본성은 말할 수 없고, 파악할 수 없다. 그러므로 어느 정도 하느님에 관해서 정치(精緻)하게 말한다 해도, 그것은 하느님 그 자체를 표현하는 것은 아니고, 하느님과 비슷한 것으로서 머문다. 하느님의 본성(본질)은 피조물에게는 파악 불가능한 것이라는 견해는 동방 그리스도교의 하느님 인식의 출발점이다.

사람이 천국에서 말할 수 없는 신비의 비의전수(秘義傳授)를 받았어도(myetheis), 또 말로 표현할 수 없는 말을 들었어도(2고린토12,3-4), 하느님의 개념은 언표할 수 없는 것으로서 머무는 것이다. [86] 실제로 바울로는 그러한 개념을 나타내는 말은 말로 표현할 수 없는 (arretos) 것이라고 말하고 있다. 그런데 이 신비의 이해를 둘러싸고 우리에게 선한 생각을 불어넣어 주는 사람은, 하느님의 본성 그 자체가 어떠한지에 관해서는 기술할 수 없고, 그들이 말하고 있는 것은, 하느님의 영광의 반영, 하느님의 본성(hypostasis)의 완전한 출현(히브리1,3), 하느님의 형태, 시원(始源)에서의 말씀, 로고스이신 하느님(1요한1,1)이다. 저 [하느님의 본성]을 본 적이 없는 우리에게는 그러한 것 모두는 저 금의 보물처럼 보이고, 진실을 볼 수 있는 자에게는 금의 상으로 보이지, 섬세한 은장식 징 가운데 빛나고 있는 금이라고는 보이지 않는다. 은이란 말의 의미로, 성경이 "정의의 혀는 불타는 은이다."(잠언10,20)라고 말하고 있는 대로이다.

  이상에서 분명한 것은, 하느님의 본성(physis)은 사물을 파악하려고 하는 일체의 사고(dianoia)를 초월하고 있다는 것이다. 하느님의 본성에 관해서 우리가 얻는 개념(noema)은 탐구 대상의 닮은 모습이다. 왜냐하면 그러한 개념은, 누구도 본 일도 없고 또 볼 수도 없는 그분의 모습 그 자체를 보여주는 것이 아니라, 거울이나 수수께끼를 통해서(1고린토13,12), 무언가 유사함에 의해 영혼 안에 생긴, 찾고 있는 것의 어떤 반영을 묘사해내기 때문이다. [87] 이러한 개념을 표현하는 말은 모두 뾰족해진 폭(外延)이 없는 점과 같은 의미를 가지고 있는데, 그것은 사고(思考)가 바라고 있는 것을 보여줄 수 없기 때문이다. 모든 사고는 하느님의 사고보다는 낮은 것이며, 게다가 설명하려고 하는 말은 모두 사고의 폭과 함께 펼칠 수 없는 작은 점처럼 보인다. 그러한 개념을 통해서, 파악할 수 없는 것의 이해에로 오로지 신앙에 의해서 인도된 영혼은, 일체의 지성을 초월한 본성을 자기 자신 안에 살게 하지 않으면 안 된다고 말해진다. 그것이 신랑의 친구들이 말한 바이다. 즉 「영혼아, 참으로 말에 비유되는 네게, 진리와 닮은 형태를 만들어주마. (그것이 언어가 가진 은의 힘이다. 그 언어는 마치 불꽃(enausma)처럼, 정확하게 그 안에 있는 생각을 보여줄 수 없는 것이다.)」 그대가 그러한 것을 받아들이면, 그분께서는 그대 안에 사시게 되고, 그대는 신앙에 의해 그대에게 몸을 기울이고자 하시는 분의 가축이나 주거가 될 것이다. 왜냐하면 그대는 그분의 옥좌(玉座)이며, 집이 되겠기 때문이다. 아마 바울로의 영혼이, [88] 혹은 그처럼 된 누군가의 영혼이 그러한 언어에 어울린다고 말할 수 있을 것이다. 바울로는 한번 "선택된 그릇"(사도행전9,15)이 되자마자, 자기 위에 또 자기 안에 주님을 모시고, 여러 국민들과 왕들 앞에서 주님의 이름을 추어올림으로써, 임금의 말이 되고, 더 이상 자기 자신이 살고 있는 것이 아니라, 그 안에 그리스도가 살고 계심을 보여줌으로써(갈라디아2,20), 즉 자기 안에서 말씀하고 계시는 그리스도를 증명해 보임으로써, 파악할 수 없는 본성을 받아들이는 집이 되었던 것이다.

　이러한 은혜들을 신랑의 친구들은 정결한 처녀인 영혼에게 주었기에(그 친구들이란, 구원을 상속받으려는 자들에게 봉사하기 위하여 파견된 도움의 영들이다), 신부는 그 은혜들이 더해져 보다 완전한 자가 된다. 오히려 그녀가 찾는 분에 가까이 다가감에 따라, 그녀의 아름다움이 눈에 비치기 전에, 후각에 의하여 찾고 있는 분과 접촉한다. 후각의 능력에 의해 그녀는 그의 피부색을 식별하고, 나르드라고 불리는 향의 향기에 의해 그분의 냄새를 맡았다고 말한다. 그리고 그녀는 친구들에게 다음과 같은 말을 사용하여 말하고 있다. "나의 나르드는 향기를 뿜고 있었다."(1,12) [89] 그녀는 말한다.

「당신들은 신성(神性)의 순금이 아니라, 우리가 파악할 수 있는 개념에 의해, 금의 상(像)을 은혜로서 주셨습니다. 그분에 관해서 말로 확실히 알려준 것이 아니라, 아주 적은 말인 은(銀)의 표징(sign)으로 찾고 있는 분의 반영을 주었던 것입니다. 내 향의 향기(euodia)에 의해 내가 그분의 좋은 향기를 감각으로 받아들인 것처럼.」 나는 그 말이 다음과 같은 의미를 지니고 있다고 생각한다. 즉 많은 다른 향료들이 있고, 그 각각의 향기는 다르지만, 그것들은 아주 알맞게 잘 섞여져 하나의 향료가 되어 있다. 그 이름을 나르드라고 하는 풀은, 섞여져서, 그 재료 전부에 그 이름을 붙인다. 고유한 향기를 지닌 모든 것들로부터 하나의 향기로 모여지는 것인데, 그렇게 정화된 감각은 신랑의 좋은 향기를 받아들이는 것이다. 우리는 여기서 말씀이 다음을 가르치셨다고 생각한다. 즉 한편으로 그 본질에 따라 말하면, 그분은 가까이 갈 수 없고, 만질 수 없으며, 파악할 수 없는, 모든 존재의 일체의 구조나 통합을 초월하시는 분이시지만, 다른 한편 우리들 가운데서는, 덕의 정결함을 통해서 그분 대신에, 우리를 위하여 태워진 좋은 향기가 되신다. 그리하여 스스로의 정결함에 의해서 본성상 순수한 것을, 그 선에 의해 선을, 부패하지 않는 것에 의해 부패하지 않는 것을, [90] 변화하지 않는 것에 의해 변화하지 않는 것을, 그리고 우리 안에서 성취되는 모든 덕을 통해서 진실의 덕을 모방하는 것이다. 예언자 하바꾹에 의하면, 그 진실의 덕은 하늘 전체를 덮고 있다(하바꾹3,3). 그러기에 신랑의 친구에게, 나의 나르드는 향기를 뿜고 있었다고 말할 때, 나에게는 다음과 같은 지혜를 분명히 하려고 했던 것처럼 여겨진다. 즉 누군가가 갖가지 덕의 목장으로부터 좋은 향기를 내는 풀을 모두 모아, 그 삶 전체를 갖가지 업적의 향기로 향긋한 것으로 만들어, 그러한 것 모두가 완전한 것이 된다면, 그 사람은 마치 둥근 태양 자체를 또렷이 응시하는 것처럼 말씀이신 하느님 자체를 응시하는 본성을 지니고 있는 것이 아니라, 오히려 자신 안에서 거울로 태양을 보듯이 바라보는 것이다. 왜냐하면 저 참된 신적인 덕의 광선은 정화된 삶 안에서, 그 광선들로부터 흘러나오는 부동심에 의해 빛나고, 태양을 우리의 [영혼이라고 하는] 거울에 묘사해냄으로써, 보이지 않는 것을 우리가 볼 수 있게 하며, 가까이 다가갈 수 없는 것을 파악할 수 있는 것으로 만들기 때문이다. 우리가 태양의 광선이라고, 덕의 유출이라고, 혹은 좋은 향기라고 말한다 하더라도, 그 아래에 있는 생각은 같은 것이다. 왜냐하면 어느 것이든 그것들로부터 이 텍스트가 지향하는 바를 보면, [91] 그 아래에 있는 생각은 모든 점에서 보아 하나이기 때문이다. 즉 갖가지 덕으로부터 모든 정신을 초월하는 선의 인식이 우리에게 생겨나는 것인데, 그것은 어떤 상(像)에 의해 미의 원형이 유비적으로 파악되는 것과도 같다. 이리하여 신부인 바울로는 덕에 의해 신랑을 닮으며, 자신 안에 가까이 다가갈 수 없는 미를 향기로 묘사하며, 성령의 열매인 사랑, 기쁨, 평화 그리고 그러한 종류의 것으로부터 그 향료를 만들어, 스스로를 '그리스도의 좋은 향기'라고 말한다. 또한 그 가까이 다가갈 수 없는, 초월적인 은혜를 자신 안에서 냄새 맡아 구별하여, 다른 사람에게 그 힘에 맞게 향료로서 받아들이도록 자신을 나누어준다. 다른 사람들에게 있어서 그 좋은 향기는, 각자의 상태에 따라 생명을 주는 것이 되든가, 죽음을 초래하는 것이 되든가 하였다(2고린토2,15-17). 같은 향료라도 그것은 갑충(甲蟲)과 비둘기에게 각각 다른 작용을 한다. 비둘기는 그 향기로 강해지지만, 갑충은 죽어버린다.[29] 저 하느님의 향료인 위대한 바울로도 그러하였다. 즉 누군

---

29) 아리스토텔레스의 『이문집(異聞集)』147(845b)에 의하면, 뮈론(향유) 냄새로 독수리가 죽듯이, 갑충도 장미꽃 향기로 죽는다고 한다.

가가 디도나 실루아노스[30]나 디모테오 같은 비둘기라면, 그의 향료의 좋은 향기에 참여하여, 그가 보여준 대로 따르며 모든 아름다움 안에서 나아가는 것이다. [92] 그러나 디마스(2디모테오4,10)나 알렉산드로스(2디모테오4,14)나 헤르모게네스(2디모테오1,15) 같은 사람이라면, 자제(自制)의 향료를 견뎌내지 못하므로, 좋은 향기 때문에 갑충처럼 내쫓겨버리는 것이다. 그러기에 향료의 향기를 몸에 두른 바울로는, "우리는 구원의 길을 걷는 자에게나, 멸망의 길을 걷는 자에게나, 그리스도의 좋은 향기입니다. 멸망할 자에게는 죽음에서 죽음에 이르게 하는 향기이며, 구원받을 자에게는 생명에서 생명에 이르게 하는 향기입니다."(2고린토2,15-16)라고 말하고 있다.

만일 복음서의 나르드가 신부의 향료와 유연성(類緣性)을 가지고 있다면, 주님의 머리에 부어져, 집안을 그 좋은 향기로 가득 채운 저 진짜이며 가치 있는 나르드는 누구였을까, 생각해보고 싶은 사람은 성경(요한12,3)으로부터 생각해볼 수도 있을 것이다. 왜냐하면 이 향료는 신랑의 향기를 신부에게 준 저 향료와는 아마 다른 것이 아닐까 싶기 때문이다. 복음서에서는 주님에게 향유를 붓자, 연회가 열리고 있던 집은 좋은 향기로 가득 찼다고 한다. 향료를 가지고 온 그 여인은 그 장면에서 무언가 예언자의 영에 의해 죽음의 신비를 미리 알리고 있는 듯이 내게는 여겨진다. 왜냐하면 바로 주님이 "이 여자가 내 몸에 이 향유를 부은 것은 내 장례를 준비하려고 한 것이다."(마태오26,12)라고 말씀하시며, 그녀가 한 일을 증언해주시기 때문이다. [93] 향기로 가득 찬 집은 우주 전체, 세계 전체라는 것을 시사한다. "온 세상 어디든지 이 복음이 선포되는 곳마다, 이 여자가 한 일도 전해져서 이 여자를 기억하게 될 것이다."(마태오26,13) 즉 향료의 향

---

30) 2고린토1,19 참조.

기는 복음이 전해지는 곳마다 널리 퍼지는데, 복음이란 바로 그 향기를 기억하는 것이다. 따라서 「아가」 안에서 나르드는 신랑의 향기를 신부에게 주는 것이며, 복음서 안에서 그때 집을 가득 채운 좋은 향기는 전 세계와 전 우주의 교회의 몸 전체를 도유하는 것이 되므로, 아마 사람들은 두 가지 일이 하나라고 생각하듯이, 그 양자 안에서 공통점을 그것에 의해서 발견할 것이다.

그 점은 이것으로 충분하다. 다음 텍스트는 신부가 침실에서 준비를 마치는 혼례의 행위라고 하는 주제에 어울리는 듯이 여겨진다. 하지만 거기서는 이미 완전하게 된 자에게만 성취되는 보다 위대하고 보다 완전한 애지(philosophia)가 담겨있다. 텍스트는 어떻게 말하고 있는가? "내 연인은 몰약이 든 주머니, 내 젖가슴 사이에서 밤을 지새네."(1, 13) 부인들은 장식품에 신경을 쓰는데, 그것은 외면의 장식을 친구들이 아름답다고 여겨주기를 바라기 때문이다. [94] 뿐만 아니라, 그녀들은 몸에 좋은 향기로 남편들에게도 매력적으로 보이도록 신경을 쓴다고 한다. 그러한 작용을 하도록 그녀들은 옷의 주름 안에 향료를 숨겨둔다. 그 고유한 향이 나오면, 신체는 향료의 좋은 향기로 물드는 것이다. 부인들 사이에서는 이 고귀한 처녀가 감히 하려는 일이 습관이 되어있는 것이다. 「내게는 목에서부터 가슴으로 매달린 향주머니가 있어, 그것으로 몸은 좋은 향이 된다」고 말하고 있다. 그러나 그것은 좋은 향기를 내는 향료들이 아니고, 주님 자신이 몰약이 되어, 양심의 향주머니 안에 누워계시고, 내 마음 가운데 사신다고 하는 것이다.

왜냐하면 심장(kardia)의 장소는 전문가들에 의하면 양 가슴 사이에 있다고 일컬어지기 때문이다. 그곳은 선한 것을 소장하고 있는 향주머니가 있다고 신부가 말하고 있는 곳이다. 그러나 심장은 또한 우리 안에 있는 열(熱)의 원천으로, 거기서부터 혈관을 통하여 열이 몸 전체로 퍼져나가는 곳이기도 하다. 그로써 지체는 심장의 불에 의해 밑으로부터 데워져, 뜨거운 것 즉 생명이 있는 것이 된다. 그런데 신부는 영혼의 주도적 부분에 주님의 좋은 향기를 받아들여, 그녀의 심장을 그러한 향기를 위한 향주머니로 만들고, 삶의 모든 행위가, [95] 심장에서부터 나오는 숨으로 지체처럼 끓어오르게 준비를 하여, 그것으로 어떤 불법행위도 하느님에 대한 사랑을 지체들 안에서 식히는 일이 없도록 하는 것이다.

그러나 다음 텍스트로 가보자. 멋지게 꽃핀 포도나무가 그 열매에 관해서 무엇을 말하고 있는지를 들어보자. 즉 예언자가 말하고 있듯이(시편128,3), 하느님의 집 비탈에 가득 퍼져있는, 사랑의 덩굴에 의해 신적이고 정결한 삶으로 휘감긴 포도나무의 일을. "내 연인은 가디의[31] 포도밭에 피는 헨나 나무[32]의 꽃송이."(1,14) 누가 대관절 이만큼 행복할까. 자기의 열매를 보고, 그 영혼의 꽃송이 안에서 포도밭 주인을 알아보는 것만큼, 모든 행복보다 더 뛰어난 행복이 있을까. 신부가 자기의 나르드 안에서 신랑의 좋은 향기를 확인하고 얼마만큼 성장했는가를 보아라. 그녀는 그를 달콤한 몰약으로 만들어, 그 좋음이 언제까지나 사라지지 않고 그녀 곁에 머무르도록, 그 마음의 향주머니로부터 향기를 취한다. 이리하여 그녀는 수난 전에 지금을 한창때로 하여 꽃피는 하느님의 꽃송이의 어미가 된다. 수난 때에 그것은 포도주를 부어내는 것이다. [96] 왜냐하면 우리의 마음을 기쁘게 하는 포도주는(시편104,15) 수난이라고 하는 섭리 뒤에, 포도의 피가 되고, 또 그렇게 말해지기 때문이다. 그 송이를 즐거워

---

31) 가디는 보통 성경에서는 엔게디로 나온다. 엔게디는 사해(死海) 서안에 있는 오아시스. 헨나 나무와 발삼나무의 산지.
32) 헨나 나무는 4m 정도의 관목. 그 꽃은 향기롭고, 촘촘한 꽃차례 위에 송이처럼 배열되어 있다. 줄기와 잎을 갈아 으깨서 물에 용해하면, 향기로운 옅은 적색의 염료가 된다.

하는 방식은 두 가지이다. 하나는 감각기관이 좋은 향기로 즐거워하는 때로, 어린 꽃에 의한 것, 또 다른 하나는 마음먹은 대로 먹고 즐기거나, 포도주가 나오는 연회에서 즐거워하는 때로, 이미 완전히 익은 열매에 의한 것이다. 신부는 여기서 아직 피어있는 꽃송이로부터 열매를 자라게 하는, 최초의 포도의 꽃송이를 헨나 나무라고 말한다.

우리 안에서 태어난 어린 아기 예수는, 그를 받아들이는 사람 가운데서, 서로 다른 방식으로 지혜가 자라고, 키가 크고, 사랑 받는다(루가2,52). 그는 모든 사람들 안에서 동일하지 않고, 그 안에서 그가 태어나는 그 사람의 척도에 맞추어, 그를 받아들이는 사람이 충분히 소유할 수 있도록, 어린이로서, 혹은 나이 든 자로서, 또한 송이의 본성에 따라서 성숙한 자로서 나타난다. 그는 포도나무 위에서 언제나 같은 모습으로 보이는 것이 아니다. 모습은 시간과 함께 변하며, 싹이 트거나, 꽃이 피거나, 커지기도 하고, 무르익어서, 포도주가 되기도 한다. 그런데 포도나무는 그 열매를 약속하고 있지만, 아직 포도주를 만들만큼 익지는 않았다. 때가 차기를 기다리고 있지만, [97] 기분 좋은 향기라는 점에서 기쁨이 없는 것은 아니다. 그것은 미각 대신에 후각을 좋은 것에 대한 기대로 즐겁게 하며, 희망의 향기에 의해 영혼의 감각기관을 기분 좋은 것으로 만들기 때문이다. 바라며 구하는 은혜가 믿을 만하고, 의심할 수 없다는 것은, 그 기대되는 것을 굳건한 인내심을 갖고 기다리는 자에게 있어서는 기쁨이 되기 때문이다.

이처럼 헨나 나무의 송이는 포도주를 약속하고 있지만, 그것은 아직 포도주가 된 것은 아니고, 어린 꽃을(희망은 어린 꽃이다) 통하여, 다가올 은혜를 믿는 것이다. 또 '가디'라고 부가된 말은 비옥한 장소를 의미하며, 거기서 포도나무는 잘 자라고, 달콤한 열매가 나는 것이다. 이리하여 지리에 밝은 자는 가디의 땅은 훌륭한 포도송이를 만드는 데에 적합한 곳이라고 말한다. 그런데 주님의 계명에 그 의지를 조화시키고, 그것에 밤이나 낮이나 주의를 쏟는 자는(시편1,2) 물가에서 자란 상록수가 되고, 제 때에 열매를 맺는다(마태오 21,41). [98] 그러기에 신랑의 포도나무는 가디에, 즉 저 비옥한 땅에 뿌리를 내리고(그것은 하느님의 가르침이 사고 깊숙이에 물처럼 뿌려졌다는 것), 꽃을 피우며, 탐스런 송이를 열매 맺게 한다. 그리고 거기서 그 농부와 정원사를 사람들은 보는 것이다.

그 열매가 신랑의 모습을 닮은 저 과수원은 얼마나 행복한가! 그것은 지혜가 말하듯이(잠언1,3), 신랑은 참 빛, 참 생명, 참 정의, 또 이러한 것 모두이기 때문이다. 사람이 선행으로 이러한 자질을 갖추게 될 때, 그 사람은 자신의 양심의 포도송이를 보고, 거기서 신랑 그 자체를 보는 것이다. 실로 그는 밝게 빛나며, 얼룩 없는 생명에 의해 진리의 빛을 반영하는 것이다. 그러기에 풍부한 포도송이를 단 나무(시편128,3)는 말한다. 나의 포도송이는 꽃을 멋지게 피우지만, 그분이야말로 참 포도송이로, 자기 자신을 [십자가] 나무 위에서 보여주시는 분이다. [99] 그리고 그 피는 구원 받아 기뻐하는 사람들의 구원의 음료가 된다.

그분께 영광이 처음과 같이 이제와 항상 영원히. 아멘.

제 4 강화

[신랑]

[1.15] 정녕 그대는 아름답구려.
　　　 나의 가인이여.
　　　 정녕 그대는 아름답구려.
　　　 그대의 두 눈은 비둘기라오.

[신부]

[1.16] 나의 연인이여, 정녕 당신은 아름다워요,
　　　 참으로 밝고 흥거운 때.
　　　 우리들의 침상에 그림자를 드리우는 분.

[1.17] 우리 집 들보는 레바논 삼(杉)나무,
　　　 서까래는 편백(扁柏)나무랍니다.

[2.1] 나는 들에 핀 꽃, 계곡 사이의 백합.

[신랑]

[2.2] 가시덤불 사이에 핀 백합처럼,
　　　 내 누이는 딸들 사이에 있다오.

[신부]

[2.3] 숲 속 나무들 사이의 능금나무처럼,

내 연인은 젊은이들 사이에 있다오.
나는 그이의 그늘에 이끌려 다가가
앉았습니다.
그이의 열매는 내 입에 달았습니다.
[2.4] 나를 포도주 창고로
데려가 주세요.
내 위에 사랑의 질서를 잡아주세요.
[2.5] 향유로 내게 힘을 주고,
능금으로 나를 받쳐주세요.
나는
사랑의 중상(重傷)을 입었답니다.
[2.6] 그분은 왼팔로 내 머리를 받치고
그 오른팔로는 나를 안아주실 것입니다.
[2.7] 예루살렘의 처녀들아,
나는 들판의 힘들과 강함들을 걸고
너희들이 맹세하길 바란다.
사랑이 스스로 원할 때까지
사랑을 깨워 일으키지 않도록.

[100] 금의 정련공(精鍊工)은, 금이 적의 음모에 의해 이물질과 섞여 그 빛나는 아름다움이 거무스름해졌을 때, 불로 금을 정련함으로써 그 좋지 않은 표면을 개선하려고 한다. 그는 그 정련 작업을 몇 번이고 반복하여, 그때마다 금의 광택이 이전과 비교하여 얼마만큼 개선되었는지를 관찰한다. 그래 금의 광택이 깨끗하게 순일(純一)해진 것을 자기 눈으로 확인할 때까지, 불로 이물질을 제거하는 작업을 멈추지 않는 것이다. 그런데 지금 텍스트의 관상을 하고 있을 때,

어찌하여 이와 같은 예를 들고 있는가 하는 것은, 이미 쓰인 것이 포함되어있는 생각 자체로부터 분명할 것이다. 처음에 인간 본성은 금과 같이, 깨끗한 선과 닮았었기에 빛나고 있었다. 그러나 그 뒤 악덕과 혼합되어 빛이 바래 거무스름해졌다. [101] 그것은 「아가」 시작에, 신부가 포도밭 망보기를 게을리 했기에 검게 되었다고 말해진 그대로이다. 모든 것을 지혜 안에서 만드신 하느님께서 신부의 결함을 고치시는 것이다. 하느님께서 이전에는 없었던 무엇인가 새로운 미를 그녀에게 창출하신 것은 아니고, 악덕이 검게 만든 그녀를, 그 제거에 의해 깨끗한 모습으로 새로 조형하면서, 최초의 은혜 즉 우미(優美)의 상태로 이끄신 것이다. 뛰어난 금의 정련공은, 첫 번째 정련 뒤에, 불에 의해 오염된 것이 제거된 소재가 얼마만큼 아름답게 완성되었는가를 관찰하고, 두 번째 정련 뒤에, 만일 그것이 첫 번째와 비교하여 충분히 깨끗해지지 않은 경우는, 추가된 아름다움을 측정해가며, 같은 일을 반복하면서, 전문적인 검사를 통하여 미의 증대를 확인한다. 마찬가지로 바야흐로 거무스름해진 금을 다시 고쳐 회복시키는 자는, 정련용 항아리에 의해 영혼을 위해 제공된 약을 사용하여 그녀를 빛나게 한다. 앞 대목에서 하느님은, 눈부시게 나타난 신부를 말의 아름다운 형태에 비유하며 증명하였지만, 이제는 그녀의 빛나는 아름다움을, 남아있던 처녀의 고움으로 이해한다. 그러므로 그는 말한다. "정녕 그대는 아름답구려. 나의 가인이여. 정녕 그대는 아름답구려. 그대의 두 눈은 비둘기라오."(1, 15) 이 말에 의해 「아가」의 텍스트는, 신부의 아름다움이란, 그녀가 이전에 거기서부터 떠났던 참다운 미로 다시 접근하여 획득한 미의 회복이라고 가르치고 있다. 그러기에 신랑은 "정녕 그대는 아름답구려. 나의 가인이여"라고 말하는 것이다. [102] 그것은 「그대는 과거에 원형(原型)의 미에서 멀리 떨어져, 악덕과 사귀어 추하게 되었으므로 아름답지 않았다」라고 말하는 것을 의미한다. 즉 인간 본성은, 자신이 욕구하는 것을 수용할 수 있으며, 또한 자유의지(proairesis)의 경향이 이끄는 대로 변화한다는 것이다. 왜냐하면 만일 자유의지가, 분노의 정념을 수용하면 분노하는 것이 되고, 욕망의 정념의 포로가 되면 쾌락에 녹아버리기 때문이다. 그리고 자유의지의 경향이 겁이나 두려움 등 각각의 정념으로 향하면, 각각의 정념이 지닌 성격을 띠게 된다. 그것은 마치 이 경향이 [103] 거꾸로 자신 안에, 인내, 청정, 평안, 분노하지 않음, 용기, 강한 담력 등의 성질을 수용하면, 그것들의 성격을 영혼의 상태에 새겨 넣어, 불번심(不煩心, ataraxia) 가운데서 쉬는 것과 비슷하다. 나아가 덕은 악덕과 엄격하게 대립하므로, 양자가 동시에 같은 사람 안에 공존할 수는 없다. 왜냐하면 절제로부터 멀어지는 사람은 반드시 타락한 생활로 떨어져버리며, 부정(不淨)한 생활을 꺼려 피하는 사람만이, 악으로부터 회심하여 청정한 생활을 보낼 수 있는 것이다. 그 밖의 덕에 관해서도 같은 말을 할 수 있다. 겸손한 사람은 교만으로부터 멀리 떠나며, 허영에 들뜬 사람은 겸손함을 거부하는 것이다. 이러한 개개의 사항에 있어서, 어째서 본성적으로 대립하는 것의 한 편의 결여가 다른 편의 확립이 되는지에 관해서 도대체 토론할 필요가 있을까. 실제로 우리의 자유의지는, 자신이 원하는 형태가 되는 힘을 가지고 있으므로, 로고스(말씀)[33]이신 신랑이 화려해진 신부를 향하여 다음과 같이 말하는 것은 옳다. [104]「악덕과의 사귐에서 멀어져, 그대는 나에게 다가오고 그리고 원형의 미 가까이에 이르러, 거울처럼 나의 상(像)과 같은 모습을 취하여, 스스로 아름답게 되었다.」왜냐하면 인간 본성

---

33) 로고스란, 신랑에 비유된 예수 그리스도를 가리킨다(요한1,1). 신부는 우선은 영혼을, 나중에는 교회를 의미한다.

은, 그 자유의지로 선택한 영상에 따라서 변화하므로, 참으로 거울과 비슷하기 때문이다. 실제로 그것은, 만일 금으로 향하면 금처럼 보이고, 반사를 통하여 금의 소재(素材)의 빛남을 드러낸다(출애굽기34,29.35). 혹은 만일 추한 것을 비추면, 그 추한 것과 서로 닮아 그 추함이 각인된다. 예를 들면 그것이 마주 보는 개구리, 두꺼비, 큰 지네와 같은 종류의 불쾌한 것을 자신의 모습 안에 그대로 비추는 것이다. 그러므로 말씀에 의해 정화된 영혼은, 악덕을 뒤로 던져버리고, 자신 안에 둥근 태양을 수용하여, 거기에 보이는 빛에 의해 빛났던 것이다. 그래서 말씀은 그녀에게 이렇게 말한다. 「그대는 내 빛에 접근하여, 그 접근에 의해 미와 교류하였기에 이미 아름답게 되었다」고. "정녕 그대는 아름답구려. 나의 가인이여"라고.

[105] 다음에 그렇게 말하는 것을 멈추고, 그녀의 아름다움이 얼마나 늘었는지를 바라보면서, 다시 같은 말을 반복한다. "정녕 그대는 아름답구려"라고. 실제로 그는 이전에 그녀를 가인(佳人, 벗)이라고 불렀지만, 지금은 그 눈의 형태에 주목하여 부른다. 왜냐하면 그는 "그대의 두 눈은 비둘기라오"라고 말하기 때문이다. 과거에 그녀가 암말에 비유되었을 때, 그 찬사는 뺨과 목덜미에 향해져 있었으나, 지금은 그녀 자신의 미가 빛나고 있으므로, 그 눈의 우미함(優美, charis)이 칭찬 받는 것이다. 그런데 그 눈에 대한 찬사란, 그 눈이 비둘기라는 것이다. 이는 우리에게 다음을 의미하고 있는 듯이 여겨진다. 즉 눈동자가 청정할 때에는, 그 눈동자를 보는 사람의 얼굴이 그 눈동자 안에서 보인다. (실제로 그러한 자연 현상의 전문가는, 눈이 시각 대상으로부터 유출하는 상을 수용할 때, 시각의 작용이 생긴다고 말한다.) 그러므로 비둘기의 모습이 눈동자에 비치면 눈의 아름다움이 칭찬 받는 것이다. 왜냐하면 사람은 자신이 응시하는 것과 유사한 상을 자신 안에 받아들이기 때문이다. 그러기에 혈육에 눈을 결코

향하지 않는 사람은, 영적인 생활을 보는 것이므로, 사도가 말하듯이(갈라디아5,25), 이 사람은 성령 안에서 살고, 성령 안에서 걸으며, 성령에 의해 육신의 행업을 죽여, 완전히 영적으로 된다. [106] 자연적으로도 육적으로도 되지 않는 것이다. 그러므로 신체적 정념에서 해방된 영혼은, 비둘기의 모습을 그 눈 가운데 가진다. 즉 영적 생명의 인(印, charakter)이, 그 영혼의 눈 가운데서 빛나고 있음이 증거 되는 것이다.

　이리하여 그녀의 청정한 눈이 비둘기의 표징을 수용하게 되었으므로, 신랑의 아름다움을 바라볼 수 있다. 신부는, 그 눈 가운데에 비둘기를 지녔을 때, 이제야말로 무엇보다도 먼저 신랑의 모습을 응시하고(왜냐하면 누구도 성령에 의하지 않으면, 예수를 주님이라고 고백할 수 없기[1고린토12,3] 때문이다), 그리고 신부는 말한다. "나의 연인이여, 정녕 당신은 아름다워요, 참으로 밝고 흥겨운 때"(1,16)라고. 「왜냐하면 내게는 그밖에 어떤 것도 아름답다고 생각되지 않고, 이전에 아름답다고 생각하고 있던 모든 것에 등을 돌린 이래, 나는 미에 관한 판단에 있어서 틀린 적이 없습니다. 당신 이외의 다른 것을 아름답다고 생각할 수 없게 되었기 때문입니다. 비록 그것이 사람들의 찬사나, 영광이나, 높은 평판이나, 세상의 권력이라고 할지라도 말입니다」라고. 왜냐하면 그러한 것은, 감각에 주의를 향하는 사람들에게는 아름답다고 상상되겠지만, 사실 그런 것은 아니기 때문이다. 실제로 어떻게 실체적으로 존재하지 않는 것이 아름다울 수가 있는가. 이 세상에서 중요하다고 여겨지는 것은, 그것이 존재한다고 고집을 부리고 있는 사람의 생각 안에서만 존재하는데 지나지 않는다. [107] 그러나 당신은 참으로 아름답다. 아름다울 뿐만 아니라, 아름다움의 본질(ousia) 자체이다. 당신은 지금 그렇게 있듯이 언제나 머물러있고, 영원히 당신으로 존재하는 분이다. 당신은 한 철 꽃피고, 시간이 지나면 다시 시드는 그런 분이 아니다. 당신의 생명의 시간은 영원과 함께 지속한다.[34] 당신의 이름은 인간에 대한 사랑(philanthropia)이다. 왜냐하면 당신은 유다로부터 우리(이방인) 곁에서 빛나셨기에, 유다 백성은 이방인들로부터 당신 곁으로 찾아온 사람들의 형제가 될 수 있기 때문이다. 그리고 당신의 신성이 육 안에서 현현함으로써, 당신을 갈망하는 자가 당신을 "나의 연인(adelphidos)"[35]이라고 아름답게 불렀기 때문이다.

다음에 신부는, 당신은 "우리들의 침상에 그림자를 드리우는 분"(1,16)이라고 말하며 앞으로 나아간다. 그것은 곧 인간 본성은 당신이 섭리에 의해 그림자를 드리우는 분이 되었음을 알았던가, 아니면 언젠가 알게 될 거라고 말하는 것을 의미한다. 왜냐하면 그녀는 「당신은 오셨습니다. 내 낭군이신 연인이여, 우리들의 침상에 그림자를 드리우는 분이 되시어」라고 말하기 때문이다. [108] 사실 만일 당신이 「노예의 모습으로」(필립비2,7) 스스로를 감싸 덮어, 신성의 순수한 빛남을 가리지 않았다면, 대관절 누가 그 현현을 감당할 수 있으리오. 왜냐하면, 누구도 주님의 얼굴을 보고 살아남을 수는 없기에(출애굽기33,20). 당신은 참으로 밝고 흥겨운 분으로 오셨다. 그러한 당신을 우리는 수용할 수 있다. 당신은 신체의 덮개로 신성의 빛남에, 그림자를 드리우며 오셨다. 왜냐하면 만일 어둠 가운데 살고 있는 우리에게 대하여, 신체라고 하는 그림자가 빛의 중개자가 되지 않으면, 어찌 죽을 수밖에 없는 것이 순수하고 접근하기 어려운 것에 결합되어, 그것과 조화를 이룰 수 있을 것인가.

---

34) 여기서의 로고스의 존재론적 성격은, 『모세의 생애』의 '불타는 가시덤불' 장면에서, 모세에게 현현한 '존재'의 성격과 합치한다.
35) 그리스어 adelphidos는, '연인'이라는 의미를 지니지만, '형제' '자매'와도 같은 어간을 가진다. '내 낭군'이라는 말뜻에 가깝다.

신부는, 신성과 인간 본성과의 결합을 비유적으로 해석하여 침상이라고 부른다. 마찬가지로 위대한 사도 바울로는, 우리를 처녀로서 그리스도와 맺어주고 자신은 신부(영혼)의 들러리 역을 한다. 또 둘이 한 몸을 이룬다는 그 결합을, 그리스도와 교회와의 일치의 위대한 신비라고 기술하고 있다. 왜냐하면 그는 「두 사람은 한 몸을 이룰 것이다」라고 말하면서, 「이 신비는 위대하다. 나는 그리스도와 교회에 관하여 말하고 있다.」(에페소5,31-32)고 부언하고 있기 때문이다.

[109] 이 신비로 인해 처녀인 영혼은, 하느님과의 결합을 침상이라고 부른 것이다. 이 결합은, 주님이 신체를 통해서 그림자를 드리우며 현현하지 않았다면 실현될 수 없었을 것이다. 그는 신랑일 뿐만 아니라 건축가이기도 하다. 그는 우리들 사이에서 건축가이기도 하지만 또한 그 건축 재료 자체이기도 하다. 집에 지붕을 얹고, 썩지 않는 재료로 그 일을 장식한다. 그 재료는 레바논 삼나무와 편백나무이다. 이 재료들에 숨어있는 힘은, 부패시키는 원인보다 강하므로, 시간에 굴복하지 않고, 이끼도 자라게 하지 않으며, 썩어서 못쓰게 되는 일도 없다. 그 가운데 레바논 삼나무는 긴 대들보로서 지붕을 덮고, 편백나무는 천장 판으로서 집 내부를 장식한다. 「아가」에서는 다음과 같이 말해지고 있다. "우리 집 들보는 레바논 삼(杉)나무, 서까래는 편백(扁柏)나무랍니다."(1,17) 이 재목에 의해 비유되고 있던 수수께끼는, 텍스트의 생각을 순서대로 따라오고 있는 사람에게는 분명하다. 주님은 복음서 가운데서, 반석 위에 집을 잘 지은 사람에 관하여, "비가 내려 강물이 밀려오고 바람이 불어 그 집에 들이쳤지만 무너지지 않았다."(마태오7,25)고 말씀하고 계시다. 그때 유혹의 거듭되는 공격을 비라고 부르신다.

이 좋지 않은 강우(降雨) 때문에, 그러한 재목이 우리에게 필요한 것이다. 그것들은 견고하며, 악덕의 유혹에 대해 견인불발(堅忍不拔)

이다. [110] 그러므로 자신 안에 유혹의 홍수가 우르르 밀어닥치는 것을 허락하지 않는 덕을 말한다. 여기서 「전도서」의 말을 눈앞의 텍스트에 적용하여, 그 의미를 배워보자. 「전도서」(10, 18)에서는 "못된 게으름 때문에 들보가 내려앉고, 늘어진 두 손 때문에 집에 물이 샌다"고 말한다. 실제로 만일 지붕을 덮은 재목이 얇고 약해서 견고하지 않으면, 만일 집주인이 게을러서 집에 신경을 쓰지 않으면, 큰 비가 물 사태가 되어 집안으로 들어오고, 집은 아무짝에도 쓸모없게 될 것이다(왜냐하면 지붕이 비의 무게를 견디지 못하면, 반드시 구멍이 나, 그 위에 무게가 더해짐에 따라, 약한 재목이 견뎌내지 못하고 서서히 무너져 내리기 때문이다. 그러기에 구멍으로 들어온 물이 안쪽으로 들이쳐, 사람은 「잠언」(27, 15)에서 말하듯이, 비오는 날은 물 사태로 집에서 쫓겨나는 것이다). 마찬가지로 우리도 덕의 견인(堅忍)을 통하여 유혹의 홍수에 뽑히지 않도록, 위의 비유의 의미에 의해 격려 받는다. 그것은, 우리가 정념의 압력에 의해 허약해지지 않도록, 또한 홍수가 밖으로부터 마음이라고 하는 방안으로 흘러 들어와, 거기에 모아 둔 보물이 훼손당하지 않도록 하기 위함이다.

[111] 주님이 심으신 레바논 삼나무에는, 참새가 둥지를 만들고, 백로의 둥지가 놓여진다. 그 레바논 삼나무는 덕들을 의미한다. 이 덕들은 신부의 방이 거기에 있는 집을 견고하게 만든다. 그리고 그 덕에 참새가 되어 뱀으로부터 도망친 영혼이 둥지를 만들고, 텍스트가 집이라고 부르는 백로의 둥지가 놓여진다. 이 백로는 잡다한 교미를 즐기지 않고, 본성의 필요에 의해서만 서로 쌍이 되는데, 그것도 울면서 참을 수 없는 얼굴로 불쾌감을 나타내면서 말이다. 텍스트는 이로부터 이 비유 안에서 그 새의 이름을 통해 청정함을 의미하고 있는 듯이 여겨진다. 신부는 정결한 방의 지붕을 지탱하는 들보를 보고, 그리고 편백나무로 된 장식을 본다. 그 장식은 잘 닦이고

조화롭게 구성되어 아름다운 광경을 돋보이게 하여 보여주고 있다.
[112] 왜냐하면 텍스트는, 천정의 널빤지가 편백나무라고 말하기 때문이다. 널빤지라고 말해지는 것은 천정의 아름다움을 돋보이게 하기 위하여 우미하게 잘 조각된 목조 제품이다.

이상의 것을 통해서 우리는 무엇을 배우는 것일까?

편백나무는 본래 향기가 난다. 그것은 썩지 않고, 매끄럽고, 적응성이 뛰어나므로, 어떤 건축술에 대해서도 또한 조각 장식 세공에도 적합하다. 이로부터 우리가 배울 점은, 우리는 영혼 안에서 내적으로 덕을 세울 뿐만 아니라, 그 외적 모습에 있어서도 품위를 갖도록 노력해야 한다는 것이다. 왜냐하면 하느님과 사람들 앞에서 아름다운 선행을 드러내야하기 때문이다. 즉 우리는 하느님에게는, 있는 그대로 알려져 있지만(2고린토5,11), 사람들에 대해서는 그들을 설득하고, 교회 밖의 사람들로부터도 좋은 평판을 얻어(1디모테오3,7), 빛나는 업적에 의해 그들 앞에서 빛을 발하고, 교회 밖의 사람들에 대해서 품위를 가지고 걸어가야만 하기 때문이다(1데살로니카4,12). 이것이 그리스도의 향기(편백나무가 그 향의 비유이다)로부터 유래하는 널빤지인 것이다. 그것은 품위 있는 삶 안에서 예술적으로 제작된다. 저 위대한 목수이며 지혜가 충만한 바울로는, 이러한 일들을 조화롭게 잘 요약하여 다음과 같이 말한다. "여러분 가운데서는, 모든 것이 질서 바르고 우미(優美)하게 행해져야 합니다."(1고린토14,40)

[113] 이처럼 사태가 정돈되면, 우리는 더욱 더 아름다워지고, 그 인간 본성이 퍼져나가, 향기 나는 정갈한 꽃을 피운다. 그 꽃의 이름은 백합이다. 그 눈에 보이는 자연의 빛남은, 정결의 반짝임을 발하고 있다. 실제로 신부는, 이 일을 설명하여 다음과 같이 자신에 관하여 말하고 있다. 「신랑은, 덕의 레바논 삼나무로 지붕을 삼고, 편백나무의 향기로 천정을 장식하여 자신을 위한 집으로서 나를 완성하

였습니다. 그 신랑이, 자신의 신체로 그림자를 드리우며, 우리들의 침상으로 오신 뒤에, 나는 그 향기와 채색으로 다른 꽃보다 뛰어난, 자연 본성이라고 하는 들꽃이 되었던 것입니다. 왜냐하면 나는, 계곡 사이에서 백합으로서 자라났기 때문입니다. 텍스트는, "나는 들에 핀 꽃, 계곡 사이의 백합"(2,1)이라고 말하고 있습니다.」

실제로 앞에서 관상된 바에 따르면, 영혼은 자연본성이란 들에서 경작된 것이다. (왜냐하면 '들'이라고 하는 말을 듣고 우리는, 인간본성이 많은 사고나 사실이나 지식을 수용할 수 있으므로, 인간 본성의 무한한 폭을 생각하였기 때문이다.) 이처럼 영혼은, 인간 본성을 경작하는 자에 의해, 지금 말해진 대로 경작되고, 향기롭고 빛나는 정갈한 꽃이 되어, 인간 본성이라고 하는 들에서 자라나는 것이다. 이 들은, 천상적 삶과 비교하면 계곡(움푹 팬 곳)이라고 불리어도, [114] 여전히 들인 것이다. 그리고 거기서 잘 자란 영혼은 반드시 꽃이 된다. 백합에 관하여 확인된 바대로, 꽃봉오리는 계곡에서부터 높은 곳으로 뻗어나간다. 왜냐하면 백합의 줄기는 대개 뿌리로부터, 갈대처럼 곧바로 뻗어서, 꽃이 줄기 위에서 핀다. 이처럼 백합은, 지상에서 꽤 먼 거리에 꽃을 피우는데, 그것은 그 아름다움이, 흙과 섞이어 더럽혀지는 일 없이, 높은 곳에 정갈하게 머무르기 위함이다.

그러므로 신랑의 의로운 눈은, 아름답게 된 신부 혹은 아름답게 되기를 바라는 신부를 바라본다. (왜냐하면 두 가지 해석이 가능하기 때문이다. 즉 신부는 자신이 바란 대로 이미 되어서 그것을 자랑하고 있든지, 아니면 자신의 지혜로 인생이라고 하는 계곡으로부터 뻗어나가 아름다운 백합꽃으로 피고 싶다고 경작하는 자에게 요구하고 있든지, 둘 중의 하나이기 때문이다.) 즉 신부가 아름답게 되고 싶다고 바라든지, 아니면 아름답게 되어있든지 어차피, 신랑의 의로운 눈은, 자신을 바라보고 있는 신부의 선한 소망을 보고, 그녀가 삶의 가시덤불에 의해 질식하는 일 없는 백합이 되는 것에 합의한 것이다. 그는 이 가시덤불을 '딸들'이라고 불렀는데, 이 이름에 의해 사람의 목숨에 대적하는 여러 힘을(그 여러 힘의 아비는 '악덕의 발명가'라고 불린다), 넌지시 의미하고 있는 듯이 여겨진다.

[115] 실제로 그는 "가시덤불 사이에 핀 백합처럼, 내 누이는 딸들 사이에 있다오."(2,2)라고 말한다. 우리는 영혼이 얼마만큼 높은 곳까지 등반하였는지를 이해한다. 등반의 첫 단계는, 신부가 이집트의 힘을 괴멸시킨 말에 비유되었을 때였다. 그 다음 단계는, 그녀가 신랑의 가인(벗)이 되고, 그 눈이 비둘기가 되었을 때였다. 이제 등반의 셋째 단계에서, 그녀는 더 이상 가인이 아니라, 주님의 누이[36]라고 불린다. 왜냐하면 신랑이 다음과 같이 말하고 있기 때문이다. "누구든지 하늘에 계신 내 아버지의 뜻을 행하는 자는, 내 형제, 내 누이, 내 어머니이다."(마태오12,50) 이처럼 영혼은, 꽃이 되고, 가시덤불 같은 유혹에 방해 받는 일 없이 백합으로 자라난다. 그리고 그 백성과 아비의 집을 잊고(시편45,11), 참 아버지에게로 시선을 향한다. 그러기에 그녀는, 양자 결연(養子結緣)의 영(靈)에 의해, 아버지의 딸이라고 하는 혈연관계를 가지며, 게다가 거짓 아비의 딸들과의 교제로부터 해방되어 아들의 누이라고 불리는 것이다. [116] 이어서 그녀는 더욱더 탁월한 자가 되어, 비둘기의 눈 즉 예언의 영에 의해 신비를 본다. 그녀가 보는 것은 다음과 같다. "숲 속 나무들 사이의 능금나무처럼, 내 연인은 젊은이들 사이에 있다오."(2,3)

그럼 그녀가 본 것은 무엇일까?

성경은 여러 가지 정념에 찬 인간의 물질적 질료적 생활을 숲이라고 부른다. 그 숲에는 위험한 야수가 굴에 숨어산다. 그것들의 본성

---

36) 그리스어 adelphe는 누이를 의미하지만, 「아가」에서는 연인의 의미도 지닌다.

은, 빛 가운데서는 움직이지 않고 어둠에 의해 힘을 얻는다. 왜냐하면 예언자는 "해가 지면 밤이 되어 숲의 온갖 짐승들이 그 굴에서 나옵니다."(시편104,20)라고 말하고 있기 때문이다. 실제로 숲에 사는 멧돼지는, 인간 본성의 아름다운 포도밭을 망쳐버린다. 예언자가 "숲에서 나온 멧돼지가 해치고 뜯어먹습니다."(시편80,14)라고 말하는 것처럼. 그러기에 사과나무는 숲에서 나고 자란다. 그는 한편으로는 나무이므로, 인간의 질료와 같은 본성을 가지고 있다. 왜냐하면 "그는 죄를 제외하고 모든 점에서 우리와 마찬가지로 유혹을 받으셨기"(히브리4,15) 때문이다. [117] 다른 한편 그는 영혼의 감성이 그것에 의해 감미롭게 되는 능금을 가져오므로, 백합이 가시덤불과 다른 것보다, 그가 숲에 대해서 가지는 다름이 훨씬 큰 것이다. 왜냐하면, 백합은 그 형태나 향기에 한해서 기분이 좋은 것이지만, 능금의 매력은, 세 감각에 조화로운 방식으로 기쁨을 주기 때문이다. 즉 형태의 화려함으로 눈을 기쁘게 하고, 그 향기에 의해 후각을 상쾌하게 하며, 게다가 스스로 먹을 것이 되어 감미로움으로 미각을 채우기 때문이다.[37] 실제로 신부는 자신과 주님과의 차이를 명확하게 이해하였다. 왜냐하면, 주님은 빛이 되어 우리 눈의 기쁨이 되었으며, 후각에 있어서는 향기가 되고, 먹는 자에게는 생명이 되었기 때문이다(요한6,1에서 말하는 것처럼, 그분을 먹는다는 것은 사는 것이므로). 그런데 인간의 본성은 덕에 의해 완성되고 꽃이 필뿐으로, 경작자를 양육하는 일도 없고, 단지 자기 자신을 장식할 뿐이다. 게다가 그분은 우리의 선을 필요로 하지 않으나, 우리는 그분의 선을 필요로 하는 것이다. 예언자가 "당신은 우리들의 선업 따위 필요로 하지 않으신다."(LXX시편15,2)고 말하고 있듯이.

---

[37] 이 감각론은 교부의 「영적 감성론」의 성격을 잘 표현하고 있다.

이리하여 정화된 영혼은, 숲의 사과나무가 된 신랑을 응시한다. 그녀는, 숲의 모든 어린 가지를 자기에게 접목시켜, 똑같은 능금이 가지가 휠 만큼 열리도록 준비한다. [118] 그런데 우리는, 가시덤불에 비유된 처녀들을, 거짓의 아비의 딸들로 이해했다. 그녀들은 한 때 꽃과 함께 자라나, 아름다운 백합으로 변모한다. 그와 마찬가지로 우리는, 숲의 나무들에 비유된 젊은이들을 신랑의 벗으로서가 아니라, 적으로 이해했다. 그들은 어둠의 자식들이며 분노의 자식들이지만, 저 능금을 먹고 빛의 자식, 평화의 자식으로 변모한다. 그러기에 감성적 훈련을 받은 영혼은 "그 열매는 내 입에 달다."(2,3)고 말한다. 그 열매란, 물론 가르침을 말한다. 왜냐하면 예언자는, "당신 말씀이 제 혀에 얼마나 감미롭습니까! 그 말씀 제 입에 꿀보다도 답니다."(시편119,103)라고 말하기 있기 때문이다.

"숲 속 나무들 사이의 능금나무처럼, 내 연인은 젊은이들 사이에 있다오. 나는 그이의 그늘에 이끌려 다가가 앉았습니다. 그이의 열매는 내 입에 달았습니다."(2,3) 능금나무의 그늘은 유혹의 불에 대해서 우리를 보호한다. 우리가 아무것도 쓰지 않은 머리에 내리쬐는 태양에 의해 타버리지 않도록 할 때, 영혼의 감성은, 말씀(신랑)에 의해 얼마나 큰 감미로움을 맛보는 것일까. [119] 그러나 영혼이 생명의 나무 그늘에서 원기를 회복하는 것은, 그 욕구에 의해 생명의 나무에로 고양될 때에 한에서만 그런 것이다. 당신은, 왜 욕구의 힘이 자신에게 머물고 있는지를 이해할 것이다. 그것은 능금나무를 갈망하기 위해서이다. 실제로 그 나무에 가까이 가는 사람은, 그것을 여러 가지 방식으로 즐긴다. 눈은 그 화려한 아름다움에 편안해 하고, 코는 그 향기를 들이마시며, 신체는 영양을 받고, 입은 감미로움에 가득 차며, 뜨거운 바람은 사라져, 그늘은 자리가 되어 그 위에 악한 전염병의 자리를 거부한 영혼이 앉는 것이다.

신부는 이어서 다음과 같이 말한다. "나를 포도주 창고로 데려가 주세요. 내 위에 사랑의 질서를 잡아주세요. 향유로 내게 힘을 주고, 능금으로 나를 받쳐주세요. 나는 사랑의 중상(重傷)을 입었답니다."(2,4-5) 말(馬)로 탁월하게 비유된 영혼은, 어떻게 신적인 길을 달려가는가? 어떻게 뒤를 돌아보지 않고, 재빠르게 도약하여 앞으로 돌진(에펙타시스)하는가? 아무리 전진하여도 그녀는 여전히 갈망한다. 그 갈망의 발버둥은 강력하여, 한 잔의 지혜(잠언9,2)로는 만족할 수 없다. 그 갈증을 치유하기 위해서는, 술통 전부를 입에 대어도 충분치 않다. [120] 그녀는 포도주 창고로 데려가 달라고 한다. 포도주가 그 안에서 발효하여 거품이 이는 술통에 입을 대고 싶은 것이다. 그녀는, 포도 확 안에서 으깨어지고 있는 포도송이와 그 포도송이를 산출한 포도밭과 그렇게 발효하기 쉽고 단 포도주를 만든 진실한 재배자를 보고 싶은 것이다.

이 상징들을 하나하나 상세하게 설명할 필요는 없다. 왜냐하면 그것들 각각에서 일어낼 수 있는 상징적 의미는 분명하기 때문이다. 하여간 그녀는, 신랑이 포도 확에서 포도를 짓밟을 때, 어떻게 그 옷이 붉게 물드는지 그 신비를 보고 싶은 것이다. 그 신비에 관해서 예언자는 "어찌하여 당신의 의복이 붉습니까? 어찌하여 포도 확을 밟는 사람의 옷 같습니까?"(이사야63,2)라고 말하고 있다. 그것과 그것에 닮은 신비를 보기 위해서, 신부는 포도주의 신비를 깃들이고 있는 집안으로 들어가길 원한다. 그리고 한번 안으로 들어가면, 다시 한층 더 커다란 신비에로 향하여 도약하여 간다. 왜냐하면 그녀는 사랑을 따르고 싶다고 생각하기 때문이다. 요한의 말에 의하면 "하느님은 사랑"(1요한4,8)이시기 때문이다. 그리고 다윗이 명언하였듯이(시편62,2), 영혼이 하느님을 따르는 것은 구원이다. [121] 그녀는 말한다. 「내가 포도주 창고에 들어갔을 때, 따르게 해주십시오. 나를 사랑에. 질서를 잡아주십시오. 내 위에, 사랑을」이라고. 이 두 가지 표현은, 비록 어순을 거꾸로 하여도, 각각 그 의미는 마찬가지이다. 즉 전자의 역은, 사랑 아래에, 그녀가 복종한다, 이며, 후자의 역은, 사랑이, 그녀의 위에, 질서를 잡는다, 이다.

여기서 우리는 신부의 목소리를 통하여 즉시, 어떤 사랑을 하느님께 드려야 좋은지, 어떻게 사람들에 대해서 처신해야만 하는지, 라고 하는 한층 높은 가르침을 배운다. 그리고 만일 "모든 것을 질서 바르고 품위 있게 행동하여야 한다."(1고린토14,40)면, 사랑에 관한 일에 있어서는, 특별히 조화로운 질서가 세워지지 않으면 안 된다. 카인이 만일 올바르게 희생을 드리고, 질서 있게 행해야 할 것을 지키고 있었다면, 즉 자신에게 필요한 것만을 간직해 두고, 그 나머지를 하느님께 봉헌하였다면, 그는 결코 그의 제물을 「잘못 나누었다.」(창세기4,7)는 이유로 저주를 받지는 않았을 것이다. 왜냐하면 그는, 가축 가운데서 맏배를 희생으로서 하느님께 바쳐야 했지만, 좋은 부분은 자기 몫으로 하고 그 나머지를 하느님께 바쳤기 때문이다.

[122] 그러므로 '사랑의 질서'(taxis agapes)를 알아야만 한다.[38] 그 질서는 율법이 가르쳐준다. 즉 하느님 사랑의 실천이 무질서하게 되거나 거꾸로 되거나 하지 않도록, 어떻게 하느님을, 이웃을, 아내를, 원수를 사랑해야 하는가 하는 것이다. 실제로 하느님을 전심전령(全心全靈)으로, 모든 능력과 모든 감성으로 사랑해야하며, 이웃을 자기처럼 사랑해야한다. 아내에 관해서는, 자기의 마음이 깨끗하면, 그리스도가 교회를 사랑하신 것처럼(에페소5,25) 사랑해야하고,[39] 만일 마음이 정욕에 기울어지기 쉬우면, 자기의 몸을 사랑하

---

[38] 사랑의 질서의 신학은, 교부들의 사랑에 관한 사색 안에서 심화되어, 훗날 그리스도교 사상의 주류가 되어간다. 오리게네스, 『아가 주해』 제3권, 아우구스티누스, 『신국론』 XV, 22 등을 참조.

는 것처럼 해야 한다(사랑의 질서를 정립한 바울로가 그렇게 권하고 있기에〈에페소5,28〉). 원수에 대해서는, 원수의 악으로 갚지 말고 오히려 선업으로 그의 악업을 갚아야한다.

그러나 많은 사람들은, 질서와 조화를 잃고 미망(迷妄) 가운데 사랑하고 있으므로, 그 사랑은 혼란스럽고 무질서하다. 그들은 돈, 명예, 여자를(만일 그녀들에 대해서 정욕을 가진 경우), 자신의 생명조차 아깝지 않을 만큼 온 힘과 온 마음을 다해 사랑하지만, 오히려 하느님은 적당히 사랑하는 데 머문다. 원수를 사랑할 만큼 이웃을 사랑하지 않으며, 자기를 미워하는 사람에 대해서는, 이전에 그들로부터 당한 악보다 더 큰 악으로 갚는다. [123] 그러기에 신부는, 「내게 사랑을 질서 잡아주십시오. 당연한 의무를 하느님께 다하고, 그 밖의 개개의 것들에 관해서는, 적절한 척도를 놓치지 않도록」이라고 말한다. 혹은 이 일은 다음과 같이 해석될 수 있다. 즉 「처음에 우리는 사랑받고 있었음에도 불구하고, 불순종에 의해 원수의 무리에 들고 말았습니다. 하지만 지금은 다시 처음과 같은 은총의 상태에로 되돌아와, 하느님 사랑에 의해 주님과 일치하였습니다. 그러므로 질서 있고 흔들림 없는 그러한 은혜를, 내 안에서 견고한 것으로 만들어 주십시오. 신랑의 벗이여. 그리고 배려와 주의로 한층 좋은 것에 대한 소망을 내 안에 단단히 보존하여 주십시오」라고.

이 말을 마치고 그녀는 다시, 한층 차원이 높은 것으로 마음을 옮긴다. 왜냐하면 그녀는, 자신이 획득한 선을 확보하기 위하여, 향유에 의해 지지받는 것을 바라기 때문이다. "향유로 내게 힘을 더해 주십시오."(2,5) 오오, 얼마나 멋진 기둥인가. 얼마나 새로운 버팀목인가. 어떻게 하여 향유는 집의 기둥이 되었을까. 어떻게 하여 무거

---

39) 그레고리오스는 주교가 된 후, 아내와 해혼(解婚)하고 오누이처럼 지냈다고 한다.

운 지붕 구조가 좋은 향기에 의해 지지되는 것일까. 갖가지 덕이 그 다양한 형태와 함께, 우리 안에서 질서를 잡을 때, 그것들은 그 작용의 다름에 따라 이름 지어진다는 것은 분명하지 않은가. [124] 왜냐하면 덕은, 단지 선을 보거나, 한층 높은 차원의 선에 참여하거나 하는 것만이 아니라, 또한 거기에 흔들림 없는 방식으로 머물기도 하기 때문이다. 그러므로 향유에 의해 지지받고 싶다고 바라는 사람은, 덕 안에서 흔들림 없이 있고자 원하는 것이다. 향유는 모든 죄악의 악취로부터 분리되어 있기에 덕인 것이다.

텍스트 안에서 그 다음에 올바른 의미연관(意味連關)으로 이어지는 것(akolouthon)은, 놀랄 만한 것이다. 즉 그녀가 어떤 재료로 자신의 집이 지탱되길 바라고 있는지에 관한 것이다. 그녀는, 물질적 집의 재료인 가시투성이의 식물이나 가시나무, 짚, 갈대(오히려 사도 바울로가 말하듯이, 나무나 갈대나 풀〈1고린토3,12〉)가 아니라, 사과가 그 집의 지붕의 재료가 되길 바란다. 왜냐하면 그녀는 "능금으로 받쳐주십시오."(2,5)라고 말하기 때문이다. 그것은 능금이 그녀에게, "모든 것 안에서 모든 것이 되기 위함이다."(골로사이3,11) 이 모든 것이란, 아름다움, 향기, 감미로움, 양식, 그늘의 시원함, 편안한 자리, 견고한 기둥, 덮개가 되는 지붕을 말한다. 진실로 아름다움은 기쁘게 보이고, 향기는 후각을 즐겁게 하며, 양식은 몸을 기르고, 미각을 감미롭게 하며, 나무 그늘은 뜨거운 열을 식히고, 자리는 노고에 안식을 주며, 지붕은 주인에게 덮개가 되고, 기둥은 흔들림이 없으며, 빛나는 능금은 지붕을 눈부시게 한다. 누가 능금의 배합보다도 아름다운 광경을 상상할 수 있으랴. [125] 능금이 수평 상태인 채, 구심(求心)적으로 통일화되고, 한결같이 아름답게 나란히, 빨강과 하양이 섞이어 색채도 선명하게 열매 맺을 때. 그러기에 만일 능금의 배합을 지상에서 하늘로 올려다본다면, 그 광경보다 더 멋진 광경은 없으리라. 이것은 그러나, 정신적인 선(善)을 욕구하는 경우 불가능하지 않다. 왜냐하면 이런 종류의 과일은 무겁지 않고, 그 무게에 의해 땅으로 떨어지는 일도 없으며, 본래 위로 향하는 경향을 가지고 있기 때문이다. 덕도 위로 향하는 경향을 가지고 있으며, 위에 있는 것을 바라본다. 따라서 신부는, 그러한 능금의 아름다움으로 자신의 집의 지붕이 장식되길 바란다. 왜냐하면 이전부터의 생각에 따르면, 지붕 위의 능금의 배합 안에서 보이는 광경의 멋짐이, 텍스트가 의도하는 것이라고는 생각할 수 없기 때문이다. 실제로 만일 우리에게 도움이 되는 영적인 의미가, 말해지고 있는 것 안에서 간파되지 않는다면, 대관절 누가 그러한 말에 의해 덕으로의 안내자가 될 수 있단 말인가.

그럼 여기서 시사되는 텍스트의 영적 의미는 어떠한 것일까?

인간을 사랑하여 인간성이라고 하는 숲 가운데서 싹을 내민 분은, 우리 인간의 혈육을 짊어지고 능금이 되었다. 이 피와 살 각각에 대하여, 능금의 색깔의 각각이 대응하고 있음을 알 수 있다. [126] 그 흰색은, 살의 성질을 모방하고, 표면의 빨강은, 겉보기만으로도 피의 성질과 확실히 닮았다. 이런 까닭으로, 신적인 것에 즐거움을 느끼는 영혼이, 지붕 위의 능금을 보고 싶다고 원할 때, 그 비유에 의해 지금 말한 것을 배우는 것이다. 왜냐하면 우리에게는, 위를 바라보면서 능금에 주의를 향하는 일이, 복음의 가르침을 통해서 천상적 삶에로 인도되는 것이기 때문이다. 이 복음의 가르침은, 위로부터 오시어 만물 위에 계신 분이 가르치신 것인데, 그것은 육(肉) 안에서 현현하시고, 모든 선업의 모범을 자신 안에서 보여주심에 의한 것이었다. 그것에 관하여 이분은 "나는 마음이 온유하고 겸손하니 나에게 배우시오."(마태오11, 29)라고 말하고 있다. 사도 바울로도, 우리에게 겸손을 설명하면서 같은 것을 말하고 있다. (참으로 한번 흘낏

보는 것만으로도, 그의 말의 진실함을 확신할 수 있다.) 왜냐하면 바울로는, 위를 바라보는 사람들에 대해서 다음과 같이 말하고 있기 때문이다. "그리스도 예수님께서 지니셨던 바로 그 마음을 여러분 안에 간직하십시오. 그분께서는 하느님의 모습을 지니셨지만, 하느님과 같음을 당연한 것으로 여기지 않으시고, 오히려 당신 자신을 비우시어, 종의 모습을 취하시고, 사람들과 같이 되셨습니다."(필립비 2,5-7) 그분은 살과 피에 의해 우리들 가운데 사시고, 눈앞의 기쁨 대신에 자발적으로 우리와 같은 비천한 모습이 되시어, 죽음의 시련까지 이르셨다. 그러기에 신부는 다음과 같이 말한다. 「능금으로 받쳐주십시오. 그것은 내가 항상 위에 있는 것을 바라보면서, 신랑 가운데 드러난 선의 모범을 똑똑히 응시하기 위함입니다. [127] 그분에게는 유화(柔和), 성내지 않음, 적과의 화해, 불쾌한 사람에 대한 사랑, 악을 선으로 갚음, 자제, 정결, 인내, 모든 허영과 이 세상의 기만으로부터의 해방이 있습니다.」

 이상의 것들을 말하고 나자, 신부는 사수(射手)가 멋지게 그녀에게 화살을 쏘았으므로, 그 업적을 찬미하며 말한다. "나는 사랑의 중상을 입었다."(2,5)고. 그렇게 말함으로써 신부는, 화살이 마음 깊숙이 박혔음을 가리킨다. 화살의 사수는 사랑이다(1요한4,8). 우리는 성경에 의해 하느님은 사랑이시라는 것을 알고 있다. 이 하느님은, 자신이 "선택하신 화살"(이사야49,2)을 즉 외아들이신 하느님을, 셋으로 나뉜 화살촉의(화살촉은 신앙이다) 끝을, 생명의 영 안에 적시어, 구원받을 사람들을 향해서 쏘신다. 그것은 화살촉이 꿰찌른 사람 안에, 화살만이 아니라, 동시에 사수도 관통하기 위함이다. 그것은 주님이 "아버지와 나는 그에게 가서 함께 살 것이다."(요한14,23)라고 말씀하신 대로이다.

 [128] 그러기에 신적인 등반에 의해 고양된 영혼은, 그 중상을 입

힌 사랑의 감미로운 화살을 자신 안에서 확인하면, 그 중상을 자랑으로 여겨, "나는 사랑의 중상을 입었다."(2,5)고 말한다. 오, 아름다운 상처, 감미로운 중상이여! 그곳을 통과한 생명은, 그 화살로 생긴 상처를, 마치 문처럼 자신을 위해서 열고 들어오는 것이다. 참으로 신부가 사랑의 화살을 받자마자, 활쏘기는 즉시 혼인의 기쁨으로 변하는 것이다. 그런데 팔이 활을 어떻게 다루고, 오른손과 왼손이 그 기능의 차이에 따라, 어떠한 역할 분담을 하는가는 잘 알려져 있다. 즉 왼손은 활을 잡고, 오른손은 자기 쪽으로 시위를 당기며, 동시에 화살의 오늬도 뒤로 당긴다. 그리고 왼손은 화살을 과녁에로 향한다. 그런 까닭에, 이전에 화살의 과녁이었던 신부는, 이제는 자신이, 양손으로 화살을 시위에 메기고 있는 사수의 손 안에서 화살이 되어있는 모습을 본다.

그렇긴 하지만 이 말들의 의미는, 혼인의 표현을 통해서 차례대로 전개되어 있으므로, 텍스트는, 왼손에 의해 화살 끝이 지지되고, 오른손에 의해 오늬가 쥐어져있다고는 말하지 않는다. 즉 마치 힘 있는 손 안에서, 영혼인 화살이 천상의 과녁에로 향해져있다고는 말하지 않는다. 그게 아니라 텍스트는, 왼팔이 화살 대신 머리를 받치고, 오른팔이 신체의 나머지 부분을 안는다고 말한다. [129] 텍스트는 이 두 비유에 의해, 하느님께로 가는 등반에 관하여 같은 애지(愛知)의 현실을 가르치고 있다(philosophein)고 여겨진다. 즉 동일한 하느님이 우리의 신랑이자 사수여서, 신부이자 화살인 정화된 영혼과 교류하는 것이다. 그분은 화살인 그녀를 선한 표적에로 향하게 하여, 신부로서 불멸의 영생에 참여하도록 그녀를 끌어당긴다. 그때, 오른팔로는 생명의 장수(長壽)를 은혜로 주고, 왼팔로는 영원한 선의 풍요로움과 하느님의 영광을 수여한다. 세상의 영광을 구하는 자는 이 하느님의 영광에는 참여할 수 없다. 그러기에 신부는 "그분은 왼팔로 내 머리를 받치고, 그 오른팔로는 나를 안아주실 것입니다."(2,6)라고 말한다. 즉「저분은 화살을 과녁에로 향하는 왼팔로 내 머리를 지지하고, 그 오른팔로 나를 안으며, 자신에게로 끌어당겨, 나를 가볍게 위로 운반하여 주신다. 게다가 나는, 위로 쏘아지면서도 사수로부터 떨어지는 일이 없습니다. 나는 사수의 사격에 의해 튕겨져 나가면서도 동시에 그분의 손 안에서 안식을 취하고 있는 것입니다」[40]라고.「잠언」(3,16)은 이 손의 성격에 관하여 "지혜의 오른손에는 장수가, 그 왼손에는 부와 영광이 들려있다"고 말한다.

이어서 신부는, 천상 예루살렘의 딸들에게 말을 건다. 그 말은, 하느님의 사랑이 점점 커져서 모든 사람이 구원 받고,[41] [130] 진리를 인식하는 것을 바라는(1디모테오2,4) 사람이, 그 소망이 실현될 수 있도록 맹세에 의해 이끄는 격려이다. 그것은 다음과 같이 쓰여있다. "예루살렘의 딸들아, 나는 들판의 힘과 강함을 걸고, 너희들이 맹세하길 바란다. 사랑이 스스로 원할 때까지, 사랑을 깨워 일으키지 않도록."(2,7) 맹세란, 자신이 표현하는 것의 진실을 보증하는 말이다. 맹세의 작용에는 두 가지 경우가 있다. 하나는, 자기 자신이 맹세를 듣는 사람에게 그 진실을 보증하는 경우이고, 다른 하나는, 타인에게 맹세하게 함으로써 약속을 깨지 않도록 의무화하는 경우이다. 예를 들면, 전자의 경우는, "주님께서 다윗에게 맹세하셨으니, 돌이키지 않으실 진실이라네."(시편132,11)이다. 이 경우, 약속을 신뢰할 수 있음이, 맹세에 의해 보증되고 있는 것이다.

후자의 경우, 아브라함은 외아들 이사악이 자신의 부족에게 어울리는 결혼을 해야 한다고 생각했다(창세기24,2-9). 그래서 그는 종

---

40) 에펙타시스적 영적 생활의 특징이 잘 표현되어있다.
41) 그레고리오스의 하느님 사랑의 최고의 표현인 '보편적 구원론'을 나타내고 있다.

에게, 노예인 가나안족의 처녀를 이사악의 신부로 맞아들여서는 안 된다고 명했다. 그것은 노예의 종족과 섞임으로써, 자손의 피의 고귀함이 더럽혀지지 않도록 하기 위함이었다. 아브라함은 오히려, 선조의 땅의 같은 혈연의 처녀와 자신의 자식과의 결혼을 명하고, [131] 이를 종이 완수하도록 종에게 맹세케 함으로써, 자신의 약속이 깨지지 않도록 의무화한 것이다. 그런 까닭으로 종은, 이사악에게 적합한 결혼을 준비하도록, 아브라함에 의해 맹세하게 되었던 것이다.

이처럼 맹세의 작용에는 두 가지가 있다. 이 텍스트에 있어서는, 우리가 이전에 관상한 것처럼, 높은 곳까지 날아오른 영혼은, 초보적인 영혼에게 완전한 것에 이르는 길을 보여주지만, 자신이 경험한 것의 진실을, 듣고 있는 자에게 맹세로 보증하는 것은 아니다. 오히려 그들에게 맹세케 하여, 그들이 조는 일 없는 눈 뜬 사랑을 가질 때까지, 덕스런 삶에로의 인도자가 된다. 그것은 그녀의 선한 소망(thelema) 즉 만민이 구원되고, 진리의 인식에 이른다고 하는 소망이 실현될 때까지 계속된다.

조상 아브라함의 종의 경우, 맹세는 「아브라함의 샅」 안에서 행해지지만, [132] 여기서는 "들판의 힘과 강함을 걸고" 행해진다. 그런 이유로 텍스트는 "예루살렘의 딸들아, 나는 들판의 힘과 강함을 걸고, 너희들이 맹세하길 바란다. 사랑이 스스로 원할 때까지, 사랑을 깨워 일으키지 않도록."(2,7)이라고 말하고 있다.

그럼 이 말에서 먼저 들판이란 무엇인가, 이어서 들판의 힘과 강함이란 무엇인가, 그것들은 서로 다른 의미를 지니는가, 혹은 의미는 하나인가를 관상해야만 한다. 그 다음에는 「사랑이 눈을 뜨는 것과 일어나는 것」은 무엇인가를 관상해야만 한다. "사랑이 스스로 원할 때까지"라는 구절은, 이미 이전에 설명되었기 때문이다.

주님의 목소리가, 들판에 의해 세상(kosmos)을 의미하고 있음은,

복음(마태오13,38)으로부터 누구에게도 분명하다. 이 세상의 모습은 바뀌고, 안정되지 못한 것 안에서 조금도 확실한 것이 보여지지 않음은, 현상과 변전(變轉)을 헛된 것으로 열거하는「전도서」(1,2-4)의 위대한 목소리로부터도 명백하다. 그러면 세상인 들판의 힘이란 무엇인가? 또 강함이란 무엇인가? (그것들을 생각해내는 것만으로도, 맹세에 의해 예루살렘의 딸들에게 부과된 계율이 깨지는 일은 없을 터이지만) 만일 우리가, 현상 가운데 이 힘이 존재한다고 생각하여 현상을 바라본다면, [133]「전도서」는 현상 가운데 나타나 갈망되는 것 일체를 헛된 것이라고 이름 붙이고, 위와 같은 우리의 해석을 물리칠 것이다. 왜냐하면 헛된 것은 자존하지 않고, 실체적으로 자존하지 않는 것은 힘을 갖고 있지 않기 때문이다. 혹은 힘이라고 하는 말의 복수형으로부터, 그 말의 의미의 단서가 즉시 발견될 것이다. 왜냐하면 우리는, 성경 가운데 이런 종류의 말의 두 가지 용법(단수와 복수)의 차이를 발견하기 때문이다. 힘이 단수형으로 말해질 때, 그 말의 의미는, 하느님(의 힘)에 관계된다. 이에 대해서, 힘이 복수형으로 말해질 때, 천사의 본성이 의미되고 있다. 예를 들면, "하느님의 힘, 하느님의 지혜이신 그리스도"(1고린토1,24)라고 말해지는 경우, 이 단수형에 의해 신적인 것이 개시(開示)되어 있다. 하지만 "주님을 찬미하여라, 모든 힘들아."(시편103,21)에서, 힘의 복수용법은, 천사의 정신적 본성을 의미하고 있다. 다른 한편, 힘과 함께 사용되고 있는 강함이라고 하는 이름은, 그 의미를 강화한다. 그러한 성경은, 동의어를 반복하여, 그 의미를 한층 견고하게 표현한다. 예를 들면, "주님은 저의 강함, 저의 반석"(시편18,2-3)이라고 하는 식으로. 즉 이 말들의 각각의 의미는 동의(同義)적이며, 이 동의어들이 하나가 되어, 의미를 더 강화하는 것이다. [134] 그러기에 힘이라고 하는 말의 복수형과 그것과 동의어인 강함이라고 하는 말의 제시는, 그것을 듣는 사람의 마음을 천사의 본성에로 이끄는 것처럼 여겨진다. 이리하여 스승으로부터 배운 것을 견고하게 하기 위하여 초보적인 영혼들은 맹세를 하게 되는데, 그것은 이 지나가버리는 세상의 이름 안에서가 아니라, 천사의 영원한 본성 안에서 행해지는 것이다. 영혼은 천사의 본성을 보도록 권해지는데, 그것은 덕스럽고 견고한 삶이, 천사의 모범에 의해서 견고하게 되기 위함이다. 왜냐하면, 부활 이후의 삶은, 천사의 삶과 비슷해진다고 알려져 있고(복음 안에서 알려진 것에는 거짓이 없다), 거기서부터 귀결하는 것으로서, 이 세상의 생명은 우리가 희망하는 생명에 대한 준비이기에, 비록 이 육 안에서 살고, 이 세상의 밭에서 지낸다 하더라도, 우리는 육에 따라서 살아서는 안 되고, 이 세상의 모습을 닮지 말고, 세상에 있는 한, 희망의 생명을 미리 살지 않으면 안 되기 때문이다.

그러기에 신부는, 맹세에 의해, 아직 배움 중에 있는 영혼들을 견고하게 하고, 그녀들이 이 밭에서 그 삶을 완성하면서, 힘을 응시하고, 아파테이아(apatheia, 不受動心)를 통하여, 천사적 청정함을 본받도록 하는 것이다. [135] 이리하여 사랑이 눈을 뜨고 일어나면(즉 부단히, 보다 큰 선에로의 진보함으로써 고양되고 증대되면), 우리 안에 있는 천사적 아파테이아가 완성되어, 하느님의 선한 의지가 "하늘에서와 같이 땅에서도 이루어지소서."(마태오 6,10)라고 말한다.

이상의 것을 우리는 "예루살렘의 딸들아, 나는 들판의 힘과 강함을 걸고, 너희들이 맹세하길 바란다. 사랑이 스스로 원할 때까지, 사랑을 깨워 일으키지 않도록."(2,7)이라는 말 안에서 관상하였던 것이다. 만일 탐구되고 있는 것의 진리에 한층 가까운 다른 설명이 발견된다면, 그것을 은혜로서 받아들이며, 예수 그리스도 안에 숨겨져 있는 신비를, 성령을 통하여 밝혀주시는 분에게 감사드리자.

우리 주님께 영광이 처음과 같이 이제와 항상 영원히. 아멘.

제 5 강화

[신부]

[2.8] 내 연인의 목소리!
　　　보셔요, 그이가 오잖아요, 산맥을 밟고,
　　　이어지는 언덕들을 뛰어넘으며.
[2.9] 내 연인은 영양(羚羊)같고
　　　바이텔 산의 젊은 사슴 같답니다.
　　　보셔요, 그이가 우리 담벼락 앞에 서서
　　　창틈으로 기웃거리고
　　　창살 틈으로 들여다본답니다.
[2.10] 연인은 나에게 대답하여 말합니다.
　　　"사랑스런 가인(佳人)이여,
　　　나의 아름다운 비둘기여,
　　　일어나 나오세요.
[2.11] 자, 이제 겨울은 지나고
　　　장마는 걷혔다오.
[2,12] 땅에는 꽃들이 흐드러지게 피어
　　　이미 꽃 따는 계절이라오.

우리 땅에서는 멧비둘기 소리가 들려온다오.

[2.13] 무화과나무는 이른 열매를 맺어가고

포도나무 꽃송이들은 향기를 내뿜는다오.

나의 사랑스런 가인(佳人)이여, 일어나오.

나의 아름다운 여인이여, 이리 와주오, 나의 비둘기.

[2.14] 나의 비둘기여, 스스로 나오시게,

성벽 옆 바위틈에서."

[신부]

당신의 모습을 보게 해주오. 목소리를 듣게 해주오.

당신의 목소리는 감미롭고

당신의 모습은 꽃처럼 빛난다오.

[신랑]

[2.15] 우리들을 위하여 여우를 잡아주었으면.

포도밭을 망치는 새끼여우를.

우리 포도밭은

지금 꽃이 만발하였으므로.

[신부]

[2.16] 나의 연인은 나의 것,

나는 그분의 것.

그분은 백합꽃 사이에서 양떼를 치는 목자.

[2.17] 해가 바람을 불어

그림자가 사라질 때까지

내 곁으로 서둘러 돌아오세요.

계곡이 많은 산의 영양과 젊은 사슴처럼.

[137] 지금까지의 「아가」의 통독 과정에서, 「아가」의 애지(愛知,

philosophia)는, 우리에게 여러 가지를 보여주었다. 그것들은 우리를 초월적인 온갖 선(善)을 관상하고 싶다는 갈망으로 인도함과 동시에, 처음부터 파악 불가능한 선을 이해한다고 하는 절망적 상태에 빠지게 해, 우리 마음에 고통을 가져온다. 왜냐하면, 이러한 선에로의 등반(登攀)에서, (사도 바울로가 말하듯이〈필립비3,13〉) 선에 참여하길 원하여 신적인 사랑에 의해 고양되고 정화된 영혼이, 아직 그 탐구의 대상을 붙잡지 못하고 있는 것이 아닌가[42] 하고 생각하면, 누구라도 그 마음이 아프지 않을 수는 없기 때문이다. 그러나 나는 이전에, 영혼이 이미 실현한 등반의 경과를 바라보면서, 그녀가 도달한 높은 단계를 보고 그녀를 행복하다고 생각하였다. 실제로 영혼이 행복하다고 여겨질 때란, 그녀가 감미로운 능금나무와 열매를 맺지 못하는 숲을 구별하여 그 감미로운 능금 열매를 발견하고, 그 그늘을 사모하여, 그 열매의 감미로움에 가득 차 기쁨이라고 하는 술의(기쁨을 포도주라고 부르는 것은, 그것을 마시는 사람의 마음이 기쁨으로 가득 차기 때문이다〈시편104,15〉) 창고로 들어갈 때이며, [138] 나아가 그녀가 사랑으로 견고해지고, 능금 껍질로 포옹되어 향유로 강해지며, 다시 사수의 사랑의 화살을 마음에 받아들인 후, 힘센 분의 손으로 진리의 과녁으로 향해져, 자기 자신이 화살이 되는 때입니다(시편127,4).

이상의 것을 생각하면, 이처럼 고양된 영혼은, 이미 지복(至福)의 정상에 도달했음이 틀림없다고 추정되어왔다. 그러나 지금까지 달성된 완전성은, 아직 등반의 시초에 지나지 않는 것처럼 여겨진다. 왜냐하면, 영혼은 이 등반 전체를, 진리의 관상이나 그 명백한 파악으

---

42) 이곳은, 니싸의 그레고리오스의 영성의 중심을 이루고 있는 '에펙타시스'를 멋지게 표현하고 있는 대목이다.

로서가 아니라, 자신이 열애하는 연인의 목소리라고 부르고 있기 때문이다. 즉 연인의 음성은, 청각을 통하여 그 애인의 영혼에 인지되어도, 결코 연인 자신이 알려져 사랑받는 것은 아니기 때문이다. 이리하여 만일 영혼이, 위대한 바울로가 셋째 하늘에 오를 만큼(2고린토12,2-4) 고양되었다고 하더라도, 이처럼 아직 그녀의 연인을 붙잡지 못하고 있다면, 관상의 지성소(至聖所)의 입구에조차 근접하지 못한 우리는 대관절 어느 단계에 있다고 말해야할까?

실제로 영혼이 말하는 것에 의하면, 그녀가 찾고 있는 연인을 본다는 것은 아주 어려운 일로 여겨진다. 신부는 "내 연인의 목소리!"(2,8)라고만 말한다. [139] 그녀는, 형태도, 얼굴도, 또한 찾고 있는 연인의 본성을 보여주는 특징도 아니고, 목소리만을 말한다. 그 목소리는, 목소리를 내는 신랑의 본성에 관하여, 확실한 것이 아니라, 오히려 추측을 낳는 데 지나지 않는다. 그리고 신부의 말이, 확실한 이해가 아니라, 오히려 추측(비유) 쪽에 비슷하다는 것은, 텍스트가 일의(一義)적 의미나 하나의 이미지를 사용하고 있지 않고, 시각적으로 다채로운 이미지를 사용하고 있음으로 보아 분명하다. 그때 신부는, 연인이 서로 다른 때에, 서로 다른 방식으로 나타난다고 생각하여, 자신이 이해한 것에 관하여, 하나의 이미지에 구애받지 않는다. (이것은 텍스트로부터 분명하다.) 실제로 "보셔요, 그이가 오잖아요."(2,8)라고 신부는 말한다. 그는 멈추어 서지도 않고, 느긋이 체류도 하지 않는다. 그것은 보고 싶어 하는 신부에게 보이지 않게 하기 위함이며, 오히려 완전히 알려지기 전에, 그녀의 시선으로부터 몸을 감춘다. 그러므로 그녀는 저분은 "산맥을 밟고, 이어지는 언덕들을 뛰어넘으며"(2,8) 옵니다, 라고 말한다. 그는 한편으로는 영양(羚羊)이라고 명명되고, 다른 편으로는 젊은 사슴에 비유된다. 그녀는 "내 연인은 영양(羚羊)같고, 바이텔 산의 젊은 사슴 같답니다."(2,9)라고 말한다.

이렇게 하여 파악된 것은, 서로 다른 때에는, 언제나 서로 다른 성질을 띠고 현전하는 것이다.

[140] 나는 이상의 것이 문자 그대로의 의미로 파악되면, 고통을 느낀다. 왜냐하면 그것에 의해 나는, 초월적인 것을 엄밀히 이해할 수 없다고 하는 절망에 빠지기 때문이다. 하지만 우리는, 복음을 전하는 사람들에게 그 위대한 힘에 의해 말씀을 수여하시는 하느님께 희망을 둔다. 그리고 이미 사색된 것과 현재의 텍스트를 관상한 것과의 사이의 조화를, 올바른 의미연관(akolouthon)으로 도모하도록 노력하는 것이다. 신부는 "내 연인의 목소리가 들린다"고 하고는 즉시 이어서 "보라, 그분이 오신다"고 말한다. 우리는, 이 말로부터 무엇을 추측해야할까? 그 말은, 복음을 통해서 분명해진 하느님의 말씀의 섭리(oikonomia)를 아마 예견하고 있는 것이리라. 그 섭리는 예언자에 의해서 예언되고, 그 다음 육화(肉化)에 의해 드러났다. 왜냐하면, 예언자가 "듣고 있던 것을, 우리는 그대로 보았다."(시편 48,9)고 말하고 있듯이, 하느님의 음성은 그분의 업적에 의해서 증명되고, 게다가 그 업적으로부터 발생한 귀결은, 복음 말씀과 일치하기 때문이다.

"내 연인의 목소리가 들린다." 이는 우리가 들은 것이다. "보라, 그분이 오신다." 이는 우리가 두 눈으로 본 것이다. "하느님께서 예전에는 예언자들을 시켜 여러 번 여러 가지 모양으로 우리 조상들에게 말씀하셨다."(히브리1,1) 이는 음성을 들은 것이다. "이 마지막 시대에 와서는 당신의 아들을 시켜 말씀하셨다."(히브리1,2) [141] 이는 「보세요, 저분은 산맥을 밟고, 이어지는 언덕들을 뛰어넘으며 옵니다」라고 말해지고 있는 것이다. 그때, 그는 어떤 특별한 이유에 의해, 먼저 영양에, 이어서 다른 이유로, 젊은 사슴에, 차례차례 어울리는 방식을 통해서 비유되는 것이다. 영양은, 모든 것을 보는 예리한 시력을 의미한다. 왜냐하면 영양(dorkas)은, 아주 경탄할 만한 시력을 가지고 봄으로(derkesthai), 그 보는 작용으로부터 영양이라고 불리는 것이다. 그러나 본다(derkesthai)는 것은, 전체적으로 조망한다(theasthai)는 것이다. 만물을 진실로 전체적으로 조망하고, 그리고 관상(觀想)의 입장에서 만물을 보는 자는, 만물의 신(theos)이라고 불린다. 나아가, 적대자의 힘을 그 삶에 의해 제거하기 위하여 나타나신 분은, 하느님으로서 육 안에서 나타나신 것이므로, 한편으로는, 하늘로부터 땅을 내려다보는 자로서 영양에 비유되고, 다른 편으로는, 산이나 언덕을 뛰어넘는 분으로서 즉 악령의 못된 생각인 교만을 밟아 부수는 분으로서, 젊은 사슴에 비유되는 것이다. 산은, 성경에 의하면, 하느님의 힘에 의하여 흔들려 움직여지는 것, 즉 다윗이 말한 바(시편46,3-4), 바다 밑에 옮겨지는 것, 심연에 가라앉는 것을 의미한다. 이것에 관하여 주님은 제자들에게 다음과 같이 말씀하셨다. [142] "만일 너희가 겨자씨 한 알 만한 믿음이라도 지니고 있다면, 이 산더러(이 말로 주님은, 저 광기의 악마를 가리키셨다〈마태오17,15〉) '일어나 바다 가운데로 옮겨가라' 하더라도 그대로 옮겨 갈 것이다."(마태오17,20) 이처럼 영양의 본성에 고유한 것은, 짐승을 멸하고, 그 거친 숨결과 모피의 색에 의해 살무사의 종족을 추방하는 것이다. 그러므로 신랑은, 만물을 조망하는 자로서, 영양에 비유되고, 또한 적대적 세력을(이는 산과 언덕으로 상징되고 있다) 밟아 부수는 자로서 젊은 사슴에 비유되는 것이다.

참으로 신랑의 음성은 예언자를 통하여 울려퍼졌다. 하느님께서 그들을 통하여 말씀하셨기 때문이다. 그리고 이 음성에 이어서, 말씀이 적대하는 산을 밟고 넘어서, 언덕을 뛰어넘어서 오셨다. 그때 말씀은, 그것이 열등한 세력이든 우월한 세력이든, 자신에게 대항하는 일체의 세력을 발아래 복속시키는 것이다. 실로 산과 언덕의 구별은, 이 적대적인, 강력한 세력과 열등한 세력이 함께, 같은 힘과 권위에 의해 유린되고 파멸되어 버리는 것을 암시한다. 왜냐하면, 사자나 용 같이 강한 것과 뱀이나 전갈처럼 약하다고 여겨지는 것은, 똑같이 밟혀 부서지기 때문이다(시편91,13;루가10,19).

[143] 여기서 비유로 설명해보자. 말씀을 따른 군중 가운데 악마라고 하는 산이 있었다(마태오9,32). 그들은 회당에(마르코1,21-), 가다라 지방에(마태오8,28), 그밖에 많은 장소에 있었다. 그리고 인간 본성에 거슬러 교만하게 굴었다. 그들 사이에서 언덕과 산, 즉 강력한 악마와 약한 악마가 출현한 것이었다. 그러나 살무사를 멸하는 젊은 사슴은, 그 제자도 사슴의 본성으로 변모시키는 분이시므로(그분은 그들 사이에서 「나는 너희에게 살무사와 전갈 위를 밟고 다니는 권능을 주었다.」〈루가10,19〉고 말씀하신다), 일체의 살무사 종류를 짓밟고, 그것들을 추방하며, 그것들로부터 시작하여 차례차례 다른 적을 급습한다. 그것은, 덕에로 고양된 사람들의 위대한 광채가, 악의 언덕에 의해 덮여지는 일 없이 빛나기 위함이다. 왜냐하면, 바이텔 산이란, 그 이름을 해석하면 드높은 천상적 삶을 의미하고 있기 때문이다. 실제로 히브리어를 잘 알고 있는 사람은, 이 바이텔이란 읽기가, 하느님의 집(베트 엘 = Bethel)을 의미하고 있다고 말한다. 그러므로 이 대목에서는 「바이텔 산 위」라고 말해지고 있는 것이다.

[144] 이상의 것을, 정화되어 통찰력이 있는 영혼의 눈이 보았다. 그 영혼의 눈은, 대적하는 언덕을 그 신적인 도약에 의해 뛰어넘으면서, 장래의 일이 이미 실현된 것처럼 생각한다. 게다가 그것은, 희망의 과녁인 은혜가, 확실하다고 믿으므로, 이미 희망이 성취되어 있다고 생각한다. 왜냐하면 영혼은, 산맥을 재빠르게 뛰어넘어, 이어지는 언덕을 도약하여 오신 분이, 지금은 벽 뒤에 잠시 멈춰 서서,

창살 틈으로 속삭이면서 나타난다고 말하고 있기 때문이다. 텍스트는 다음과 같이 읽힌다. "보셔요, 그이가 우리 담벼락 앞에 서서, 창틈으로 기웃거리고, 창살 틈으로 들여다본답니다."(2,9)

텍스트에서 물체적, 문자대로의 의미로 묘사되고 있는 것은, 실제로는 다음과 같은 사태이다. 즉 연인은 집안에 있는 신부에게 창을 통해서 속삭이고 있다는 것, 그리고 한편으로 윗창을 통해서 안을 들여다봄과 함께, 다른 편으로는 창살을 통해서 집안을 보고 있으므로, 두 사람은 가로막힌 벽에 방해를 받지 않고 서로 이야기하고 있다는 것이다. 그런데 비유적, 천상적인 해석은, 이미 우리가 확정한 해석에 가깝다. 왜냐하면 「아가」의 텍스트는, 순서 바르게 그 방법을 가지고, 인간성을 하느님 곁으로 끌어당기기 때문이다. **[145]** 즉 먼저 첫 번째로, 예언자와 율법의 가르침을 통하여 인간성을 비춘다. (우리는 다음과 같이 생각한다. 창이란 빛을 가져오는 예언자이며, 창살이란 율법의 가르침의 훌륭한 체계이며, 이 양자에 의해서 진리의 광채가, 안으로 쏟아져 들어오는 것이다, 라고.) 그 다음에 진실의 빛이 우리의 인간성과 섞임으로써, 죽음과 어둠의 그늘에 엎디어 있던 사람들(루가1,79)을 비출 때, 완전하게 빛이 빛난다. 실제로 첫 번째로, 예언자와 율법의 가르침의 광채가, 정신적인 의미에서의 창과 창살을 통해서 영혼을 비추고, 그 다음에 문밖의 태양을 보고 싶다는 바램을 마음에 심는 것이다. 그리하여 마지막에, 우리의 바램이 실현되는 것이다.

여기서 벽의 안쪽에 더 이상 머물지 않고, 빛에로 열리는 창을 통하여 교회에 말씀하시는 분이, 그녀에 대해서 어떤 것을 말씀하고 계신지 들어보자. 그것은 신부가 전하는 다음과 같은 말이다. "연인은 나에게 대답하여 말합니다. 사랑스런 가인(佳人)이여, 나의 아름다운 비둘기여, 일어나 나오세요. 자, 이제 겨울은 지나고, 장마는 걷혔다오. 땅에는 꽃들이 흐드러지게 피어, 이미 꽃 따는 계절이라오. 우리 땅에서는 멧비둘기 소리가 들려온다오. 무화과나무는 푸른 열매를 맺어가고, 포도나무 꽃송이들은 향기를 내뿜는다오."(2,10-13)

[146] 봄의 창조주는, 봄의 우미(優美)를 얼마나 아름답게 묘사해 보여주는 것일까. 다윗은 이 창조주에 대해서, "당신께서는 여름과 겨울을 만드셨습니다."(시편74,17)라고 말하고 있다. 창조주는 혹독한 겨울도 지나고, 진절머리 나는 비도 그쳤다고 말하며, 겨울의 슬픔을 개게 하신다. 그분은 목장이 풀로 덮이고, 꽃으로 하나 가득임을 보여주시며, 백화가 만발한, 꽃따기에 적합한 계절이라고 말한다. 그러므로 꽃 따는 사람은, 지금이야말로 꽃을 따 화관을 엮거나, 향료를 만들 수 있다. 텍스트는, 시절을 봄답게 묘사하고, 새가 숲 여기저기서 지저귀며, 비둘기의 달콤한 목소리가 우리들의 귓가에 다다른다고 기술한다. 무화과와 포도나무는, 그것들의 현재의 모양을 통해서, 장래 거기서 나올 풍부한 열매의 길조를 알리고 있다. 실제로 무화과는 열매가 달리기 시작하고, 포도는 꽃이 만발하여, 그 향기를 맡으면 참으로 즐거워진다. 이처럼 텍스트는, 겨울의 혹독함을 물리치고, 감미로운 화제를 채택하면서 봄의 화려함을 멋지게 묘사하고 있다.

[147] 그러나 이처럼 아름다운 봄의 묘사에, 오래도록 마음을 빼앗기고 있을 필요는 없다. 오히려 이러한 화제를 통하여 분명해지는 갖가지 신비에 근접하고, 그 화제에 감추어진 의미의 보고(寶庫)를 열고 보지 않으면 안 된다.

지금 우리의 화제가 되어있는 것은, 대관절 어떠한 것일까?

과거에 선으로 쉽게 향하던 인간성이, 움직임이 없는 우상의 성질을 몸에 띠게 되자, 인간은 우상숭배라고 하는 얼음 같은 차가움에 묶여버렸다. 실제로 "우상을 만들어, 그것에 의지하는 자는 모두 우상처럼 된다."(시편115,8)고 쓰여있다. 그렇게 되어버린 것은 당연하였다. 왜냐하면, 진실한 하느님을 바라보는 사람은, 그 신성의 여러 속성을 자기 안에 수용하지만,[43] 그와 마찬가지로 우상의 헛됨에 애착하는 자는, 자신이 바라보고 있는 헛된 것과 같이 되며, 그 결과 인간에서 목석(木石)으로 변해버리고 말기 때문이다. 이처럼 우상숭배에 의해, 목석으로 변할 때, 인간성은 우상숭배가 지닌 얼음 같은 차가움에 묶여서, 고차적인 선에는 감동하지 않는 것이 되어버렸다. 그러므로 지금이야말로 정의의 태양(말라기4,2)이, 엄동(嚴冬)을 비추어 봄을 가져오는 것이다. 마파람은 동쪽에 태양이 떠오름과 동시에, 대지 전체를 데워서 겨울의 얼음을 녹인다. 그것은, 얼음의 차가움에 의해 돌처럼 굳어진 인간이, **[148]** 성령의 숨에 의해 마음속까지 데워지고, 말씀의 빛에 녹아서, 다시 "영원한 생명을 향하여 용솟음치는 물"(시편114,8;요한4,14)로 변모하기 위함이다. "당신 숨을 불게 하시니 흐르는 물이 된다."(시편147,18) 혹은 "그분께서는 바위를 못으로, 차돌을 물 솟는 샘으로 바꾸시네."(시편114,8)처럼.

이 변모에 관해서는 세례자 요한이, 유대인에 대해서 계시하려고 외치면서, 이 돌들은 덕의 모방에 의해 일으켜져, 조상 아브라함의 자녀로 변모한다는 식으로 말하고 있다(마태오3,9). 교회는 이상의 가르침을 말씀으로부터 듣는다. 그때 교회는, 예언자의 창과 율법의 창살로부터 진리의 빛을 받아들이는 것인데, 그러나 아직 그때에는,

---

43) 플라톤, 『파이드로스』(253a) : "자신의 주인이었던 신의 본성을 자기 자신 안에서 발견하려고 물어 가는 이 탐구의 길을 편하게 그들은 나아갈 수 있다. 그것은 다름 아니라, 그들은 자신의 신에 대해서 열렬한 시선을 향하지 않고서는 있을 수 없기 때문이다. 그리고 기억 안에서 그 신에 도달하여 영감으로 채워지자마자, 그들은 인간의 몸으로 신에 참여하는 일이 가능한 한, 그 신의 습성과 생활방식을 자기 것으로 만든다."

가르침이 담고 있는 예형(豫型)이라고 하는 벽(율법)이 여전히 존속하고 있다. 이 율법은, 장래 있어야할 선의 그림자이지만, 있어야 할 선의 실상(實像) 그 자체를 보여주는 것은 아니다. 그러나 이 율법의 배후에는, 예형 다음에 나타나는 진리가 감추어져있는 것이다. 그 진리는, 우선 첫 번째로 예언자를 통해서 말씀을 교회 안에 빛나게 하고, 다음으로는 복음의 빛남을 통하여, 예형이 지닌 불분명한 모든 형태를 일소(一掃)하였다. 이 진리에 의해 "둘을 가르는 장벽이 허물어지고"(에페소2,14), 집안의 공기는 문밖의 빛과 합류하여, 그 뒤 더 이상 빛이 창을 통하여 쏟아져 들어올 필요도 없게 된 것이다. 지금은 진실의 빛 그 자체가, 복음의 빛에 의해 안에 있는 것 일체를 비추고 있기 때문이다.[44]

이런 까닭으로, 짓밟힌 사람을 다시 일으키는 말씀은, 창을 통해서 교회에 다음과 같이 말하면서 외친다. [149]「(죄악으로부터) 다시 일어서야 한다. 미끄러지기 쉬운 죄에 의해 넘어진 사람아. 살무사에 의해 손발이 묶여 땅에 넘어진, 불순종의 잘못에 빠진 사람아. 다시 일어나라.」계속하여 또 말한다.「그렇지만 그대는 오류로부터 일어서는 것만으로는 부족하다. 오히려 선 안에서 진보하여 덕의 길을 완주해야만 한다.」우리는 이것을 중풍병자의 이야기(마태오9,5)에서 배웠다. 즉 말씀은 이 사람에게 그 무거운 침상을 들게만 한 것이 아니라, "걸어가라!"고 명하셨던 것이다. 그 걸음이란, 끊임없는 움직임에 의해 한층 고차적인 선에로 향상(向上)함을 의미하고 있는 것이다. 말씀은 "일어나 걸어가라"고 하신다. 이 명령에는, 어쩌면

---

44) 여기서는 성경과 헬레니즘의 '벽'의 테마가 서로 섞여있다. 신랑이 거기서부터 집안을 들여다보는 벽이란, 성경의 의미로는 '율법의 벽'(에페소2,14)이지만, 그리스철학의 관점에서 보면, 수인(囚人)들이 거기서부터 환영을 보는 벽이다.(플라톤『국가』514b) 덧붙여 말하면,「골로사이」2장17절은, 율법이 그림자라는 것을 강조하고 있다.

그토록 큰 힘이 담겨있는 것일까. 참으로 하느님의 음성은 힘으로 가득 차있다. 그것을 시편 작자도 "보라, 그분께서 소리를 높이시니 우렁찬 소리라네."(시편68,34) 혹은 "그분께서 말씀하시자 이루어졌고, 그분께서 명령하시자 생겨났기 때문이네."(시편33,9)라고 말하며 보여주고 있다. 보라, 지금도 또한 신랑은 이「아가」가운데서, 누워있는 신부를 향하여 "일어나라"고 말하며 "나오라"고 부른다. 그러자 즉시 그 명령이 실현된다. [150] 왜냐하면 그녀는 말씀의 힘을 받자마자 일어나, 빛의 곁으로 다가가 살게 되기 때문이다. 이것을, 그녀를 부른 말씀은 "사랑스런 가인(佳人)이여, 나의 아름다운 비둘기여, 일어나 나오세요."(2,10)라고 말하며 증명하고 있다.

그럼 그 다음을 주목해보자. 이 텍스트의 말의 순서는, 어떤 순서일까, 어떻게 하나의 말로부터 그 다음 말로 이어지는 것일까, 어떻게 의미의 연쇄가, 사슬처럼 연속하여 보존되는 것일까? 신부는 명령을 받자 말씀에 의해 격려 받고 일어나, 그분에게 다가가 곁에서 시중을 듦으로써, 아름답게 되어 비둘기라고 불린다. 실제로 거울이, 무언가 아름다운 형태를 비추지 않는다면, 어떻게 거기에 아름다운 영상이 생길 수 있을까. 인간성이라고 하는 거울도 마찬가지여서, 이전에는 아름답지 않았지만, 하느님의 미에 접근하여 그 모상으로 변모했을 때 아름답게 되는 것이다. 신부가 땅에 누워서 뱀을 보고 있는 동안에는 뱀의 형상을 하고 있었듯이, 그녀가 일어나 악에 등을 돌리고, 일어나 선에 직면하였을 때, 같은 원리에 따라 그녀는 자신이 보고 있는 대상과 닮게 형성된다. 그녀가 보고 있는 대상이란, 다름 아닌 미의 원형(archetypon)이다. 이처럼 그녀는 빛에 접근함으로써 빛이 되고,[45] 그 빛 가운데서, 비둘기의 아름다운 모습

---

45) 플라톤의『국가』에서의 태양의 비유 및 플로티누스『엔네아데스』1,5,9「미에 관하여」참조.

으로 변모한다. [151] 이 비둘기의 모습이란, 그것에 의해 성령의 현존이 알려진 저 비둘기의 형태인 것이다(루가3,22).

이처럼 말씀은 그녀에게 말을 걸어 가까이 오게 하며, 그 가까움 때문에 그녀를 아름답다고 부르고, 그 아름다움 때문에 비둘기라고 명명하는 것이다. 나아가 그는 겨울의 슬픔이 우리의 영혼을 더 이상 지배하지 않는다고 말한다. 왜냐하면 얼음 같은 차가움도, 빛에 대해서 맞서지 못하기 때문이다. 그는 "자, 이제 겨울은 지나고, 장마는 걷혔다오."(2,11)라고 말하고 있다. 악은 그 작용의 다양한 결과에 따라 불리므로, 여러 가지 이름을 가지고 있다. 그러므로 같은 악이, 겨울이라든가 비라든가 소나기라든가로 불리어, 그 각각의 이름이, 각각의 방식으로 어떤 종류의 유혹을 의미하는 것이다. 겨울은 악의 다양함을 의미한다. 왜냐하면, 겨울에는 꽃들은 시들고, 나무들의 장식이 되어있던 잎도 가지에서 떨어져 흙에 섞여버리고, 또 울던 새도 입을 다물고, 휘파람새도 날아가 버리고, 참새는 잠자리에 들고, 비둘기는 둥지에서 떠나버리기 때문이다. 삼라만상이 죽음의 슬픔을 흉내 낸다. 어린 싹은 죽어버리고, 풀들은 말라버린다. 뼈가 살에서 분리되듯이, 나무의 가지도 잎을 떨구어 벌거벗고, 어린 싹에서 나온 빛남도 꺼져버려, 황량한 풍경만이 남는다.

[152] 겨울에 발생하는 바다의 폭풍을, 도대체 어떻게 형용하면 좋을까? 바다는 심연으로부터 터져 나와 부풀어 오르면, 물 위에 바위나 산처럼 치솟는다. 그것은 해변으로 밀려와, 공격용 병기처럼 차례차례 파도의 타격을 주어, 해변을 뒤흔든다.[46] 그리고 대지를 향하여 적의 군세처럼 분류(奔流)한다.

내게는, 이러한 겨울의 폭풍과 그것과 닮은 모든 현상이, 상징적

---

46) 이 이미지에 관해서는 호메로스 『일리아스』 4,422-426 참조.

의미를 띠고 있는 듯이 여겨진다. 예를 들어, 겨울 동안 시들어 없어진 꽃이란, 무엇을 상징하는 것일까? 작은 가지에서 땅에 떨어져 분해되어버린 잎이란 무엇인가? 노래하는 새의 침묵의 목소리는 무엇을 의미하는 것일까? 그 파도로 사납게 으르렁거리는 바다는 무엇을 상징하는 것일까? 그 비란 무엇인가? 또 소나기는 무엇을 상징하는가? 어떻게 비는 그치는 것일까?

이상의 것에 의해, 이러한 겨울의 비유는, 생명을 지니고, 자유의지를 지니고 있는 것을 의미하고 있는 것이다.

비록 나의 설명이, 즉시 각각의 비유의 상세함을 분명하게 하지 않는 경우라도, 듣는 사람에게 있어서는, 그것들 각각의 의미는 분명하다. 즉 인간성은, 맨 처음에 낙원 가운데 있었고, 그 샘물에 의해 풍족하게 양육되어서 꽃처럼 탐스럽게 피어있었다. [153] 그때에는 불사의 어린 싹이 잎 대신에, 인간성을 생기발랄하게 하였던 것이다. 그러나 불순종이라고 하는 겨울이, 이 꽃의 뿌리를 시들게 했을 때, 꽃은 떨어져 땅에서 분해되었다. 인간은 그리고서 불사(不死)의 미를 박탈당하고, 불의에 가득 차 하느님에 대한 사랑이 식었으므로, 덕의 풀들은 말라버렸다. 거기서부터 다양한 정욕이, 적(敵)인 악마의 숨을 쐬어, 점점 더 거만해졌다. 이 정욕의 폭풍에 의해 영혼의 난파(難破)가 일어난 것이다.

그러나 영혼의 봄을 가져오시는 분이 오시면 (옛날에 이분은, 폭풍이 호수를 미쳐 날뛰게 하였기에, 바람과 호수를 향하여 "잠잠해져라, 조용히 하여라!"〈마르코4,39〉 하고 명령하였을 때, 모두가 잠잠히 진정되었듯이) 우리의 인간성은, 다시 싹이 트고, 거기에 고유한 꽃들에 의해 생기발랄해지기 시작한 것이다. 우리 생명의 꽃들이란 덕이며, 지금은 꽃이 피고, 계절에 어울리는 결실을 맺고 있다.

이런 까닭에 말씀은 "자, 이제 겨울은 지나고, 장마는 걷혔다오.

땅에는 꽃들이 흐드러지게 피어, 이미 꽃 따는 계절이라오."(2,11-12)라고 말하며, 또 계속하여 말한다. [154] 그대는 덕으로 꽃핀 목장을 본다. 빛나며 향기를 뿜는 하얀 백합 같은 정결을 본다. 정숙한 장미를 보며, 그리스도의 향기인 제비꽃을 본다. 어째서 그대는, 이 꽃들을 따서 화관을 엮지 않는가? 지금은 꽃 따는 사람이, 이 꽃들의 화관을 엮어 아름답게 장식할 때이며, 이미 꽃 따는 계절이 도래하여 있건만. 그것을 멧비둘기의 음성 즉 사막에서 소리 내어 부르는 세례자 요한의 음성이 증언하고 있다. 왜냐하면 세례자 요한은, 이 기쁜 봄을 알리는 선구자 멧비둘기이기 때문이다. 그는 덕의 아름다운 꽃을 사람들에게 보여주고, 꽃을 따고 싶다고 생각하는 사람에게 준다. 그렇게 하여, 그는 "이새의 그루터기에서 돋아난 햇순"(이사야11,1), "세상의 죄를 없애시는 하느님의 어린양"(요한1,29)을 보여준 것이다. 그리고 악으로부터 회심하여, 덕스런 삶을 보내도록 권고하였다. 왜냐하면 "우리 땅에서는 멧비둘기 소리가 들려온다오."(2,12)라고 말해지기 때문이다. 대개 복음서(마태오21,32)가 세리나 창녀라고 부르는, 일반적으로 악인으로 단죄 받은 사람들이, 땅이라고 불린다. 왜냐하면 그들 사이에서 요한의 말은 받아들여져 들렸지만, 다른 사람들 사이에서는 복음의 메시지가 받아들여지지 않았기 때문이다.

무화과에 관해서는, "그 열매를 맺었다."(2,13)고 말해지고 있다. 이것을 텍스트에 의해 다음과 같이 해석하여 보자. 무화과나무는, 깊은 장소에 있는 습기를, 열에 의해 비할 데 없는 방식으로 빨아올린다. [155] 그리고 습기가 나무의 중심부에 다량으로 모였을 때, 그 동화 흡수작용으로 쓸모없고 흙내 많이 나는 수분을 가지 끝으로부터 자연히 일소(一掃)하여버린다. 이것이 반복되어가는 동안에, 이윽고 적당한 시절이 오면, 쓸모없는 것으로부터 정화되어 양식이 생겨난다. 그것은 무화과나무로부터 생긴 일종의 과일로, 아직 완전히 익은 열매는 아니지만, 풋열매라고 불리며, 그것을 먹으려드는 사람에게는, 먹을 수 있는 것이다. 실제로 그것은 아직 열매가 아니라, 열매의 전조(前兆)에 지나지 않는다. 그러므로 이것을 이해하는 사람은, 그 풋열매를 아직 받아들이지 않는다. 그것은 참으로 열매의 조짐에 지나지 않으므로. 그래서 이 열매에 관해서 텍스트는 "무화과는, 이른 열매를 맺는다"고 말하고 있다.

말씀은, 영적인 의미에서의 봄을 신부로 묘사해 보여주고 있다. 그러나 이 봄의 계절은, 겨울의 슬픔의 때와 여름의 열매의 때, 두 계절의 경계인 것이다. 그러므로 이 봄은, 한편으로는 악이 지나갔음을 분명히 기뻐하며 알리지만, 다른 편으로는, 덕의 과일을 완전하게 출산한 것이 아니다. 이 과일은, 그것에 어울리는 계절에 분배된다. 그것은 여름이 가까워질 무렵이다. (그대는 "수확 때는 세상 종말이다"〈마태오13,39〉라고 말씀하시는 주 그리스도의 음성으로부터, 이 여름이 의미하고 있는 것을 분명히 알고 있다.) [156] 그리고 지금이야말로 덕에 의해 희망이 피기 시작했음이 알려진다. 이 꽃의 열매는, 예언자도 말했듯이(시편1,3), 계절이 돌아오면 결실을 맺는다. 이처럼 인간 본성은, 여기서는 무화과로 상징되고 있다. 그것은 겨울(우리가 해석한 의미로의 겨울) 동안에, 많은 악한 습기를 모은다. 그러므로 생명의 봄을 만들고, 적절한 손봄으로 인간성을 배려하시는 분은, 먼저 작은 가지로 비유되는 고백에 의해 여분의 것을 배출하고, 인간성으로부터 일체의 지상적이고 쓸모없는 것을 일소(一掃)한다. 이어서 한층 아름다운 생명을 통하여 바라는 지복(至福)을 삶에 각인한다. 그것은 마치 무화과 열매가 장래에 지닐 감미로움이, 그 풋열매에 의해 미리 알려지는 것과도 같다. 이것이 "무화과는, 이른 열매를 맺는다"고 말해지고 있는 것이다.

마찬가지로 꽃핀 포도에 관해서도 고찰하여보자. 이 포도주는 마음을 즐겁게 하고, 언젠가 지혜의 잔을 채울 것이다. 그것은 숭고한 복음으로부터 자유롭게 길어 올려져 손님들에게 대접되며, 좋은 '깨어있는 취함'[47]을 가져올 것이다. 여기서 내가 말하는 취함이란, 그것에 의해 인간이 물체적인 것으로부터 신적인 것에로 탈자(脫自, ek-stasis)하는 듯한 취함을 의미한다. [157] 지금이야말로 포도는 꽃이 만발하고, 거기서부터 달콤하고 부드러운 향기가, 주위의 공기(pneuma)에 섞여서 향기를 풍기며 흘러나온다. 그대도 알고 있듯이, 바울로의 가르침에 의하면(2고린토2,15-16), 성령의 숨(pneuma)은, 구원받을 사람들에게 향기를 자아내는 것이다.

이처럼 말씀은 신부에 대해서, 영혼의 아름다움, 즉 봄의 갖가지 상징을 보여주며 "나의 아름다운 가인(佳人)이여, 일어나오. 나의 아름다운 여인이여, 이리 와주오. 나의 비둘기."(2,13)라고 말하여 그녀를 일으킨다. 그리고 여기서 말해지고 있는 봄을 즐기도록 재촉한다. 말씀은, 이처럼 위대한 가르침을, 아주 적은 말로 드러내신다. 왜냐하면 하느님의 영감을 받은 가르침은, 장황하고 내용 없는 말투에 따라서 같은 어귀로 표현되는 것은 적절치 못하고, 오히려 위대하고 하느님에 어울리는 가르침은, 짧게 반복되는 말투를 통해서 드러나기 때문이다. 그런데 여기서 말해지고 있는 것은, 다음과 같은 것이다.

지극히 복되고 영원하며 "사람의 모든 이해를 뛰어넘는"(필립비 4,7) 신적 본성은, 그 자신 안에 모든 존재를 담고 있으므로, 어떤 한정에 의해서도 규정되지 않는다. 실로 이 신적 본성을 규정하는

---

47) 이 말은 필론에게서 유래한다. 그레고리오스는 이밖에도 '깨어있는 잠' '불변의 움직임' '아파테이아적 파토스(不受動的情念)' '빛나는 어둠' 등 당착어법(撞着語法)을 사용하고 있는데, 그것은 이러한 역설적 표현에 의해 그의 영적 생활의 초월적 내재성, 내재적 초월성을 말하려는 것이다.

것은 아무것도 없다. 시간, 장소, 색, 모습, 형태, 양, 질, 연장(延長) 그리고 그 밖의 것으로 규정하는 것은 아무것도 없다. 그것이 이름이든, 사물이든, 개념이든. 오히려 이 본성에 관하여 생각할 수 있는 선은 모두, 무한, 무진장이다.[48] 왜냐하면 하느님의 본성에는, 악이 들어설 여지가 없으므로, 선의 한계도 없기 때문이다. [158] 참으로, 가변적인 인간 본성 안에서 자유의지는, 서로 반대인 두 가지 방향 어느 쪽으로도, 똑같이 기울어질 수 있다. 그러므로 우리들 사이에서는, 선악은 각각 순차적으로 일어난다. 그 결과, 선은 이윽고 악을 멸하고, 악을 선을 멸하므로, 선에 이어서 발생하는 악은, 그 선을 한정한다. 우리 영혼의 모든 활동도, 상호 반대로 대립하는 한, 서로 반대의 것이 되어버려, 서로를 한정한다. 그런데 단순청정, 유일무비, 불변부동인 하느님의 본성은, 끊임없는 자기 동일로 있으며, 결코 자기와 달라질 수 없다. 이 본성은 악과 무연(無緣)이므로 무한한 선이며, 자기 안에 자기와 대립하는 것이 없으므로, 자기를 규정하는 것을 전혀 모른다. 따라서 하느님의 본성이, 인간의 영혼을 자기 곁으로 끌어당겨, 자기에게 참여하도록 할 때, 그것은 인간성보다 훨씬 고차적인 선이기에, 인간성이 참여한 몫만큼 그만큼의 비율로 언제나 초출(超出)하는 것이다. 그러므로 한편으로 영혼은 언제나 초월하는 하느님의 선에 참여하며 계속 증대해 가지만, 다른 편으로 하느님의 선은, 같은 것으로서 머문다.[49] 그런 까닭에,

---

48) 이 신에 관한 부정적 표현들은, 파르메니데스, 플라톤의 부정신학의 계보에 잇는 것인데, 다른 한편 근본적으로는 히브리적 신명(神名) 'YHWH'의 초절(超絶)성에서 영향을 받고 있다. 그것은 신에 관해서는, 모르는 것이 아는 것이라고 하는 후세의 부정신학에 연결되는 것이다. 나아가 하느님의 지(知)가 하느님과의 사랑에 의한 일치에 기초한다고 하는 사랑의 신비주의 차원을 열고 있다.
49) 이 대목에서, 각주48의 초월적 신관(神觀)이, 니싸의 그레고리오스의 에펙타시스적 인간론의 존재론적 기초가 되어있음을 알 수 있다.

영혼이 이 하느님의 선에 한층 더 참여하면 참여하는 그만큼, 언제나 같은 비율로 능가되어 버리는 것을 발견하는 결과가 된다.

이제 우리는, 신부가, 덕의 등반을 통해 말씀에 인도되면서, 마치 사다리를 오르듯 향상하여 가는 모습을 본다. [159] 즉 말씀은, 먼저 예언자라고 하는 창(窓)과 율법이라고 하는 창살을 통하여 빛을 그녀에게 보내고, 그녀가 이 빛에 접근하여 빛 안에서 비둘기의 형태로 아름답게 변모하도록 부른다. 이어서 말씀은, 그녀가 있는 힘을 다해 미에 참여했을 때조차, 마치 아직 미에 참여하지 않은 것처럼, 다시 처음부터 초월적인 미에 참여하도록 권유한다. 그러기에 그녀가 현전(現前)하는 선에로 끊임없이 향상(向上)하면 할수록, 같은 비율로 그녀의 갈앙(渴仰)도 계속 증대된다. 그리고 항상 초월하여 현전하는 선의 탁월성에 의해, 언제나 처음으로 그 등반을 시작하는 것처럼 느끼는 것이다.

이리하여 말씀은, 일어선 신부에게 다시 "일어나라"고 말하고, 곁에 다가온 그녀에게 다시 "이리 오라"고 말한다. 왜냐하면 이처럼 일어선 자는, 계속해서 일어나는 것이며, 또한 주님을 향하여 달리는 자 앞에는, 하느님을 향하여 질주하는 광대한 지평이 다시 펼쳐지기 때문이다. 그러므로 우리는 항상 다시 일어서지 않으면 안 되고, 달리면서도 항상 목적지에 더 가까이 가려고 노력해야 할 것이다. 게다가 말씀은 "일어나 오라"고 하실 때마다, 끊임없이 선에의 등반에 필요한 힘을 사람에게 주시는 것이다.

이어지는 텍스트의 말도, 이상의 방식으로 이해할 수 있다. 참으로, 하느님의 모상(영혼)에 대하여 아름다움에서 아름다움에로 변모하도록 명령하시는 분은, [160] 같은 이 모상에 대해서 "영광에서 영광으로 변모"(2고린토3,18) 하도록 명령하는 사도의 말을 상기시킨다. 이 영광이란, 파악되고 발견된 것을 의미한다. 하지만 비록

이 영광이, 가장 위대하고 숭고한 것이라 하더라도, 그것은 우리가 갈앙하는 분과 비교하면, 턱없이 부족한 것으로 보인다. 그러므로 비록 신부가, 그녀가 실현한 성공에 의해 이미 비둘기가 되었다 하더라도, 여전히 같은 것으로서 한층 더 높은 선에로 향상하여, 다시 비둘기가 되도록 명령하는 것이다. 게다가 그것이 실현되어도, 말씀은 다시 그것을 초월한 상태를, 비둘기라는 이름으로 불러 계속 드러내신다. 실로 그분은 "나의 비둘기여, 스스로 나오시게. 성벽 옆 바위틈에서."(2,14)라고 말씀하시는 것이다.

그럼 지금 텍스트가 말하는 완전한 상태에로의 등반이란, 대관절 어떠한 것일까? 그것은 유혹의 씨앗이 되는 듯한 외면적 사물에의 욕구에 주목하는 것이 아니라, 한층 더 높은 선에의 갈앙(渴仰, 욕구)을 자신의 인도자로 삼는 일이다. 말씀은 "스스로 나오시게"라고 말한다. 고통을 느끼게 하지 않고, 무리하게 강요받는 일도 없이, 스스로 나오는 일이란, 외적 강제에 의하지 않고, 자신의 고유한 생각에 의해, 선에의 갈앙을 강화하여 나온다는 것이다. [161] 왜냐하면, 덕은 자기 위에 독재자를 두지 않고, 자발적이며 모든 강제로부터 자유로운 것이기 때문이다. 다윗도, 이러한 자유인이었다. 그는 자신이 자유롭게 바치는 것만을, 하느님께서 즐겨 받으시도록 기도하였고(시편119,108), 자발적으로 희생을 바칠 것을 약속하였던 것이다(시편54,8). 성인들은 한 사람 한 사람도 이와 같은 자유인으로, 강제로가 아니라 자발적으로 자기 자신을 하느님께 봉헌하였던 것이다.

그대도 한층 높은 선에로 등반하길 갈앙하면서, 자신의 완전한 상태를 보여주도록 하시오. 그러한 완전한 상태에 도달했을 때, 말씀은 그대가 "성벽 옆 바위틈"에 도달하리라고 말한다. 그 의미는 다음과 같다. (우리는, 텍스트의 수수께끼를 해석하여, 그 의미를 분명히 해야만 한다는 임무를 띠고 있다.) 인간의 영혼에게 있어 유일한 바위틈이란, 지고한 복음을 말한다. 한번 그곳에 도달하면, 예형적(豫型的), 비유적으로 이해되고 있던 그림자와 같은 가르침은, 필요하지 않다. 왜냐하면, 율법 가운데 숨어있던 수수께끼가, 진리에 의해 분명해졌기 때문이다. 다른 한편 신앙을 가진 사람이라면 누구나, 바위가 복음이 가져다주는 은혜를 상징하고 있음을 부정하지 않을 것이다. 왜냐하면 성경의 많은 대목에서, 복음이 바위라는 것(마태오7,24)을 간파할 수 있기 때문이다.

이상의 이유로 텍스트의 의미는, 다음과 같은 것이 된다.

영혼아, 만일 네가 율법에 익숙해지고, 예언이라고 하는 창을 통하여 빛나는 빛을, 정신에 의해 보았다면, 더 이상 율법이라고 하는 성벽의 그림자에 머무를 필요는 없다. [162] (왜냐하면 성벽은, 현실의 선의 모상이 아니라, 미래의 선의 그림자이기에) 오히려 성벽에서 옆에 있는 바위틈으로 옮기는 편이 낫다. 왜냐하면 율법은, 복음적 신앙에 앞선 성벽이며, 게다가 양자의 가르침은 그 힘에 있어 인접해 있으므로, 바위는 성벽 바로 옆에 있기 때문이다. 실제로 "간음해서는 안 된다."(출애굽기20,14)라는 계명 이상으로, "음욕을 품고 여자를 바라보아서는 안 된다."(마태오5,28)라는 계명에 가까운 것이 있을까. 혹은 "살인해서는 안 된다."(출애굽기20,13)는 계명 이상으로, "성을 내서는 안 된다."(마태오5,22)는 계명에 가까운 것이 있을까. 실로 바위틈은 성벽 바로 옆에 있기에, 성벽에서 바위로의 이동은 용이하다. 한편의 성벽의 할례와 다른 편의 바위의 할례, 한편의 어린양과 다른 편의 어린양, 한편의 피와 다른 편의 피, 한편의 파스카(過越)와 다른 편의 파스카, 이것들은 모두 거의 흡사하고, 그러기에 서로 가깝다. 그러나 다른 점도 있다. 즉 바위는 영적이지만, 성벽은 육적이라는 점에서. 왜냐하면 이 성벽 가운데는, 물체적, 지상적인 것이 건축되어있기 때문이다. 다른 한편 복음적인 바위는, 육적인 생각으로 가득 찬 진흙을 포함하지 않는다. (즉 만일 사람이 할례를 받아도, 전신은 완전하고 건강함에는 변함이 없다. 왜냐하면 이 할례로 제거해 보았자, 본래적인 신체본성이 결손을 입는 일은 없기 때문이다. 또한 만일 악을 피하고 안식일을 지켜도, 그날에 선을 행하지 않는 것은 아니다. [163] 왜냐하면 사람은, 안식일에 좋은 일은 해도 된다는 것을 알고 있기 때문이다〈마태오12,12〉. 나아가 만일 부정 탄 음식물인지 아닌지를 구별하지 않고 먹었다 해도, 부정한 것에 접한 것은 아니다. 왜냐하면 바위는, 입을 통하여 배로 들어간 것은 무엇이든, 더러운 것은 아니라고 가르치기 때문이다〈마태오15,11〉.) 이리하여 바위는, 율법의 물체적, 문자대로의 준수로부터 완전히 떠나서, 텍스트의 말의 의미를 영적, 정신적인 의미로 옮겨서 생각하도록 권한다. 바울로도 같은 의미에서 "율법은 영적입니다."(로마7,14)라고 말하고 있다. 이런 식으로 율법을 받아들인 사람은, 물체적인 성벽 옆에 있는, 복음의 바위틈에 도달하는 것이다.[50]

말씀이 이상의 것을, 창을 통하여 신부에게 말을 건넬 때, 비둘기(신부)는 정신적인 빛으로 조명되어, 바위란 그리스도임을 이해하고, 곱게도 대답하며 말한다. "당신의 모습을 보게 해주오. 목소리를 듣게 해주오. 당신의 목소리는 감미롭고, 당신의 모습은 꽃처럼 빛난다오."(2,14) 이 말은 다음과 같은 것을 의미하고 있다. 더 이상 예언자나 율법이라고 하는 수수께끼로 말씀하지 마세요. 내가 볼 수 있도록, 또렷이 당신 자신을 보여주세요. 그것은 내가 율법이라고 하

---

50) 니싸의 그레고리오스는, 벽과 바위의 대비(對比)로, 구약과 신약을 대비한다. 오리게네스 『아가 주해』(3,230-231)와 비교해보시오.

는 성벽을 버리고, 복음이라고 하는 바위틈으로 들어가기 위함입니다. [164] 내가 들을 수 있도록, 내 귀에 당신의 음성을 울리게 해주세요. 만일 창으로부터 들려오는 음성이 이 정도로 감미롭다면, 하물며 당신이 얼굴을 드러내 보이실 때는 얼마나 사랑스러우실까요.

신부는 복음이라고 하는 바위에 숨은 신비를 이해하고, 이처럼 말하고 있는 것이다. 그리고 여러 시대에, 여러 가지 방법으로 이 문에 오신 말씀은(히브리1,1), 그녀의 손을 잡고 이 신비 안으로 인도한 것이다. 지금이야말로 그녀는, 하느님께서 육안(肉眼)으로 현현하길 바란다. 즉 말씀이 육이 되어, 하느님께서 육 안에 현현하길 원하고, 나아가 하느님의 음성이 영원한 지복을 받을 만한 사람들에게 그 지복을 약속하시어, 그 음성이 우리 귀에 울려 퍼지길 기원한다. 시메온은 "주여, 이제는 말씀하신 대로 이 종은 평안히 눈감게 되었습니다. 주님의 구원을 제 눈으로 보았습니다."(루가2,29-30)라고 말하는데, 그 음성은 신부의 소원에 합치하고 있다. 왜냐하면 그녀가 보고 싶다고 열망한 대로 그는 보았기 때문이다. 그런데 신랑의 감미로운 음성을 받아들이는 사람은, 복음의 은혜를 인지하고, "주님께서 영원한 생명을 주는 말씀을 가지셨습니다."(요한6,68)라고 말하는 것이다.

이처럼 정결한 신랑은, 신부의 올바른 기원을 기꺼이 받아들인다. 그러나 자신을 또렷이 드러내기 전에, 먼저 사냥꾼들에게 새끼여우들을 잡으라고 재촉한다. 그것은 포도밭에 포도꽃이 피는 것을 새끼여우들이 방해하지 못하도록 하기 위함이다. [165] "우리들을 위하여 여우를 잡아주었으면. 포도밭을 망치는 새끼여우를."(2,15) 실로 포도밭은, 망쳐지지 않으면, 꽃이 만발할 것이기 때문이다. "우리들을 위하여 여우를 잡아주었으면. 포도밭을 망치는 새끼여우를. 우리 포도밭은, 지금 꽃이 만발하였으므로."(2,15)

하지만 여기서 사유되어지고 있는 것의 위대함을 제대로 이해할 수 있을까? 이 텍스트는, 하느님의 위대함에 대한 얼마나 멋진 경탄을 담고 있는 것일까. 여기서 말해지고 있는 것의 의미는, 하느님의 힘의 어쩌면 그토록 탁월함을 나타내고 있는 것일까. 이에 대해서 성경 안에서 다음과 같은 강한 표현으로 말해지고 있는 것은, 도대체 어떻게 명명되어진 것일까? 즉 그자는 살인자, 악의 힘으로 가득 찬 자, "그 혀는 날카로운 칼"(시편52,4)이라고 무서운 표현으로 말해지고 있다. 그에 관해서는 예언자가, "싸리나무 숯불을 단 전사의 날카로운 화살"(시편120,4), "덤불 속의 사자처럼 은밀한 곳에서 노리는 자"(시편10,9), 큰 뱀, 배교자, "목구멍을 한껏 벌리고 있는 지옥"(이사야5,14), 어둠의 힘의 지배자, 죽음의 힘을 가진 자라고 말하고 있다. 또 그에 대해서는 예언이, "지고하신 하느님께서, 그 천사의 수에 맞추어 만드신 나라들의 경계"(신명기32,8)를 파괴하는 자, 세계를 새 둥지처럼 쥐고, 그것을 버려진 알처럼 모으는 자, "구름 위에 왕좌를 두고, 자신을 지극히 높으신 분과 같다고 선언하는 자"(이사야14,13-14)라고 말하고 있다. 나아가 그에 관해서는, [166] 「욥기」가 무섭고 불길한 자, 즉 "그 가슴은 청동, 뼈대는 무쇠, 내장은 연자맷돌"(욥기40,18;41,16)이라고 묘사하고 있다.[51] 성경은 마지막으로 그에 관하여, 일반적으로 무서운 것을 묘사할 때 사용하는 말로 표현하고 있다. 즉 그는 이처럼 강대하고, 이만큼의 성질을 지닌, 악마의 군대의 두목이라고 표현되어있는 것이다. 그러나 이자는 진실하시고 유일한 힘을 가지신 하느님에 의해서는, 도대체 뭐라고 명명되어있는 것일까?

---

51) 「욥기」 40-41장에 나오는 레비아탄의 묘사는, 아타나시오스의 『안토니오스의 생애』 24에 나오는 악마의 묘사에도 힌트를 주고 있다.

그 이름은 '작은 새끼여우'인 것이다. 이 새끼여우의 추종자, 그것을 따르는 군대는 모두, 사냥꾼에게 그들의 사냥을 재촉하는 분에 의해, 같은 멸칭(蔑稱) '새끼여우'라고 불리고 있다.

이 사냥꾼이란, 주 그리스도가 재림하실 때 따라 내려와, 지상에서 영광의 왕을 수행할 힘 있는 천사를 말한다. 혹은 그들은, 이 주님을 모르는 사람들에게, "누가 영광의 임금이신가? 힘세고 용맹하신 주님, 싸움에 용맹하신 주님이시다."(시편24,8)라고 말하며 보여주는 자들이다. 혹은 또 그들은 "구원을 상속받게 될 이들을 섬기도록 파견된 봉사의 영"(히브리1,14)일지도 모른다. 혹은 또 이 사냥꾼은, 새끼여우를 잡기 위해 파견되어, "내가 너희를 사람 낚는 어부로 만들겠다."(마태오4,19)는 말씀을 주님으로부터 들은, [167] 저 거룩한 사도들이리라. 왜냐하면 그들이, 복음의 그물 안에 구원 받을 영혼을 건져 올려, 인간을 어획한 것은, 단지 다음과 같은 조건을 채웠을 때였기 때문이다. 그 조건이란, 사도들이 먼저 이 동물들을, 그들의 소굴에서 쫓아낸 것, 즉 새끼여우들을, 그 소굴인 그들 자신의 마음으로부터 추방한 것이었다. 그것은 또한 그들의 마음이, 새끼여우의 소굴이 되지 않고, 하느님의 아드님이 머리를 누이시는 집(마태오8,20)이 되기 위함이었다.

텍스트가, 이 사냥꾼에 의해 무엇을 상징하고 있는가, 라는 한정은 잠시 제쳐두고, 우리는, 그들에게 명해진 것을 통해서, 하느님의 힘의 위대함과 말로 표현할 수 없음을 배운다. 왜냐하면 텍스트는, 하느님의 포도밭을 해치는 멧돼지, 밭을 서성거리는 짐승, 으르렁거리며 사납게 날뛰는 사자, 큰 상어, 바다의 용을 잡아라(말씀은, 이 짐승들의 이름에 의해, 적대적 세력의 힘의 정도를, 사냥꾼에게 알렸다고 여겨진다.) 하고 말하지 않고, 오히려 인간에게 적대적인 지상의 세력(지배, 권능, 어둠의 우주적 힘, 악령)은, 그대들 사냥꾼의 힘에 비하면, 초라하고 교활한 새끼여우밖에 없다고 말하고 있기 때문이다. 만일 그대들이, [168] 이 세력들을 지배한다면, 그때 우리의 포도밭인 인간성은, 그것에 고유한 우미함을 몸에 획득하고, 유덕한 삶이라고 하는 꽃에 의해 많은 포도송이를 단다고 하는 희망의 서곡을 연주할 것이다. 그러기에 "우리들을 위하여, 여우를 잡아주었으면. 포도밭을 망치는 새끼여우를. 우리 포도밭은, 지금 꽃이 만발하였으므로."(2,15)라고 말해지고 있는 것이다.

포도나무인 아내는(다윗은 그녀에 관하여 "그대의 아내는, 풍성한 포도송이를 단 포도나무"〈시편128,3〉라고 말한다) 하느님의 명령을 듣고, 이 명하시는 하느님의 힘으로 자신이 짐승의 추악함으로부터 깨끗해졌음을 알자, 즉시 울타리의 경계를 부수는 포도 재배자에게 자신을 봉헌한다. 왜냐하면 그녀는, 율법이라고 하는 칸막이에 의해 더 이상 애인과의 만남을 방해받지 않기 때문이다. 그래서 그녀는 말한다. "나의 연인은 나의 것, 나는 그분의 것. 그분은 백합꽃 사이에서 양떼를 치는 목자. 해가 바람을 불어, 그림자가 사라질 때까지."(2,16-17) 이 말의 의미는 다음과 같다. 나는 얼굴과 얼굴을 마주하고, 항상 존재하고 계신 분을 보았다. 그는 나를 위하여, 내 자매인 회당(시나고그)으로부터, 사람의 형태를 취하고 빛나게 나타나셨다. 나는 그분의 곁에 머문다. 나는 그분의 주거가 된다. [169] 그분은 착한(善美한) 목자이며, 풀로 양떼를 먹이시는 것이 아니라, 하얀 백합으로 양들을 기르신다. 참으로 그분은 양떼를 풀로 기르시지 않는다. 왜냐하면, 비이성적인 동물의 음식은 풀이지만, 이성적 인간은, 진실한 말씀으로 양육되기 때문이다. 그런데 인간은, 풀로 배를 채우면 자신도 풀이 되어버린다. 참으로 육(肉)인 한, "모든 육(肉)은 풀과 같기"(이사야40,6) 때문이다. 만일 영(靈)에서 태어나 영이 된다면, 그 인생은 풀로 길러지는 일 없이, 오히려 그의 음식은, 백합의 청정함과 향기가 상징하는 영이 될 것이다. 이 사람 자신도 백합이라고 하는 음식의 본성으로 변화하여, 깨끗하고 향기 짙은 백합이 될 것이다. 그런데 이 백합은 해이다. 그것은 빛으로 가득 차 넘친 해이다. 혹은 바람(pneuma)을 불어오게 하는 해이다. 왜냐하면 하느님의 음성은, 영(pneuma)으로 넘치는 빛을, 불어 보내는 바람이라고 부르기 때문이다. 이 빛(바람)에 의해 현세의 그림자는 사라져버린다. 그러나 이 그림자를 열심히 보려고 하는 사람은, [170] 진리의 빛이 영혼의 눈을 비추지 않는 사람, 그림자와 허무를 확실한 것으로 바라보는 사람, 실재를 비(非)존재라고 간주하는 사람이다. 이에 대해서 백합으로 양육되는 사람(깨끗하고 향기로운 양식에 의해 영혼을 양육하는 사람)은, 현세에서 뜨겁게 사랑받는 그림자와도 같은 것의 기만적인 겉치레 일체로부터 이탈하여, 실재를 바라보며, 빛의 아들 해의 아들이 된다.

신부는 이상의 것을 바라본다. 그리고 자신이 희망하는 선이 가능한 한 빨리 실현되도록, 말씀을 재촉하면서, 악도 제거되길 바라며 다음과 같이 말한다.

"연인이여, 내 곁으로 서둘러 돌아오세요. 계곡이 많은 산의 영양과 젊은 사슴처럼."(2,17)「사람의 생각을 꿰뚫어보고, 그 마음을 아는 영양처럼. 악의 종자를 제거하여 주십시오. 살무사의 종족을 근절시키는 젊은 사슴처럼. 당신은 인간의 삶이라고 하는 협곡이 많은 산을 보십니다. 그 오가기 어려운 난소(難所)는 산등성이가 아니라 험한 협곡이옵니다.」

그러므로 말씀은 가능한 한 빨리 협곡이 많은 산을 넘어서 오신다. 그것은, 진리에 거슬러 서있는 모든 것은 구덩이지 산은 아니고, 험한 협곡이지 산등성이는 아니기 때문이다. [171] 말씀은, 만일 그대가, 험한 계곡을 넘어 온다면, "골짜기는 모두 메워지고, 산과 언덕은 모두 낮아져라."(루가3,5)라고 말한다.

영혼은 이상과 같은 것을 말한다. 그리고 말씀은 이 영혼을, 가시덤불이나 풀 안에서 아니라, 정결한 삶인 백합의 향기 안에서 기르신다. 우리도 말씀에 의해 길러지면서, 이 백합에 의해 양육되길 간절히 바란다.

이 말씀께, 영광과 다스리심이 처음과 같이 이제와 항상 영원히. 아멘.

제 6 강화

[신부]

[3.1] 나는 밤마다 잠자리에서
　　　내 영혼이 사랑하는 분을 찾았네.
　　　찾아도 보이지 않고
　　　불러도 대답이 없었네.
[3.2] 그래 일어나 성읍 한가운데를 돌아다니며
　　　광장이나 길거리에서 찾아보았지.
　　　내 영혼이 사랑하는 분을
　　　물어보았지만 찾을 수 없었네.
　　　순회중인 야경꾼을 만났네.
[3.3] "당신들은 내 영혼이 사랑하는 분을
　　　보지 못하셨나요?"
　　　그들과 헤어지고 나자마자
[3.4] 내 영혼이 사랑하는 분을 찾았네.
　　　나는 그를 붙잡아
　　　떨어지지 않았네.
　　　내 어미의 집에

나를 잉태한 이의 방에 데리고 갈 때까지.
[3.5] 예루살렘의 딸들아
나는 들판의 힘들과 강함들을 걸고
너희들을 맹세하게 했다.
사랑이 스스로 원할 때까지
깨어 일어나지 말도록.

[신랑의 친구들]
[3.6] 황야에서 올라오는 여인은 누구인가
연기 기둥 같은.
분향하는 사람의 향료 가운데서 뽑힌
몰약과 유향의 향기로 가득 찬 기둥과 같은.
[3.7] 보시오, 솔로몬의 침대를
이스라엘의 정예인 예순 명의 용사가
그 주의를 둘러싼.
[3.8] 모두 싸움에 뛰어난 검사(劍士)들이
밤의 공포에 대비하여
저마다 허리에 칼을 차고 있네.

우리는 다시, 눈앞의 「아가」 텍스트의 독해를 통해서 「아가」의 위대하고 숭고한 가르침을 배운다. 왜냐하면 신부가 말하는 이야기는, 애지(philosophia)이기 때문이다. 참으로 그녀가 그 경험으로 가득 찬 이야기를 통해서 가르치는 것은, 어떻게 하여 초월적 미의 연인이, 신적인 것에 정통하지 않으면 안 되는가 하는 것이다. [173] 그런데 우리는 텍스트를 통하여 다음의 것을 배운다. (그때 나는, 먼저 텍스트에 숨은 영적 의미가 추려지고, 다음에 신적 영감을 받은 텍스트의 말이, 이제까지 관상된 영적 의미와 조화되어야만 한다고 생각한다.) 그래서 여기서 우리가 배우는 것은, 간단히 줄여서 말하면, 아래에서 서서히 분명해진다. 다음과 같은 가르침이다. 즉 이 우주 자연은, 가장 크게 나누면 두 영역으로 분류된다. 그 한편의 영역은, 감성적 질료적인 것이고, 다른 편 영역은, 사유적 비(非)질료적인 것이다. 감성적인 것이란, 감각에 의해 파악할 수 있는 모든 것을 의미하고, 사유적인 것이란, 감성적 인지(認知)를 초월한 모든 것을 의미한다. 이 양자 가운데, 사유적인 것은, 한계를 가지지 않으므로 규정할 수 없는 것인데 대해서, 감성적인 것은, 뭔가의 한계로 완전히 에워싸여 있다. 실제로 모든 질료는, 그 높이와 형태와 표면과 윤곽 등의 속성 안에서, 양적 질적으로 한정되어 있는 것이다. 그 결과, 이 질료에서 볼 수 있는 이 속성들이, 질료에 관련된 탐구와 이해를 한정해 버린다. 그러므로 질료의 탐구자는, 이 속성들의 한정을 초월하고 있는 것을 무엇 하나 생각할 수가 없다. 다른 한편 이러한 한정으로부터 자유로운, 사유적이고 비질료적인 것은, 무엇에 의해서도 한정되지 않으므로 정의(定義)를 초월해 있는 것이다.

[174] 그런데 사유(思惟)적 본성을 지닌 것은, 다시 두 영역으로 분리된다. 그 한편은 창조되지 않은, 모든 존재의 창조주이다. 그분은 언제나 "있는 나"(출애굽기3,14), 존재 그 자체로서, 자기동일성을 보존하고, 증감(增減)을 일체 초월하고 있으며, 새로이 선(善)을 수용하는 일도 없다. 그 다른 편은, 창조에 의해 탄생하고, 끊임없이 모든 존재의 제1원인을 바라보며, 항상 초월자에 참여함으로써 선 가운데 보존되고 있다. 그것은 선 안에서 증대하면서 보다 고차적인 선으로 변모하고, 변모하면서, 어떤 의미로는 부단히 창조되고 있다.[52] 그러므로 이것에는, 어떤 상한(上限)이 있다고는 생각되지 않고, 또한 이것의 더 높은 선에로의 증대에 대해서, 뭔가의 한정에 의한 한계선이 그어져있는 일도 없다. 그 현재의 선한 상태가, 아

무리 위대하고 완전하게 보인다 하더라도, 그것은 보다 높고 위대한 선에로의 단서에 지나지 않는 것이다.

이런 까닭에, 이미 실현된 완전함조차, 더 높은 완전함에로의 에펙타시스에 의해 잊혀져버린다고 하는 바울로의 말(필립비3,13)은 옳다고 말할 수 있다. 왜냐하면, 끊임없이 더 크고 탁월하게 현전하는 선은, 거기에 참여하는 자의 지향을 자신에게 끌어당겨, 보다 낮은 선을 잊게 하고, 보다 높은 선을 누리도록 함에 의해, 그들에게 자신의 과거를 뒤돌아보지 않게 하기 때문이다.

[175] 신부의 이야기가 포함하는 애지(愛知)에 의해, 우리가 받는 가르침은, 이러한 것이라고 생각된다. 그래서 지금이야말로, 하느님의 영감을 받은 텍스트의 말을 상기하고, 이어서 이 말에 숨은 영적 의미와 이제까지 관상된 영적 의미를 조화시킬 때이다.

"나는 밤마다 잠자리에서, 내 영혼이 사랑하는 분을 찾았네. 찾아도 보이지 않고, 불러도 대답이 없었네. 그래 일어나 성읍 한가운데를 돌아다니며, 광장이나 길거리에서 찾아보았지. 내 영혼이 사랑하는 분을, 물어보았지만 찾을 수 없었네. 순회중인 야경꾼을 만났네. 〈당신들은 내 영혼이 사랑하는 분을 보지 못하셨나요?〉 그들과 헤어지고 나자마자, 내 영혼이 사랑하는 분을 찾았네. 나는 그를 붙잡아, 떨어지지 않았네. 내 어미의 집에, 나를 잉태한 이의 방에 데리고 갈 때까지."(3,1-4)

그러면 이 이야기 안에서, 우리가 가르침과 관련 지어, 이미 관상

---

52) 이 대목에서는, 창조주와 피조물이라고 하는 존재를 양분하는 교부의 사고방식을 분명히 알 수 있다. 그것은 플라톤인인, 사유적 이데아계와 감성계라고 하는 이분법을 대신하는 것이다. 따라서 교부에 있어서는, 플라톤의 이데아계와 사유적 존재도, 나아가 질료적 세계도, 창조주로부터 부단히 존재를 부여받아서 존재한다. 여기서는, 에펙타시스론의 기초가 되는 부단의 창조라는 사고방식이 발견된다.

한 영적 의미를 어떻게 발견할 수 있을까?

영혼은, 등반의 하나하나의 단계에 도달할 때마다, 그때마다 달성한 성장의 비율에 따라, 항상 보다 높은 선으로 변모하면서도, 이미 달성한 선의 단계에 결코 머물지 않았다. 그러므로 영혼은, 어떤 때에는, 이집트의 파라오를 흔들어 떨어뜨린 말에 비교되고, 또 어떤 때에는, 목 부근을 장식한 목걸이나 귀걸이에 견주어지는 것이다. [176] 이어서 영혼은, 이들 단계에도 만족하지 못하고, 다시 한층 더 높은 단계를 향하여 올라간다. 왜냐하면 그녀는, 자신의 몸에 바른 나르드 향유를 통해서, 신적 향기를 맡는 것이다. 그러나 그녀는 거기에도 머물지 않고, 다시 자신이 열애하는 연인을, 마치 향기로운 향료이기라도 한 것처럼, 그 영적 유방 사이에 꼭 껴안는다. 그 유방으로부터는, 그의 신적인 가르침이 용솟음쳐 나온다. 영혼은 연인을 마음의 공간에 간직해둔다. 그리고 나서 자신의 결실로서, 포도 재배자 자신을 출산한다. 그리고 그를 포도송이라고 부른다. 그 송이는, 꽃을 통하여 달콤하고 기분 좋은 향기를 풍긴다. 이리하여 영혼은, 영적인 길에서 향상(向上)하여, 아름다운 자라고 불리며, 신랑의 마음의 가인(벗)이 되고, 그 눈동자의 아름다움은 비둘기에 비유된다. 그리고 영혼은, 또 한층 위대한 단계를 향하여 올라간다. 왜냐하면 그 시력은, 한층 예리해져, 말씀의 아름다움을 이해하고, 그분이 이 지상의 생명의 침상에 내려와, 얼마나 거기에 그림자를 드리웠는지 보고 놀라기 때문이다. 실로 말씀은, 인간의 신체가 지닌 질료적 본성에 의해, 그 그림자에 덮여졌던 것이다.

이야기들 뒤에 영혼은, 덕(德)의 집을 묘사한다. 즉 그 집의 지붕은, 손상도 부패도 하지 않는 레바논 삼나무와 사이프레스(측백나무)를 소재로 하고 있다. [177] 이 묘사에 의해 영혼은, 선을 향하여 향상하는 자신의 상태가 안정되고 부동임을 설명한다. 이에 덧붙여 그녀가, 한층 보다 높은 선을 향하여 올라가는 것이 드러난다. 즉 그녀는, 가시나무 가운데 핀 하얀 백합에 비유되는 것이다. 또 그녀는 신랑과 다른 젊은이들과의 차이에 주목한다. 왜냐하면 그녀는, 그를 사과나무라고 부르기 때문이다. 그 나무는, 열매를 맺지 않는 나무들 사이에 있어, 열매의 계절에 화려해진다. 그녀가 그 나무그늘에 들어서면, 포도주의 창고에 이른다. 거기서 향유로 강해지고, 능금으로 지지받는다. 그리고 심장에, 뽑힌 화살을 맞으면, 그 감미로운 중상(重傷)에 의해, 자기 자신이 그 사수의 손 안의 화살이 된다. 사수의 왼손은, 화살 끝을 천상의 과녁에 꼭 맞추고, 그 오른손은, 화살을 자기 쪽으로 끌어당긴다.

그 뒤 영혼은, 마치 이미 완전한 자가 된 것처럼, 같은 것을 바라는 다른 영혼들을 교도(敎導)하여, 그녀들에게 서약을 하게 함으로써, 사랑에 대한 그 열의를 눈뜨게 한다. 이러한 상태까지 향상된 영혼이, 완전함의 극치까지 도달하지 않았다고 말할 사람이 어디에 있을까. 그러나 앞서 달성된 완성의 극치조차도, [178] 한층 초월적인 완전함에로 이끄는 실마리에 지나지 않는 것이다. 왜냐하면, 이 일들 모두는 목소리라고 불리며, 청각을 통하여, 신비적인 일의 관상에로 그녀를 향하게 하기 때문이다.

그녀는, 다른 모습으로 나타나는 연인을 응시하기 시작한다. 그는 영양(羚羊)에 비유되고, 젊은 사슴에 비유되고 있다. 단 한번 봄으로써 전부 보이는 일도 없고, 한 장소에 나타나는 일도 없다. 그는 저편에서 산맥을 밟고 넘어오며, 이어지는 언덕들의 정상을 뛰어넘어 온다. 그리고 신부는, 두 번째 음성이 들렸을 때, 다시 한층 멋진 경지에 도달하는 것이다. 즉 그녀는, 그 음성에 의해 벽의 그림자를 버리고, 밖으로 나가, 성벽 옆 바위틈에서 쉬며, 봄꽃을 즐기도록 권유받는 것이다. 그녀는 만발한 꽃밭에서 계절에 어울리는 꽃을 따고, 이 계절이, 음악 같은 새의 목소리를 통하여 감수성 풍부하게 살아가는 사람에게 베푸는 안식을 맛보는 것이다. 이리하여 신부는, 점점 더 완전한 자가 되며, 자신에게 말을 거는 분의 모습을 또렷이 보고, 직접 그분의 말씀을 듣는 것이 자신에게 그럴만하다고 생각한다. 이때 영혼은, 그녀의 소망의 극치, 즉 등반의 정상에 도달한 것이다. 그러므로 그녀는 행복한 자라고 불릴만하다. 대관절 사람이 하느님을 보는 것보다 무언가 더 위대한 행복을 상상할 수 있을까.

그러나 이 행복은, 한편으로는 실현된 것들 가운데서는 극치이지만, 다른 편에서는 미래의 초월적인 것에 대한 희망의 시작에 지나지 않는다. [179] 왜냐하면, 그녀는 또한 목소리를 듣기 때문이다. 그 목소리는 사냥꾼들에게 명하여, 영적 의미에서의 포도밭의 구원을 위하여, 그 열매를 방해하는 새끼여우를 잡으라고 말한다. 그것이 실행된 새벽에, 신랑과 신부는 서로의 안으로 들어간다. 하느님이 영혼 안으로 들어가고, 영혼이 하느님 안으로 이주하는 것이다. 왜냐하면 "연인은 나의 것, 나는 그분의 것"이라고 말해지고 있기 때문이다. 이 '그분'이란, 백합 사이에서 양 무리를 치는 목자 즉 인간의 생명을, 그림자 같은 환상으로부터, 실재가 나타나는 장소에로 옮겨주는 바로 그분이다. 예언자가 말하듯이(시편84,8), 더욱 더 힘차게 향상하여, 갖가지 선의 희망의 정상에 도달했다고 보이는 영혼이, 어느 정도 높은 곳에 올랐는가를 생각해보면 좋을 것이다. 사랑하는 연인의 곁으로 가서, 자기 안에 그분을 받아들이는 것보다 더 높고 더 탁월한 것이 있을까. 그러나 그녀는 이러한 높은 상태에 도달하자마자, 또 다시 갈망하는 자처럼 어찌할 바를 몰라 하며 괴로워한다. 왜냐하면 그녀는 자신이 갈망하는 분을 붙잡지 못했기 때문이다. 그리고는 자신이 찾고 있던 분을 어떻게 찾았는지를 설명하는 것이다.

우리는 이 모든 것을 이 텍스트의 관상(theoria)을 통하여 배웠다. 그것이 명백하게 가르치고 있는 것은, [180] 하느님의 본성의 위대함이, 어떤 한정에 의해서도 규정되지 않는다는 것, 그리고 인식의 어떤 척도도, 우리가 탐구하고 있는 것의 이해를 막는 한계는 되지 않는다는 것이다. 고차적인 것의 탐구자는, 더욱 진보하기 위해서는 이 한계를 넘어야만 한다. 그리고 우리는 지성에 의해 초월적 현실의 이해와 추구를 거듭하면서, 인간에게 있어서 도달 가능한 지식은, 그것이 아무리 완전한 것이라도, 보다 높은 것의 욕구의 실마리에 지나지 않는다는 것을 인정해야만 한다.

그럼 관상의 재료인 이 텍스트의 음미를 계속해보자. 그때 다음과 같은 점을 미리 주의할 것이다. 즉 혼인의 방이라든가, 그 준비라고 하는 것은, 텍스트의 물체적인 문자 그대로의 표현이며, 관상의 재료이다. 이 재료의 애지(philosophia)에 의한 관상은, 이 일들의 표현을, 순수하고 비(非)질료적인 차원으로 고양시킨다. 그리고 이 일들을 통하여, 그 상징을 사용하면서, 텍스트의 영적 의미를 분명히 하는 가르침을 제시한다. 이처럼 텍스트는, 영혼을 신부로서 상징하고, 다른 편으로는 그녀가 전심(全心)전령(全靈)전력(全力)으로 열애하는 연인을, 신랑이라고 부른다. [181] 그 결과(akoloutos), 자신이 희망의 정상에 도달했다고 생각하며, 연인과 이미 일치했다고 믿은 영혼은, 선(善)에의 이 완전한 참여를 '혼인의 와상(臥床)'이라고 부르며, 이 침상에서 보내는 시간을 '밤'이라고 부르는 것이다. 그때 모세를 따라서, 이 밤이라고 하는 말을 통해서, 보이지 않는 것의 관상이 생각되어진다(출애굽기20,21). 실로 모세는, 하느님이 거기에 좌정해 계시는 암흑 속에 도달한 사람이기 때문이다. 예언자에 의하면 "하느님은 그 주위에 어둠을 둘러치시어 은신처로 삼으셨다."(시편 18,12)는 것이다.[53]

영혼은, 이 지점에 도달했을 때조차, 아직 걷기도 시작하지 않은 사람처럼, 완전히 되었다고 하기에는 아직 멀었다는 것을 배운다. 왜냐하면 그녀는 다음과 같이 말하기 때문이다.

나는, 완전한 많은 선을 수용할 만한 자가 되었기에, 침상에서 쉬는 그분처럼, 내가 이해한 현실 안에서 쉬었다. 나는 그때에는, 감각적 사물을 포기하고, 이미 보이지 않는 사물의 내오(內奧)에 도달해 있었다. 게다가 어둠 뒤편에 숨어계신 분을 찾아 헤매며, 신적인 밤에 둘러싸여 있었다. 바로 그 쉼의 때에, 한편으로는 내 갈망하는 분을 사랑하고 있었지만, 다른 편으로 그분 자신은, 이성적 파악의 저편으로 사라져 버리셨다. 밤마다 나는, 침상 위에서 그분을 찾았다. 그분의 본질은 무엇인가? 어디서 시작하고, 어디서 끝나는가? 무엇 안에서 존립하고 계신가? 를 알기 위해서. 그러나 나는 그분을 찾지 못하였다. 나는 명명(命名)할 수 없는 분을 향하여, 자신이 생각해낼 수 있는 한 그 이름을 계속 불러보았다. 그러나 그 어떤 이름도 내가 찾고 있는 분에게 다다르지 못하였다.

[182] 도대체 어찌 하면, 일체의 이름을 초월하는 분을, 이름을 부르면서 찾아낼 수 있단 말인가. 그러기에 신부는 또한 다음과 같이 말하는 것이다. 나는 그분을 불렀지만, 그분은 대답해주지 않았다. 그때, 나는 그분의 위대함과 영광과 거룩함이 한이 없음을 압니다.

그런 까닭에, 영혼은 다시 일어나, 도시라고 불리는 정신적 천상세계를, 정신을 통해서 편력한다. 거기에는 지배, 왕권, 권능을 위

---

53) 이 어둠에 관해서는 『모세의 생애』(II, 162-169)에서도, 인간의 지정의(知情意)를 역전시키는 '하느님의 어둠'으로서 상세하게 고찰되어 있다. 이 주제는 디오니시오스 아레오파기타를 통해서, 서구의 영성 예를 들면 십자가의 성 요한의 '영혼의 밤'의 선구가 된다.

하여 마련된 좌(座)와, 아고라(장터)라고 불리는 하늘의 집회와, 거리(街)라고 불리는 무수한 군중이 있다.[54] 그녀는 이들 사이에서 연인을 발견하려고 두루 돌아다닌다. 그녀는, 천사의 우주적인 전 위계를 역방(歷訪)한다. 그러나 아무리 많은 선을 발견하여도, 찾는 분은 보이지 않는다. 천사들은 알고 있으려니 하여, 그들에게 "내 영혼이 사랑하는 분을, 그대들은 보지 못하셨나요?" 하고 물어보지만, 그들 또한 이 물음에 침묵으로 답한다. 그들은 그 침묵에 의해, 자신들조차도, 그녀가 찾는 상대는 파악하기 어렵다는 것을 보여준다.
[183] 그래서 그녀는 근심하면서 천상의 도시들을 돌아다닌다. 하지만 사유적이고 비물체적인 것 가운데서도, 연인의 모습을 발견할 수 없으므로, 이제야말로 찾아낸 모든 것을 다 포기하고, 다음과 같은 사실을 깨닫는 데 이른다. 즉 그녀가 찾는 분은, 그것이 무엇인지는 알려지지 않는 방식으로만 알려지고, 게다가 그분을 파악하려고 하는 일체의 개념은, 오히려 찾아 헤매는 당사자에게 방해가 된다는 것을.

따라서 영혼은 다음과 같이 말한다.

내가 모든 피조물을 포기하고, 천사적 피조물 일체에도 개의치 않고, 개념적 파악의 방법을 버리고 "그들로부터 떨어지자마자" 신앙에 의해 사랑하는 분을 "발견하였습니다." 나는 신앙의 파악에 의해, 발견한 분을 붙잡고, 그분이 내 방안으로 들어오실 때까지 놓아주지 않는다. 그 방이란 마음을 말하며, 그 마음이 하느님의 주거가 될 때란, "그녀를 잉태한 이"에 의해 그녀가 조형된 맨 처음의 상태로 회귀하는 때이다. 이 점에서, 우리의 존재를 만든 제1원인을, 어머니

---

54) 이 우주적 모든 세력들에 관해서는 에페소3,10.6,12 이하 및 골로사이1,15 이하를 참조할 것

로 생각하면 좋을 것이다.

그럼 이미 관상된 영적 의미에, 텍스트의 말이 조화되도록, 텍스트에서의 하느님의 말씀을 명시하자. [184] "나는 밤마다 잠자리에서, 내 영혼이 사랑하는 분을 찾았네. 찾아도 보이지 않고, 불러도 대답이 없었네. 그래 일어나 성읍 한가운데를 돌아다니며, 광장이나 길거리에서 찾아보았지. 내 영혼이 사랑하는 분을, 물어보았지만 찾을 수 없었네. 순회중인 야경꾼을 만났네. 〈당신들은 내 영혼이 사랑하는 분을 보지 못하셨나요?〉 그들과 헤어지고 나자마자, 내 영혼이 사랑하는 분을 찾았네. 나는 그를 붙잡아, 떨어지지 않았네. 내 어미의 집에, 나를 잉태한 이의 방에 데리고 갈 때까지."(3,1-4)

이 말에 이어서 신부는 사랑스러운 표정으로 예루살렘의 딸들에게 말을 건넨다. (앞에서 텍스트는, 그녀들을, 흰 백합 같은 신부의 아름다움과 견주어서 가시나무라고 불렀다.) 게다가 신부는, 이 세상의 힘들에게 그녀들을 맹세케 함으로써 자신의 사랑과 같은 정도까지 비상(飛翔)시킨다. 그것은 그녀들 위에도 신랑의 의지가 실현되기 위함이다. 이전의 대목에서는, 권력들과 힘들을 품고 있는 우주 세계란 무엇인가, 마음과 영혼을 다하여 사랑받고 계신 분의 의지란 무엇인가가 말해졌다. [185] 이처럼, 그 대목에서 관상된 영적 의미가, 거기서 사유되고 있는 것을 충분히 밝히고 있는 이상, 다시 이것들을 고쳐 설명할 필요는 없다. 지금은 다음 단계의 설명에 착수해보자. 그것은 우리도, 높이 날아오른 완전한 비둘기와 함께, 어떻게든 해서 향상하여, 사막으로부터 날아오른 비둘기의 비래(飛來)에 놀라는 신랑의 친구들의 음성을 듣기 위함이다. 그 놀람은, 사막이 비둘기의 날아오름을 초래하자, 그것을 본 자에게 경탄의 기분을 준다. 왜냐하면 비둘기의 이 날아오름은, 마치 향료의 연기에 의해 사막에서 자란 나무들의 아름다움 같기 때문이다. 이 향료란, 몰약과 유향을 말한다. 이 묘한 향료들에 의해, 미세한 향기로부터 생긴 재의 기둥과 같은 것이, 지상으로부터 피어오른다. 그것은 더 위로 올라가, 그 결과, 재와 공기의 혼합물 대신에, 묘한 향료가 온통 가득하여, 그로부터 중천에 직립하는 재의 기둥이 발생하는 것이다.

"황야에서 올라오는 여인은 대관절 누구인가? 연기 기둥과도 같은. 분향하는 사람의 향료 가운데서 뽑힌, 몰약과 유향의 향기로 가득 찬 기둥과 같은."(3,6)

만일 누군가가, 이 말들을 엄밀히 검토한다면, 우리가 제시한 가르침은 올바르다고 이해할 것이다. 실제로, 극장의 구경거리에 있어서는, 같은 배우들이, 자신들에게 할당된 역할을 연기할 때, 차례차례 가면을 바꿔가며, [186] 모습을 달리하며 등장하기에, 차례차례 다른 인물로 나타나는 것처럼 보인다. 예를 들면 지금 노예 혹은 시민으로 출연한 배우가, 곧바로 뒤에 귀족 또는 병사로 출연하고, 그리고서 신하의 모습으로부터 장군의 모습이나 왕의 모습으로 변하는 것이다. 덕의 진보도 마찬가지이다. 보다 더 높은 것을 갈앙하여 영광에서 영광에로 변모해간 사람은(2고린토3,18), 언제나 같은 성질인 것은 아니다. 오히려 각 사람에게 고유한 성질은, 각 사람이 선을 통하여 그때마다 달성하는 완전성에 비례하여 빛난다. 그리고 이 성질은 선의 증대에 따라, 차례차례 다른 모습으로 나타난다.

따라서 신랑의 친구들은, 현재 나타난 신부를 찬탄하고 있는 듯이 여겨진다. 즉 이전에 그들은, 그녀를 아름답다고 생각했지만, 그것은 처녀들에 비해서 아름답다고 생각했을 뿐이다. 그 후 그녀의 아름다움이, 은(銀)을 뿌린 금(金)과 닮았기에 그녀를 찬미했다. 그러나 지금은 그녀의 앞에서 말한 성질들에는 눈길도 주지 않고, 한층 더 높은 성질에 의해 그녀를 성격 짓는 것이다. 그리고 그녀의 날아오름만이 아니라, 그녀가 날아오른 깊은 못(淵)에도 경탄하는 것이다. 참으로 그 다음 일이 그들의 놀람을 더욱 강화한다. 즉 그녀는 단지 혼자서 올라온다. 그녀의 높이 날아오름은 숲(기둥)에 비유된다. [187] 왜냐하면 숲은 높이 자라나서 나타난다고 여겨지기 때문이다. 그런데 이 숲을 기른 것은, 비옥하고 물이 풍부한 토지가 아니라, 불모지대인 건조한 사막인 것이다. (이상의 것이 그들을 놀라게 한다.) 그러면 이 숲은 무엇에 뿌리를 내리고, 어디서부터 나고 자란 것일까? 이 숲의 뿌리란, 향료의 분말이며, 그 향기로 숲을 적시는 향연(香煙)으로 축축해진다.

　신부에 대한 이상의 증언으로, 텍스트는 얼마나 큰 칭찬을 그녀에게 선물하고 있는 것일까. 왜냐하면 그들이, 과거의 모습이 아니라, 다른 모습으로 나타난 그녀에 관하여 서로 묻는다는 것이야말로, 그녀의 덕의 진보에 대한 가장 완전한 찬사이며, 그녀가 더 높은 선에로 현저하게 변모했다는 것의 증언이기 때문이다.

　실제로 그들은, 현재의 그녀의 화려한 모습을 이전의 모습과 견주어 감탄하며 다음과 같이 소리를 지른다. 지금 사막으로부터 올라온 여인은, 이전에 우리에게는 검게 보였다고. 그녀는 그럼 어떻게 그 검정을 벗어버린 것일까? 지금은 어떻게 하여 눈처럼 희게 그녀의 아름다움이 빛나는 것일까?

　사막이야말로 이것들의 원인이라고 여겨진다. 사막이, 그녀를 어린 싹처럼 높이 자라게 하고, 그 정도로 아름답게 변모시킨 것이다. [188] 왜냐하면 그녀의 높은 곳에로의 비상은, 우연에 의한 것도 운세에 의한 것도 아니고, 그녀가 자기 자신의 절제와 노력에 따른 고통에 의해 아름다움을 쟁취한 것이기 때문이다. 마찬가지로 예언자의 영혼은, 예전에 하느님의 샘을 갈망하였다. 왜냐하면 그의 신체가 길 없는 메마른 사막처럼 되었을 때, 자신 안에서 신적 갈망을 느꼈기 때문이다(시편63,2).

따라서 그녀가 사막으로부터 올라왔다는 것은, 신랑의 친구들이 놀랄 정도로 높은 곳에, 절제와 노력에 의해 올라왔다는 것을 증언하는 것이다. 이 친구들은, 많은 상징에 의해 분명히 하려고 한다. 그것은 하나의 상징만으로는 그녀의 아름다움의 전모가 파악될 수 없기 때문이다. 그들은 먼저 그녀의 화려한 미의 빛남을 큰 나무에 비긴다. 그러나 그것은 한 그루의 나무가 아니다. 그녀의 많은 경이적인 아름다움을 비유하기 위하여, 숲의 비유를 사용하는 것이다. 마치 숲의 묘사에 의해, 그녀의 다양하고 다채로운 덕을 표현하려고 하는 것처럼.

그 다음에 그녀의 아름다움의 모상(eikon)으로서, 향료의 연기가 취해진다. 그 연기도 단일한 것이 아니고, 몰약과 유향의 합성물이다. 그것은 신부의 아름다움을 묘사하는 이 두 가지 향기로부터 그녀의 유일무이한 우미함이 합성되어 묘사되기 위함이다. [189] 게다가 이 두 가지 향료의 혼합은, 다른 또 하나의 그녀에의 찬미이기도 하다. 왜냐하면, 몰약은 시체의 매장에 적합하고, 유향은 어떤 의미에서 하느님을 찬미하기 위하여 바쳐지는 것이기 때문이다. 그러므로 하느님을 섬기려는 사람은, 자신이 하느님에게 태워지는 유향이 되기 전에, 먼저 몰약이 되어야만 한다. 즉 그는 먼저 자신의 지체(肢體)의 지상적 욕망을 죽이고(골로사이3,5), 인류의 구원을 위하여 돌아가신 주님과 함께 묻히어(골로사이2,12), 이 주님의 매장에 사용된 몰약을(요한12,7;19,39), 그 지체의 고행을 통해서 자기 몸에 받아들여야만 하는 것이다.

이상의 것이 실현된 새벽에, 모든 종류의 덕의 향료는, 희생에 있어서처럼, 삶의 절구 안에서 갈아져, 향기 가득한 가루를 산출하는 것이다. 이 가루를 사용하는 사람의 숨결은, 향기를 내뿜는다. 왜냐하면 그는 향기 짙은 생기(pneuma)로 가득 차있기 때문이다.

그녀의 아름다움을 증명하고 나서, 신랑의 친구들, 즉 청정한 혼인의 방을 준비하여 무구(無垢)한 신부를 시중드는 여자들은, [190] 왕의 침상의 아름다움을 그녀에게 보여준다. 그것은 신부가 왕과 함께, 더욱더 정결하고 신적인 결혼 생활을 보내고 싶다고 바라도록 하기 위함이다. 다음 표현은, 왕의 침상의 묘사이며, 그것은 그들의 생생한 말에 의해 그녀에게 보여지고 있다. 그들은 말한다.

"보시오, 솔로몬의 침대를. 이스라엘의 정예인 예순 명의 용사가, 그 주의를 둘러싼. 모두 싸움에 뛰어난 검사(劒士)들이, 밤의 공포에 대비하여, 저마다 허리에 칼을 차고 있네."(3,7-8) 이 침상의 묘사가 역사적 사실에 기초하고 있지 않음은, 솔로몬에 관하여 역사적으로 말해지고 있는 사실을 보면 분명하다. 구약성경은, 그의 궁전, 식탁, 왕국 안에서의 생활 상태에 관하여 상세하게 묘사했지만,[55] 침상에 관해서는 새로운 것이나 별난 것을 조금도 말하고 있지 않다. 그것은 우리가, 모든 해석을 문자 그대로의 차원에 머물지 않고, 주의 깊은 고찰에 의해 텍스트를 영적 차원으로 해석하기 위함이다. 그를 위해서는 지성을 물체적 현상의 차원으로부터 떼어놓아야만 한다.

그런데 혼인의 침상 주위에 있는 장식품, 즉 육십 명의 중무장한 검사(劒士)들이란, 대관절 무엇을 의미하는 것일까? [191] 그 검사들은 두렵기만 한 싸움의 달인들이며, 허리에는 영예의 검을 차고 있다. 또한 그들 주위에는 밤의 공포가 있다. (텍스트는, 이 공포라는 표현에 의해, 밤의 공포들로부터 발생하는 전율과 불안을 나타내고, 이 공포가 중무장 검사의 주위에 있다고 말하고 있다.)

그렇다면 지금이야말로, 이 말들의 의미가, 이미 관상된 의미와

---

[55] 1열왕기7,1-12,10,14-29 등을 참조.

의미연관 상 바르게(akolouton) 연속하고 있는지 아닌지 잘 음미해야만 한다. 이 의미란 도대체 어떠한 것일까?

　신적인 아름다움은, 그 두려움 가운데에도, 매력을 감추고 있는 것처럼 여겨진다. 하지만 이 매력은, 물체적 아름다움과는 반대의 것이다. 따라서 한편의 물체적 아름다움은, 눈에는 기분 좋고 부드럽고, 모든 공포와 분노 상태와는 관계가 없으므로 욕망을 북돋우는 데 대해서, 다른 편의 파괴되지 않는 미는, 외포(畏怖)와 놀랄 만한 강의(剛毅)의 덕이다. 왜냐하면 정욕적이고 더러운 물체적 욕망은, 육신의 지체 가운데서 마치 한 무리의 도적처럼 정신을 함정에 빠뜨리려고 숨어서 기다리고 있다. 그리고 종종 정신을 자신의 자의(恣意)의 포로로 삼기 때문이다. 이 자의란, 사도 바울로가 "육의 생각은 하느님의 적이다."(로마8,7)라고 말하듯이, 하느님의 적인 것이다.

　[192] 이상으로부터 알 수 있듯이, 신적 정열(theios eros)은, 육욕과는 반대의 것으로부터 생긴다. 그러므로 한편으로 방종, 이완, 게으름이 이 육욕의 구성요소라면, 다른 편으로는 외포와 놀랄 만한 강의의 덕이, 신적 정열을 만들어내는 것이다. 왜냐하면 용감한 분노가, 숨어 기다리고 있는 쾌락이라고 하는 무리에게 공포를 주어 쫓아버릴 때에, 영혼이 깨끗하고 아름답게 되며, 더 이상 정욕의 불길로 더럽혀지는 일이 없기 때문이다.

　이런 까닭에, 중무장한 검사는 반드시 왕의 혼인 침상을 에워싼다. 그들의 전투 경험과 허리에 찬 가까이 있는 검들이야말로, 어두운 밤에 의인을 숨어서 기다리며 화살을 쏘려고 하는 어둠의 생각에, 공포와 전율을 느끼게 한다. 텍스트는, 왕의 침상에 전열을 배치하고 에워싼 검사가, 더러운 쾌락을 얼씬 못하게 함을, "검사들은 모두 싸움에 뛰어나고, 허리에 칼을 차고 있네."(3,8)라고 말하여 분명히 하고 있다. 참으로 살과 피에 대한 전투 방식을 숙지하는 일이야말로, 허리에 칼을 멋지게 차는 일이기 때문이다. [193] 이상의 것을, 성경의 비유적 용법을 알고 있는 사람은, 허리라고 하는 말로부터 이해하며, 검이 말씀이라는 것을 안다(즈가리야13,7). 그러므로 두려워해야할 무기인 절제의 검을 몸에 찬 용사는, 불멸의 침상 곁에서 시중들도록 가상히 여겨진 자, 이스라엘의 용사의 한 사람, 육십 명의 용사의 한 사람으로 헤아려질 만한 자이다. 이 육십이라고 하는 숫자는, 분명히 비의(秘義)적인(mystikon) 의미를 가지고 있다. 그러나 이 의미는, 성령의 은혜를 통해서 비의가 계시된 사람들에게만, 분명한 것이다. 우리는 텍스트의 문자대로의 의미로 만족해야할 것이다. 그것은 모세가, 파스카 축제를 위해 내린 지시, 즉 눈에 보이는 고기만을 먹고, 어둠의 뼈가 감추고 있는 것에는 손대지 말고 그냥 놔두라고 명령한 것과 비슷하다(LXX출애굽기12,8-10). 만일 텍스트의 감추어진 진수(眞髓)를 알고 싶다고 생각하면, 감추어져있는 비의를, 다만 그것을 알 만한 사람에게만 계시하는 분 곁에서 배워야할 것이다. 하지만 우리가 아무런 훈련도 없이 텍스트를 섭렵하고 있다든가, 혹은 하느님의 책을 탐구하도록 명한 하느님의 명령(요한5,39)을 무시하고 있다고 여겨지지 않도록, '육십 명의 검사'에 관한 텍스트를, 다음과 같이 탐구하여 가자.

[194] 모세는 하느님의 명령에 따라, 이스라엘 열두 부족의 수에 상응하는, 지팡이 열두 개를 들었다. 그러나 그중 하나만이, 다른 지팡이들 옆에서 싹이 돋았기에, 특별한 영예를 얻었다(민수기 17,17-23). 이에 대해서 눈의 아들 여호수아는, 이스라엘 열두 부족의 수와 같은 열두 개의 돌을 요르단 강에서 집어 들게 하였다. 그 때 요르단 강에서 발생한 비의의 증거로서, 돌은 모두 똑같이 영예를 얻어, 하나도 버려지지 않았다(여호수아4,2-9).

이러한 이야기로부터, 중요한 결과가 생겨난다. 왜냐하면 텍스트는, 백성이 한층 고차원의 완전성에 도달했음을 알리고 있기 때문이다. 즉 율법이 정해진 초기에는, 하나의 지팡이만이 자라서 싹이 돋았지만, 다른 지팡이들은 불모(不毛)이고 열매를 맺지 못해 버려진 것이다. 하지만 충분한 시간이 지나자, 이스라엘 사람들이 수여받은 율법을 다시 올바르게 이해하게 되었을 때, 여호수아로부터 자신들에게 베풀어진 제2의 할례를 알고 받아들인 것이다. 그 할례는, 돌칼로 그들의 부정함을 모두 제거하는 것이었다. (이해력이 있는 청강자는, 이 돌과 칼의 의미를 잘 이해할 것이다.[56]) 이처럼 그들이 율법에 따른 유덕한 생활을 견고하게 보내게 되었기에, 이스라엘의 이름 안에서 집어든 돌은 어떠한 돌이라도, 버려지지는 않게 되었다. 게다가 시간의 경과와 함께, [195] 그때마다 선의 증대를 희구할 필요가 있었기에, 이스라엘의 덕도 점점 증대하여 갔던 것이다.

그런 까닭에, 말씀은 「아가」의 텍스트를 통해서, 다음과 같이 말한다.

지금이야말로 이스라엘의 용사들 사이에서 취해진 것은, 부족마다 하나씩의 돌이나, 단 하나의 지팡이가 아니라, 돌과 지팡이를 대신하는 각 부족으로부터의 다섯 명씩의 용사이다. 그들은 싸움에 뛰어나며 검을 차고, 이스라엘의 용사들 사이에서 선발된 자들로, 하느님의 침상을 에워싸고 있다. 그들 가운데 한 사람만이라도 더 이상 버려지지 않는다. 왜냐하면 이 다섯 명은 부족의 맏물이며, 그들의 수가 12배가 되면, 60이라고 하는 완전한 총체(pleroma)를 이루기 때문이다. 따라서 각 부족으로부터 다섯 명씩 선발되어 모이는 육십 명의 무서운 중무장 전사는, 반드시 왕의 침상의 호위병이 된다. 그러므로 다섯 명을 채우지 못하는 경우는, 육십 명이 되지 못하므로

---

56) 돌이 말씀을, 할례는 말씀이 실현하는 정화를 상징한다고 하는 상징법은, 이미 유스티노스의 『트뤼폰과의 대화』(113,6-7)에 나온다.

받아들여지지 않는 것이다.

그럼 우리는, 다음과 같은 나머지 물음에 관하여, 다시 탐구를 계속해 가자. 한 부족으로부터 선발되는 다섯 명의 용사는, 왕의 침상의 호위병으로서, 어떤 무장을 몸에 해야만 하는 걸까? 이 다섯 사람 각자가 허리에서 칼을 뽑았을 때, 그 무기에 의해, 어떻게 적에 대해서 무서운 자가 되는 것일까? 혹은 이 다섯 명의 중무장한 검사가, 한 사람의 인간으로 선발되었을 때, 그 인간의 하나하나의 감각이 그 고유한 검을 뽑아서, 적대자를 공포에 빠뜨리는 것은 분명하지 않을까?

[196] 눈(시각)의 검이란, 끊임없이 왕을 바라보며 올바른 것을 응시하고, 부정한 시각 대상에 의해 결코 부패하지 않는 것이다. 청각의 무기도 마찬가지로, 하느님의 가르침을 청종(聽從)하며 결코 허언을 수용하지 않는 것이다. 미각도 촉각도 후각도 마찬가지로, 절제의 검으로 무장하고, 각 감각은 어울리는 갑옷을 입고 있어야한다. 이 무장에 의해서야말로, 어두운 밤에 영혼을 덫에 걸리게 하려고 음모하는 어둠의 적에게, 외포(畏怖)와 경이(驚異)를 줄 수 있다. 왜냐하면, 야수는 어두운 밤에 하느님의 가축 가운데서 자신들의 사악한 음식물을 목숨 걸고 구하기 때문이다. 이에 관해서 예언자는 다음과 같이 말하고 있다. "당신께서 어둠을 드리우시면 밤이 되어, 숲의 온갖 짐승들이 우글거립니다. 젊은 사자들은 사냥 거리 찾아 울부짖습니다."(시편104,20-21)

그런데 이스라엘이란 모든 구원된 자를 의미한다. (왜냐하면 이스라엘 자손이라고 다 이스라엘 백성이 아니고〈로마9,6〉, [197] 다만 하느님을 보는 자만이, 바로 그 본다는 활동에 의해, 진정으로 이스라엘이란 이름으로 불리기 때문이다.)[57] 게다가 하느님을 보는 사람에게 특유한 것은, 어떤 감각에 의해서도 죄를 보지 않는다는 것이다. (왜냐하면 누구라도 두 주인을 볼 수는 없고, 한편을 사랑하면, 다른 편은 반드시 미워하게 되기 때문이다〈마태오6,24〉.) 이런 이유로, 왕의 하나의 침상은, 모든 구원된 자를 의미하는 것이다. 만일 마음이 깨끗해진 자가 모두 하느님을 본다면(마태오5,8), 또 만일 하느님을 보는 자가 진정한 이스라엘이 되고 그렇게 불린다면, 그리고 또 다시 만일 말하기 어려운 이유에 의해, 이 이름이 12부족에게 분여(分與)된다면, 구원 받는 사람 수의 완전한 총체는, 60으로 총괄된다. 왜냐하면 사람이 한 무리씩, 이 총체의 12부분(부족)으로 취해지고, 이 한 무리의 인간은, 다섯 가지 감각의 수에 따라, 다섯 명의 중무장 검사로 나뉘어지기 때문이다. 실로 하느님의 갑옷과 무기 모두를 가진 사람은(에페소6,11) 모두, 왕의 하나의 침상을 에워싼 하나의 이스라엘이 된다. 그리고 12부족의 각 부족이, 다섯 명의 영웅으로 구성되므로, 영웅의 총체는 60이라는 수로 일괄되어, 하나의 전열, 하나의 군세, 하나의 침상이 된다. 즉 그들은 모두, 한 사람의 우두머리, 한 사람의 인도자, 한 사람의 신랑에 의해, [198] 한 몸의 친교에로 질서 잡힌 하나의 교회, 한 백성, 한 사람의 신부가 되는 것이다.[58]

우리는 침상이 구원된 자의 안식이라는 것을 주님의 음성을 통해서 배웠다. 그 음성은, 밤에 뻔뻔하게도 문을 두드리는 자를 향하여, "벌써 문을 닫아걸고, 아이들과 함께 잠자리에 들었네."(루가7,11)라고 말한다. 텍스트에서는 정의의 무기(2고린토6,7)에 의해

---

[57] 이는 다음과 같은 어원적 해석에서 연유한다. 즉 이스라엘이란, 이스(사람)-라(보다의 3인칭 단수)-엘(하느님)로 분해되기에, '하느님을 보는 사람'이라고 해석되는 것이다.
[58] 니싸의 그레고리오스가 「아가」의 신부를, 개인의 영혼으로서 또한 교회로서 집합 인격적으로 해석하는 배경에는, 히브리적인 집합 인격의 사고가 보인다. 예를 들면, 제2이사야(이사야40-55)의 '주님의 종' 등이 그 좋은 사례이다.

아파테이아를 자신 안에 형성한 사람이, 적절하게도 아이들이라고 불리고 있다.[59] 그것에 의해, 우리가 노고로 얻은 선이, 처음부터 우리의 본성에 심어져 있었다는 것이 알려져 있다. 왜냐하면 허리에 검을 찬 사람은, 유덕한 삶에로의 봉헌에 의해, 정욕을 물리쳤지만, 유아는, 연령상 정욕을 느끼지 않기 때문이다. 실제로 아이에게는 정욕 따위를 받아들일 여지는 없는 것이다.

이런 까닭에, 중무장한 검사가 침상 주위에 있다는 것과, 침상 위에서 아이들이 자고 있는 것을 아는 것은 결국 같은 것을 이해하는 것이 된다. 왜냐하면 이 양자에게 있어서 하나의 아파테이아만이 존재하기 때문이다. 양자 가운데 한편은, 정욕을 결코 받아들이지 않고, 다른 편은 정욕을 물리친다. 왜냐하면 한편의 아이들은 아직 정욕을 모르고, 다른 편의 검사는 그것을 물리치며 아파테이아를 통하여 아이들처럼 되어, 자기 자신이 아파테이아의 상태에 도달하였기 때문이다. [199] 이런 까닭에, 스스로 아이들 또는 검사 또는 참 이스라엘 사람이 되어, 이 삼자가 지닌 경지에 있는 사람은, 참으로 행복한 사람이다. 즉 그는 이스라엘 사람으로서, 깨끗한 마음으로 하느님을 본다. 검사로서는, 아파테이아와 청정함 안에서, 왕의 침상 즉 자신의 마음을 호위한다. 또한 어린아이로서, 지복의 잠자리에서, 우리 주 그리스도 예수의 가슴 안에서 쉬는 것이다.

이 주님께, 영광이 처음과 같이 이제와 항상 영원히. 아멘.

---

59) 이 대목에서도, 니싸의 그레고리오스에 의한 성경의 비유 이야기의 비유적 해석이 주목된다.

제 7 강화

[3.9] 솔로몬왕은 자신을 위하여 가마(輿)를 만들었다
　　　레바논의 나무로.
　　　기둥은 은, 그 어좌는 금, 디딤대는 보랏빛.
[3.10] 안에는 보석이 깔려있네
　　　 예루살렘 처녀들의 사랑의 표시로.
[3.11] 시온의 딸들이여, 나와서
　　　 솔로몬 왕을, 그 왕관을 보아라.
　　　 왕의 혼례 날, 이 기쁜 날
　　　 그 어머니가 씌워준 왕관을.
[4.1] 정녕 아름다운 그대, 내 사랑스런 여인이여,
　　　그대는 참으로 아름답구려.
　　　그 눈은 비둘기, 그대의 침묵은 별도로 하고,
　　　그 머릿결은 길르앗산에 나타난 산양의 무리 같구나.
[4.2] 그대의 치아는 세척장에서 올라온,
　　　털 깎인 암양의 무리 같고,
　　　모두가 쌍둥이를 낳아,
　　　새끼를 낳지 못한 것이 하나도 없구려.

[4.3] 그대의 입술은 진홍색 줄(끈)과 같고
　　　그 말은 어여쁘기만 하오.
　　　그대의 볼은 석류 껍질 같구려.
　　　그대의 침묵은 별도로 하고.
[4.4] 그대의 목은 무기 창고로 지어진
　　　다윗의 탑과 같구려.
　　　천 개의 방패와 용사들의 활 모두가
　　　거기에 걸려있구려.
[4.5] 그대의 두 젖가슴은
　　　백합꽃 사이에서 풀을 뜯는 한 쌍의 젊은 사슴,
　　　쌍둥이 새끼 영양 같구려.
[4.6] 해가 바람을 불게 해 그림자가 사라질 때까지
　　　나는 스스로 몰약의 산으로
　　　유향의 언덕으로 가리.
[4.7] 사랑스런 여인이여, 그대의 모든 것이 아름다울 뿐,
　　　그대에게는 한 점의 더러움도 없구려.

[201] 솔로몬왕은 많은 점에서, 참된 왕의 전형(typos)으로서 파악되고 있지만, 내가 생각하기에는, 성경의 많은 역사 기술이, 솔로몬을 보다 더 나은 방향으로 나가는 존재로서 말하고 있다(히브리 7,2). 그러한 예를 몇 개 들어보자. 솔로몬은 먼저 평화로운 자라 불리었다. 신전을 건축하고(1열왕기6), 헤아리기 어려운 지혜(sophia)를 지니고(동5,12), 이스라엘을 통치하며 정의로 백성을 재판하였다(동2장;3,16-28). 또한 그는 다윗의 아들이며(2사무엘12,24), 에티오피아의 시바의 여왕까지도 솔로몬을 존경하여 그의 곁을 방문했던 것이다(1열왕기10,1-13).

솔로몬에 관한 이러한 기술 및 그와 비슷한 기술은, 모두 상징적으로 말해지고 있는 것으로(골로사이2,14), 신약의 복음의 힘을 선취(先取)적으로 예표(豫表)하고 있다(prodiagraphei)고 볼 수 있다.[60] 상징적으로 말해지고 있다고 내가 말하는 것은 다음과 같은 이유에서이다. 즉 평화로운 자라고 일컬어지는 자의 도대체 누가, 적을 죽이거나 결국은 십자가에 못 박거나 한단 말인가(에페소2,16;골로사이2,14). 솔로몬은 그의 적인 우리를 십자가에 못 박는가, 아니면 오히려 이 세상 전체를 그 자신과 화해시키고, 둘을 가르는 장벽을 허무시지는 않는가(에페소2,14). 평화를 만들어낸다는 것은 실은 바로 이것이며, 그는 멀리 있는 자에게나 가까이 있는 자에게나, 좋은 것을 널리 전함으로써, 평화를 선포하신 것이다(에페소2,17).

[202] 그런데 이런 사정에 있어서, 신전의 참 건설자는 누구인가? 누가 그 토대를 거룩한 산 위에, 즉 예언자와 사도들 위에 세웠는가? 그(참 건설자)는 "사도와 예언자들이라고 하는 토대 위에"(에페소2,20) 혼이 담긴 살아있는 돌을 세운 것이다(1베드로2,5). 그 돌이란 즉, 예언자 자신이 말하는 바에 의하면, 벽의 조화와 질서를 위하여, 주위에 늘어서 있는 것이다(즈가리야9,16). 그것은 우리가 신앙의 하나 됨과 평화의 끈 안에서 조화를 얻어, 자기 자신 거룩한 신전으로서, 하느님께서 사시는 주거가 되는 것(=육화, katoiketerion)에로 성장하여가기 위함이었다(에페소2,21-22).[61]

솔로몬이 자신의 지혜에 의해 참된 지혜를 증시(證示)하고 있다는

---

60) '예표하다'prodiagraphei는, 그레고리오스의 성경해석의 기본을 가리키는 말의 하나였다. 구약의 기술에서 신약의 계시에 관련된 것을 간파하는 해석 방법은, 문헌학적 성서학의 입장에서는 용인하기 어려운 것이다. 하지만 그레고리오스에게 있어서, 성경의 말씀은 영원하신 하느님(존재 그 자체)의 활동을 구체화한 것으로서, 이른바 동근원적(同根源的)으로 또한 동시성의 시선 아래서 관상되고 있는 것이다.

것에 관해서는, 역사와 진리를 허심하게 바라보면, 누구도 항변하지 못할 것이다. 즉 솔로몬은, 성경의 역사기술이 증언하는 바에 의하면, 만물에 관한 지식(gnosis)을 자신의 넓은 마음에 받아들이며, 인간적인 지혜의 정상에까지 도달한 것이다. 그렇게 솔로몬은, 자기 이전에 살았던 사람들을 능가하고, 자기 이후에 산 사람들의 추종을 불허할 만큼 지혜로운 사람이 되었다(1열왕기5,9-10). 그런데 자신의 본성에 따라 진리(aletheia)이며 지혜이고 힘이신 주님은, 자기 자신이 실체로서 존재하고 계시다. [203] 다윗이 "하느님은 만물을 지혜 안에서 창조하셨다."(시편104,24)고 말하는 까닭이다. 그리고 신적인 사도 바울로는, 예언자(하느님의 말씀을 맡은 사람)의 이 말을 해석하여, "만물은 아드님 로고스 안에서 창조되었다."(골로사이 1,16)고 말하고 있다. 여기서 "지혜 안에서"라고 하는 예언서의 표현은, 하느님의 외아드님을 의미하는 것으로서 파악된 것이다.

그런데 주님이 이스라엘의 왕이라는 것은, 주님에게 적대하는 자에 의해서조차 증언되고 있었다. 즉 "이 자는 유대인의 왕이다."(마태오27,37;루가23,38)라고 십자가 위에 기록되어있는 것은, 주님의 왕국의 지배를 승인하고 있는 말이기 때문이다. 그러나 비록 이 증언이 주님의 왕국의 주권을 이스라엘 한 나라에 한정하여, 주님의 힘의 크기를 감하고 있는 듯이 여겨져도, 실은 그렇지 않다. 십자가 위의 그 기술은, 주님이 유다인만의 왕이라고는 말하고 있지 않다. 따라서 그것은 언뜻 보기에 부분의 지배를 기술하고 있는 것처럼 보여도, 실은 주님의 전체에의 지배를 증시하고 있는 것이다. 왜냐하

---

61) katoiketerion은, '주거(住居)'의 의미이다. 하느님이 인간을 주거로서 그 안에 사신다는 파악은, 하느님의 아들의 육화(신성이 인간성을 수용한다는 사태)에 통하는 것이다. 바꿔 말하면, 하느님은 한 그루의 나무 풀 한포기 안에서도 무언가 활동하고 계심과 동시에, 인간이라고 하는 모습 안에서 가장 잘 자신을 발현하고 계시다는 것이다.

면 그 말은, 유대인에 대한 지배를 미리 증시하고 나서, 그 자의(字義)적인 의미를 넘어, 만물에 대한 지배를 십자가에 쓰인 승인에 의해 암묵 안에 함의하고 있는 것이었다. [204] 말할 것도 없이 주님은 온 세상의 왕이며, 그 모든 부분에 대한 지배권을 완전한 방식으로 지니고 있기 때문이다. 그리고 올바른 심판에 대한 솔로몬의 열정은, 이 세상의 모든 것에 대한 참다운 심판자를, 상징적으로 보여주고 있는 것이다. 즉 "아버지께서는 아무도 심판하지 않으시고, 심판하는 일을 모두 아들에게 넘기셨다."(요한5,22)고 말한다. 게다가 또한 "나는 아무것도 스스로 할 수 없다. 나는 듣는 대로 심판할 따름이다. 그래서 내 심판은 올바르다."(요한5,30)고 말해지고 있다. 왜냐하면 올바른 심판이라고 하는 것에 관한 가장 정확한 정의는, 다음과 같은 것 안에 있기 때문이다. 즉 자신의 무언가에 대한 집착, 애호(prospathei)나 우연적인 요소에 따라서, 심판 받는 자에게 자신을 헛되이 밀어붙이는 일 없이, 먼저 심판 받는 자의 변명에 귀를 기울이고 나서 판결을 내리는 것이다. 그 때문에, 하느님의 힘은 어떤 의미에서는, '할 수 없다'는 것에조차 동의를 하는 것이다. 정의에 어긋나는 판결을 하여 사도(邪道)에 빠지는 일 따위는, 진리가 할 수 있는 바가 아니다. 이리하여 다윗의 씨에서 태어난 자, 즉 육에 따른(로마9,5) 주님은, 성경의 증언대로 다윗의 아들(솔로몬)에 의해 예표(豫表)되고 있다.

[205] 다른 한편, 에티오피아의 여왕에 관한 신비(mysterion)[62]는, 복음의 기적에 마음의 눈을 열어, 그것을 아는 사람에게는 분명한 것

---

62) '신비'라고 번역한 mysterion이라는 말은, 오의(奧義), 비의(秘義) 등의 의미도 가진다. 그것은 원래 myo(귀와 눈을 닫다)라는 말에서 유래한 것에서도 엿볼 수 있듯이, 감각이나 사유에 의한 인간적인 모든 한정을 초월한 사태를 지시하는 말이었다.

이 된다. 그 여왕은, 솔로몬의 지혜의 평판 때문에 그를 알현하려고 에티오피아를 떠나왔다. 그리고 보석, 금, 감미로운 향료를 가지가지 싣고 와 깊은 존경을 표했다(1열왕기10,1-13). 모든 민족의 집회(ekklesia)[63]는 처음에는 우상숭배 때문에 검었다고 해석해야 함을 그 누가 모르는 일이 있었을까. 즉 그 집회들은, 참다운 교회(ekklesia)가 되기 이전, 무지의 커다란 심연에 의해 진실한 하느님에 관한 앎(gnosis)으로부터 멀리 떨어져버려 있었던 것이다. 그런데 하느님의 은혜가 나타나, 그 지혜가 빛나고(요한1,9), 죽음의 어둠과 그늘에 앉아있던 자들을 진리의 빛이 비치기 시작했다(루가1,79). 하지만 그때, 이스라엘 백성은 빛에 대해 눈을 가리고, 갖가지 선에의 참여(metousia)를 스스로 거부하였다. 이에 대해서 에티오피아인은 빛을 향해 찾아온 것이다. 그들은 여러 백성들 사이에서부터 신앙에로 급히 달려와, 신비의 물에 의해 자신의 검정을 씻어버리고, 빛에 훨씬 가까운 곳까지 온 것이다(에페소2,17;이사야57,19). 에티오피아인은 이리하여 하느님 곁으로 인도되어, 왕이신 하느님께 다양한 선물을 바쳤다. 그것은 즉 경건(eusebeia)이라고 하는 향료, 신적인 지식(theognosis)이라고 하는 금, 갖가지 계명과 덕(arete)의 활동의 열매(ergasia)라고 하는 보석 등등 이었다.

[206] 한편 무엇을 바라보며, 말해진 말의 관상(theoria)을 시작하려는가를, 다음과 같은 신적인 말(텍스트)을 인용함으로써 말(로고스) 안에서 분명히 하고 싶다. 즉 성경에는 다음과 같이 기술되어 있다. "솔로몬 왕은 레바논의 나무를 사용하여 자신을 위하여 가마(輿)

---

[63] '집회'ekklesia는 '부르다'ekkaleo에서 유래하여, '불러 모인 친교의 전체'를 의미하게 된다. 거기서 더 나아가, '교회, 신적인 친교, 사랑의 공동체'라고 하는 의미를 나타내는 말이 된다.

를 만들게 했다(3,9). 그 기둥은 은, 그 어좌는 금, 디딤대는 보라색이고, 안쪽에는 예루살렘의 처녀들이 사랑(agape)을 가지고 갖춘 돌을 깔았다(3,10)." 여기서 성경이 분명히 말하고 있는 것은, 솔로몬에 관한 앞에서 인용한 기술에는 신비가 존재하고 있다는 것이다. 즉 솔로몬이라는 사람 안에는, 주님에 관한 신비가 이른바 예표로서 기술되어 있다는 것이다. 마찬가지로, 우리들에 대한 하느님의 섭리, 머묾(oikonomia)[64]은, 솔로몬을 태운 마차의 구체적인 구성이라는 형태로 지시되어 있는 것이다. 왜냐하면 하느님은 많은 방식으로, 하느님에게 어울리는 사람들 안에서 현전해오시기 때문이다. 즉 저마다의 힘과 적합성, 존엄에 따라 하느님은 사람 안에, 또한 사람으로서 현전, 탄생하는 것이다.[65] 말하자면, 어떤 사람은 하느님이 계신 장소(topos), 어떤 사람은 하느님이 사시는 집, 어떤 사람은 가마, 어떤 사람은 디딤대가 된다. 또한 어떤 사람은 마차가 되고, 자신의 좋은 승객(乘客)인 하느님을 수용하는 온화한 기질의 말이 되어, 앞선 것(보다 나은 것)을 향하여 하느님에게로 인도되어, 전진의 여정을 완수하는 것이다(필립비3,12-14).

[207] 그런데, 이러한 마차에 관해서는 다시, 다음과 같은 것을 배울 수 있다. 솔로몬의 지혜를 체현한 마차는, 단지 레바논의 나무로만 만들어진 것이 아니라, 금, 은, 보랏빛, 그리고 보석에 의해, 각 부분이 저마다에게 어울리는 방식으로 아름답게 장식되어 있었

---

64) oikonomia는, 각주61의 katoiketerion과 마찬가지로, oikos(집, 주거)라는 말에서 유래한다. 여기서는 '섭리, 머묾'이라고 번역하였는데, 육화를 의미하고 있다.
65) 초월적인 존재인 하느님은 어떠한 한정도 초월하고 있지만, 이 시간적인 세상 안에서의 하느님의 현전은 반드시 무언가 한정된 형태로 생기(生起)하지 않을 수 없다. 하느님은 저마다의 형태 안에 깃들면서, 본질적으로는 그것들의 다양한 형태의, 전체로서 하나인 모습으로 현전하여 온다. 이는 교회(ekklesia)가 역사를 관통하여 탄생하고, 형성되어 간다고 하는 중심적인 이념과 관련되어있는 것이다.

다. 거기에는 어떠한 의미가 감추어져 있을까? 그것은 즉 하느님의 사랑이라고 하는 것은, 그 사랑의 활동을 반드시 모든 사람이 [똑같이] 받아들여 현실에 발생시키는 것은 아니라는 것이다. 그러한 일이 일어나는 것은 어디까지나, 인간이 자유로운 천상(天上) 예루살렘의 딸이라는 것을, 스스로의 생활을 통하여 하느님에게 알려지는 한에서인 것이다.

하느님을 자신 안에 운반하는 사람은, 이미 말한 바에서 분명한 것처럼, 하느님께서 앉으시는 가마이다. 거룩한 바울로에 의하면, 그러한 사람은 더 이상 자신이 살아있는 것이 아니라, 그 사람 안에 그리스도가 살아계시기 때문이다(갈라디아2, 20). 그렇게 말할 때, 바울로는 바로 그 자신 안에서 말씀하고 계신 그리스도를 증거하고 있는 것이다(2고린토13, 3). 이러한 사람이 비로소 본래적으로 가마라고 불리며, 또한 자신 안에서 운반되는 분(그리스도)의 가마가 된다고 말할 수 있다.

하지만 이것을 탐구하는 것은 당면 과제가 아니다. 여기서는 오히려, 가마를 형성하고 있는 다양한 소재가 각각 무엇을 상징적으로 의미하고 있는가, 그리고 나무의 본성이, 금, 은, 보랏빛, 돌 등과 결합되어 하나의 가마를 구성하는 것은 어떠한 의미에서일까, 세심한 주의를 갖고 고찰되어야만 하는 것이다. [208] 건축의 지자(知者) 바울로도, 확실히 풀이나 갈대와 나란히 나무라고 하는 것이 집을 짓는 데는 가치가 없다고 여기고 있다(1고린토3, 12). 불의 파괴적인 힘이 한번 작동하기만 하면, 나무로 지은 집은 금세 다 타버리기 때문이다. 우리는, 나무의 본성이 조금도 그 자신 안에 머무르는 것이 아니라, 금, 은, 그 밖의 무언가 가치 있는 것으로 변모하여 가는 것임을 알고 있다. 그것은 사도가 말하듯이(2디모테오2, 20), 하느님의 커다란 집에는, 본성 상 금이나 은그릇도 있고, 나무나 질그릇도 있다. 생각건대 전자에 의해서는, 비(非)물체적, 사유적인 피조물이 상징적으로 나타나고, 또한 후자에 의해서는, 하느님께 불순종한 까닭에 지상적인 그릇으로 만들어져버린 것이 암시되어있다. 즉 나무라고 하는 존재방식을 통해서, 죄(hamartia)는 우리를, 금 대신에 나무그릇으로 만들어버리는 것이다(창세기3,1-7). 각각의 그릇의 용도도 또한, 그 소재의 가치에 따라서 결정되어 있으며, 가치 높은 소재의 그릇은 가치 높은 용도에, 또한 가치 없는 것은 가치 없는 용도에 제공되는 것이다. 그러면 이러한 것에 관하여 바울로는 무엇이라고 말하고 있는 것일까? 각각의 그릇은, 자기 자신의 자유로운 선택(proairesis)[66]에 의해, 나무에서 금이 되기도 하고, 질흙에서 은이 되기도 하는 힘을 가지고 있다는 것이다. "그러므로 누구든지 이러한 것들에서 자신을 깨끗이 씻어버리면, 귀하게 쓰이는 그릇, 곧 거룩하게 되어 주인에게 요긴하게 쓰이고 또 온갖 좋은 일(erga)에 쓰이도록 갖추어진 그릇이 될 것입니다."(2디모테오2,21)
[209] 그렇다면 아마 이미 말해진 것을 통해서, 성경의 보다 나은 관상에로 향할 수 있을 것이다.

먼저, 레바논 산이란 성경의 많은 곳에서, 적대하는 힘을 표시하기 위해서 언급되고 있다. 예를 들면 예언자는 다음과 같이 말한다. "주님은 레바논의 삼나무를 베어 넘어뜨리네, 산산조각 바수네, 레바논이 우상인 송아지인 것처럼."(시편29,5-6) 여기서는, 모세에

---

[66] '자유로운 선택'이라고 번역한 proairesis라는 말은 '자유의지'선택' 등으로도 번역할 수 있는데, 그레고리오스에게 있어서 특히 중요한 역할을 하는 말이다. 그것은 단지 대상의 단순한 양자택일이 아니라, 자기 자신의 존재 양식 그 자체를 선택하는 것이다. 그것에 대응해서, 우리의 자연본성(physis)은 자기완결적으로 폐쇄되어 있지 않고, 신적인 존재의 다양하면서도 전일(全一)한 깃듦, 현현에 참여해 가는 역동적인 성격을 가지고 있다. 프로에레시스는 그러한 자기의 변모와, 전체의 일성(一性)에의 참여를 실현하여 가는 활동을 가리키는 말이었다.

의해 황야에서 산산조각 난 금송아지가 암시되어있다. 그리고 그 작은 조각이 물에 뿌려졌을 때, 그 물은 이스라엘 사람에게 음료로 적합한 것이 되었던 것이다(출애굽기31,20).

이러한 표현을 통해서 관상한다면, 다음의 것이 분명해질 것이다. 적대하는 힘에 의해 발생한 나쁜 것만이 아니라, 레바논 삼나무라고 하는 소재를 산출하는 곳인 레바논 산 그 자체, 즉 악의 제1의 근원도 또한, 비(非)존재에로 해체될 것이다. 그리고 이처럼, 악한 삶과 우상숭배의 오류에 의해 이른바 레바논 산에 뿌리를 내리고 있던 한에서는, 우리는 과거 레바논의 삼나무와 같은 존재였다. 그러나 이성적인 도끼에 의해 레바논 산으로부터 분리되어, 목수의 손에 맡겨진 그때부터, 하느님은 우리를 당신을 위한 가마로 삼으셨던 것이다. 즉 거기에서 우리 안에 있던 나무의 본성(physis)은, 재생(paliggenesia)이라는 방식에 의해, 은이나 금, 풍요로운 보랏빛, 빛나는 보석 등으로 변모하게 된 것이다.

[210] 이리하여 "하느님은 각 사람에게 저마다의 성령의 선물을 나누어주셨다."(로마12,3)고 사도도 말하고 있다. 즉 신앙이라고 하는 전망에서 볼 때, 어떤 사람에게는 예언의 은사가 주어지고, 다른 사람에게는 은혜(charis)를 수용할 수 있는 본성과 힘에 따라, 저마다 다른 활동, 역할이 주어진다. 즉 어떤 사람은 교회라고 하는 하나의 몸에 있어 눈이 되고, 또 다른 사람은 손이 되도록 정해지고, 혹은 발로서 몸의 기둥이 된다. 이처럼 하느님의 가마의 구성의 경우에도, 어떤 사람은 기둥이, 다른 사람은 디딤대가 되고, 또한 머리를 기대는 부분이 되거나, 내부 장식을 위해서 발탁되기도 한다. 어떤 의미에서 건축가라고 하는 자는, 모든 소재가 단조로운 방식으로 아름다움의 구성에 참여하는 것을 의도하지는 않는다. 오히려 모든 소재, 모든 부분이, 저마다 서로 다른 아름다움을 지니면서도,

전체로서 하나의 아름다움에 참여하여 가는 것이다.[67] 그렇기에, 가마의 기둥은 은, 그 디딤대는 보랏빛, 그리고 신랑이 자신의 머리를 기대는 부분은 금으로 만들어져 다양한 구성이 되어 있다. 또한 다른 한편, 많은 보석에 의해 옥좌의 내부가 다채롭게 장식되어있는 것이다.

그런데 여기서 가마의 기둥이란 바로 교회의 기둥을 상징하고 있다고 생각된다(갈라디아2,9;묵시록3,12).「아가」는 그 기둥에 대해서 정확하게도 순수하고 불을 견뎌낸 은을 적용하고 있다. 기둥이란 이 경우, 왕국의 높은 곳까지 도달하고 있는 것이다. (또한 보라색은 그 왕국의 두드러진 특징, 성격을 나타내고 있다고 생각할 수 있다.)

[211] 이상의 다양한 부분에서 가장 주요한 것은, 가마를 만들게 한 왕이 자신의 머리를 기대게 하는 부분으로, 그것은 이른바 청정한 가르침(dogma)이라고 하는 금으로 되어있다. 그리고 그것은 감추어진 비밀의 부분으로, 값비싼 보석이라고 하는 깨끗한 양심으로 장식되어 있다(1디모테오3,9). 그 모든 것에는, 예루살렘 처녀들의 사랑이 담겨져 있는 것이다. 이러한 가마가 전 교회를 상징하고 있다고 생각하면, 저마다의 부분은, 그 작용의 다름에 따라, 저마다의 역할을 완수하는 사람들(prosopa)에게 나뉘어져있다는 것이 되리라. 즉 이미 말한 것처럼, 가마의 각 부분은 교회의 저마다의 질서를 형성하여, 전체로서 하나인 조화를 성립시킨다. 이는 성경의 많은 표현이 멋지게 말하고 있는 바이다. 그러므로 사도는 말한다. "하느님께서 교회 안에 세우신 이들은, 첫째가 사도들이고 둘째가 예언자들

---

67) 이것은 그레고리오스의 중심적 이념으로서, 본서 안에서 반복해서 말해지고 있다. 초월적인 미선(美善)은 -그것은 존재 그 자체 혹은 하느님을 나타내는 말인데- 다양하고 유한한 부분이 무언가 전일(全一)한 미를 형성하고 있는 것으로서 현현해 오는 바로 그것이다.

이며 셋째가 사부(교사)들입니다. 나아가 성도들의 친교의 완성(화해)을 위해 모든 사람들을 배치하신 것입니다."(1고린토12,28) 즉 가마의 구성에 기여하고 있는 이 모든 부분들의 이름들을 통해서, 사제, 교사, 거룩한 처녀들이 생각되어진다. 여기서 처녀들이란, 가마의 내부를, 다양한 덕의 정결함에 의해, 마치 보석의 광채에 의한 것처럼 빛을 내고 있는 사람들을 말한다.

가마에 관해서는 이 정도만 해두자. 다음에 이어지는 기술은, 예루살렘 처녀에 대한 신랑으로부터의 권고를 담고 있다. [212] 위대한 바울로는 만일 자신의 갖가지 좋은 것을 모든 사람과 나누지 않는다면, 죄도 마다하지 않는 것이라고 한다(1고린토10,33;필립비3,7). (그러기에 바울로는 청중을 향하여, "나와 같이 되십시오. 나도 과거에는 여러분과 같았습니다."〈갈라디아4,12〉 즉 "내가 그리스도를 본받는 것처럼 여러분도 나를 본받는 사람이 되십시오."〈1고린토11,1〉라고 말하고 있다.) 그와 마찬가지로, 사람을 사랑하는 신부도, 그 신랑의 신비(mysterion)에 어울리는 자로 되었다. 그리고, 그녀가 옥좌(침대)를 보고 왕의 가마가 되었을 때, 자기를 섬기는 젊은 처녀들을 향하여 크게 소리쳤던 것이다. (여기서 처녀들이라고 하는 것은 구원받아야 할 자의 영혼〈psyche〉이다.) 즉 「대관절 언제까지, 여러분은 이 삶의 동굴 가운데 갇혀있을 것입니까? 인간 본성의 덮개를 넘어가, 이 놀라운 광경을 보시오. 시온의 딸이 되어서, 왕의 머리에 있는 아름답고 조화로운 왕관을 좀 보시오.」 그것은 그의 어머니가 "그는 그의 머리 위에 고귀한 보석으로 만든 왕관을 씌우셨습니다."(시편21,4)라고 하는 예언자의 목소리에 따라, 왕의 머리에 씌운 왕관이다.

위와 같은 말의 표면적인 의미에 사로잡혀있으면, 하느님(theos)에 관한 그 용어를 누구도 적절하게 파악하기 어렵다. [213] 거기에는

'어머니'라고 하는 말이 '아버지' 대신 사용되고 있는데, 이 경우 어느 쪽도 같은 의미를 가지고 있기 때문이다. 즉 신적인 것(theion)은 남성도 여성도 아니기 때문이다. (왜냐하면, 신적인 것에 무언가 그러한 구별 같은 게 있다고 어찌 생각될 수 있단 말인가. 확실히 우리 인간에게 그것〈남성, 여성이라고 하는 차이성〉은 영원히 지속할 리도 없고,[68] 그리스도 안에서 만물이 하나가 될 때(갈라디아3,28), 그 구별(diaphora)의 표징은, 옛 인간 전체와 함께 벗겨져버리는 것이다〈골로사이3,9;마태오22,30〉.)

그러기에 거꾸로 말하면, 사람에 의해 발견된 모든 이름(onoma)은, 하느님의 불멸의 본성을 표시하는 것에 대해서 동등하게 힘이 있는 것이다. 적어도 남성이라든가 여성이라든가 하는 것은 순수한 신적 본성의 의미를 더럽히는 것은 아니다. 아버지는 복음서 안에서 아들의 혼인(gamos)을 준비한다고 말해지며(마태오22,2), 예언자가 하느님을 향하여 "당신은 그의 머리에 보석으로 된 왕관을 씌우셨습니다."(시편21,4)라고 말해지고 있는 것도 마찬가지다. 이리하여 「아가」에서는, "왕관이 어머니의 손에 의해 신랑에게 씌워졌다"고 하는 것이다. 그런데 혼인, 신부라고 하는 말은, 이 경우 같은 뜻이며, 한 사람에 의해 왕관이 신랑에게 씌워졌다고 생각된다. 따라서 하느님의 아들을 외아들이신 하느님이라고 말해도, 바울로처럼 하느님의 사랑하는 아들이라고 말해도(골로사이1,13), 조금도 달라지는 바는 없다. [214] 어느 이름에 관해서도, 신랑을 우리 곁에 살도록 인도하는 하나의 힘이 표시되어있는 것이다.

신부는 동행자들을 향하여 "가서 시온의 딸이 되시오. 높은 정상

---

68) 라틴어에서 성(性, sexus)은 seco(절단하다, 분할하다)란 말에서 유래한다. 이른바 유한성의 표징인 것이다.

에서(시온이란 높은 곳이다) 신랑이 왕관을 쓰고 있는 놀라운 광경을 보게 될 것이므로"라고 알린다. 즉 교회야말로 신랑인 하느님의 외아들에게 있어, 신랑의 머리를 살아있는 돌로 에워싼 듯한 왕관이 되는 것이다(1베드로2,5). 또한 이러한 왕관의 기초가 다름 아닌 사랑으로, 그것을 어머니라고 부르고 사랑이라고 부르는 것도 조금도 틀린 것이 아니다. 참으로 요한이 증언하고 있듯이, "하느님은 사랑이시다."(1요한4,8) 그런데 신부는, 신랑이 이 혼례의 장식(왕관)에 의해 영예를 받고 기뻐하고 있다고 말한다. 즉 교회를 자신의 반려로 삼으신 분은, 탁월한 갖가지 덕으로 이루어진 왕관이 자신에게 씌워진 것을 보고, 각별히 기뻐하는 것이다. 하지만 아마, 이러한 하느님의 말씀은 다음과 같은 표현에 적합하다고 하는 것이 보다 좋을 것이다. 그것은 즉 "시온의 딸들이여, 나와서 솔로몬 왕을, 그 왕관을 보아라. 왕의 혼례 날, 이 기쁜 날, 그 어머니가 씌워준 왕관을."(3,11)이라는 표현이다.

이리하여 하느님의 말씀(로고스 그리스도)은 신부의 인간애(사랑)를 수용(apodexamenos)하는 것이다. [215] 왜냐하면 그녀도 또한 주님을 본받아, 모든 사람이 구원되어 진리의 지(epignosis)에 참여하여 가길 바라고 있기 때문이다(1디모테오2,4). 나아가 신부의 아름다움을 찬양하는 대목은, 보다 엄숙하고 보다 명료하게 묘사되어있다. 왜냐하면 신부의 아름다움을 찬미하는 일은, 단지 아름다움의 전체적인 칭찬을 의미하는 것이 아니라, 신부의 각 지체에 미치고 있기 때문이다. 즉 각각의 지체에 고유한 찬사는, 얼마간의 대비(對比)와 유사(homoiosis)를 지니고 있기에, 각각의 지체에 관하여 말해지며, 은혜를 받고 있는 것이다. 즉 신부에 대하여 「아가」는 말한다. "정녕 아름다운 그대, 내 사랑스런 여인이여, 그대는 참으로 아름답구려."(4,1) 신부는 인간에 대한 주님의 사랑을 본받으려하지만, 아브라함의 경우와 마찬가지로(창세기12,1), 동행인 젊은 딸들은 각각 자신의 조국이나 육친으로부터 한번 떠나라는 명을 받는 것이다. 그것은, 교회라고 하는 왕관을 받는 정결한 신랑을 보기 위함이었다. 참으로 신부는 이웃 사랑을 통하여 하느님에게 다가가, 주님의 선하심(agatotes)에 참여하는 자(가까운 자)가 되는 것이다. 그런데 성경은 신부를 향하여 "그대는 아름답다"고 말한다. 그것은 그녀가 선한 의지(선택)에 의해 스스로 아름다움에 접근하기 때문이다. 게다가 그 찬미의 말이 두 번이나 반복되고 있는 것은, 신랑의 그 증언이 거짓이 아님을 여실히 보여주고 있다. 즉 신적인 법(nomos)은, 그러한 두 번의 증언 안에서 진리가 확고한 것이 됨을 알리고 있는 것이다. [216] 바로 그러기에, "정녕 아름다운 그대, 내 사랑스런 여인이여, 그대는 참으로 아름답구려"라고 말해지는 것이다.

교회 전체(ekklesia)는 그리스도의 한 몸이다. 하지만 사도가 말하듯이, 한 몸에는 다수의 부분이 있으며, 게다가 그러한 각 부분은 동일한 활동(praxis)을 하는 것이 아니다. 즉 하느님은 어떤 사람을 몸 안에서 눈에 해당하는 자로 창조하시고, 또 어떤 사람을 귀와 같은 자로 하셨다. 어떤 사람은 손의 활동을 하는 자가 되며, 또한 [이른바 교회라고 하는] 몸의 무게를 지탱하는 자는 발이라고 불린다. 그 밖에, 맛과 냄새의 감각 등, 인간적 신체를 형성하고 있는 다양한 요소 전부는, 즉 입술, 이빨, 혀, 폐, 위, 목구멍 등인데, 그 모든 부분이 교회라고 하는 공통의 한 몸에 있어서도 발견되는 것이다(1고린토12,12-27).[69] 그리고 바울로도 말하듯이, 몸 가운데는 덜 소중

---

69) 부분은 저마다의 방식으로 전체의 성립에 참여하고 있으므로, 부분만의 완성이란 있을 수 없다. 그레고리오스의 교회(친교)의 이념은, 개체, 개인을 무언가 자기 완결적 존재로서 파악하는 서구 근대적인 지적 인식의 방식에 근본적인 반성을 촉구한다.

하다고 여겨지는 부분도 있다(동12,23). 그러기에 아름다움의 뛰어난 판정관인 바울로는, 몸 전체 가운데서 저마다의 영예로운 부분에, 저마다 어울리는 찬미를 부여하고 있는 것이다.

그래서 이 지체들 가운데 가장 존귀한 부분부터 찬미를 시작한다. 즉 우리의 몸 가운데서 눈 이상 존귀한 것이 있을까. 빛을 파악하는 것도, 벗과 적을 구별하는 것도, 자기 것과 남의 것을 올바르게 식별하는 것도, 모두 눈에 의해서 행해지기 때문이다. [217] 눈은 다른 모든 활동의 인도자이며, 교사인 것이다. 눈은 또 삶의 안전한 여정을 위해 적합하고 불가결한 안내자이다. 눈이 다른 감각 기관보다 몸의 상부에 놓여 있는 것 자체가, 눈이 삶에서, 다른 모든 것보다 뛰어난 역할을 수행하고 있음을 말해준다. 이러한 말에 귀를 기울이는 사람에게 있어서는, 눈에 대한 위와 같은 찬미가, 교회의 어느 부분(지체)에 향해진 것인지, 아주 분명할 것이다. 즉 사무엘의 눈은 선견자(先見者)였다(그는 이렇게 불리었다)(1사무9,9;16,4). 에제키엘의 눈은 그에게 맡겨진 사람들의 안전을 망보도록 하느님으로부터 정해진 것이었다(에제키엘3,17;33,7). 또한 미가의 눈은 멀리 내다 보는 자였으며, 모세의 통찰하는 눈(theomenos)은 그 말의 유래로부터 신(theos)이라고 불리어, 백성을 인도하는 것으로 정해졌다. 이처럼 그들은 예전에 '보는 자'라고 불리었다. 지금도 또한 교회라고 하는 몸 안에서 같은 역할을 완수하는 사람들은, 바로 눈이라고 불릴 것이다. 그들이 만일 어둠의 짓거리에 의해 장님이 되는 일 없이, 정의의 태양을 똑바로 바라본다면(말라기4,2) 말이다. 또한 그들 자신의 고유한 것을 그들과 인연이 없는 외적인 것(이국의 것)으로부터 잘 식별한다면, 단순한 현상은 모두 우리의 본성과는 이질적인 것이며, 지나가 버리는 것밖에 없다는 것을 알게 된다. 다른 한편, 희망을 통해서라도, 우리 본성에 고유한 것으로서 멀리 보이는 것은,

[218] 본성에 고유하게 주어진 것으로, 그 소유는 소멸하는 일 없이 영원히 존속하는 것이다.

그런데, 벗과 적을 구별하는 눈의 작용은, 참 벗을 마음(kardia)과 혼(psyche)과 힘(dynamis)을 다하여 사랑하고(신명기6,5), 또한 우리의 삶의 적인 악에 대해서는 완전히 증오가 드러나기 위해서 있는 것이다(시편139,22;97,10;로마12,9). 눈은 또한 행위의 지도자이며, 유익하고 바른 것의 교사이고, 나아가 하느님에게로 향한 여정의 안내자이다. 그러한 사람은 구체적인 눈과의 유사함으로 말하면, 다른 사람들에게 고매한 삶의 양식(politeia)으로 스스로를 드러내면서 정결하고 건전한 눈의 작용을 행하고 있는 것이다. 바로 그렇기에 성경은 신부의 미를 찬미하여, "그대의 눈은 비둘기 같다."(4,1)고 말하는 것이다. 즉 신랑은 눈앞의 사람들이 악(kakon)과 섞여있지 않은 모습을 보고, 그들의 삶의 순수함과 정결함을 알아보고, 그들을 비둘기라고 이름 붙인 것이다. 비둘기에는 불순함이 없는 정결함이 고유한 것이기 때문이다. 그러기에 성경은 비둘기라는 이름에 의해 눈에 대한 찬미를 증언하고 있는 것이다(마태오10,16).

그런데 모든 가시적인 것의 이미지(eikon)는, 눈동자의 정결한 곳에 작용하여, 시각적인 작용을 일으킨다. 따라서 사람이 보는 것(대상)은 온전히 그 형태를 눈에 각인한다. 그렇게 하여 눈에 생긴(각인된) 형태란, 보여진 것(대상)의 형상(eidos)이, 마치 거울을 통해서처럼, 눈을 통하여 받아들여진 것이다. 그리고 교회에서, 이런 시력(보는 권위)을 가진 사람은 어떠한 물체(질료)적인 것에도 눈을 향하는 일이 없다. [219] 그때 비로소, 그러한 사람 안에, 영적이고, 비(非)질료적인 삶(bios)이 바르게 형성되어 오는 것이다. 하지만 그러한 생명은 오직 성령의 선물(은혜)에 의해서만 형성되어 오는 것이다. 따라서 눈에 대한 최상의 찬미는, 바로 성령의 은혜에 의해 인간 안에 생명의 형상(eidos)이 만들어진다는 것이다. 왜냐하면 성령은 비둘기에 의해 표시되는 것이기 때문이다.

그런데 양 눈이 칭찬받는 것은, 인간의 전체, 즉 현상적인 면과 사유적인 면 전체가 찬미받기 위함이다. 그러기에 신랑은 "당신의 침묵은 별도로 하고"라는 표현에 의해, 신부에게 향한 찬미에 지금 하나의 탁월한 점을 부가하고 있다. 즉 선한 삶이라고 하는 것은, 확실히 스스로 밖에 드러나 다른 사람들이 알게 되는 것이나, 그 선한 삶 안에는 감추어져 말할 수 없는 어떤 것이 있어, 그것은 단지 하느님에 의해서만 보이는 것이다. 때문에, 창조되지 않은 분(하느님)을 향해 눈을 돌려, 그 숨겨진 것을 간파하는 사람은, 단지 외적으로만 보이는 것보다 침묵 쪽이 훨씬 칭찬받을 만한 것이라는 것을 증거하고 있는 것이다. "그 눈은 비둘기, 그대의 침묵은 별도로 하고"라며 말하는 까닭이 이것이다. 그때 침묵을 통하여 경탄되고 있는 것은, 확실히 찬미의 언어를 초월해있기 때문이다.

[220] 다음으로, 신부의 머리칼의 아름다움에 대한 찬미는 "당신의 머리칼은 길르앗 산에 나타난 산양의 무리 같다."(4,1)이다. 성경이 머리칼이라는 표징을 통하여 신부에게 돌리고 있는 이러한 찬미의 의미를 이해하기 위하여, 먼저 머리칼의 본성에 관하여 고찰하는 것이 걸맞다. 바울로에 의하면, "머리칼은 여성의 영광"(1고린토11,15)이라고 불리고 있으며, 여성에게는 머리쓰개 대신에 머리칼이 주어져 있다고 말한다. 여기서 여성으로서 가장 어울리는 머리쓰개란 부끄러움을 아는 것(aidos)과 절제 있는 것(sophrosmne)이다. 즉 성경은 "하느님을 경건하게 공경한다고 고백하는 여자답게, 부끄러움을 알고, 얌전함(정숙함)으로 자기를 단장하십시오."(1디모테오2,10)라고 말한다. 바울로의 통찰에 의하면, 여성의 긴 머리칼이란, 부끄러움을 아는 것 및 얌전함을 상징하고 있는 것이다. 왜

냐하면 만일 그러한 머리칼, 즉 부끄러움을 아는 것과 얌전함을 결하고 있다면, 비록 경건함을 아무리 표명하여도, 그 영혼에 영광을 돌리는 것은 적절치 않다. 머리칼이 없으면, 사도가 말하듯이 여성의 머리는 부끄러움에 노출되기 때문이다. [221] 바울로 정도의 사람이 모발에 관해서 이러한 애지의 탐구를 하고 있는 이상, 그 파악은 교회를 찬미하는 것에로 향해져있다고 생각하는 게 당연하다. 이미 말한 표현은, "당신의 머리칼은 길르앗 산에 나타난 산양의 무리 같다."(4,1)인데, 거기서는 유덕한 삶의 방식이 찬미되고 있는 것이다. 그것은 어째서일까?

모발에 관한 기술을 다룸에 있어, 머리칼이라고 하는 것은 감각적 생명에 조금도 관여하고 있지 않다는 사실이 추가되어야 할 것이다. 즉 머리칼에는 고통이나 쾌락에 관한 감각이 없다고 하는 것은, 신부에 대한 찬미를 적지 않게 증대시키는 것이다. 왜냐하면 모발이 억지로 뽑히면, 두피는 통증을 느끼지만, 머리칼 자신은 잘리거나 태워져도, 또한 무언가 장식적인 관심에서 손질을 받아도, 조금도 감지하는 일이 없다. 하지만 이렇게 감각에 참여하지 않는다는 것은, 죽음의 고유한 특징이다. 따라서 이것을 상징적으로 해석한다면, 이 세상에서 언뜻 가치 있는 것으로서 열심히 추구되고 있는 것으로부터 아무런 감각도 수용하지 않는 사람은, 세속적 영광(doxa)이나 명예(time) 등에 삼켜지는 일이 없고, 치욕이나 위해(危害)가 덮친다 해도 비탄에 빠지는 일도 없다. 오히려 그러한 사람은, 적대적인 어떠한 것에 직면하여도 조금도 동요하는 일 없이 자기를 보존하는 것이다. 신부의 머리칼에 대한 찬미란 이러한 사람의 상징인 것이다. 즉 그 사람은 어떠한 상황 아래서도, 현세의 현상적인 갖가지 것들에 대해서는 이른바 완전히 죽어있으며, 동요하는 일이 없는 것이다(로마6,11).

[222] 그런데, 머리칼의 풍요로움이 길르앗으로부터 나타난 산양의 무리에 비유되고 있는 이상, 이 점에 관해서도 정확히 알 필요가 있는 것을, 구태여 방치해 두어서는 안 된다. 즉 추측하건대, 임금은 레바논의 나무를 금, 은, 보랏빛, 보석 등으로 변모시켜, 자신의 가마로 꾸몄는데, 그와 마찬가지로, 산양 무리의 착한 목자는 길르앗 산의 산양 무리를 맞아들여, 가축에로 변모시키는 방법을 알고 있는 것이다. 이러한 은혜로운 산의 이름을 드러내고 있는 것은 이국의 백성들이다. 하지만 이국으로부터 와서 착한 목자를 청종하는 그들은 신부의 아름다운 머리칼에 참여하는 것이다. 즉 이미 관상된 말에 따르면, 머리칼의 아름다움이란, 얌전함, 절도, 부끄러움, 자제(enkrateia), 육체의 죽음 등을 상징하고 있는 것이었다. 아마 길르앗 산중에서 오랫동안, 애지의 삶(수도 생활)을 보낸 엘리야는, 산양에 관하여 이렇게 관상된 것에 무언가 적합한 인물일 것이다. 엘리야는 엄격한 자제의 삶의 모습을 최대한으로 실천하여, 그 옷차림을 보더라도, 산양 가죽으로 된 부드러운 옷 대신에, 산양의 두터운 털을 직접 둘렀던 것이다.

그러한 예언자를 본받아, 자신의 삶을 올바르게 영위하는 사람은 모두, 교회의 장식, 아름다움(kosmos)이 된다. [223] 그러한 사람들은 애지(philosophia)[70]의 참 절도 있는 존재방식에 의해, 서로 좋은 친교를 나누면서, 덕(arete)을 달성하여 가는 것이다. 길르앗 산의 산양 무리의 상징적인 의미가 이상과 같이 드러난다면, 그것은 보다

---

70) philosophia 및 그 동사형은 여러 곳에서 사용되고 있는데, 통상의 '철학'이라는 번역어 대신에, 원래의 의미인 '지혜에 대한 사랑'을 참조하여, '지혜를 사랑하며 추구하는 것' '애지의 탐구'등으로 번역하였다. 그 활동은 여기 문맥에도 있듯이, '아레테 arete(德)'의 형성을 목적으로 한다. 그레고리오스에게 그것은, 개인으로서의 개인의 자기완결에 머물지 않고, 다양한 부분의 전체로서의 하나인 친교로서 비로소 구체화되어 오는 것이다.

커다란 경탄으로 고양되어간다. 왜냐하면 그것은 우리에게, 이교적인 삶으로부터 하느님을 사랑하며 찾는 애지의 삶에로의 회심, 변모가 생긴 것을 의미하기 때문이다. 거룩한 산 시온은 반드시 이러한 삶의 방식을 가르치고 있지는 않다. 하지만 과거 우상에게 몸을 맡겨버렸던 이방인은, 위와 같은 삶의 변모를 새로이 경험한 것이다. 이리하여 신부인 교회의 머리는 보다 탁월한 덕에 의해 장식되는 것이다.

이어서 성경은 신부의 치아에 관해서도 찬미의 언사를 발하고 있다. 입이나 입술보다도 치아가 음미하기에 더 뛰어났던 것이다. 그렇다 해도 왜 치아가 입이나 입술보다도 앞서서 찬미되고 있는 것일까? 사람들은 아마, 보다 미묘한 아름다움을 표현하려고 한 것이 아닌가 하여, 치아가 살짝 보이는 입 언저리의 미소를 말할지도 모른다. 하지만 입가를 찬미하기에 앞서서, 특별히 치아가 찬미되고 있는 것은, 다른 관점에서라고 생각한다. 즉 입술에 관해서도 찬미를 결하고 있는 것은 아니다. 신랑은 신부의 입술이 심홍색 실이라든가, 신부의 말씨는 사랑스럽다고 말하며 칭찬하고 있기 때문이다.

[224] 그럼 이러한 것은 어떻게 해석되어야할까? 생각건대 가장 질서 잡힌 절차는, 먼저 가르침 안에서 배우고, 다음에 말로 하는 것이다. 이 의미에서 가르침(學, matema)이란 마음(영혼)의 양식(trophe)이라고 하는 것도 빗나간 것은 아니다. 즉 신체의 양식의 경우, 우리는 그것을 자잘하게 씹어 부수어 위로 삼키는 준비를 한다. 그와 마찬가지로, 영혼의 양식인 경우에도 가르침을 씹어 으깨는 무언가의 힘이 영혼 안에 있으며, 그 힘에 의해 비로소, 가르침은 그것을 수용하는 자에게 유익한 것으로서 탄생하고 재생하는 것이다. 그러기에 치아라고 하는 것은, 가르침을 식별하고 선별하는 길잡이(교사)라고 상징적으로 명명되고 있다. 그러한 교사들을 통해서, 가르침은 우리

에게 잘 저작(咀嚼)된 유익한 것이 된다. 이러한 이유에서 먼저 치아에 관한 찬미가 행해지고, 다음으로 입술이 찬미되는 것이었다. 왜냐하면 만일 치아가, 다양한 가르침을 열심히 저작함으로써, 가르침이 말해질 때의 우미함을 입술에 부여하는 것이 아니라면, 입술은 말의 아름다움을 꽃피게 하는 일이 없을 것이기 때문이다. 그러기에 「아가」본문의 찬미의 순서에 따라, 치아에 관하여 고찰하도록 하자.

신부의 치아의 아름다움은, 털을 깎인 암양의 무리에 비유되고 있는데, 지금이야말로 그 찬미에 관하여 음미해야할 때이다. 세척장에서 올라온 그 암양들은, 모두 쌍둥이를 낳음으로써 칭송받고 있다. [225] 즉 그 찬미는 다음과 같다. "그대의 치아는 세척장에서 올라온 암양의 무리 같고, 모두가 쌍둥이를 낳아, 새끼를 낳지 못한 것이 하나도 없구려."(4,2) 그러나 만일 우리가 위와 같은 범례적 기술의 문자적인 면에만 주의를 기울인다면, 쌍둥이를 낳은 암양과의 비교에 의해 무엇 때문에 치아가 칭송되는지 이해할 수 없을 것이다. 생각건대, 치아의 찬미라고 하는 것은 그 견고함, 조화를 이룬 배치(thesis)이다. 즉 각각의 치아가 정연한 질서를 보존하며 잇몸에 단단히 뿌리를 내리고 있는 상태를 말한다. 다만 세척장으로부터 올라온 암양의 무리는, 쌍둥이를 낳은 후, 다시 계곡으로 흩어진다고 하는데, 그 무리가 어떠한 치아의 아름다움을 표시하는 범례가 되었는지는 쉽게 이해할 수는 없다. 그것은, 한편으로는 신부의 치아는 정연하게 서로 열을 맞추고 있지만, 다른 편으로는, 문자 그대로, 암양의 무리는 서로 흩어져 목초를 찾아 방황하고 있기 때문이다. 그러나 정연한 털을 가진 동물은, 노출된 치아의 암양과 본성상 비교할 바가 아니다. 따라서 치아의 정연한 아름다움이, 왜 쌍둥이를 낳는 암양에 -그 털은 깎이고, 몸은 세척장에서 깨끗해진- 비유되는지, 이는 탐구해볼 만한 가치가 있다.

그럼 이 말들에 관해서 무엇을 알아차릴 수 있을까? 생각건대 신적인 신비를 보다 명확한 해석이라고 하는 방식으로 저작하는 사람은, 그 영적인 양식이 교회라는 몸에 있어 소화가 잘 되는 것이 되도록 노력하고 있는 것이다. 즉 성경의 말씀이라고 하는 고밀도의 두터운 음식물을 입에 넣고 치아를 움직여 잘게 부순다. [226] 그리고 받아들인 음식물을, 이른바 저작에 해당하는 관상(theoria)의 활동을 통하여, 소화하기 좋은 형태로 변모시키는 것이다. 예를 들면 (말의 의미는, 무언가 범례를 가지고 파악하는 것이 보다 좋으므로) 저은총 받은 바울로는 먼저 "타작 일을 하는 소에게 부리망을 씌워서는 안 된다."(1고린토9,9;신명기25,4)는 예를 제시하고 있다. 거기서는 법의 규정이 마치 무언가 씹어 으깨지지 않는 원래대로의 음식물로서 나타나있다고 말할 수 있다. 그러나 바울로는, 그 법(nomos)이 의도하는 바를 다음과 같은 해석에 의해 저작하여 받아들이기 쉽게 만든다. 「하느님에게 관심이 있는 것은 소인가? 아니면 오히려 이러한 것은 우리를 위하여 쓰인 것이 아닌가?」 이와 유사한 많은 표현도 마찬가지로, 예를 들면 "아브라함에게 두 아들이 있었는데 하나는 여종에게서 났고 하나는 자유의 몸인 부인에게서 났다."(갈라디아4,22)고 기록되어있다. 하지만 이 음식물은 이른바 아직 부수어져 있지 않다.

그러면 바울로는, 그 음식물을 얻어먹게 된 자가 먹기 쉬운 형태로, 어떻게 잘게 씹어 부수는 것일까? 이 점에서, 바울로는 위의 기술을 신약과 구약이라고 하는 두 계약(diatheke)을 의미하는 것으로서 파악하고 있다. 즉 하나는 노예에게서 태어난 것이고, 다른 하나는 노예로부터 해방된 것이다(갈라디아4,24-26). 이리하여 바울로는 법이라고 하는 고밀도의 전체로서의 음식물을 (개개의 예를 언급하고 있을 겨를은 없지만) 자잘하게 부수어, 관상에 의해 그것을 물체적인 것으로부터 영적인 것으로 변모시키는 것이다. 그리고 말한다, "우리가 알고 있듯이 율법은 영적인 것입니다."(로마7,14) [227] 따라서 우리가 바울로에 관하여 이해하는 것은, 그가 가르침의 진리를 씹어 부수는 일 안에서, 교회에서 치아의 역할을 수행하는 사람이었다는 것이다. 이처럼 말하는 것은, 우리를 위하여 성경의 신비를 해명하고 있는 바울로를 본받는 것이다. 즉 교회의 치아라고 하는 것은, 하느님의 말씀이라고 하는 아직 씹혀져 부서지지 않은 풀을 저작하고, 또한 되새김질하는 사람들인 것이다.

그런데 하느님의 사도 바울로는 감독(監督)이라고 하는 좋은 일을 바라는 사람의 삶에 관하여 기록하고 있다(1디모테오3,1-7). 그는 개개의 경우에 관하여 말하고 있는데, 예를 들면, 사제직에 종사하는 데 어울리는 사람이란, 다른 모든 자질에 덧붙여, 특히 가르쳐서 인도하는 은혜를 갖추고 있지 않으면 안 된다고 말한다. 그와 마찬가지로, 말씀(logos)[71]은, 교회에서 치아의 활동을 하도록 정해진 사람들이, 먼저 털을 깎을 것을 바라신다. 그것은 즉, 모든 질료적인 무게로부터 해방되고, 또한 세척장에서 신체적이고 영적인 더러움으로부터 양심(syneidesis)이 정화되는 것을 의미한다. 이리하여 그들은 항상 전진하면서 올라가고, 결코 원래의 깊이에로 다시 미끄러져 떨어지는 일이 없는 것이다. 그리고 그들이 모두 쌍둥이란 착한 자식들을 낳는다고 하는 것은, 곧 모든 형태의 덕(arete)을 갖추고 있는 것과, 선미(善美)의 행위에 빠짐이 없다는 것, 그 양자를 의미하고 있다고 생각할 수 있다. 이 두 가지의 잉태는, 안에서 사유된 것

---

71) logos(말씀)은 물론 '말', '이성', '비율', '이법(理法)'등으로 번역할 수 있는 말인데, 본서에서는 성경의 구체적인 표현을 가리킴과 동시에, 그 근저에서 활동하는 로고스 그리스도를 의미하고 있다.

이 선한 증거가 되어 나타난다고 하는 것을 상징하고 있다. [228] 즉 영혼에 있어서는 악한 정념에 지배되지 않고,[72] 신체적 삶에 있어서는 선한 행위를 낳는다고 하는, 쌍둥이를 잉태하는 치아로서 우리가 존재한다는 것이다.

다음으로는 의미의 연관으로부터 신부의 입술에 대해서 거기에 어울리는 찬미가 행해지고 있다(4,3). 입술의 아름다움은 심홍색 끈에 비유되고, 나아가 그녀의 이야기의 아름다움을 짐작해서 알아맞힐 때에는, 보랏빛이라고 하는 색이 비유적으로 사용되고 있다. 이 점에 관해서는 이미, 입술의 아름다움이라고 하는 것은, 치아의 봉사 활동에 의해 장식되어 있다고 해석되어져있었다. 왜냐하면, 치아의 활동에 의해(즉 가르침에 의해) 교회라고 하는 입이 발언하는 것이다. 그러기에 치아가 먼저 처음에 다듬어 손질되고, 씻어지고, 그 결과 쌍둥이를 낳는 것이다. 그때 심홍(深紅)이라고 하는 상징적 형태에 의해, 신부의 입술이 장식되는 것이다. 그것은 바로 전 교회가 선(agathon)의 조화와 질서(symphonia)를 구비하여, 하나의 입술, 하나의 목소리로 탄생할 때인 것이다.

그런데 신부의 아름다움에는 두 가지 범례(hypodeigma)가 있다. 그녀의 입술은 단지 끈인 것만은 아니고, 아름다운 심홍의 꽃도 가지고 있기 때문이다. 이러한 끈과 심홍의 양자가 서로 어울려 저마다의 부분이 두드러지고, 교회의 입이 아름답게 장식되어있는 것이다. 여기서 끈이라고 하는 비유에 의해서는, 교회가 다양한 실로 엮어져 있으면서도, 하나의 마음, 하나의 앎 안에 있다는 것을 배울 수 있는 것

---

72) apatheia는 문자 그대로는 pathos(정념, 병)으로부터의 자유, 해방을 의미한다. 그러기에 '불수동심'(不受動心)이라고도 번역하지만, 그레고리오스에게 있어서는, 그것은 정지한 마음의 상태가 아니라, 다양한 부분으로 이루어지는 전체의 일성(一性)에 참여하여 간다고 하는 동적인 구조 아래 파악되고 있었다.

이다. **[229]** 다른 한편, 심홍에 의해, 우리는 우리가 그것에 의해 구원된 그리스도의 피를 상기할 수 있다. 거기서는 즉, 자신의 피에 의해 우리를 구원하신 분(그리스도)을, 우리는 입으로 항상 고백한다는 것이 뜻해지는 것이다. 바꿔 말하면, 신앙(pistis)이 고백의 언어가 되어 빛나고, 그러한 신앙에 의해 사랑(agape)이 엮어질 때 (현실로 작용할 때), 그 양자에 의해, 교회의 입술에 어울리는 본래의 모습이 성취되는 것이다.

이러한 비유를 보다 한정된 방식으로 파악할 필요가 있다면, 말해진 것을 다음과 같이 해석할 수 있다. 즉 사랑으로 표현되는 믿음(갈라디아5,6)이란 심홍색 끈이다. 여기서 심홍은 신앙을 상징하고, 끈은 사랑을 의미한다. 진리는, 이 신앙과 사랑에 의해 신부의 입술이 아름답게 장식되어 있음을 증거하고 있다. 다만 그녀의 아름다운 이야기에 관해서는, 무언가 이 이상 상세한 해석을 필요로 하지 않을 것이다. 왜냐하면 사도의 해명하는 바에 의하면, 이야기란 거기서는 무엇보다도 먼저, 다음과 같이 신앙을 표명하는 말이기 때문이다. 즉 바울로는 말한다. "그대가 예수님은 주님이시라고 입으로 고백하고 하느님께서 예수님을 죽은 이들 가운데에서 일으키셨다고 마음으로 믿으면 구원을 받을 것입니다."(로마10,9-10) 사람은 마음으로 믿어서 정의(dikaiosyne)로 인도되고(의로운 자로 여겨지고), 입으로 고백하여 구원을 받는 것이다. 이것은 아름다운 말이다. 그것에 의해 교회의 입술이 저 심홍색 끈에 비유되어 아름답게 장식된다.

신랑은 신부의 이러한 입의 아름다움에 덧붙여, 볼의 붉음에도 기뻐한다. 얼굴의 그 부분은 관례적으로 석류라고 불리고 있기에, **[230]** 볼의 붉음은 석류 껍질에 비유된다. 신랑은 그것을 찬미하며, "그대의 볼은 석류 껍질 같구려. 그대의 침묵은 별도로 하고."(4,3) 라며 외치는 것이다. 이러한 찬미의 말이 신부의 얌전함에로 향해진 것임은, 이제까지의 해석으로부터 쉽게 이해할 수 있을 것이다. 즉 「아가」는 신부라고 하는 모습을 빌어서 교회를 구체적으로 보여주고, 그녀의 얼굴의 아름다움을 다양하게 묘사함으로써, 그것들이 각각의 덕(arete)을 표현하도록 하였다. 그리고 여기서는 볼의 타는 듯한 붉음을 통해, 절제(sophrosyne)의 덕을 거기에 어울리는 방식으로 찬미하고 있다.

그런데 이 열매는 꺼칠꺼칠하고 도저히 먹을 수 없을 것 같은 겉껍질로 싸여있다. 그러기에 관상에 의해서야말로, 올바르게 절제를 행하는 일에로, 아름답고 또한 본래적으로 참여할 수 있다고 여겨진다. 즉 석류의 꺼칠꺼칠한 껍데기는, 그 열매를 감쌈으로써, 열매의 달콤함을 기르고 보호하고 있다. 흡사 그처럼, 절도 있는 엄격한 삶이란, 절제의 아름다움을 지키는 수호신이 되는 것이다. 그리고 이 절제라고 하는 덕의 찬미는 다음의 두 가지 면을 가지고 있다. 즉 잘 질서 잡힌 삶이라고 하는 외적인 드러남과, 영혼이 정념으로부터 해방되어(apatheia) 올바른 행위를 한다는 것, 그 두 가지이다. 하지만 사도가 말하듯 "그 명예는 사람으로부터 오는 것이 아니라 하느님으로부터 오는 것이다."(로마2, 29) [231] 왜냐하면 이러한 사람들을 비추고 있는 얌전함의 깊이는, 외적인 행위의 결실로서, 그것에 고유한 찬미를 받기 때문이다. 다른 한편, "침묵은 별도로 하고"라고 했듯이, 안에 감추어진 놀람도 있는 것으로, 그것은 다만 감추어진 것을 보시는 하느님의 눈길에 의해서만 보이는 것이다.

이어서 쓰여 있는 예로부터 우리는 다음의 것을 배운다. 즉 하느님으로부터 영감을 받은 성인들에 의해 행해진 것은 모두, 덕스런 올바른 행위의 전형(typos)이며, 가르침(didaskalia)이라는 것이다. 그러기에 결혼, 이주(移住), 전쟁, 건축을 위한 준비라고 하는 것은, 단지 과거의 사건의 기술에 멈추는 것이 아니라, 어떤 의미에서 모두 우리의 장래의 삶에 대한 훈계를 담아, 그것을 예표하고 있는 것이다. "이 일들은 본보기로 그들에게 일어난 것인데, 세상 종말에 다다른 우리에게 경고가 되라고 기록되었습니다."(1고린토10,11) 예를 들면, 이방인과의 싸움은, 우리가 악(kakia)에 대해서 용기 있게 대항해야 한다는 것을 보여주고 있다. 또한 결혼의 성실함은 덕이 우리의 삶 안에 깃드는 것을 상징적으로 제시하고 있는 것이다. 나아가 이주라고 하는 것이 덕스런 삶의 토대를 암시하고 있듯이, 신전 건축에 관한 다양한 지시들 안에는, 덕에 의해 형성되는 집으로서의 우리들 자신에의 훈계가 상징되고 있다.

[232] 그러기에 다윗이 전리품을 주위에 고정시킨 탑은, 주변 어디서도 보이는데, 그 탑은 이른바 교회의 발걸음을 지켜보고 있는 것을 나타낸다고 해석할 수 있다. 즉 그러한 탑이라고 하는 것의 역할에 의해, 덕에 따라서 진지하게 노력하는 모습이 상징되는 것이다. 여기서 탑이라고 하는 것은 높은 곳에 올려져야만, 그 역할이 발휘될 수 있다는 것은 말할 필요도 없다. 그리고 옛날에는 전리품을 지키는 데 적합하다고 간주되었던 것이다. 다윗왕은 이방 민족을 예속시키고, 그들의 소유물을 취하여 자기 재물로 삼았다. 그렇게 그는 자신의 지혜로 인간적 삶의 좋음을 보여주고 있는 것이다. 즉 다윗은 탑의 건설을 통하여, 다가올 삶의 상징을 우리에게 제시하고 있는 것이다. 왜냐하면 교회라고 하는 몸 전체의 아름다움은, 개개의 지체를 무엇인가에 대비(對比)하거나, 유사하게 함으로써 찬미되고 있기 때문이다. 따라서 다윗의 탑이 언급될 때, 그것은 사람들 안에서 목에 해당하는 부분이며, 다윗 자신이 탑이라고 불리고 있다고 생각해도 좋다. 또 탑이란 난간이라고 하는 특징에 의해 구별되고 알려지는데, 그것은 무기 창고라고도 불리고 있다. 이러한 점에 관해서는, "그대의 목은 무기 창고로 지어진 다윗의 탑과 같구려. 천

개의 방패와 용사들의 활 모두가 거기에 걸려있구려."(4,4)라는 기술에서 엿볼 수 있다. [233] 그러기에 탑이라고 하는 것의 물체적인 성립으로서는, 다윗왕의 작품이라는 것, 주위로부터 보이는 위치에 있다는 것, 또 거기에는 방패와 활이 걸려있다는 것, 등등의 특징이 간파될 수 있다. 덧붙여 말하면, 방패와 활이 수없이 많다는 것은, 천(千)이라고 하는 숫자가 보여주는 바였다. 하지만 우리의 목적은 단지 물체적인 사항의 범위에 머물지 않고, 다시 그것을 넘어서, 신적인 말의 힘을 통찰하는 것이다. 그러면 교회라는 몸의 부분으로서의 목이, 어떤 의미에서 탑에 비유되고 있는 것일까? 그 물음에 대해서, 먼저 목이라고 하는 이름으로 불리는 부분이, 우리 몸에서 어떤 역할을 수행하고 있는가를 음미하고, 그 다음 목이라고 하는 이름을 교회의 어떤 지체에 적용하여 고찰하는 것이 적절할 것이다.

말할 것도 없이, 어깨 사이에 뿌리를 내리고 있는 뼈는, 자신의 위로 머리를 지탱하고 있으며, 위에 있는 머리의 토대가 되어있는 부분이 목이라고 불리고 있다. 또 등은 많은 뼈로 지탱되어있지만, 그 뼈들로 둘러싸인 영역으로부터는 해방되어있다. 그러기에 등뼈의 본성은, 팔이나 다리뼈와는 비슷하지 않고, 그 자체가 일체화되어있지 분단되어 있지는 않다. 즉 그것은 신경이나 골수, 인대 등을 포함함으로써 많은 형태로 분화하면서, 관상(管狀)의 골수가 위로부터 아래까지, 전체에 걸쳐 갖추어져 있으므로, 서로 일성(一性, henosis)이 성립하고 있는 것이다. 목의 중심은 막(膜) 조직을 위한 여지가 있으며, 그 내부의 것은 머릿속의 것과 일체가 되어있다. 그런데 또한 목의 전면의 내부에는, 기관(氣管), 식도 등이 있다. [234] 밖의 공기는 물론 기관을 통해서 몸 안까지 들여 마셔지지만, 그것으로부터, 마음의 내적인 불이 그 본성에 따른 작용에로 타오르는 것이다. 다른 한편, 목은 음식물이 통과하는 길로서의 식도를 포함하며, 입으로 들어간 모든 것을, 목구멍과 후두를 통해서 받아들이는 위에 이르기까지 들여보내는 것이다. 목은 또한, 지체의 나머지 부분에 비해서 어떤 걸출한 역할을 수행하고 있다. 왜냐하면 목 가운데, 기관(氣管)의 상부에는, 목소리가 나오는 기관(器官)이 있어, 거기에 모든 언어적 기능이 갖추어져있기 때문이다. 그 기관에 의해 목소리가 나오는 것인데, 그것은 원통형의 기관(氣管) 안에 공기가 퍼져 진동하기에 그러한 것이다.

이상과 같이 목이라고 하는 신체적 부분의 작용을 서술했다면, 그 고찰을 단서로, 교회라고 하는 몸 가운데의 목에 관하여, 그 의미를 파악하는 것은 쉬운 일일 것이다. 즉 교회에서도 상호작용 안에, 특히 목이라고 하는 이름에 어울리는 작용을 하는 부분이 있어, 그것이 다윗의 탑에 비유되고 있는 것이다. 그런데 만일 어떤 사람이 피조물 전체의 머리를 짊어지고 있다면, 그것은 마땅히 목이라는 이름을 지닐 것이다. (교회의 머리는 그리스도이고, 그것에 의해 몸 전체가 하나로 결합되며, 조화를 이루기 때문이다〈에페소4,16〉.) 거기에 덧붙여, 울림이 좋은 목소리를 통하여 목(바울로)은 영(靈)을 받는다. 목은 마음을 불처럼 타오르게 하는 공기(영)를 수용하고, 나아가 음성의 울림으로 말씀(로고스)에 봉사하는 것이다. [235] 즉 언어를 관장하는 기관은 마음의 움직임을 소리에 의해 명료하게 발음하는 것이다. 하느님은 그러한 목적으로만 인간적인 목소리를 인간의 본성에 구비하셨던 것이다. 다음으로 목은 영양 섭취의 작용도 안에 포함하고 있다. 그것은 즉 가르침의 일이다. 그것에 의해 교회의 몸 전체에 힘이 부여되고 있는 것이다. 왜냐하면 음식물을 항상 섭취함으로써 몸은 존재를 보존하는 것으로, 그것 없이는 몸은 쇠약해지고, 결국은 죽어버리기 때문이다.

지체로서의 각각의 사람을 하나로 통합하는 일에 있어서, 척추를 질서 잡힌 모습으로 비유함이 좋을 것이다. 즉 평화라고 하는 유대에 의해 지체 전체는 하나로 보존되고, 게다가 그 지체는 기울기도 하고, 똑바르기도 하고, 쉽게 좌우로 움직이기도 하는 것이다. 바울로라고 하는 사람은 바로 그러한 작용을 하는 목이었다. 그러기에 만일 다른 사람이 바울로를 따라, 삶의 방식을 올바로 한다면, 그 사람도 또한 목이 되는 것이다. 참으로 바울로는 주님에 의해 뽑힌 그릇이 되어, 주님의 이름을 자신의 삶 안에 짊어지고 있었던 것이다(사도행전9,15). 그렇게 하여 교회의 머리는 참으로 지체 전체를 하나의 조화로 가져온다. 따라서 바울로가 무엇을 말하든, 실제로 말하고 잇는 것은 더 이상 바울로가 아니고, 머리이신 그리스도인 것이다. 그것은 바울로가 고린토 사람들에 대해서, 자기 안에서 말씀하시는 그리스도를 증거하고 있는 대로였다(2고린토13,3). 이와 같이 기관(氣管)이란 좋은 목소리, 경사스런 울림을 발하여, 성령의 활동을 통하여 진리의 말씀(로고스)을 현전케 하는 것이다. [236] 또한 목은 하느님의 말씀에 의해 항상 기관을 감미로운 것으로 만드는데, 생명의 원천인 그러한 가르침에 의해 몸 전체가 길러지는 것이다. 그러나 척추의 작용에 관하여 말하면, 그것은 바로 평화와 사랑의 유대에 의해 몸 전체를 하나로 조화롭게 만드는 것이 아닌가. 또한 누군가가 겸손한 사람들과 함께 살듯이, 목이 스스로를 굽히는 것을 가르친 것일까, 또한 다시 위에 있는 것을 쳐다보기 위해 쳐들기도 하고, 좌우를 주의하여 봄으로써, 악마의 다양한 책략으로부터 몸을 피하고 경계한다는 것을, 누군가가 목에게 가르친 것일까? 생각건대 이러한 목은 다윗이라고 하는 사람 안에서 탑으로서 구체화되고 있는 것이다.

하지만 다윗을 통해서 왕을, 즉 왕의 아버지를 생각함이 좋다. 왕의 아버지(하느님)은, 창조의 시작부터, 결코 붕괴되는 일이 없는 탑으로서 인간을 창조하셨다. 게다가 왕의 아버지이신 하느님은, 많은 방패로 지켜지는 탑으로서의 다윗을 세웠던 것이다. 그것은 적의 접근에 의해 쉽게 위협 받는 일이 없기 위함이었다. 기대어 세워진 방패는 지상에 놓여있지 않고 공중에 높이 매달려있는 것으로 보이는데, 그 방패들과 함께 용사의 활이 적을 위협하고, 그들이 공격할 계기를 주지 않기 위함이다. [237] 덧붙여서 말하면, 많은 방패로 에워싸인 탑이란, 생각건대 천사적인 보호를 상징하고 있다고 여겨진다. 활도 또한 같은 의미를 나타내고 있다. 또한 성경은 단지 활만이 아니라, 용사들을 부가함으로써, 우리의 편이 되어 싸우는 자들을 표시하고 있다. 이러한 일은 시편의 다음 말과 잘 합치하고 있다. "주님의 천사가 그분을 경외하는 이들 둘레에 진을 치고 그들을 구출해준다."(시편34,8) 그런데 천(千)이라는 숫자는 나에게는, 정확하게 백의 열배라고 하는 수를 표시하고 있다고는 생각되지 않는다. 오히려 그 말에 의해서는 다수(多數)라고 하는 것이 의미되고 있는 것이다. 그것은 성경의 기술의 특징으로부터 보아, 관습적인 용법이었다. 덧붙여서 말하면, 다윗은 다수의 사람이, 라고 말하는 대신에 "수천 명의 기뻐하는 자들이"(LXX시편67,17)라든가, "저에게는 당신 입에서 나온 가르침이 좋습니다. 수천의 금과 은보다 좋습니다."(시편119,72)라고 하는 표현을 취하고 있다.

어깨에 뿌리를 내리고 있는 목에 관한 고찰은 이상과 같다. 그리고 어깨란 목을 실질적으로 단단히 지탱하고 있는 것인데, 그러한 지탱을 통해서, 팔은 스스로 구원의 업적을 완수하는 것이다. 「아가」의 기술의 순서를 주의 깊게 따라가는 사람은, 하느님을 향하여 고양되는 영혼이 보다 크신(보다 선한) 분에게로 성장하여 감을 안다. 즉 신부가 처음 사랑받았을 때, 그녀는 이집트의 참주(僭主)와 싸우는 말에 비유되었다. 그 말은 목 주위에 예쁜 모양의 사슬을 장식으로 달고 있었다. [238] 그러고 보면 여기에, 신부의 선을 향한 완전성(teleiotes)이 얼마나 큰 것인지가 증언되고 있는 것이다. 왜냐하면 신부의 목의 아름다움은, 사슬이나 목걸이 장식에 비교되는 선에서 그치는 것이 아니라, 그 크기 때문에 탑이라고까지 불리고 있기 때문이다. 여기서 탑이라고 하는 것은, 주위로부터 보이고, 또한 멀리서도 식별이 된다. 즉 탑은 높이 솟아있다고 하는 명예로운 구조를 가지고 있어서, 인근의 것보다 훨씬 빼어난 위치에 있는 것이다. 또한 탑은 왕의 손으로 되는 일인데, 그것이 천상적인 높은 삶의 방식에 도달했을 때에는, 주님이 말한 다음과 같은 말의 진실이 드러난다. 즉 "산 위에 있는 마을은 감추어질 수 없다."(마태오5,14) 생각건대 탑이란 이러한 마을이라고 여겨진다.

그럼 다음으로, 두 마리의 젊은 사슴에 관하여 고찰하여보자. 그것들은 이른바 신부의 마음 가까이 살며, 성경의 기술에 의하면, 두 젖가슴이라고 불리고 있다. [239] 즉 "그대의 두 젖가슴은, 백합꽃 사이에서 풀을 뜯는 한 쌍의 젊은 사슴 같구려."(4,5)라고 되어있다. 마음이란 두 젖가슴 사이에 있기 때문이다. 그것들을 기르는 것은, 풀이나 가시덤불이 아니라, 방목하는 내내 꽃을 피우는 백합이었다. 그 백합꽃은 어떤 특정한 때만 피었다 시들어가는 것이 아니라, 언제나 쌍둥이들에게 스스로 충분한 양식을 공급하는 것이다. 그것은 어떠한 오류의 그림자도 현세의 삶을 지배하지 않게 될 때까지였다. 그때에는 빛은 모든 자리에서 광채를 뿜어내고, 자신이 원하는 대로 빛을 내뿜는 태양에 의해, 모든 것이 비추임을 받는 것이다. "해가 바람을 불게 해, 그림자가 사라질 때까지"(4,6)라고 씌어있는 대로이다.

그런데 복음서로부터는 다음을 확실히 알 수 있다. 영(pneuma)은 거룩한 것으로, 자신이 원하는 곳에서 불며, 그것이 어디서 와서 어디로 가는지를 알고 있는 사람을 비추는 것이다(요한3,8). 이 점에 관하여 "그대의 두 젖가슴은, 백합꽃 사이에서 풀을 뜯는 한 쌍의 젊은 사슴 같구려. 해가 바람을 불게 해, 그림자가 사라질 때까지"라고 씌어있는 것이었다. 그러나 해는 성령이라고 불리고, 태어나는 자 모두에게 빛을 풍성히 쏟아 붓는다. 하지만 지성(nous)을 지닌 사람이라면, 이러한 표현에 당황할 일은 없다. [240] 왜냐하면 영에 의해서 태어난 사람들이 빛의 자녀라면(1데살로니카5,5), 성령이란 빛이나 해 이외에 무엇이라고 생각할 수 있단 말인가(요한3,8). 그리고 해의 숨(바람)이 그림자의 공허함을 쫓아버리는 것이다. 해가 완전한 방식으로 빛난다면, 반드시 그림자는 더 이상 존속하는 일이 없고, 이산(離散) 소멸하여버리기 때문이다.

이제는 쌍둥이를 낳은 젊은 사슴에 관한 신비(mysterion)를 성경의 해석에 덧붙여야할 때이다. 그것들의 양식은 백합이며, 방목되는 목장은 비옥한 좋은 토지이다. 그리고 방목되는 목장이란, 주님의 비유에 의하면, 바로 마음(kardia)이다(루가8,15). 거기서 방목하는 사람들 및, 거기서부터 정결한 사유를 모으는 사람들은 살찌는 것이다. 다른 한편 백합꽃은 두 가지 은혜를 지니고 있다. 즉 아름다운 색과, 그것에 어울리는 좋은 향기란, 그 어느 것도 꽃 따는 사람에게 있어서는 각별히 사랑스럽다. 향기를 맡을 때에도, 미의 사랑스러움을 보고 기뻐할 때에도. 왜냐하면 그 백합의 향기는 그리스도의 향기로 채워져 있고(2고린토2,15), 또한 백합의 고운 형태를 통해서 순결함(katharon)과 무구함(akelidoten)이 나타나있기 때문이다. 이러한 표현이 의미하는 바는, 아마 이미 기술한 것을 통해서 분명해질 것이다. [241] 즉 각 사람 안에는 두 사람이 있다. 한쪽은 물체적, 현상적인 것과 관련되고, 다른 한쪽은 사유적, 불가시적인 것과 관련된다. 이 두 사람은 쌍둥이로 태어난 것인데, 같은 마을에 살면서도, 그럼에도 타인으로 살아간다. 즉 영혼은 육체에 앞서서 존재하기 시작한 것도 아니며, 또한 육체가 영혼보다 앞서 창조된 것도 아니다. 오히려 양자는 동시에 생명이 있는 것이 되었다. 그리고 이들에 있어서 본성 상 양식이 되는 것은, 정화(淨化)나 좋은 방향(芳香)이며, 나아가 갖가지 덕이 공급해주는 모든 것이다.

그러나 다른 한편, 성장 대신에 파멸이 열심히 추구되어 버리는 일이 있다. 그때 꽃은 덕에 의해 길러지지 못하고(피지 못하고), 오히려 가시덤불이나 엉겅퀴가 되어 기뻐하는 것이다. 거기서 우리는 복음서의 비유 이야기가 죄라고 부르는 것을 발견하는 것이다(마태오7,16). 뱀의 저주가 그러한 (가시덤불과 엉겅퀴의) 나쁜 해악을 만들어낸 것이다. 그러기에 식별력이 있는 눈이 되기 위해서는, 백합과 가시덤불을 정확히 구별하는 힘이 필요하고, 한편으로는 구원을 선택하고, 다른 편으로는 부패를 거부하는 힘이 추구되는 것이다. 그럼으로써 이러한 눈을 갖추고 있는 사람은, [242] 위대한 바울로를 따라, 유아를 양육하는 젖가슴이 되는 것이며, 교회에서 새로 태어난 아기를 젖으로 기른다(1고린토3,1-2). 이미 기술한 것처럼, 「아가」는 이 두 젖가슴을 젊은 사슴의 쌍둥이의 탄생에 비유하여 부르고 있는데, 신체의 그 부분에 의해 바로 교회의 영예를 증시(證示)하고 있는 것이다.

왜냐하면 사람은 각각의 젖가슴에 의해 순수한 백합으로 인도된다. 그것은 참 양식을 가시덤불로부터 예리하게 식별하는 것이었다. 사람은 또한 지도자인 마음에 의해 지침이 주어진다. 그 상징으로서의 마음은, 스스로 젖가슴을 기르고 있고, 자신 안에만 은혜를 가두는 일 없이, 하느님의 말씀이라고 하는 젖을, 그것을 필요로 하는 자에게 나누어주는 것이다. 사도가 행하고 또 말하고 있는 것처럼 "어머니가 자신의 자녀들을 품에 안고 기르듯이"(1데살로니카2,7).

여기까지는 교회의 지체에 관하여 찬미되고 있었다. 그것에 이어지는 성경 말씀은, 교회의 몸 전체에 찬미가 향하고 있다. 그것은 그리스도가 참으로 죽음(thanatos)을 통하여, 죽음의 힘을 쳐부수고, 신성(theotes)의 고유한 영광(doxa)에로, 스스로 다시 올라간 그때의 일을 말하고 있는 것이다. 그리고 그 신성의 영광을, 그리스도는 이 세상의 존재에 앞서서, 처음부터 가지고 있었던 것이다.[73] [243] 왜냐하면 신랑은, "나는 몰약의 산으로, 유향의 언덕으로 가리."(4,6)라고 말하는데, 몰약에 의해서는 그리스도의 수난(pathos)이, 유향에 의해서는 신성(theotes)의 영광이 상징적으로 표현되어 있기 때문이다. 거기에 다시 "사랑스런 여인이여, 그대의 모든 것이 아름다울 뿐, 그대에게는 한 점의 더러움도 없구려."(4,7)라는 표현이 부가되어 있다.

이 말들이 가르쳐주는 것은 먼저 다음과 같다. 누구도 자신의 영혼을 자신의 힘으로 받는 것이 아니라, 그리스도야말로 사람의 영혼을 거두시거나, 다시 존립시키거나 하는 힘, 권위(exousia)를 가지고 계시다는 것이다(요한10,18). 처음부터 그리스도는 우리의 행위에 의해서가 아니라, 스스로 몰약의 산에 오르셨는데, 그것은 사람이 스스로 자랑하는 일이 없기 위함이었다. 즉 그리스도는 죄인의 위에 부과된 죽음을 스스로 받아들이시면서, 그 자신의 은혜에 의해 몰약의 산으로 오르신 것이다(로마5,8). 그러기에 만일 하느님의 어린 양의 피가 세상의 죄를 인수하여, 모든 악을 친히 파괴하지 않는다면, 인간의 본성(physis)은 더러움으로부터 깨끗하여질 수 없다(요한

---

[73] 그리스도를 머리로 하는 신비체의 형성에 모든 사람은 초대받고 있다. 그러한 재생, 재창조의 근거는, 역사 안에서의 실현의 길에 앞서서 이미 설정되어있다. 동시에 창조란 단지 과거에 완결된 사건이 아니라, 지금 우리 안에서, 우리가 하나의 죽음을 통해서 끊임없이 그리스도의 신성에 참여하여 가는 것으로서 생기(生起)하여 오는 것이다.

1,29). 그러기에 「아가」는 말한다. "사랑스런 여인이여, 그대의 모든 것이 아름다울 뿐, 그대에게는 한 점의 더러움도 없구려"라고. 이처럼 수난(pathos)의 신비는 몰약의 상징에 의해 찬미되고, 이어서 신적인 것을 나타내는 유향에 관하여 언급되고 있는 것이다.

여기서 우리가 알 수 있는 것은, 그리스도와 함께 몰약(수난)에 참여하는 사람은, 확실히 유향(신성)에도 참여한다는 것이다. 왜냐하면 그리스도와 함께 고난을 받는 사람(sympathos)은, 그리스도의 영광에도 참여하기 때문이다(로마8,17). 그리고 한번 신적인 영광 안에서 태어난다면, 사람은 대립하는 더러움으로부터 떨어져나가, 참으로 전체로서 아름다운 자가 되는 것이다(에페소5,27). **[244]** 그때 우리를 위해 돌아가시고 다시 살아나신 그리스도를 통하여, 우리도 또한 그러한 더러움, 죄로부터 떨어져나가게 되는 것이다.

주 그리스도께 영광이 처음과 같이 이제와 항상 영원히. 아멘.

제 8 강화

[4.8] 레바논에서 나오라, 신부여,

　　　레바논에서 나오라.

　　　신앙의 단초에서부터 나오는 게 좋겠네.

　　　사닐과 헤르몬의 정상으로부터,

　　　사자의 동굴, 표범의 산에서 내려오는 게 좋겠네.

[4.9] 우리 누이여, 신부여,

　　　그대는 우리 마음을 사로잡았소.

　　　그대의 한쪽 눈으로,

　　　하나에 의해서, 그 목걸이로

　　　우리의 마음을 사로잡았소.

[4.10] 그대의 두 젖가슴은 얼마나 아름다워졌는가.

　　　나의 누이여, 나의 신부여.

　　　그대의 젖가슴은 참로 포도주보다도 훨씬 아름다워졌구나.

　　　그대의 향유의 향내는 모든 향료들보다도 향기롭다.

[4.11] 나의 신부여, 그대 입술은 꿀을 흘리고,

　　　그대 혀 밑에는 벌꿀과 젖이 숨어 있다오.

　　　그리고, 그대 옷의 향기는

유향(乳香)의 향기 같구려.

[4.12] 나의 누이, 신부는 닫힌 정원,
닫힌 정원, 봉인된 샘.

[4.13] 그대로부터 솟구쳐 나온 것은,
많은 열매로 휘늘어진 석류의 낙원,
나르드와 함께 헨나 나무,

[4.14] 나르드와 사프란,
레바논의 온갖 나무와 함께 하는
창포와 계피.
온갖 기막힌 향료와 함께 하는
몰약, 알로에.

[4.15] 그대는 정원의 샘,
레바논에서 흘러온 생수의 우물.

[245] 위대한 사도 바울로는, 자신의 견신(見神, optasia) 체험을 고린토 신자들에게 말로 전하고 있다. 셋째 하늘(paradise)까지 들어 올려졌을 때, 그는 자신이 몸 째 올라갔는지 아니면 몸을 떠나서 올라갔는지 잘 모르겠다고 고백한다(2고린토12,1-4). 그리고 그 신비체험을 증언하고 나서는 다음과 같이 말하고 있다. "나는 그것을 이미 붙들었다고는 생각하지 않습니다. 오히려 이미 도달했다는 것을 잊고, 끊임없이 보다 앞에 있는 것을 향해서 스스로 초출(超出, epektasis)하여 갑니다."(필립비3,13)[74] 이 표현으로부터 분명한 것은, 바울로만이 알 수 있었던 그 셋째 하늘의 배후를 향하여(모세조차 세계 창조를 말할 때, 셋째 하늘에 관해서는 아무것도 언급하고 있지 않다), 한층 더 높은 곳으로 바울로가 올라간다는 것이다. 즉 그는 천국(파라다이스)의 말할 수 없는 신비에 관하여 들은 후,

한층 더 높은 경지에로 올라감을 멈추지 않고, 또한 이미 달성된 선(agathon)이 자신의 지향, 욕구의 한계가 되는 것을 결코 허용하지 않는다. 생각건대 이것으로 바울로는 다음을 우리에게 가르치고 있다. 갖가지 좋은 것의 지복(至福, makaria)의 본성이란, [246] 항상 새롭게 발견된다는 데에 있으며, 그리고 이미 획득된 것보다 더 초월적인 것은, 무한이라는 것이다. 이러한 것은 영원한 것의 존재양식에 무언가 참여하는 사람에게 있어서 지속적인 것이 된다. 즉 그렇게 영원한 것에 무언가 참여하는 사람에게는, 그때마다 항상 보다 큰 것이 현전(現前)해 오므로, 증대(增大), 신전(伸展, epauxesis)의 여정이 멈추는 일이 없는 것이다.

그런데 주님의 참된 목소리에 의하면, 마음이 깨끗한 사람은 하느님을 본다고 한다(마태오5,8). 단지 그때, 수용하는 능력에 따라서, 유한한 방식이기는 하나, 할 수 있는 한도의 것을 사유에 의해 수용해 가는 것이다. 그러나 신성의 한정 없는, 파악할 수 없는 것은, 모든 한정된 지식(katalepsis)의 저편에 있어서, 신성의 위대한 영광에는 한도가 없다. 그것은 예언자의 증언 그대로이다(시편145,5). 다른 한편, 신성이란 그 자체를 어떠한 관점으로부터 관상하여도, 스스로의 높이에 있어 완전히 동일하게 머무르는 것이다.

그와 마찬가지로, 위대한 다윗도 마음 안에서 아름다운 등반을 하였다. 지금 가능한 것으로부터 더 가능한 것으로 진보하여, "주님,

---

74) 바울로의 표현 가운데 epekteinomai(몸을 내밀어가다, 지향하며 초출하다)라는 말은, 그 명사형 epektasis와 함께, 그레고리오스의 애지의 길에 있어서 중심적인 역할을 부여받고 있다. 그 요점은 이하의 문맥에서 말해지고 있는 것처럼, 초월적인 선(존재 자체이신 하느님)을 향하여 무한히 자기를 초월하며, 무화(無化)하며, 지향의 한도를 작동시켜 간다고 하는 것이다. 단적으로 말해 그것은 인간적 본성의 완전성의 성립에 재귀적으로 참여하여 가는 동적인 구조를 갖는다.

당신께서는 영원히 높이 계십니다."(시편92,9)라는 외침을, 하느님을 향하여 발하고 있다. 이 말에 의해 의미되고 있는 것은 다음과 같다. 즉 영겁이라고 하는 끝없는 지속 전체에 걸쳐서 하느님을 향하여 달려가는 사람은, 끊임없이 자기보다 큰 것이, 또 자기보다 높은 것이 되어간다는 것이다. 그러한 사람은 좋은 것에로의 등반을 끊임없이 수행하면서, 유비적으로 증대, 성장하는 것이다. 그런데 다른 한편, 하느님은 영원히 가장 높은 곳에 스스로 머무르신다. 그러기에 하느님은 당신에게 다가오는 사람에 대해서 보다 가까이 나타나는 일이 없고, **[247]** 등반하여 오는 사람의 힘보다도 항상 같은 정도로 보다 숭고하고, 보다 높은 것이다.

그에 관련하여, 우리는 사도가 선(善)의 말할 수 없는 본성에 관하여 다음과 같이 언명하고 있음을 안다. 그 선(善)이란 비록 눈이 항상 그것을 보려 해도, 지금은 볼 수 없는 것이다. (왜냐하면 눈은 선을 있는 그대로 보는 일 없이, 단지 자신에게 가능한 방식으로 선을 받아들이는 데 지나지 않기 때문이다.) 또 귀는, 비록 신적인 말씀을 받아들이고는 있으나, 그 자체가 명증(明證)한 대로 [직접적으로] 그 말에 청종(聽從)할 수는 없다. 그러기에 "확실히 마음이 순수한 사람이 가능한 한 항상 그것을 보고 있다하더라도, 그것은 사람의 마음에 완전히 들어오지는 않는다."(1고린토2,9)고 하는 것이다. 왜냐하면 끊임없는 등반에 있어, 이미 파악된 것은, 그 이전에 파악된 것보다 큰 것이어서, 탐구되고 있는 것(=선)이 유한한 파악 안에서 한정되어 버리는 일은 없기 때문이다. 오히려 어떤 때 발견된 것의 그 한계, 한도(peras)는, 선에의 끊임없는 등반을 행하는 사람에게 있어, 보다 높은 것을 발견하기 위한 단초(arche)가 되는 것이다. 때문에 등반하는 사람은 결코 멈추는 일 없이, 어떤 단초에로 변모하여 움직여 간다. 그 때 항상 보다 큰 것에의 단초, 근거는 그 자신 안에서 끝에 이르는 일이 없는 것이다. 그것은, 상승하는 사람의 욕구, 동경(epithumia)은, 이미 알려지고 도달된 것에 결코 멈추는 일 없이, 초월적인 것에로의 새로운 보다 큰 욕구를 통하여, 차례차례 영혼은 상승하여, 보다 높은 것을 통해서 무한한 것에로 끊임없이 전진하여 가기 때문이다.

[248] 그러면 이러한 사태를 확인하였으므로, 이제는 성경의 구체적인 말씀의 관상(theoria)에로 들어가 보자. 즉 "레바논에서 나오라, 신부여, 레바논에서 나오라. 신앙의 단초로부터 나오는 게 좋겠네. 사닐과 헤르몬의 정상으로부터, 사자의 동굴, 표범의 산에서 내려오는 게 좋겠네."(4,8) 이 표현에서 무엇이 상징적으로 의미되고 있는 것일까? 생각건대, 은혜의 샘은 그것에 목마른 자를 자기 곁으로 끌어들이는 것이다. "목마른 사람은 다 나에게 와서 마셔라."(요한 7,37)라고 복음서에 말해진 대로이다. 하지만 이 표현 안에서, 샘이신 그리스도는, 우리의 목마름에 대해서도, 샘으로 향한 욕구에 대해서도, 나아가 마시는 일의 만족이나 충족에 대해서도, 아무런 한도를 설정하지 않으셨다. 오히려 명령의 말씀을 반복하여 보여줌으로써, 그리스도는 목마른 것, 마시는 것, 그 욕구를 지니는 것에로 끊임없이 우리를 격려하며 인도하시는 것이다. 하지만 한번 그 샘물을 맛보는 사람은 다음과 같은 것을 여실히 경험할 것이다. 즉 주님은 선하신 분이어서, 어떤 때 그 물을 맛본다면, 그것은 우리에게 있어 더 큰 분유(分有)에의 어떤 재촉이 되며 격려가 되는 것이다(1베드로2,3). 따라서 하느님을 향하여 올라가는 사람에게 있어, 하느님에로의 재촉이라고 하는 것은 끊임없이 보다 큰 것에로 끌어당겨지는 것으로, 결코 정지하는 일이 없다. 「아가」에서, 신부에 대한 말로서 하나의 격려(parormesis)가 쓰여 있는 것이 여기서 상기된다. [249] 즉 "오라, 나의 벗이여"라고, 다시 "오라, 나의 비둘기여, 바위 옆 은신처로 도망가라."(2,10.13)고 말해지고 있는 것이었다.

거기서 보이는 것처럼, 성경의 말씀은 영혼에 대한, 보다 큰 욕구에의 격려와 권고의 목소리인 것이다. 또한 하느님에게 올라가는 사람에게 있어서는, 모든 것에 걸쳐 더러움이 없음을 증언하며 "그대는 참 아름답고 어떤 흠도 없구려."(4,7)라고 알리고 있다. 다만 이러한 증언을 위하여 영혼이 자만해져, 보다 커다란 등반에의 방해가 되지 않도록, 재차 다음과 같은 격려의 말씀이 발해지고 있다. "레바논에서 나오라, 신부여"라고. 그것에 의해 신부는, 보다 초월적인 것의 욕구에로 항상 올라가도록 명해지고 있는 것이다. 즉 신랑이 말하고 있는 것은 다음과 같다. 즉 부르는 목소리에 그대는 잘 청종하여, 몰약의 산으로 나와 함께 왔다. (이 표현은, 세례를 통하여 죽음 안에서 나와 함께 묻혔다〈로마6,4〉는 것의 상징이다.) 또한 그대는 유향의 언덕에도 올라왔다. (왜냐하면 레바논이라는 이름이 표시하고 있는 바의 '신성의 친교〈koinonia〉'에로, 신부는 신랑과 함께 올라온 것이기 때문이다.) 이 정상(頂上)들로부터 다른 정상에로 올라감이 좋다. 충일(充溢)한 작용으로 가득 찬 지식(gnosis)을 통해서, 보다 높은 곳으로 계속 초출(超出)해 가면서. 신랑이 신부에 대해서 "레바논으로부터 나오라"고 말하는 것은, 이상과 같은 의미 안에서이리라. 그것은 더 이상 약혼자로서가 아니라, 신부로서 나오라는 뜻이었다. 왜냐하면 누구도 죽음의 향기(몰약)를 통해서 레바논(유향)의 신성에로 변모하지 못하면, 나(신랑인 하느님)와 함께 살 수 없기 때문이다. [250] 이리하여 신부로서의 그대가 이 높이에 도달했을 때, 그것에 의해 이미 완전성(teleiotes)에 도달한 것처럼 다시 등반하는 것을 멈추어서는 안 된다. 왜냐하면, 그 몰약이란 말하자면 신앙의 시작이며 단초이기 때문이다. 그 단초에 그대는 재생(부활, anastasis)을 통해서 참여하는 것이다. 이러한 단초로부터 비로소 "내려옴이 좋다"고 하는 것이다. 즉 그대는 지금도 도달할 것이며, 게다가 여전히 이러한 상승의 길을 끊임없이 전진해 가는 것이다.

그런데 「아가」의 본문은 이미 다음과 같이 말해지고 있었다. "그대는 신앙의 단초로부터, 사닐과 헤르몬의 정상으로부터 나오는 게 좋겠네." 이 표현에는, 우리가 위로부터 태어난다고 하는 신비를 감추고 있다고 생각되어진다. 덧붙여 말하면, 요르단 강은 실제로 사닐과 헤르몬의 정상에서 발단하는 것이며, 위에 위치하고 있는 산은 사닐, 헤르몬이라고 하는 두 봉우리로 나뉘어져 있는 것이었다. 그리고 확실히 이러한 원천(샘)에서 발하는 물줄기는, 우리에게 있어 신적인 것을 향하여 변모하는 단초가 된다. 그러기에 신부는 신랑이 자신 쪽으로 그녀를 부르는 목소리를 듣는다. 「레바논으로부터, 신앙의 정상으로부터, 그리고 이 산들의 정상으로부터 오너라」라고. 여기서 정상이란, 거기서부터 바로 저 신비의 샘이 그대에게 있어서 솟구치는 자리인 것이다.

다른 한편, 본문은 정당하게도 사자와 표범에 관하여 언급하고 있다. 그것은 이러한 고통을 초래하는 짐승의 이름을 대비(對比)함을 통해서, 감미로운 것의 향수가 참으로 신랑에게 있어 감미로운 것이 되기 위함이다. [251] 인간은 예전에 하느님의 형상으로 창조되었지만, 악한 행위(epitedeuma)에 의해 이른바 표범과 사자가 되어버렸고, 비이성적인 본성과 닮은 것으로 변해버렸기 때문이다. (왜냐하면 예언자가 말하듯이〈시편10,9〉, 동굴에 숨어서 기다리는 사자에게 습격당하고, 그 계략에 빠진 사람은, 이른바 짐승의 본성에 지배되어 그러한 본성으로 변모되어버리는 것이다. "짐승의 짓을 하고, 그것에 자기를 맡기는 사람은, 모두 짐승들과 같네."〈시편115,8〉 마찬가지로 삶의 더러움을 통하여 영혼에 상처를 입히고 더럽히는 사람은, 이른바 표범과 닮은 것이 된다.)

인간의 본성은, 우상숭배나 유다적인 과오, 혹은 다양한 죄악 등에 의해 헤매고, 이 더러움들 안에 있었으나, 나중에는 요르단, 몰약, 그리고 유향을 거쳐, 지금은 하느님과 함께 걸을 만큼 높은 곳에 도달하였다. 그러기에 성경 말씀은, 신부가 예전에 그 안에 사로잡혀 곤혹스러워 하던 더러움에 비하여, 지금 현전하고 있는 좋은 것의 향수(euphrosyne)가 얼마나 아름다운 것인지를 강조하고 있다. 즉 레바논이라고 하는 신앙의 단초 이전에는, 그리고 또한, 지금 언급한 요르단 강의 신비에 참여하기 전에는, 영혼은 다양한 더러움 안에 놓여있었던 것이다. 비유적으로 말하면, 평화로운 삶이란, 싸움 뒤에 그것이 얻어지면, 한층 감미로운 것이 된다. 그것은 즉 슬픈 곤혹의 나날을 상기하며, 지금의 평화로운 상태를 기쁜 것으로 받아들이기 때문이다. [252] 또한 건강이라고 하는 좋은 선물은, 만일 어떤 질병의 딱함으로부터 신체의 본성이 다시 회복될 때에는, 신체의 감각을 한층 감미로운 것으로 한다. 그와 마찬가지로 선하신 신랑은, 그를 향하여 올라오는 영혼에게, 갖가지 좋은 것의 기쁨을 지향하게 하고, 또한 충족을 주는 것이다. 즉 그는 신부에게 그 자신의 아름다움만을 보여주는 것이 아니라, 그녀의 예전의 꺼림칙한 짐승의 형상을, 말로 상기시킨다. 그것은, 과거에 그녀가 악에 빠져들어 변형되어 있던 형태와 비교함으로써, 지금 현전하고 있는 아름다움을 배워 알고, 한층 기뻐하기 위함이었다.

그런데 신부에게는 아마, 신랑을 예견하는 것을 통해서 다른 선(善)이 준비된다. 즉 성경의 말씀(로고스 그리스도)이 바라고 있는 것은, 본성상 변화를 받기 쉬운 우리가 악에 떨어지는 일 없이, 오히려 언제나 보다 나은 쪽으로 증대해 감으로써, 스스로의 가변성이라고 하는 것을, 보다 높은 경지로 자기를 변모시키는 공동자(共働者, synergia)로서 가진다는 것이었다.[75] 그때 비로소 그러한 가변성을 계기로서, 악으로 변화하지 않는 존재 방식이 성취되어 오는 것이다.

따라서 말씀은 스스로가 우리의 본성의 교육자이며, 악에로의 변화로부터 지켜주는 자인 것처럼, 예전에 사람이 지배당하고 있던 동물성을 언급하고 있는 것이다. [253] 그것은 나쁜 것으로부터 방향을 바꾸어, 회심함으로써, 우리가 선 안에 확고한 존재 방식과 절도를 올바로 보존하기 위함이었다. 즉 그때에는 우리는 보다 나은 방향으로 전진을 멈추는 일이 없고, 또한 악에로 변모하는 일도 없다. 이처럼 신랑은 신부에 대하여 레바논으로부터 오는 것을 권하고 재촉하며, 예전에 야영하고 있던 사자의 동굴을 상기시키며, 표범의 산의 일을 말로 표현하고 있다. 그것들은 예전에 신부가 그러한 짐승(악에의 경향)에 친숙해져 살고 있던 때의 일을 상징하고 있는 것이다.

그런데 하느님의 말씀은 무릇 사태로서 힘으로 가득 차있다. 즉 빛은 하느님의 말씀의 명령과 동시에 창조(ktisis)의 처음에 빛나고, 궁창(穹蒼)이 생겨나고, 또 그 밖의 피조물 모두는, 마찬가지로 창조력 있는 하느님의 말씀에 의해 출현하였다(창세기1,3-24). 마치 그처럼, 지금도 또한 같은 방식으로 영혼이 하느님의 말씀 쪽으로 오거나, 보다 좋은 것이 되도록 명해졌을 때, 참으로 그 명령의 말씀에 의해 영혼은 힘 있는 것이 되어, 신랑이 원했던 자가 된다. 즉 그렇게 영혼은 신적인 것으로 변모되어, 예전에 누리고 있던 영광보다 더 높은 영광으로, 좋은 변모의 형태를 스스로의 안에 깃들이는 것이다(2고린토3,18). 그러기에 신랑 주위에 있는 천사들의 합창에 놀람

---

75) '공동자(共働者)'라고 번역한 synergia라는 말은 문자 그대로 '함께 일하다'라는 의미를 가진다. 가변성은 그 자체로서는, 영원성의 결여이지만, 우리에게 있어 악에로의 가능성이 전혀 없는 곳에는 선의 실현, 생성도 없다. (선의 실현은, 그레고리오스에게 있어, 유덕한 삶의 성립이라든가, 신성의 수용, 혹은 다양하면서도 하나인 신적인 친교에의 참여라고 하는 표현에 의해 나타난다.) 즉 악에의 가능성이 끊임없이 정화된다고 하는 간접적인, 또한 동적인 방식으로만 선은 구체적으로 현현해 오는 것이다. 거기에 인간의 자유와 악의 기묘함이 있다.

이 발생하고, 신부의 모습에 대해서 감탄의 외침이 발해진다. "우리 누이여, 우리 신부여, 그대는 우리 마음을 사로잡았소."(4,9)라고. **[254]** 왜냐하면, 정념에서 해방된 아름다운 모습이 신부와 천사에게 있어 동등하게 빛나고 있으며, 비물체적인 것과의 동족성(同族性, syngeneia)과 형제임에로 신부를 인도하고 있기 때문이다. 즉 신부는 신체 안에 있으면서도, 정념으로부터 해방된 모습(apatheia)으로 올바르게 변모되어 있는 것이다. 천사들에 의해 "우리 누이여, 우리 신부여, 그대는 우리 마음을 사로잡았소"라고, 각각의 이름에 의해 정당하게도 명예가 주어져있는 것이다. 즉 누이라고 불리는 것은 정념(영혼의 질병)에서 해방되어 자유롭게 됨으로써 탄생을 같이 하기 때문이며, 신부라고 불리는 것은 하느님의 말씀과의 일체성(synapheia)이 남아있기 때문이다.

그런데 "그대는 우리 마음을 사로잡았소"라는 표현은 "그대는 우리에게 생명을 불어넣었소"라는 뜻이라고 여겨진다. 하지만 보다 분명히 해석하기 위하여, 이 신비에 관해서는 신적인 사도의 말씀에 맡겨보자. 「에페소인들에게 보낸 편지」의 어느 대목에서, 육(肉)을 통하여 발생한 하느님의 현현(육화)의 위대한 섭리(oikonomia)를, 바울로는 우리에게 설명해주고 있기 때문이다. 즉 그것은 단지 인간의 본성이 은혜에 의해 신적인 신비를 배워 알게 되었다는 데에 머무는 것이 아니라, **[255]** 하느님의 다양한 지혜가 인간의 내적 그리스도의 깃듦(섭리)을 통해서, 천상의 갖가지 권능과 힘에 대해서도 알게 되었다는 것이다. 실제로 바울로는 다음과 같이 이어서 말하고 있다. "하느님의 다양한 지혜가 교회를 통해서, 우리 주 예수 그리스도 안에서 하느님이 창안하신 영원한 계획에 따라, 지금이야말로 천상의 여러 권능과 힘들에 알려졌다. 그리스도 안에서 우리는, 그리스도 스스로의 신앙을 통하여, 하느님께 다가가는 자가 되는 것이다."(에페소3,10-

12) 왜냐하면 참으로 그리스도의 몸인 교회를 통해서 비로소, 하느님의 다양한 지혜가 천상의 여러 힘들에 알려지기 때문이다. 여기서 하느님의 지혜란 그 자체는 영원부동하면서, 자신에게 거스르는 것을 통해서 커다란 기적을 낳는 것이다. 예를 들면, 인간에게 있어서는 생명(zoe)은 죽음(thanatos)을 통해서, 정의(dikaiosyne)는 죄(hamartia)를 통해서, 축복은 저주를 통해서, 그리고 힘은 약함을 통해서, 무언가 빛나는 것이 된다. 그것은, 현세 이전에는 천상의 여러 힘들은 단지, 순수하고 단일한 하느님의 지혜를 알뿐이었기 때문이다. 즉 거기서는, 지혜는 이른바 본성에 어울리는 방식으로 기적을 행한다. (그들이 보는 것은 어떤 다양성도 존재하는 일 없이, 신적인 본성은 시초에 자신의 의지로 모든 것을 창조한다고 하는 그 가능성, 힘〈dynamis〉 안에 있었던 것이다. 즉 신적 본성은 의지의 충동만을 원인으로 하여 제 존재물의 본성을 생성케 하고, 또한 모든 것을 신적인 미의 원천으로부터 길어올려진 것처럼, 매우 아름다운 것으로 한다.)

그런데 다른 한편, 대립물과의 교제로부터 생긴 지혜의 형태는, 지금이야말로 교회(ekklesia)를 통하여 명료하게 배워 알 수 있다. 즉 어떻게 하느님의 말씀이 육신이 되고, 생명이 죽음과 교차하는가(요한1,14), 어떻게 그리스도가 스스로의 상처에 의해 우리의 상처를 치유하는가(1베드로2,24), 또 어떻게 십자가의 약함에 의해, 그것에 대립하는 힘을 타도하는가, [256] 어떻게 보이지 않는 것이 육 안에 나타나, 사로잡힌 자를 구하는가, 그리고 어떻게 그리스도 자신이 대속(代贖)자가 되며, 대속의 값 그 자체가 되는가, 하는 것이 알려지는 것이다. (왜냐하면 그리스도는 자기 자신을, 우리를 위한 희생제물로 죽음에 넘기셨기 때문이다〈마태오10,28;이사야53,12〉.) 그리고 또한 그리스도가 어떻게 죽음에 넘겨지면서, 생명을 떠남이 없었는지, 어떻게 노예가 되면서 계속 왕일 수 있었는지가 알려진다.

이 모두는 그리고 다른 마찬가지들은, 지혜의 풍요롭고 다양한 활동(ergon)이다. 신랑의 친구들은 교회(영의 친교)를 통하여 그것들을 배우며, 그렇게 하여 마음이 사로잡혔던 것이었다. 이리하여 그들은 신적인 지혜의 다양한 모습을 신비 안에서 사유하는 자가 되는 것이다.

만일 대담하게 다시 말한다면, 그들은 아마, 신부를 통하여 신랑의 아름다움(kallos)을 관상하면서, 모든 존재물 안에 저 보이지 않고 파악할 수 없는 것이 현존하고 있음에 놀라 눈을 휘둥그레 크게 뜰 것이다. 요한이 말하듯이, "누구도 하느님을 본 사람은 없기(요한1,18)" 때문이며, 또한 바울로가 증언하는 대로, "누구도 하느님을 볼 수 없기"(1디모테오6,16) 때문이다. 즉 그리스도는 자신의 몸을 교회로 하여, 구원된 자를 하나로 모음으로써, 사랑(agape) 안에서 자신을 세우는 것이다(에페소4,12.16). 그것은, 우리 모두가 그리스도의 차고 넘치는 경지에 따라(에페소4,13), 모두 전일(全一)하고 완전한 인간에 참여하는 데 이를 때까지 활동한다.[76] 그러기에 만일 교회가 그리스도를 머리로 하는 그리스도의 몸이라면, 그리스도는 그 자신의 모습에 의해, 교회의 얼굴, 형태를 만드는 것이다. 아마 신랑의 친구들은 이러한 교회의 몸을 보고, 마음이 사로잡혔다고 여겨진다. 왜냐하면, 그들은 그러한 교회 안에서야말로, 보이지 않는 분(하느님)을 보다 가까운 분으로서 보기 때문이다. [257] 마치 둥근 태양을 볼 수 없는 자가, 그것을 물속에서의 반사를 통하여 볼 수 있는 것처럼, 그들은

---

[76] 교회(ekklesia)란 말의 원래의 의미는 '불러 모아진 것'이다. 거기서부터 에클레시아는 나아가 '신적인 집회, 친교'를 나타내는 말이 된다. 이 문맥에서는 그러한 전일(全一)한 친교의 성립이라고 하는 우리에게 있어서의 궁극적 목적이, 이미 근거로서 주어져있다는 것, 그러나 우리의 현실의 여정에 있어서는 '이미 그러나 아직'이라고 하는 긴장된 동적인 구조 안에 있다는 것을 엿볼 수 있다. 그것은 창조와 시간, 그리고 역사의 수수께끼, 신비와 관련되어있다.

깨끗한 거울 안에서 보는 것처럼, 교회 안에서 정의의 태양을 보는 것이다(말라기 3, 20). 정의(dikaiosyne)란, 보이는 것, 현상(phainomenon)을 통해서 무언가 사유되기 때문이다. 신부에 대해서 친구들로부터 "그대는 우리의 마음을 사로잡았소"라는 말이 두 번 반복되는 이유도 거기에 있다. (사로잡혔다는 것은, 신부 자신을 통해서 빛을 파악하기 위해서, 우리들에게 영혼과 사유를 만들어주었다는 것이었다.) 즉 그들은 그러한 말을 두 번 반복함으로써 하나의 확실성을 주고 있다. "그대는 우리를, 그대의 한쪽 눈으로 사로잡았다"고.

이 일은, 신부의 친구들에게 있어 특히 놀랄 만한 것이었다. 그 이유는 다음과 같다. 즉 영혼에는 두 가지의 보는 작용이 있다. 하나는 진리(aletheia)를 보는 작용이지만, 다른 하나는 헛되이 허위에 속는다. 그런데 신부의 깨끗한 눈은 선(agathon)의 본성에 대해서만 열려있어, 다른 방식은 기능하고 있지 않으므로, 신부의 친구들은 그녀의 한쪽 눈만을 찬미하는 것이다. [258] 즉 신부가 신랑만을 바라보는 눈만을. 그리고 신랑만을 이라는 표현에 의해, 영원불변한 본성 안에 계신다고 사유되는 분, 즉 진실하신 아버지, 외아드님, 성령이 의미되고 있다. 하느님은 단 한 분 참으로 동일한 본성 안에 계신다고 관상되는 것이며, 하느님의 본성은 결코 위격(hypostasis, persona)의 차이에 의해, 분리되거나 변화되거나 하는 일이 없기 때문이다.[77] 비유로 말하면, 사시(斜視)는 비실체적인 것에 관한 빈약한 시각밖에 지니지 못하고, 왜곡된 눈에 의해 만들어진 상(像) 때문에, 본래 하나인 것을 분리하여 보는 것이다. 즉 그들은 많은 것을 본다고 말해지나, 많은 것을 보기 때문에, 오히려 아무것도 못 보는 것이

---

77) 아버지와 아들과 성령 삼자가 동일한 실체(homoousios)이며, 세 위격(位格, hypostasis), 페르소나 라는 니케아 신경 이래의 정식이 근저에 있다.

다. 그러기에 하느님에게 눈을 향하고 있으면서도, 다시 물체적 질량적인 상(像)에 속하는 사람들은, 천사들의 칭찬을 받을 수 없다. 그들은 비실체적인 상상물에 어리석게도 마음을 점령당하고 있기 때문이다. 다른 한편, 신적인 것(theion)만을 보는 예리한 눈을 가진 사람은, 많은 사람의 시각이 향해져 있는 다른 모든 것에 대해서는 장님인 것이다. 이런 까닭에, 신부는 두 눈의 한쪽에 의해서만, 친구들에게 놀라움을 준다고 써있다고 생각할 수 있다. 이처럼 많은 눈을 가진 사람은, 많은 눈에 의해 헛된 것을 보기 때문에 장님인 것이며, 영혼의 한 눈에 의해서 선만을 바라보는 사람은, 예리하고 투철한 눈의 사람인 것이다.

그런데 다음으로, 저 하나란 무엇인가? 그리고 신부의 목에 걸린 장식이란 무엇인가? 이에 관해서는, 간결하게 지나쳐서 좀 불명료한 말이라고 여겨지지만, 지금까지 음미하여 온 것으로부터 보면 해석하는 데에 곤란하지는 않을 것 같다. [259] 거기서는 다음과 같이 말해지고 있었다. 즉 "그대의 한쪽 눈으로, 우리의 마음을 사로잡았소, 하나에 의해서, 그 목걸이로"(4,9) 여기서 '하나에 의해서' 란 '하나의 영혼에 의해서'라는 뜻으로 여겨진다. 그것은 앞의 "그대의 한쪽 눈으로"라는 표현과 호응하고 있다. 즉 무디고 교양이 없는 자에게는, 이른바 많은 혼이 생기므로, 그들의 정념은 그 지배력에 의해 영혼의 자리를 휩쓸어 버린다. 그래서 영혼의 모습, 존재양식은 고통과 쾌락, 기개와 공포, 겁먹음과 대담함이라고 하는 다양한 정념에 의해 지배되고 변화를 받게 된다.

그러나 하느님의 말씀에 눈을 향하는 사람은, 덕(arete)에 따른 삶의 한 형태로부터, 하나의 혼에 의한 삶을 증거하고 있다. 이처럼 '하나에 의해서'라는 성경의 어귀는, 확실히 그처럼 끊어서 읽으면, 선행하는 것에 적합해지는 것이다. 그것은 '하나의 영혼에 의해서'라든가, '하나의 삶의 방식, 형태에 의해서'를 의미한다고 해석할 수 있다. 다만 '그대의 목걸이에 의해서'라는 표현에는, 지금 한 가지의 의미가 담겨져 있다. 즉 그 어귀는 전체로서 보다 명료한 표현에 가져와져, 다음과 같이 말해진다. 그대에게는 하나인 것을 보는 하나의 눈이 있고, [260] 또한 다양한 상태(정념)에로 분산해버리지 않는 하나의 영혼이 있는 것이라고. 즉 그대의 목의 모습은 완전해서, 신적인 멍에(zugon)를 스스로 메고 있는 것이다(마태오11,29).

우리는 그대의 목걸이 안에서 그리스도의 멍에를 보는 한편, 또 한편으로는 참된 선에 대한 그대의 마음 자세 안에서, 하나의 눈, 하나의 영혼을 발견한다. 그러기에 "그대는 우리의 마음을 사로잡았다"고 놀라움을 가지고 말해지고 있는 것은, 그대의 목걸이 안에서 하나의 눈, 하나의 영혼을 발견하는 것이라고 해석되는 것이다. (여기서 신부의 목걸이란, 이미 말한 대로 그리스도의 멍에이며, 하나되는 결합을 말하는 것이었다.)

이처럼 천사들의 찬미는 신부의 미(kallos)에로 향해져 있었다. (신랑의 친구들이란 천사들이라고 파악된다.) 그러나 그 찬미가 빗나가거나 잘못된 것이 되지 않도록, 성경 말씀은 신부의 미에 대한 친구들의 판단에 확증을 주고 있다. 즉 신부의 미의 증거를 위하여, 보다 큰 놀라움이 부가되어 있는 것이다. 왜냐하면 신랑 자신이, 신부의 지체(肢體)의 미를 축언(祝言)하며 드러내 보이고 있기 때문이다. 우리는, 하느님께서 허락하시면, 이 점에 관해서는 다음에 이어지는 논술에 맡기기로 하자. 만일 참으로 하늘로부터의 도움(symmachia)에 의해 이 신비들을 해명하기 위한 힘이 주어진다면, [261] 그것은 교회의 미(美)를 알고, 우리 주 예수 그리스도 안에서, 하느님의 은혜의 영광을 찬미하는 것이 될 것이다.

주님께 영광이 처음과 같이 이제와 항상 영원히. 아멘.

제 9 강화

[4.10] 그대의 두 젖가슴은 얼마나 아름다워졌는가.
　　　나의 누이여, 나의 신부여.
　　　그대의 젖가슴은 참으로 포도주보다도 훨씬 아름다워졌구나.
　　　그대의 향유의 향내는 모든 향료들보다도 향기롭다.
[4.11] 나의 신부여, 그대 입술은 꿀을 흘리고,
　　　그대 혀 밑에는 벌꿀과 젖이 숨어 있다오.
　　　그리고, 그대 옷의 향기는
　　　유향(乳香)의 향기 같구려.
[4.12] 나의 누이, 신부는 닫힌 정원,
　　　닫힌 정원, 봉인된 샘.
[4.13] 그대로부터 솟구쳐 나온 것은,
　　　많은 열매로 휘늘어진 석류의 낙원,
　　　나르드와 함께 헨나 나무,
[4.14] 나르드와 사프란,
　　　레바논의 온갖 나무와 함께 하는
　　　창포와 계피.
　　　온갖 기막힌 향료와 함께 하는

몰약, 알로에.
[4.15] 그대는 정원의 샘,
레바논에서 흘러온 생수의 우물.

[262] "그러므로 여러분은 그리스도와 함께 다시 살아났으니, 땅에 있는 것은 생각하지 말고, 위에 있는 것을 추구하십시오."(골로사이3,1-4) 바울로의 속에서 말씀하시는 분(하느님)은 우리에게 이렇게 말씀하시고 계시다. 왜냐하면 이어서, "여러분은 이미 죽었고, 여러분의 생명은 그리스도와 함께 하느님 안에 숨겨져 있습니다. 우리의 생명이신 그리스도께서 나타나실 때, 여러분도 또한 그분과 함께 영광 속에 나타날 것입니다."(골로사이3,3-4)라고 말해지고 있기 때문이다. 그러기에 만일 우리가 낮은 본성에 대해 죽고, 생명의 희망이라고 하는 주거를 지상에서 천상에로 옮긴다면, 그리고 또한 "지혜로운 사람은 감각을 감춘다"고 말하는 「잠언」(10,14)의 말에 따라, 육(肉) 안에 있는 생명이 우리로부터 숨는다면, 그때, 참 생명이신 그리스도가 자신 안에 현현해오기를 우리는 참고 기다리는 것이다. 그것은, 우리도 또한 보다 신적인 것으로 변모되어, 영광 안에 나타나기 위함이었다. 흡사 그처럼 우리는 지금 육에 대해 죽어있고, 더 이상 말씀으로부터 육적인 사유로 끌어내려지는 일이 없는 자로서, 「아가」의 말에 귀를 기울여보자. 왜냐하면 제 정념(pathos)이나 욕구(epithymia)에 대해서 죽은 사람은, 위에 있는 것의 일을 생각하면서, 말해진 말씀의 외적인 의미를, 정화되고 불순물이 없는 의미로 이동하여 변모되어가기 때문이다. 저 위 아버지의 오른편에 그리스도는 앉아계신다. 그리스도에게 비천하고 지상적인 사유(noema)는 완전히 망각되었고, 정념은 존재하지 않는다. 그런데 지금은 신부의 정결한 미(kallos)를 묘사하고 있는 신적인 말씀에 귀 기

울일 때이다. 다만 그것은 살(sarkos)과 피(haima)의 자연적인 생각 밖에 있는, 영적인 본성(physis) 안에서 변모된 자로서이다.

[263] 성경은 말한다. "그대의 두 젖가슴은 얼마나 아름다워졌는가. 나의 누이여, 나의 신부여. 그대의 젖가슴은 참으로 포도주보다도 훨씬 아름다워졌구나. 그대의 향유의 향내는 모든 향료들보다도 향기롭다."(4,10) 즉 주님의 뜻(thelema)을 행하는 모든 사람은, 주님의 형제요 누이요 어머니인 것이다(마르코3,35). 또한 주님과 어울리는 정결한 처녀는 순결무구한 혼인의 방에 참여하고 있어, 주님의 신부라고 불린다(2고린토11,2). 이것은 하느님의 영에 의해 발해진 목소리에 무지가 아닌 사람에게는 아주 분명할 것이다. 이러한 신적인 말씀의 의미를 탐구할 때, 말씀의 부르심이라는 방식으로 신부에게 돌려진 찬미를 단지 단조롭게 보려는 것은 아니다. 오히려 신랑 자신, 신부가 아름다움에로 증대해가는 원인을 설명하려하고 있다고 나는 생각하는 것이다. 즉 만일 그녀가 최초로 온갖 선행(ergon)에 의해 주님의 누이가 되고, 또한 위로부터의 탄생(gennesis)에 의해 처녀성(parthenia) 안에서 혼인을 새로 맺고, 신랑에 어울리는 신부가 되는 것이 아니라면, 온갖 좋은 가르침의 샘으로서 -그것은 상징적인 표징으로서 젖가슴이라고 불리고 있다- 찬미되는 일도 없었을 것이다.

그런데 그녀를 자신의 누이요 신부라고 부르는 분(신랑)은, 그녀의 젖가슴이 보다 좋고, 또한 보다 완전한 것으로 변모하여 가는 원인을 말하고 있다. 즉 신부의 젖가슴은 더 이상 단지 아기들의 양식이 되는 젖을 내는 것이 아니라, 보다 성장한 어른들을 기쁘게 하기 위하여 순수한 포도주를 솟아나오게 하는 것이다. [264] 그리고 그런 포도주의 좋음을, 술집 주인이 물을 섞어 망치게 하는 일은 없었던 것이다. 텍스트의 그러한 표현은, 혼인의 기쁨 안에 있는 것처럼, 서로가 사랑을 나누고, 사랑의 기쁨을 누리는 모습을 방불케 한다. 신랑은 같은 말로 교회를 받아들이고 있다. 서언의 표현에서 이미, 신부의 아름다움은 교회를 받아 안고, 그것에 찬미를 주고 있었기 때문이다. 즉 바로 「아가」의 시작에서 간파되듯이, 하느님의 입에서 나온 말씀이 자신의 입에 도달하기를 신부는 갈망한 것이며, 그것은 입맞춤이라고 하는 비유가 가리키는 바였다. 그녀는 그러한 갈망이 생긴 이유를, 신랑의 멋진 가슴에다 돌리고 있다. 즉 그 가슴의 상태는 포도주의 본성을 능가하고, 모든 향유와 향료를 뛰어넘는다. 그것은 "당신의 가슴은 포도주보다도 낫고, 당신이 바른 향유의 향기는 모든 유향보다도 좋다."(아가1,2-3)고 말해지고 있는 그대로이다.

다른 전거(典據) 안에서, 우리는 신적인 애지(philosophia)에 의해 다음과 같은 가르침(dogma)을 배운다. 즉 우리가 자유로운 선택(proairesis)에 의해 스스로를 하느님께 드러내놓고 맡길 때, 신적인 것은 그러한 우리에게 현전해온다는 것을.[78] (다윗은 예언 안에서 "하느님은 모든 선한 사람들에게 선하시다〈자애가 깊으시다〉."〈시편 118,1-4〉고 증언하고 있다. 또한 다른 예언자는, 짐승 같은 삶을 영위하는 사람들을 곰이나 표범이라고 부르고 있는데〈호세아13,7-8〉, 그러한 수수께끼 표징을 통해서 신약의 복음의 가르침이 예표(豫表)되고 있다. 즉 왕이신 하느님의 말씀의 특징은, 왕의 오른편에 있는 자와 왼편에 있는 자가 그 다름에 의해 간파되는 것이다. 오른편에는 선량하고 얌전한 양이, 왼편에는 무섭고 사나운 염소가 있다〈마태오 25,34-46〉. [265] 왕은 그러한 심판 받은 자들의 자유로운 선택에 따라서 각자에게 적합한 방식으로 자기 자신을 그들에게 적응시키는

---

78) proairesis는 이처럼 대상적인 사물의 선택 그 이상으로, 자기 자신의 존재 양식 그 자체의 성립에 관련된다. 『모세의 생애』에서도 이 점이 상세하게 논해지고 있다.

것이다.) 이러한 이유로, 이제야말로 신부가 신랑의 미를 기리고, 또한 같은 말로 주님께 대한 찬미가 드려졌기에, 거기에 어울리는 응답이 말씀으로부터 그녀에게 주어지는 것이었다. 신랑은 신부의 젖가슴이 그 작용에 의해 보다 좋은 것으로 변모하여 간다고 하는 그 변화를 받아들이기 때문이다. 신부의 젖가슴은 젖을 내는 것을 그치고, 지금은 젖이 아니라 포도주를 제공한다. [266] 그럼으로써 보다 완전한 어른들의 마음에 기쁨이 생겨난다. 그들은 더 이상 유치하고 비천한 것들에 의해 농락당하는 일 없이 오히려, 지혜의 잔으로부터 자신들의 입으로 좋은 것들을 넘치게 하여 꺼낼 수 있는 것이다(잠언 9,2-5).

포도주를 산출하기에 신부의 젖가슴을 찬미하였으므로, 다음은 그 포도주의 감미로움에 관한 찬미를 부가하여 말한다. "그대의 향유의 향내는 모든 향료들보다도 향기롭다."(아가4,10) 성경의 기술로부터, 이 찬미가 무릇 향료라고 불리는 것의 본성을 가르치고 있음을 알아야만 한다. 물론 향기로운 모든 향료는 후각에 쾌적하다. 말씀이 향료라고 부르는 것은, 성경에 의해 찬미되고 있는 한에서의 향료라고 이해해도 좋다. 예를 들면, 노아는 그러한 희생을 하느님께 드렸다. "주님께서는 그 향긋한 냄새를 맡으셨다."(창세기8,21) 이것으로부터 알 수 있듯이, 희생은 하느님에게 있어 향기로운 향료가 된다. 그러기에, 전소제(全燒祭)의 희생, 수확 감사의 봉헌, 구원과 정화, 그리고 죄에 관련된 희생 등이, 정해진 법에 따라 하느님에게 바쳐지는 것이다. 이 모든 희생들이 구체적으로 무엇에 의해 성립되고 있는가 하면, 그것은 다양한 향료, 각종의 번제(燔祭), [267] 그리고 희생 제물의 가슴, 위의 막(膜), 콩팥의 기름기라고 하는 성별(聖別)된 가지가지의 산 희생제물, 유향, 기름에 적신 고운 밀가루, 나아가서는 불을 통하여 거룩한 예식에 제공되는 다른 모든 것이다.

그리고 그것들은 일괄하여, 모두 향료 안에서 헤아려지고 있다고 생각해도 좋다.

  신부의 향기가 모든 향료들보다 낫다는 평가를 듣게 될 때, 우리는 진리의 신비만이, 즉 복음의 가르침에 의해서 성취되고 드러난 신비만이, 하느님에게 있어 감미로운 향기라는 것을, 말씀 자신에 의해서 배워 아는 것이다. 그러한 신비는 율법의 모든 향기보다 낫다. 그것은 더 이상 어떠한 표징이나 그림자에 의해서도 가려지지 않고, 진리의 현현에 의해 좋은 향기가 되어있는 것이다. 왜냐하면, 만일 이미 말한 향료들 가운데 어느 것을 주님이 좋은 향기로서 맡게 된다면, 그것은, 발생하고 있는 것들 안에서 드러난 영적인 의미에 따라서 받아들여야 하는 것이지, 결코 그 사항의 표면적, 물체적인 형태에 따라서가 아니기 때문이다. 이러한 사정은, 예언자의 커다란 목소리로부터도 분명하다. "나는 너희 집 수소를 앗아가지 않으며, 또한 너희 우리에서 숫염소를 앗아가지 아니하리라. 내가 쇠고기를 먹겠으며, 염소의 피를 마시겠느냐."(시편50, 9.13) 확실히 예전부터 동물의 희생은 수없이 바쳐져왔다. 그러나 사실이 그렇다 하더라도, 그것들에 의해 표징(ainigma)으로서 그대에게 규정되어 있는 것은, [268] 실은 그대의 정념이나 욕망이야말로 희생으로서 바쳐지지 않으면 안 된다는 것이다. 왜냐하면 "하느님께 드리는 진실한 희생(thysia)이란, 부서진 영(pneuma)이며, 하느님은 그러한 찢어지고 터진 마음(kardia)을 업신여기지 않으시기"(시편51, 19) 때문이다."[79]

  이런 의미에서, 하느님께 드리는 찬미라고 하는 우리의 희생 제물은, 그 향기로운 향내를 맡으시는 분(하느님)에게 영광을 돌리는 것

---

79) 신성(神性)의 수용, 전체로서 하나인 신적인 친교(교회)에의 참여는, 반드시 이러한 자기 부정을 매개로 한다.

이 되는 것이다. 그러기에, 바울로의 혼은 '그리스도의 좋은 향기'(2 고린토2,15)였다. 그러한 바울로를 본받아 영적으로 아름다운 향기를 발하는 사람은, 율법의 모든 상징적인 향기를 뛰어넘고 있는 것이다. 그러한 영혼은 스스로의 삶을 통하여 사제의 향유가 되고, 다양한 덕이 조화롭게 섞이어, 몰약이 되며, 향기로운 향내를 풍기는 것이다. 그리고 그 사람의 삶은 신랑의 후각에 있어 좋은 향기가 된다. 이리하여 솔로몬이 말하는 '신적인 감각(aisthesis)'은, 율법이라고 하는 물체적인 향료보다도, 온갖 덕에 의해 구성된 저 비질료적이며 정결한 향기를 훨씬 탁월한 것으로 만드는 것이다. 그러기에 "그대의 향유의 향기는 모든 향료들보다도 더 향기롭다"고 말해지는 것이다.

이어지는 텍스트는 한층 높은 곳으로 찬미를 이끈다. 그것은 영혼의 지향과 기도(prosoche)에 의해 신부 위에 내린 영적인 은사(charisma)의 넘침을, 말로 증언하고 있는 것이다. 덧붙여 말하면, [269] 「잠언」은 지혜의 제자가 꿀벌에게 가기를 바라고 있다. (스승이 누구인지는 그 제자들을 보면 알 수 있다.) 즉 지혜를 사랑하는 자에게 말한다. "꿀벌에게 가서 그 일이 어떠한 것이며 또한 꿀을 따 나르는 일이 얼마나 존귀한지를 배워라."(잠언6,8) 왜냐하면, 왕도 평민도 벌의 노고의 결과인 꿀을 건강을 위해 사용하고 있기 때문이다. (즉「잠언」은, 벌의 존재 방식은 모든 사람들에게 바람직하며 찬사를 받을 만하다고 말한다. 벌 자신은 몸이 약한 존재이지만, 지혜를 존중하고 있으며, 그러기에 덕 있는 자들에게 삶의 모범(hypodeigma)이 되어있는 것이다. 이리하여 벌꿀의 예로, 지혜를 존중하는 모습이 제시되어 있다.) 그 텍스트를 통하여 「잠언」은, 우리가 온갖 좋은 가르침으로부터 벗어나는 일이 없도록 주의를 주고 있다. 오히려 우리는 신적인 영감을 받은 들판을 날아다니며, 그 각각의 꽃으로부터 무엇인가 지혜의 창조에 도움이 되는 꿀을 따 모아야

하는 것이다. 그것은 마치 자신의 마음(kardia)이라고 하는 벌집 안에, 사랑의 근면함을 저장하는 일에 비길 수 있다. 그것은 즉 다양한 종류의 가르침을 벌집이 아닌 우리의 썩지 않는 기억(mneme) 안에 저장하는 일이다. 또한 꿀벌이 저장한 꿀은 달지만, 그 찔린 상처는 경미하다. 그런 현명한 꿀벌을 모방하여 우리도 또한, 덕(arete)의 존귀한 활동(ergasia)을 만사에 걸쳐 수행해야만 할 것이다. 왜냐하면, 노고를 영원한 축복과 바꾼 사람이야말로 진실로 삶을 살았다고 할 수 있으며, 게다가 자신의 노고의 열매로 왕과 백성의 영혼의 건강에 기여하기 때문이다. 그러한 영혼은, 이리하여 신랑에게 있어 바람직한 존재가 되며, [270] 천사에 의해 찬사를 받는데, 그것은 영혼이 지혜를 존중함으로써, 약함 안에서 오히려 그 힘을 완전한 것으로 하고 있기 때문이었다.

현명한 꿀벌에 관한 이야기는 교육과 근면함의 모범이어서, 영적인 은사의 다양한 형태는, 그것을 원하고 찾는 사람의 열심에 비례하여, 저마다의 방식으로 주어진다(1고린토12,4). 그러기에 신랑은 신부에게 다음과 같이 말한다. 즉 그대의 마음은 모든 종류의 가르침으로 넘치는 벌집이 되었다고. 그런 마음의 좋은 창고로부터는 온갖 말씀의 꿀이 철철 흘러넘친다(루가6,45). 그것은 그대에게 있어 젖과 섞여진 꿀의 말씀이 될 것이다. 왜냐하면 "그대 입술은 꿀을 흘리고, 그대 혀 밑에는 벌꿀과 젖이 숨어 있다오."(4,11)라고 말해지기 때문이다. 그러나 말씀은 거기에 귀 기울이는 사람에 대하여 단일한 방식으로 이익을 드러내 보이는 일 없이, 오히려 수용하는 사람의 힘에 비례하여 각자에게 어울리게 스스로를 적합케 하는 것이다. 즉 어른에게는 꿀, 어린아이에게는 젖이 되어, 저마다 고유한 방식으로 말씀은 작용하는 것이다. 바울로는 바로 그러한 작용의 한 예였다. 그는 막 태어난 갓난아이와도 같은 사람을 보다 부드러운 말로 양육하고, 보다 완성된 사람에게는, 영겁의 세월 동안 세상에 감추어져 있던 지혜를 말했다. 그러나 그러한 지혜를 이 세상도, 이 세상의 통치자들도 받아들인 적이 없는 것이다(1고린토2,6-8).

[271] 그런데 젖과 꿀의 혼합물은 신부의 혀 밑에 숨어있다고 말한다. 그것은 다양한 말이 저마다 적절한 방식으로 적절한 때에 사용된다는 것을 가리키고 있다. 즉 각각의 사람에게 어떻게 대응해야 할지를 알고 있는 사람은, 혀 밑에 말의 다양한 힘을 갖고 있는 것이며, 듣는 사람에게 각각에게, 마땅한 때에 마땅하고 조화로운 방식으로 유용한 것을 내미는 것이다.

신부의 입과 혀에 대해서 이상과 같은 찬미를 한 후, 신랑은 다음과 같이 말하며, 다시 보다 큰 찬미에 착수한다. "그대 옷의 향기는 유향(乳香)의 향기 같구려."(4,11) 이 표현은, 어떤 애지(philosophia)의 모습인데, 덕(德)에 따른 삶이란, 애지가 무엇을 보고 있는가를 사람들에게 가리키는 것이다. 왜냐하면, 신적인 것을 닮는 것(homoiosis)이야말로, 유덕한 삶의 정해짐, 형태(peras)이자 목적이기 때문이다. 따라서 영혼의 정화(katharotes)와 정념에 사로잡힌 모든 상태로부터의 해방이란, 마음의 주의를 통해서 덕 있는 사람들에게 보다 올바르게 수행된다. 그 결과 초월적 본성의 어떤 모습이, 보다 청랑(晴朗)한 형태로 부활한 삶을 통하여 육화(현현)하여 온다. 그런데 덕에 따른 삶의 양식은, 무언가 단일한 형태를 가지고 있는 것이 아니라, 또한 같은 방식 안에 있는 것도 아니고, 다양한 실로 의복을 만드는 경우처럼 다양한 존재 방식을 하고 있는 것이다. 유덕한 삶의 경우에도, 많은 요소가 엮어지는 것이 필요하며, 그것들을 통해서 하나의 아름다운 인생(bios)이 탄생하여 오는 것이다. [272] 신적인 사도 바울로는 이렇게 엮어지는 각각의 것을 열거하고 있는데, 그것에 의하면, 사랑(agape), 기쁨, 평화(eirene), 인내, 선량함 등등의 이른바, 다양한 실에 의해, 갖가지 정결한 활동으로부터 엮어진 직물이 만들어지고 있다(갈라디아5,22). 그리고 지상의 썩어가는 삶으로부터 천상의 썩지 않는 삶에로 영혼이라고 하는 옷을 변모시키는 사람이야말로, 다양한 선행에 의해 아름답게 차려 입는 것이다. 이러기에 신랑은 신부의 향기를 유향에 비유하여, 그 옷의 아름다운 치장을 받아들이는 것이다.

그런데 신랑은 앞에서는, 신부의 향유의 향기가 모든 향료보다도 향기롭다고 말하고 있었다. 그러나 지금 여기서는, 모든 향료의 위에 위치하고 있어야할 신부가, 온갖 향료 가운데의 하나와 비교되고 있으므로, 오히려 어쩐지 찬미의 정도가 감소하고 있다고 여겨질지도 모른다. 말씀이 지금 "그대 옷의 향기는 유향(乳香)의 향기 같구려"라고 말하고 있기 때문이다. 하지만 유향을 사르는 것은 여기서는 어떤 의미로는 확실히, 하느님께 드리는 경건함, 예배(time)를 지시하는 표징이 되어있다. 따라서 모든 향료를 뛰어넘어 위치하고 있는 것이야말로, 하느님에게 바쳐진 하나의 향료에 닮은 것으로서 당연한 것이다. 이 수수께끼 표징을 해석하면 다음과 같다. 즉, 신부여, 그대의 덕이라고 하는 치장은, 정념으로부터 해방된 정결함의 행방에, 저 접근하기 어려운 신적 본성과 닮은 것이 되어있고, 신적인 지복(makariotes)을 모방하고 있다. 왜냐하면 그대의 옷의 향기는 모든 향료를 능가하고 있으며, 게다가 그것이 신적인 것을 예배하는 데에 바쳐져 있으므로, 유향에 비교되고 있는 것이다.

[273] 거기에 이어지는 신랑의 찬미를 통해서, 우리는 다시, 어떻게 사람이 주님의 누이와 신부가 되었는가를 배운다. 거기서는 나의 신부는 "닫힌 정원"(4,12)이라고 말해지고 있다. 만일 사람이 주님께 매달림으로써 주님의 신부로 변모한다면(에페소5,31-32), 다른 한편, 복음이 알리는 대로, 주님의 뜻을 행함으로써는 주님의 누이가

된다고 말할 수 있다(마르코3,35). 그러한 사람은 다양한 과일나무가 아름답게 우거진 하나의 정원에 비유된다. 거기에는 감미로운 무화과, 열매가 많이 열려 가지가 휜 올리브, 키가 큰 대추야자, 잘 익은 포도가 있다. 또한 가시덤불이나 쐐기풀 같은 것은 자라지 않고, 그 대신에 측백나무나 도금양(桃金孃)이 보인다. 위대한 다윗이나 고매한 정신의 이사야는 이러한 정원을 아름답게 하는 기술을 알고 있었다. 즉 다윗은 "의로운 사람은 대추야자처럼 번창한다."(시편92,13) "나는 많은 열매를 맺게 하는 올리브 같다."(시편52,10) 그리고 "네 아내는 포도알 푸짐한 포도나무 같다."(시편128,3)라고 말하고 있다. 또한 이사야는 "가시덤불 대신 방백나무가 올라오고, 쐐기풀 대신 도금양 나무가 올라오리라."(이사야55,13)라고 말한다. 그리고 다른 예언자도, 무화과 아래서 쉬고 있는 사람을 축복하고 있다(미가4,4). [274] 이들 각각의 나무에 관해서 예언자가 보여주는 수수께끼 표징을 정확히 해석하는 일은, 지금은 잠시 놔두기로 하자. 당장은 다음 사항은 누구에게라도 분명할 것이다. 즉 무화과는 한번 쓴 즙으로부터 숙성되면, 그 열매는 달게 된다. 그것은 처음에는 쓰고, 또한 먹을 수 없지만, 나중에는 훌륭한 과실이 되어, 영혼의 감각을 감미로운 것으로 하는 것이다. 또한 올리브의 수확은 그 쓴 맛과 신 즙에 의해, 우리에게 어떠한 유익을 가져다주는가? 처음에 가을 동안은 그러한 상태였어도, 나중에 올리브는 알맞은 숙성과 발육에 의해 유익한 기름의 본성으로 변화한다. 즉 그것은 등불을 위한 연료가 되며, 통증을 달래고 고통을 완화하여 머리를 맑게 하는 것이다. 나아가서는 법에 따라서 사는 사람을 위해 함께 일하는 자(synergia)도 되는 것이다. 또한 대추야자로 말할 것 같으면, 그 열매를 도둑이 따기에 곤란할 만큼 높이 열매를 맺어, 쉽게 땅에 떨어뜨릴 수도 없다. 그 밖에, 포도의 사랑스러움, 향기로운 측백나무, 감미로운 도금양

등, 각각의 과일나무에 관하여 생각해 봄도 좋을 것이다.

이 모두를 상징으로서 관상한다면, 그것들은 덕에 따른 삶이 어떠한 것이라는 것을 설명하는 말로서 해석될 수 있다. 이것은, 그 말이 무엇을 보고 있는가를 이성적으로 파악하는 사람에게는 분명하다. [275] 그러기에 이러한 과일나무가 아름답게 우거진 정원은, 계명이라고 하는 벽에 의해, 주위를 지키고 있어, 도둑이나 이리가 침입할 여지가 없다. (왜냐하면 그 정원은 계명〈entole〉의 방어로 에워싸여 있어서, 야생 멧돼지에 의해 황폐해지는 일이 없고, 숲의 멧돼지가 과일나무를 헤적거리며 뜯어먹는 일도 없다〈시편80,14〉.) 따라서 만일 누군가가 이러한 정원처럼 잘 지켜진다면, 그 사람은 이러한 영혼을 향하여 "그대는 닫힌 정원 같다"고 칭찬하시는 분(하느님)의 누이요 신부가 되는 것이다.

그런데 이러한 정원에는, 과일나무가 항상 잘 우거지고, 물이 언제나 공급되기 위한 샘이 필요하다. 그러기에 신랑은 신부를 칭찬할 때, 정원에 샘을 추가하여 말한다. "그대는 닫힌 정원, 봉인된 샘이다."(4,12) 또 「잠언」은 샘에 관하여 상징적으로 다음과 같이 가르치고 있다. "그것은 너 혼자만의 것, 네 곁에 있는 낯선 자들이 가져서는 안 된다."(잠언5,17) 거기서는 이방 민족에 의해 샘이 파괴되는 일이 금지되어 있는데, 마찬가지로 그 샘이 이방 민족에게로 분산되는 일이 없도록, "봉인되어있다"는 말로 깨우치고 있는 것이다. 왜냐하면 "봉인되어있다"는 것은, 지켜지고 있다는 것과 같은 것이기 때문이다. 그 텍스트가 의미하는 바는 아래와 같다. 내 생각으로는, 우리 영혼의 사유 능력은, 우리 안에서 온갖 종류의 사유와 추론을 용솟음치게 하는 것이므로, 샘이라고 불려 마땅하다. 하지만 우리에게 있어 사유(dianoia)의 바른 움직임이란, [276] 그것이 우리에게 있어 바람직하고 유익한 것으로 움직여, 온갖 좋은 것의 소유로 향해 모든 공동 상승 작용(synergia)이 지지해줄 때야말로, 현실로 발동해오는 것이다. 다른 한편, 남이 자신의 사유의 활동을 악한 상념에로 일탈시켜 버릴 때에는, 물의 흐름은 이른바 이방 민족에 의해 낭비되어 버리는 것이 된다. 즉 우리가 가시덤불이 많은 삶에 그러한 악한 사유의 도움으로 물을 공급해버리면, 보다 선한 본성 쪽이 말라버리고, 마지막에는 사멸해버릴 것이다. 그때에는 온갖 사유에 의한 습기가, 보다 선한 본성의 뿌리를 길러내는 일이 없어져버리기 때문이다.

한편, 봉인이라고 하는 것은, 그것에 의해 지켜진 것에 안전을 가져오고, 도둑을 그 표징으로 위협한다. 그리고 도둑맞지 않은 모든 것은 주인의 것으로서 상처받는 일 없이, 순일(純一)한 채로 남는 것이다. 따라서 위와 같은 신부에의 찬미는, 그녀의 최고의 덕을 증언하는 것이었다. 왜냐하면 [봉인된 영혼에게], 사유는 정화(katharsis)와 부동심(정념으로부터의 자유, apatheia)에 의해, 자신의 주인 곁에서 지켜지고, 적에 대해서 안전하게 보호될 수 있기 때문이다. 즉 정결함이 이 샘을 봉인하고 있으므로, 어떤 악한 생각에 의해서도 신부의 마음의 광채와 투명함은, 혼란하거나 어둡게 되는 일이 없는 것이다.

이러한 사정을 보다 분명히 하면 다음과 같다. 즉 우리 안에서, [277] 어떤 것은 영혼에게 고유한 것이기에 참으로 우리의 것이라 하고, 다른 한편 물체적이며 외적인 것에 관해서는, 그 이질적인 것들을 무언가 잘못 파악함으로써, 우리에게 고유한 것이라고 간주해버리는 것이다. (왜냐하면 영혼의 질량적이 아닌 본성에는, 질량적이고 거칠고 큰 것과 무언가 공통적인 것이 있을 리 없기 때문이다.) 그러기에 「잠언」의 말은, 우리에게 있어 이질적인 것에 의해 즉 물체적인 것이나 외적인 것에 의해 우리의 사유의 샘이 분산되는 일 없이, 오히려 그 샘을 자신의 고유한 정원으로 돌리어 하느님의 식물을 촉촉하게 하도록 훈계하고 있는 것이다. 그리고 온갖 덕이란, 그 하느님의 식물을 말함을 우리는 배워서 알고 있다. 우리 영혼의 지성적인 힘은 그러한 덕을 향하여 작용하고, 그것들에 관련되어 있으며, 외적인 어떠한 것에 대해서도 분산, 유출되어버리지 않고, 진리의 모습이 각인됨으로써 꽉 봉인되어있는 것이다. 그때 영혼은 선(agathon)을 향하여 질서 잡힌 존재 양식으로, 확실하게 형태를 갖추고 있다고 말할 수 있다.

그럼 거기에 이어지는 찬미의 힘에 주의를 기울여보자. 즉 "그대로부터 솟구쳐 나온 것은, 많은 열매로 휘늘어진 석류의 낙원. 나르드와 함께 헨나 나무, 나르드와 사프란, 레바논의 온갖 나무와 함께 하는 창포와 계피, 온갖 기막힌 향료와 함께 하는 몰약과 알로에. 그대는 정원의 샘, 레바논에서 흘러온 생수의 우물."(4,13-15) 이러한 찬미에는 아주 큰 고양된 의미가 숨어있고, 그것을 통해서, 신적인 것에로 고양된 아름다움(kallos)이 놀라움 가운데 현전하고 있는 것이다. [278] 그 아름다움은 다양하고 특별한 찬미의 외침을 불러일으키는데, 그것은 지금 텍스트의 표현으로 보아도 분명하다.

그러면 여기에 감추어져있는 참된 영적인 의미는 무엇일까? 성 바울로에 의하면, 신적인 신비를 영(pneuma)에 의해 표현할 줄 아는 자만이, 위와 같은 성경 말씀이 의미하는 바를 명료하게 알 수 있다고 말한다(1고린토14,2). 그럼 어떻게 신부로부터 석류의 정원이 솟구쳐 나오는 것인가? 그리고 또한 과일은 어떻게 온갖 향유로부터 생기며, 또한 향유와 향료의 목록이 되어있는 것일까? 과일나무 가운데는 측백나무, 나르드, 사프란, 창포, 계피, 그리고 모든 레바논의 나무가 포함되어있다. 다만 열거된 것 가운데, 레바논의 향료에 관해서는 아무런 구별도 행해지고 있지 않다. 그리고 그것들에 몰약, 알로에 등, 모든 향료의 이름이 부가되어있는 것이다. 또한 과거에 단지 정원이었던 것은, 다음에는 정원의 샘, 레바논으로부터 넘쳐흐르는 생수의 우물이라고 불리고 있다. 그러나 이러한 사항에 관한 진실한 의미는, 단지 하느님의 풍요로움과 지혜(sophia)와 지식(gnosis)의 깊이를 밝힐 수 있는 사람만이 알 것이다. 하지만 이러한 정원에 관한 표현 안에 제시되고 있는 온갖 좋은 것을, 맛보거나 누리지 못한 채 그냥 지나쳐버리는 일이 없도록, [279] 신적인 말 그 자체를 탐구의 안내자로 삼아, 지금 당분간은 텍스트를 향하여 가보도록 하자.

신부에 관하여 다양한 찬미가 행해지고, 지금 또한 말이 부가되었지만, 그러한 찬미 모두가 단순한 표면적인 수사(修辭)에 머무는 것은 아니다. 신랑의 말은 오히려, 신부의 마음이 보다 크고 보다 높은 등반에로 향하기 위한 참된 힘을 주고 있는 것이다. 즉 영혼은 누이라든가 신부라는 이름으로 불리는데, 각각의 이름 안에, 예를 들면 신부라고 하는 이름은, 바울로에 의하면, 신부로서의 영혼을 불멸의 신랑과 결합시키고 일체화하는 작용을 한다(에페소3,6;5,30-31). 다른 한편 복음 말씀에 의하면, 신부의 의지의 열심(熱心)은, 신랑의 오누이적 친근성에로 그녀를 가까이 가게 하는 것이다(마르코3,35).

다음으로, 젖 대신에 포도주를 제공하는 신부의 젖가슴의 본성이 찬미되고 있었다. 그리고 이 찬미가 하나의 행위(ergon)를 낳는 것은 분명하다. 왜냐하면 현존하지 않는 것, 실체가 없는 것(anyparkton)이 찬미되는 일은 없기 때문이다. 이것들에 덧붙여, 신부의 향기는 모든 종류의 향기보다도 뛰어나다고 판단되고 있다. 그러나 그녀가 만일 진리에 따라 보다 좋은 것으로 전진하여, 저 높은 곳으로 서둘러 가는 일이 없다면, [280] 그러한 향기를 가지고 있다고는 판단되지 않았을 것이다.

다시금 그 뒤에, 신부의 입으로부터 뚝뚝 떨어지는, 말이라고 하는 꿀이 경이로움으로 응시된다. 그리고 그녀의 혀 아래에는 꿀과 젖이 섞여서 잠겨있는데, 그 혼합을 준비하는 것은 지혜였다. 하지만 이것들은 힘이었고, 단순한 음성으로서의 말은 아니다. 즉 신부는 말씀에 의해, 보다 높은 등반(anodos)에로 인도되어 성장하고, 그 결과 그녀의 입은 꿀을 넘치게 하는 샘이 되는 것이다. 또한 그녀의 혀는 지혜와 결합하여 좋은 것의 저장고가 되었는데, 거기서 젖과 꿀이 넘쳐흐르는 약속(epaggelia)의 땅이 관상될 것이다(출애굽기3,8.17; 신명기6,3;31,20). 말씀은 신부를 그러한 곳까지, 그녀의 상승의 걸음을 통하여 높이고, 드디어는 그녀의 옷이 유향의 향기를 내는 높은 경지까지 인도하는 것이다. 그러한 향기를 통해서, 신부는 그리스도를 입는 것이라고 말씀은 증언하고 있는 것이었다(갈라디아3,27;로마13,14). 즉 모든 덕에 따른 삶의 최종 목적(telos)은, 바로 하느님 안에 참여하여 가는 것(신성의 수용, metousia)이다.[80] (왜냐하면, 유향이라는 말에 의해, 신성이 지시되어 있기 때문이다.) 이리하여 말씀에 의해 끊임없이 보다 높은 곳에로 인도되어 가는 영혼은, 더 이상 젖과 꿀 안에 있는 것이 아니라, 유향과 닮은 것이 된 후, 낙원과도 흡사한 향기로운 정원이 되는 것이다. 그러한 정원은, 최초의 인간에게 있어서처럼 그 지킴이 불비(不備)하고 불안한 것이 아니라, 신랑의 계명이 확고하게 기억되고 있기에, 주위가 남김없이 방어되어 있는 것이다.

그런데 그대는 위로 올라가는 힘을 신부가 얼마나 증가하였는가를 알 것이다. 그럼 여기서 이 단계를 다시 넘어가는 등반을 봄이 좋겠다. 왜냐하면 그녀는 고유한 과일나무에 열매를 달리게 하는, 닫

---

[80] 「창세기」(1,26-27)에 의하면, 하느님은 인간을 형상(eikon)과 유사성(homoiosis)에 따라, 또한 그것을 향하여 창조하셨다고 한다. 그러기에 여기서의 문맥 안에서, 근거는 동시에 목적이며, 우리가 "하느님을 닮음"에로 향하는 여정은, "이미 그러나 아직"이라는 긴장 아래에 있는 것이다. 이런 의미에서 하느님에 의한 창조와 재창조는, 단지 과거 및 미래의 것으로서가 아니라, 우리 자신의 지금 여기서의 활동 안에서 관상되어야만 하는 것이다.

힌 정원이 되었다고 하는 것에 머물지 않고, 거듭 봉인된 샘의 본성에로 변모됨으로써,[81] 목마른 자를 적시는 음료가 되기 때문이다. [281] 하지만 신부는 그러한 곳에도 머물지 않고, 자신의 입으로부터 낙원을 꽃피우는 듯한, 보다 큰 성장의 경지에 도달한 것이다. (왜냐하면 히브리어 텍스트에 보다 정확한 주의를 기울이는 사람은, "그대의 입으로부터 나오는"이라는 말 대신에, 석류의 낙원이라는 말이 사용되고 있는 것을 분명히 간파할 것이다. 즉 "그대의 입에서 발해지는 것"이란 "그대의 말"이지만, 그것이 바로 석류의 낙원인 것이다. 그런데 석류나무는 모든 종류의 과일나무의 열매를 맺는 것이며, 그것은 즉 나르드와 함께 하는 측백나무, 사프란, 창포, 계피, 모든 종류의 유향, 몰약, 알로에, 다양한 향료 등이다.) 그러기에 「시편」에서 행해지는 축복에 따라 말하면, 신부는 하느님에 의해 지지 받아, 가능한 것에서 더 가능한 것에로 나아가며, 마음 안에서 저 아름다운 등반을 끊임없이 수행한 것이다. 따라서 그녀의 입에서 발해진 것은, 등반의 보다 완전한 단계에 있는 것으로서, 석류의 낙원이라고 불리고 있다. 여기서 발출(發出)된다고 하는 말(apostolai)은, 그 근저에 감추어진 의미로, 적절히 대응되고 있는 것이었다. 왜냐하면 발해진 것은, 발하는 자로부터 그것을 받아들이는 자에게 옮겨가는 것으로, [282] 말의 관습적 용법으로 보아 다음이 알려지기 때문이다. 즉 복음이 말하듯, 진리의 선교를 위해 파견된 제자들을, 말씀은 사도들(발해진 것, apostolos)이라고 불렀던 것이다(루가 6,13). 그러면 신부의 입에서 발해져 솟구쳐 나오는 것은 무엇일까? 그것은 분명 신앙의 말로, 그것을 받아들이는 사람 안에서, 청종(聽

---

81) 그레고리오스에게 있어서, 인간의 본성(physis)은, 결코 완결되거나 닫힌 것이 아니다. 그것은 신성을 수용하고 하느님을 닮는 것에로 무한히 펼쳐진 것이다.

從)을 통하여 마음에 뿌리를 내려 낙원이 된다. 확실히 풍부한 과일나무가 우거진 숲은 관례상 낙원이라고 불리는 것이다.

말을 통해서 믿은 사람들의 영혼에 심어진 식물의 이름을 우리가 배워서 알듯이, 그 나무는 석류라고 불리고 있다. 신부의 입에서 발출하여 나온 말이 그 과일나무들을 생기게 한 것이다. 그런데 석류라고 하는 것은, 가시가 있는 가지가 자라 있어서, 도둑이 움켜잡기가 힘들다. 또한 열매를 맛보려 해도, 너무도 까칠까칠한 거친 껍질로 싸여있어 보호받고 있다. 하지만 때가 이르러 열매가 익고, 덮여 있던 껍질이 벗겨져 내부가 드러나면, 그 열매는 보기에도 아름답고 매력적이다. 게다가 그 맛은 꿀처럼 달고, 포도주 같은 과즙에 의해 감미로운 감각이 생겨난다. 이것으로 보아, 나에게는 신부의 입에서 발해진 말은 그것을 듣는 사람의 영혼에, 이른바 석류의 낙원을 현전시킨다고 여겨진다. 그리고 우리는, 이 세상에서의 방탕(eklysis)이나 쾌락에 의해 유약해지지 않고, [283] 자제(enkrateia)에 의해 견고한 생활이 선택되어야함을 배우는 것이다. 이처럼 덕의 열매라고 하는 것은, 자제의 견고한 껍질에 의해서 보호받고 있어서, 도둑에게는 접근하기 어렵게 되어있다. 그리고 또한 덕의 열매는 마치 가시덤불에 의해서 그런 것처럼, 엄하고 절도 있는 삶의 방식에 악한 의도를 가지고 접근해오는 자로부터 지켜지고 있는 것이다.

그러나 이 과일나무의 열매를 향수하는 때가 찾아오면, 석류는 모든 종류의 다양한 과일을 제공하는 것이 된다. 다만 그것은 오얏이나 대추야자, 혹은 무언가 그러한 과일나무가 내는 과일을 맛본다는 의미에서가 아니라, 오히려 갖가지 종류의 다양한 향료가, 그 과일나무들 안에서 발견되는 것이다. 왜냐하면 측백나무는 나르드와 어울려 아름다운 결합이 된다. 한쪽은 따뜻하고, 다른 쪽은 좋은 향기를 내기 때문이다. 따스함이라고 하는 것은, 그 열이 불쾌한 냄새를 풍기는 것이 될 때에는, 물론 찬미할 수 없다. 오히려 열이란 좋은 향기를 냄으로써, 그 정결함이 증거되어야 한다. 즉 성령에 의해 뜨겁게 타오름으로써, 우리는 불쾌한 열로부터 정화될 것이기 때문이다.

그런데 신부가 열매 맺는 다양한 과일나무 가운데에는, 나르드와 사프란이라고 하는 다른 향료도 발견된다. 나르드에 관한 찬미는 이미 배웠으므로, 사프란이라고 하는 이름에 감추어진 수수께끼 표징을 설명하는 일이 남아있다. [284] 이 꽃이 가진 힘을 고찰한 사람들은, 그것이 뜨거움과 차가움 사이의 중용을 보존하고 있으며, 양극단의 절도 없음을 피함으로써 고통을 완화시키는 힘이라고 언명하고 있다. 아마 이 이유로부터, 덕에 관한 가르침이 사프란이라고 하는 표징을 통해서 탐구될 수 있는 것이리라. 이런 한에서 보면, 모든 덕은 두 나쁜 것, 즉 선미(善美)의 결여와 과잉 사이의 중간(meson)이 된다. 예를 들어, 용기(andreia)나 관대함(eleutheria)에 관하여 말하자면, 용기란 비겁함과 무모함 사이의, 또 관대함은 인색함과 방탕함 사이의, 각각 그 중간에 위치한다고 간주된다.[82] 이 경우 비겁함이나 인색함은 절도가 결여되어 있기 때문에 악덕이라고 일컬어진다. 다른 한편, 방탕이라든가 성급함은, 과잉이나 일탈 때문에 악덕인 것이다. 이런 의미에서, 일탈한 양극단의 중간이 덕이라고 불리는 것이었다. 따라서 사프란에 관한 「아가」의 표현은, 덕이 무엇인지를 보여주는 것이 된다. 그것은 즉, 사프란이라는 것이 중용의 힘을 보유하고 있다는 것으로부터, 결여도 과잉도 아닌 덕스런 존재양식

---

82) '관대함'이라고 번역한 eleutheria는, 근본적으로 '자유' '해방'의 의미를 가진다. 그레고리오스는 이 문맥에서는, 아리스토텔레스의 『니코마코스 윤리학』 제2권 제6장의 서술을 원용하고 있다. 다만 전체적으로 말하면, 프로에레시스, 아레테라고 하는 기본어의 파악에서 보이듯이, 그레고리오스는 인간 존재의 성립의 근원에 관계되는 보다 동적인 구조를 천명하고 있다.

이 드러나 있다고 해석되기 때문이다.

이러한 주장은 일반적으로 타당하기는 하지만, 지금 하나의 해석으로서, 나로서는 오히려, 사프란의 수수께끼는 신앙(pistis)에 관련된 보다 고유한 의미를 지니고 있다고 생각한다. [285] 덧붙여 말하면, 사프란의 꽃은 세 개의 꽃받침을 달고 있으며, 꽃받침 자체도 또한 흐린 색의 꽃이다. 하지만 한번 꽃받침의 덮개가 벗겨지면, 의술에 사용되는 좋은 향기의 세 꽃이 드러난다. 그러한 꽃받침 밑에 감추어져있는 각각의 꽃은 크기, 아름다움, 향기, 고유한 힘 등에 있어서 동등하지만, 셋이 어울려, 색과 좋은 향기와 힘의 성질 안에서 그 전체가 바라보일 때, 하나의 모습을 드러내는 것이다. 여기에 더하여, 다른 세 노란 꽃이 동반하고 있지만, 건강을 위한 갖가지 용도에는 적합하지 않다. 그러기에 이에 정통하지 않은 사람의 경우, 아름다운 색에 끌려서, 보다 좋은 것 대신에 그 꽃을 꺾고 마는, 잘못이 생기는 것이다. 그와 마찬가지로, 신앙에 관해서 죄에 빠져있는 사람은, 건전한 가르침 대신에 교활하고 기만적인 오류를 택하고 마는 것이다.

이 두 가지 해석 가운데, 어느 한쪽을 취할까, 아니면 양쪽을 다 취할까는, 듣는 사람의 판단에 맡기기로 하자. 왜냐하면, 양자는 어느 의미에서 동일한 사태를 의미하고 있기 때문이다. 즉 이미 말한 것처럼, 전자는 덕(arete)의 완성을, 후자는 신성(theotes)의 수용을 나타내고 있는데, 덕이란 신성으로부터 떨어져 나가있는 것이 아니기 때문이다.[83]

---

[83] 『모세의 생애』에서 덕은 인간 본성의 완전한 모습으로 파악된다. 그러기에 덕은 신성의 수용 없이는 일어나지 않는다. 즉 인간이 인간으로서 존재한다고 하는 것은, 그 자체로 완결된 사실이 아니라, 신성의 수용에로 개방되어 가는 철저한 동적인 구조 아래서 파악되어야만 하는 것이다.

이어서 우리는, 텍스트에 순차적으로 언급되어있는 나머지 향료에 관해서 관상을 진척시켜 나가기로 하자. 요컨대 창포, 계피, 나아가서는 신부의 낙원에 있는 석류로부터 생기는 다양한 과일나무들이다. 우선 창포는 다른 모든 것보다 뛰어난 최상의 향기를 가지고 있으며, [286] 법에 의해 사제가 드리는 희생(thumiama)의 장소에서 사용하도록 규정되어있을 정도이다(출애굽기30,23). 또한 계피는 그 본성의 힘으로부터 다양한 종류의 작용을 한다고 전해진다. 그 대다수는 쉽게 믿기 힘들 정도이다. 예를 들면, 끓는 물솥 안에 한 줌 넣으면, 즉시 식는다든가, 또한 뜨거워진 욕실에 넣으면 공기 중의 열이 식어버린다고 한다. 계피는 또한 무언가 부패하고 있는 것으로부터 생긴 것을 분해 소거해버린다는 본성을 가지고 있다고 일컬어진다. 계피에 관한 이러한 종류의 말들은 그밖에도 여러 가지 보고되어 있는데, 그것들은 듣는 이의 귀를 의심케 할 것이다. 즉 만일 계피가 자고 있는 사람의 입에 들어가면, 그 사람은 자는 채로 묻는 말에 아무런 저항 없이 대답한다는 것이다. 게다가 질문에 대해서 깨어있는 사람처럼 정확하게 대답한다는 것이다. 물론 이처럼 계피에 관하여 이렇게 저렇게 듣고 보고 전해진 것을, 스스로 탐구하여 아는 것이 아니라, 무턱대고 진실이라고 굳게 믿어버리면, 그것은 좀 성급하고 제대로 조사한 것이라고는 말할 수 없다. 그것은 그렇고, 계피라고 하는 향료는, 어떤 신비적인 의미에서 과일나무 안에 헤아려지는데, 석류나무로부터 생기는 것은 아닌 것이다. (왜냐하면, 신부의 입은 결코 감각적인 의미에서의 정원을 생기게 하는 것은 아니다. [287] 오히려 그 향료는 다만 신부에의 찬미가 완성된 단계에 이르렀다는 사정을 상징하는 것이었다.) 따라서 나는 계피에 관한 전설적인 이야기나, 무언가 계피에 관해서 성경이 말해주고 있는 것을 무시하는 것은 적절치 못하다고 생각한다. 또한 만일 그밖에 같은 주제에 관해서 말해진 것이 있다면, 그것도 포함해서 말이다.

왜냐하면 이미 말한 것으로부터는, 덕에 관한 어떤 찬미가 간파되기 때문이다. 즉 계피에 관하여 다양하게 보고 듣고 말해진 것들 각각은, 덕에 따른 삶의 완성을 저마다의 방식으로 상징적으로 지시하고 있다고 명료하게 파악되기 때문이다. 바꿔 말하면, 계피란, 이미 배우고 말해진 것으로부터, 바로 영혼 안에서 발견되어야 하는 것이다. 즉 욕망(epithymia)에 의해서 마음이 끓거나, 혹은 분노에 의해서 마음이 불타오르고 있을 때, 사람은 이성적인 것(logismos)에 의해 그 정념(pathos)을 진정시킬 수 있는 것이다. 그것은 또한, 지금 현세라고 하는 꿈 안에서, 이성이라고 하는 침착한 계피를 입에 넣고 있는 경우도 그러하다. 그때 사람은 자는 일 없이 항상 깨어있는 천사와 비슷하여, 말해진 것을 틀림없이 혼란이 없는 사유로 드러내고, 로고스(말)의 진리를 통해서 천사의 깨어있는 본성을 모방하고 있는 것이 된다. 어떠한 상상이라고 하더라도 그러한 천사들을 진리로부터 떼어놓을 수는 없는데, 어떤 의미에서 천사와 비슷해진 그러한 사람은, 계피를 입에 담고 있다고 일컬어진다. [288] 왜냐하면, 계피에 의해 욕망의 불이나 분노의 끓음이 진정되고, 또 이 삶에서 꿈같은 모든 상상(phantasia)이나 혼란으로부터, 사람은 로고스(이성)에 의해 정화되기 때문이다. 따라서 계피에 관하여 말해진 믿기 어려운 것을 주시하지 않는 사람은, 성경 말씀을 오해하여, 신부에 대한 찬미의 표현도 진리에서 유래하지 않은 것으로 간주해버리는 것이다.

왜냐하면, 성경은 이국의 신화가 성경 고유의 목적을 위해서 무언가 유익한 작용을 함을 잘 알고 있으며, 문제가 되고 있는 것의 의미를 명료하게 보여주기 위해, 그러한 신화적인 이야기에서 유래하는 많은 이름을 조금도 부끄러움 없이 언급하고 있기 때문이다. 예를 들면, 욥의 딸들의 경우, 그 아름다움은 놀랄 만한 것이었는데, 성경은 그들의 이름을 인용함으로써 커다란 놀라움을 표시하고 있다. 즉 첫째는 헤에메라(태양), 둘째는 카시아, 셋째는 알마테이아의 케라(뿔)라고 불리었다(욥기42,14). 이것에 관해서 다음 사실은 아주 분명하다. 즉 그리스의 신화는, 알마테이아의 전설을 만들어냈는데, 그것에 의하면, 그녀는 야생 산양이었고, 저 크레타인의 양육자가 되었다고 한다. 즉 그 뿔이 떨어졌을 때, 뿔에 난 구멍으로부터 모든 종류의 과일이 넘쳐 나왔다고 그 신화는 전하고 있다. 그럼 이러한 신화를 성경은 믿었을까? 그렇지 않다. [289] 오히려 욥의 그 딸의 이름이 증거로 내세워짐으로써, 덕에 따른 좋은 것의 풍요로운 탄생이 암시되고 있는 것이다. 즉 성경에서 언급되고 있는 것은, 한편으로는, 말해지고 있는 이름으로부터, 찬미의 유일한 목적을(skopos) 사유하게 하기 위함이며, 다른 편으로는, 이야기적 허구를 향수하기 위해서 사용되고 있는 것이다. 그러기에 성경 안에 카시아나 헤에메라라고 하는 이름을 들었을 때, 단지 향료적인 물질이나 땅 위의 태양의 운행을 우리가 배운 것이 아니라, 그 이름들이 그들의 덕에 따른 삶의 방식을 지시하고 있다는 것을 배운 것이다. 즉 카시아란, 다양한 행위의 정화(katharon)와 향기를 표시하고, 헤에메라는 아름다운 품성과 태도를 가리킨다. 이것에 관해서는 사도 바울로의 말대로, 정결한 삶을 보내는 사람들은 빛의 아이들이라든가 낮의 자녀들이라고 불리고 있다(1데살로니카5,5;에페소5,8). 이러한 이유로, 신부를 찬미하기 위하여 계피에 언급된 표현은, 그것이 상징적이자 영적인 해석을 통해서 찬미의 목적에 도움이 되는 소재에로 변모된다면, 결코 요점에서 벗어나는 것은 아닌 것이다.

그러한 사람이 되고, 또 그러한 갖가지 찬미의 높이에 도달한 사람은, 항상 스스로의 삶을 통하여, 자신 안에 하느님의 상(像, eikon)을 깃들여 체현시키고 있다. "레바논의 온갖 나무에 의해서"라는 표현은 이것을 가리키고 있다고 여겨진다. 왜냐하면, 거기에 주의를 기울이는 사람은, 유향이 흘러나오는 것은 단지 레바논의 한 종류의 나무로부터가 아니라, [290] 다양한 나무에는 다름이 있어, 나무 종류에 따라서 저마다의 향기가 다양하게 존재한다는 것을 짐작해서 알아맞히고 있기 때문이다. 그러기에 삶의 모든 활동 안에서 자기 안에 신적인 형태(theoeides)를 각인하는 사람은, 그러한 자신의 모습 안에 이른바 레바논의 다양한 나무들의 아름다움(kallos)을, 그것들을 통해서 신적인 형상(eidos)이 표현되어있는 것으로서, 증시(證示)하고 있는 것이다.[84]

그런데 누구도 먼저 그리스도의 죽음을 모방함(homoioma)으로써 그와 같은 형태로 형성되는 일 없이는, 하느님의 영광에 참여할 수 없다. 그러기에 향료의 목록을 보여줄 때, 신부에의 찬미는 석류나무가 향료의 나머지의 이름이라고 하고 있다. 즉 텍스트는 그것들 안에 몰약, 알로에, 유향을 열거하고 있는데, 몰약과 알로에의 이름에 의해서는 그리스도의 무덤과 공통된 무언가가 상징적으로 나타나고 있는 것이다. (품위 있는 복음이 말하듯이, 무덤에 묻히신 분은 몰약과 알로에를 통해서 우리를 위한 죽음의 향기를 맛보셨다고 한다〈요한19,39〉.) 그러나 다른 한편, 유향의 이름에 의해, 성경은 모든 사려 없는 행동으로부터의 정화와 순화를 지시하고 있는 것이다. 아모스도 다음과 같이 말하며 유약한 자들에게 그 품행을 드러내놓고 알린다. [291] 즉 "상질(上質)의 포도주를 마시고, 최상의 유향

---

84) 각자는 자기에게 주어진 분수에 따라서 신적인 형태를 어느 정도 본을 떠, 자신 안에 깃들게 한다. 하지만 사람은 개개의 닫힌 존재로서는 자기 자신조차 있을 수 없다. 교회의 구성에 그리스도의 죽음을 모방함으로써 참여하여 간다는, 방식으로 비로소 자신의 존립 의미를 얻는 것이다. 이러한 그레고리오스의 교회론은 물론, 협의의 교회론이라고 하는 틀을 넘어, 유한한 존재자 안에서의 존재와 지(知)의 근원적인 의미에 관련되어있다.

을 바른 사람들"(아모스6,6) 그리고 조금 앞에서는 "양떼로부터 어린 양을 잡고, 외양간으로부터 송아지를 잡아먹고, 수금에 맞추어 소리 높여 노래하는 자들"이라고. 여기에 나오는 포도주는 침전물에 의해 탁하지 않고, 또한 좋은 향기의 깨끗함은 향유의 혼합에 의해 부패되지 않았다. 하지만 이 예언자가 이스라엘 사람들을 비난한 것은 아주 당연하였다. 왜냐하면, 그들은 이른바 모든 침전물을 거른 듯한 순수한 성경 말씀에 맞서기 때문이다. 그들은 또한, 향유의 순수하고 좋은 향을 지니고, 항상 영적인 연회를 누리고는 있지만, 악한 나머지 유약함과 방탕을 즐기려는 자신들의 자유 의지를 거부하지는 못했다. 그리고 포도주의 투명함을 음산한 진흙탕으로 바꾸고, 향료의 정갈함을 온갖 악한 사유의 혼합에 의해 소멸시켜 버린다. 그러나 그것에 대해서「아가」의 말은, 신부가 향료를 풍부하게 생산했기에, 그녀가 신적인 가르침의 범하기 어려움과 정결함을 지니고 있음을, 여실히 증거하고 있는 것이다.

그리고 이때에는, 더 이상 신부는 이것들 안에 머무르지 않고, 보다 높은 것을 향하여 스스로를 내밀어 초출(超出)하여가는 것도 아니다. 말(로고스)도 그녀에게 새로운 등반에 대해 말하지 않는다. 왜냐하면 신부의 입으로부터 발하는 것은 석류와 향료의 낙원이고, 그녀 자신이 샘이 되어, 자기로부터 흘러나오는 낙원을 윤택하게 적시기 때문이다. 우리는 이것을 바울로와 아폴로의 경우와 같은 것으로서 배웠던 것은 아니었다. 즉 "바울로는 심고, 아폴로는 물을 주었다."(1고린토3,6)고 하지만, 신부의 낙원에서는, 심는 것과 물주는 것 이 두 가지 활동을 신부는 동시에 하고 있는 것이다. [292] 그리고 아마 신부에의 찬미는 무언가 보다 숭고한 의미를 담고 있다고 생각한다. 그것은, 신부는 흐르는 물이 아니라 정원을 넘치게 하는 샘이라고 말해지고 있기 때문이다. 즉 신부는 이 물 저 물을 넘치게 하는 것이 아니라, 모든 물을 솟구쳐 넘치게 하는 정원 그 자체인 것이다. 바로 이처럼, 신적인 사도 바울로는 온갖 살아있는 정원을 솟구치게 하여, 그 안에서 가르침을 통해서, 교회의 낙원을 샘솟게 하는 자가 되었던 것이다.

　이어서 성경 말씀은 신부를 레바논에서 흘러나오는 생수의 샘이라고 불러, 찬미의 절정까지 이끈다(4,15). 이러한 생명을 만들어내는 본성에 관해서는, 이미 성경으로부터 배워 알고 있다. 즉 예언자는 하느님 자신을 대신하여 말한다. "그들은 생수의 샘인 나를 버렸다."(예레미야2,13) 그리고 다시, 주님은 사마리아 여인에게 다음과 같이 말씀하신다. "만일 네가 하느님께서 주시는 선물이 무엇인지, 또 너에게 물을 청하는 내가 누구인지 알았더라면, 오히려 네가 나에게 먼저 청했을 것이다. 그러면 내가 너에게 샘솟는 물을 주었을 것이다."(요한4,10) 또 다른 곳에서는, "목마른 사람은 다 나에게 와서 마셔라. 나를 믿는 사람은 성경 말씀대로 그 속에서부터 생수의 강들이 흘러나올 것이다."(요한7,37-39)라고 한다. 하지만 말씀은 이 일을, 말씀을 믿는 사람들이 받을 성령에 관한 것으로서 말했던 것이다. 그러기에 이들 가운데 어느 대목에서도, [293] 생수라고 하는 상징을 통하여 신적인 본성이 의미되고 있으며, 이리하여 「아가」의 말의 거짓 없는 증언은, 신부를 레바논으로부터 흘러나오는 생수의 우물이라고 부르고 있었던 것이다.

　그러나 이것은 아주 역설적인 것이다. 왜냐하면, 모든 우물은 정지한 물을 담고 있을 터인데, 신부만은 자기 안에 흘러나오는 물을 가지고 있기 때문이다. 즉 물을 넘치게 하는 우물의 깊이와, 물의 흐름의 끊임없는 움직임을. 여기에 암시되어있는 경이를, 지금 신부 안에서 탄생하고 있는 어떤 유사함을 통해서 도대체 누가 적합하게 파악할 수 있을까? 하여간 신부가 모든 것에 걸쳐서 저 원형인 아름다움에 닮은 것이 되었다면, 아마 그러한 자기의 모습을 초월해 있을 보다 앞선 것은 더 이상 존재하지 않는다. 왜냐하면, 그때 그녀는 자신의 샘에 의해 신랑의 샘 그 자체를, 자신의 생명에 의해서 저 생명 자체를, 그리고 또한 자신의 물에 의해 저 물 자체를, 올바르게 모방하는 자가 되었기 때문이다. 즉 하느님의 말씀은 살아있으므로, 그 말씀을 받아들이는 영혼도 또한 살아있다. 그리고 저 물은 하느님으로부터 흘러나오는 것으로, 그 샘 자체(신랑)가 "나는 하느님으로부터 나와서 여기에 왔다."(요한8,42)고 말하고 있다. 마찬가지로 신부도 또한 자신의 영혼의 우물 안에, 신랑의 물의 흐름을 깃들이고, 이리하여 레바논으로부터 흘러나오는 -아니 오히려 넘쳐 나온다고 성경은 부르고 있는데- 저 생수의 보고가 되는 것이다. 우리도 그러한 우물을 소유함으로써, 저 생수에 참여하는 자가 되어야만 한다. 그것은 우리가 지혜의 훈계에 따라, [294] 다른 물이 아니라, 그리스도 예수 안에 있는 우리 자신의 물을 마시기 위함이다.

우리 주님께 영광이 처음과 같이 이제와 항상 영원히. 아멘.

제 10 강화

[신부]

[4.16] 북새바람아, 잠을 깨어라.
　　　마파람아, 오너라.
　　　나의 정원에 불어와,
　　　그 향료의 향기를 감돌게 하라.
　　　나의 연인이 자신의 정원에 내려와,
　　　과일들을 따먹을 수 있도록.

[신랑]

[5.1] 나의 사랑스런 누이여, 신부여,
　　　나는 자신의 정원으로 내려와,
　　　향료와 함께 몰약을 거두고,
　　　꿀과 함께 빵을 먹으며,
　　　젖과 함께 포도주를 마셨다.
　　　벗들아, 먹자.
　　　형제들아, 마시고 취하자.

[신부]

[5.2] 나는 자고 있어도, 마음은 깨어있답니다.

[294] 지금, 이 신적인 말을 「아가」의 지금까지의 의미관련에 기초하여, 과제로서 관상하여 가는 데에 즈음하여, 그 관상에는 뭐라 말할 수 없는 것 안에 명석하지 않은 채 감추어져, 도달하기 곤란한 생각이 포함되어 있으므로, 한층 더 주의가 우리에게는 필요하다.
[295] 오히려 성령의 이끄심과 기도를 통한 [그 이끄심에로의] 한층 더한 공동(共働)[85]이 필요하다. 그리하면 우리는 별들을 바라보며 체험하던 그 불가사의한 놀람을 다시 체험하지 않게 될 것이다. 실제로 우리는 별들의 먼 아름다움에 경탄하면서도, 그것들이 어떻게 창조되었는지에 대해선 알지 못한다. 우리에게는 그 아름다움을 향수하는 것과 별의 출현에 경탄하는 것은 하나인 것이다. 그처럼 이 신적인 텍스트들의 섬광과 광휘는, 영혼의 눈에는 별들이어서, 그것들은 아주 밝게 빛나며, 예언자의 말처럼, "저 하늘이 땅에서 높은 것처럼 하늘 높이 위치하고 있다."(시편103,11) 만일 우리의 영혼에 관해서도, 엘리야에 관하여 들어 알고 있는 일이 일어나며, 우리의 사고가 불의 수레에 의해 들어 올려져(2열왕기2,11), 높고 아름다운 천상에로 옮겨진다면, (우리는 이 불을 성령이라고 생각한다. 그것을 지상에 던지기 위해서 주님은 오신 것이며, 그것은 여러 가지 언어의 형태로 제자들 사이에서 갈라졌다.) 그 별들에게 우리가 가까이 가는 것은 희망이 없는 일이 아니다. 그 별들은 신적인 사고들이며, 그것들은 천상적이고 영적인 텍스트를 통하여 우리의 영혼을 비추는 것이다.
[296] 영혼의 눈을 가지고 위를 바라보라. 조상 아브라함에게 말

---

[85] '공동(共働)'이라고 번역한 synergia라는 말에는, 「기도를 함으로써 주어지는 성령의 도움」과 「그러한 하느님의 활동에 대한 인간 편에서의 협력」이라고 하는 두 가지의 용법이 있다. 이 문맥에서는 후자의 용법으로 읽고 번역하였다.

씀하신 주님과 같은 음성으로 나는 청강자인 그대에게 말한다. "하늘을 우러러 이 별들을 보아라. 그리고 할 수만 있다면 그 생각의 높이를 헤아려 보아라."(창세기15,5) 여왕의 권위(exousia)를 그 명령으로부터 응시하고, 그녀의 지배(dynasteia)가 이 말들에 의해, 절대적인 지배력을 가진 어떤 권위로서 나타나고 있는지를 이해하시오. 그녀가 소망을 이루는 것은 기도에 의해서가 아니라, 약속하시는 분의 참된 말씀에 의해서이며, 그 말씀에 의하면, 충실하고 현명한 종이 주인의 전 재산의 주인이 되는 것이다(루가12,42-44). 이러한 권위에 의거하여, 여왕은 두 가지 바람을 임금처럼 자신의 마음대로 다스리는 것이다. 한편으로는 북새바람을 명령에 의해 그 있는 자리에서 내몰고, 다른 한편으로는 마파람을 호의를 가지고 불러들여, 자신의 자리로 오도록 재촉하는 것이다.

　텍스트는 "북새바람아, 잠을 깨어라. 마파람아, 오너라."(4,16)라고 되어있다. 아마 이 말들과 같은 것을, 말씀이신 하느님 자신께서 감탄하셨다. 저 백인대장의 말 안에서 간파할 수 있을 것이다. 복음사가는 다음과 같이 그 장면을 기술하고 있다. [297] "예수는 이 말을 들으시고 감탄하시며, 그 백인대장의 말은 이스라엘의 신앙을 능가하고 있다고 하셨다."(마태오8,10) 내 생각으로는, 백인대장이 신앙의 관점에서 비교되고 있는 것은 이스라엘 백성이 아니라, 저 이스라엘이라고 불린 야곱 바로 그 사람이다. 야곱은 호적수와의 격투에서 하느님의 도움으로 가까스로 살아남았지만, 정확히는 상대의 공격을 모면하고 있던 것은 아니었다. 그의 허벅지의 관절이 빠졌기 때문이다(창세기32,25-29). 이에 대해서, 지금 말하고 있는 이 백인대장은, 일종의 왕 같은 힘에 의해 자기편이 아닌 자를 그의 권위로 내치거나, 그의 뜻에 맞는 자를 자기편으로 만드는 것이다. 이 때문에, 내가 보기에, 이 백인대장이 몹시 감탄스러운 것은, 그가 절대적인 권위를 갖고, 그의 병사들 가운데 물리치고 싶은 자는 물리치고, 마음에 드는 자는 불러들이며, 그리고 종에게는 그 알맞은 일을 시킨다고 말하고 있는 점이다. 그러므로 일단 내친 자는 다시 부르지 않으며, 그자가 떠나버린 대신에 다른 자를 집에 들인다고 하는, 이 백인대장의 말은, 일종의 애지(philosophia)가 되어있다. (그자에게 그가 "가라!"고 말하면 가는 것이며, 그는 그 가버린 자가 아니라 다른 사람을 부른다고 말하고 있다.)

이 이야기는, "서로 대립하는 것은 함께 같은 장소를 차지한다는 본성을 가지고 있지 않다"는 가르침을 전하고 있다고 나는 생각한다. [298] 사도가 말하듯이, "빛과 어둠 사이에는 어떠한 친교(koinonia)도 없기"(2고린토6,14) 때문이다. 하여간 필연적인 것은, 어둠이 그 자리를 물러가면 빛이 그 대신 보이게 되고, 악덕이 제거되면 덕이 그 대신 들어선다는 것이다. 이러한 일이 성취되면, 더 이상 육적인 생각은 성령에 대항하지 않는다. (왜냐하면 육 안의 반항하는 힘이 죽음에 이른 이상, 대항할 수 없기 때문이다.) 오히려 그 생각은, 모든 합당한 일에 응하게 되고, 성령의 지배에 순종하는 것이 되어, 그 부하가 된다. 악덕이라고 하는 병사의 가세(加勢)가 사라지면, 그 대신에 덕이라고 하는 무장 병사가 정의의 흉갑(胸甲)을 착용하고, 성령의 칼을 쥐고, 완전 무장을 내밀면서 들어오기 때문이다. 그 병사는 그 위에, 구원의 투구와 믿음의 방패 및 모든 영적 무장을 하고 있다(에페소6,14-17). 그때 종인 육체는 자신의 주인인 지성(nous)을 무서워하여, 그 주인의 명령을 즉시 받드는 것이며, 그 지령에 따라 육체가 봉사하는 것으로 덕은 성취된다. "또한 종에게 '이것을 하라'고 하면, 그대로 합니다"라는 백인대장의 말은 이상의 사태를 보여주는 것이다.

그런데, 여왕이 어떻게 북새바람을 반대로 불게 하여, 자신으로부터 물리치는지를 들어보자. 여왕은 북새바람에게 잠잠하라고 명하지 않는다. [299] 주님이 파도치는 호수에서 큰 파도에게 가만히 있으라고 명하여, 폭풍을 잠잠하게 하신 방식(마르코4,37-39)과는 다르다. 여왕이 북새바람에게 명하고 있는 것은, 그 자리를 떠나 달아나라는 것이다. 그래야 마파람은 반대 방향의 바람에게 그 앞길을 아무런 방해도 받지 않고 지장 없이 불어올 수 있기 때문이다. "잠을 깨라"고 여왕은 북새바람에게 명한다. 그럼 이 바람이 장소를 옮기는 원인은 무엇인가?「잠언」은, 북새 바람을 완고한 바람이며 '오른손'이라는 이름으로 부르고 있다(잠언27,16). 그러나 어떤 사람이 해가 뜨는 쪽을 등지지 않으면, 북새바람은 오른쪽에는 없다. 그리고 해는 서쪽으로 진다. 그렇다면 이 말에 담긴 수수께끼(ainigma)는 다음과 같이 명확하게 이해된다. 예언자가[즈가리야6,12] '어린 가지'(anatole)[86]라고 부르는 그리스도를 등지고 떠나는 자는, 어둠이 권위를 가지고 있는, 빛이 잠기는 쪽을 향하여 자신을 몰고 간다. 그 오른쪽에는 북새바람이 있어, 그자를 열악한 여행의 양식을 갖고 기다리고 있으며, 그 양식 탓으로 그 운행은 어둠을 향하는 것이 된다. 이리하여 방종한 자(akolastos)는 자신의 오른쪽에, 볼꼴사나운 정념에 의해 부는 북새바람을 발견하며, 이 열악한 바람은 탐욕스런 사람의 오른쪽에서 불게 되는 것이다. [300] 그는 탐욕으로 인해, 온갖 것을 자기 주위에 모래나 티끌처럼 산적(山積)하는 것이다. 이리하여 북새바람은 저마다의 죄과(罪過, plemmelema)에 아쉬움 없이 협력하여, 바람을 맞는 사람들의 오른쪽에서 부는 것이다. 그 바람

---

86) 어린가지라고 번역되는 히브리어 '쳇마하'는 새싹처럼 뻗치는 것을 의미한다. 그 말을 그리스어로 옮길 때 '위로 뻗다'라는 관념을 공유하고 있기에, '상승하는 것' '일출(의 방향)'을 의미하는 anatole가 채택되었다. 이러한 경위로부터, 이 문맥에서는 그레고리오스의 독특한 관념 연상이 그리스어 anatole를 에워싸고 '아나톨레를 등지다'라는 뜻으로 전개되고 있다.

은 본성상 완고한 것이긴 하지만, 그 혐오스러운 면을 쾌락으로 감추고 있다. 때문에 정념을 힘으로 제어하고 있는 여왕은, 그 북새바람을 자신의 지배력에 의해 추방하는 것이다. "북새바람아, 잠을 깨어라"고 명령하며.

어떤 이유에서, 이 '북새바람'이라고 하는 호칭은 적대하는 힘을 의미하고 있는 것일까? 그것은 이 우주자연을 이해한 사람이라면 누구에게라도 분명할 것이다. 대관절 태양의 운행을 모르는 사람이 있을까. 해는 동쪽에서 떠, 남쪽을 지나, 서쪽에서 진다. 지구의 형태는 구형(球形)이며, 그것은 그 영역의 일을 잘 이해한 사람들이 말한 대로이다. 그래서 어떤 부분이 태양에 의해 비춰지면, 필연적으로 그 반대 부분은 덩어리가 차단되어 그늘이 생기고 어두워진다. 그 장소는 언제나 볕이 들지 않아 춥다. 태양 광선이 비추는 일도 따뜻해지는 일도 없다. [301] 그러기에 어둠의 힘의 지배자, 즉 물처럼 유연한 영혼의 본성을 얼려 돌처럼 완고하게 만드는 자를, 텍스트는 '북새바람'이라든가 '완고하다'고 부르는 것이다. 그는 겨울의 음울함을 준비하는 자이며, 내가 말하는 겨울이란, "겨울에는 위험으로부터 도망갈 대책이 없다"고 복음서가 말하고 있는(마태오 24, 20), 저 겨울의 일이다. 또한 겨울에는, 덕에 어울리게 피는 꽃들의 아름다움은 사멸하는 것이다.

따라서 여왕의 말이 권위를 가지고 북새바람을 내모는 것은 좋은 일이다. 그리고 그녀가 '마파람'이라고 이름 붙인 따뜻하고 빛나는 한낮의 바람을 부르면, 그 바람을 통해서 우미(優美)함이 분류(奔流)처럼 흘러들어온다. 그녀는 명한다. "마파람아, 오너라. 나의 정원에 불어와, 그 향료의 향기를 감돌게 하라."(4, 16) 마치 다락방에서 제자들에게 불어왔다고 우리가 들은 바 있는(사도행전 2, 2), 저 거센 바람처럼. 그 바람은 살아있는 식물에 대해서처럼, 제자들 위로 불어와, 하느님의 식물을 움직여 방향(芳香)을 발하게 하고, 그 입을 통하여 향기로운 예언과 구원을 가져다주는 신앙의 가르침을 흘러나오게 한 것이다. 그리고 모든 종류의 언어에 의해 향기로운 가르침을 자유자재로 쏟아낸 것이다. 이리하여 하느님의 집에 심어져있던 120명의 제자들은(사도행전1,15), 이러한 마파람의 숨으로, 다양한 언어에 의한 가르침을 꽃으로 피웠던 것이다.

[302] 이와 같은 이유로부터, 신부는 마파람에게 "나의 정원으로 불어오라"고 말한다. 그녀는 '정원의 샘'(4,15)이라고 이미 불리고 있던, 그 샘을 만든 신랑의 말에 의해, 정원의 어머니가 되었기 때문이다. 이 때문에 신부는, 자신의 정원(영혼이 있는 나무들로 풍요로운 교회)에 바람이 불어와, 그 나무들로부터 향기가 흘러나오는 것을 바라는 것이다. 예언자는 "당신의 숨을 부시면, 물이 흘러가도다."(시편147,18)라고 말하고 있지만, 여기서 왕의 보물로 장식한 신부는, 그 향기의 흐름을 한층 고상한 것으로 바꾼다. 즉 정원의 나무들로부터 흘러나오는 몇 개의 강을 성령의 힘으로 만드는 것이다. 따라서 이로부터, 옛 계약과 새 계약의 차이를 배울 수 있을 것이다. 예언자가 말한 강이 물로 가득 채워진 데 대해서, 복음의 강은 향기로 채워지는 것이다. 위대한 바울로는, 교회라고 하는 정원으로부터 성령에 의해서 흐르는, 그러한 향기의 강이며, 그 흐름은 그리스도의 향기로 가득 차있었다. 요한, 루가, 마태오, 마르코도 각각 그러한 강이며, 신부의 정원에 있는 고귀한 나무들인 다른 모든 사람들로부터도 그러한 강이 흘러나왔다. [303] 그들은 저 밝은 대낮의 마파람을 맞고, 복음의 향기로 가득 찬, 향기의 샘이 되었던 것이다.

"나의 연인이 자신의 정원에 내려와, 과일들을 따먹을 수 있도록."(4,16)이라고 신부는 말한다. 얼마나 솔직한 말인가. 얼마나 그 소망이 간절하고, 관대한 영혼인가. 게다가 이 영혼은 과도한 자존심을 말끔히 정복하고 있다. 누구를 그녀는 자신이 과일을 제공한 연회에 초대한 것일까? 누구를 위하여 이렇게 진수성찬을 마련한 것일까? 누구를 준비된 잔치에 부르는 것일까? 그분은 "만물이 거기에서 나오고, 만물이 그에 의해 있으며, 만물이 그 안에 있는"(로마 11,36) 바로 그분이시다. "모든 사람에게 제 철에 먹을거리를 내려주시는 분, 손을 펴시어, 살아있는 모든 것을 그 원대로 채워주시는 분"(시편145,15-16), "하늘에서 내려와 세상에 생명을 주는 빵"(요한6,33.41)이신 분, 모든 존재하는 것에게 자신의 샘으로부터 생명을 흘려보내시는 분, 바로 이분을 위해서 신부는 잔치 자리를 마련한 것이다. 그 잔치 자리란 영혼이 있는 나무들이 심어진 정원이며, 우리가 그 나무들인 것이다. 그것은, 실제로 우리도 그분에게 음식으로 우리 영혼의 구원을 드리기 때문이다. 그분은 우리의 생명을 대접받으시면서 말씀하신다. "나의 음식은 내 아버지의 뜻을 행하는 것이다"(요한4,34). 그런데 하느님의 뜻은 분명하다. [304] 즉 "하느님께서는 모든 사람이 구원되어 진리를 알게 되기를 바라고 계시다."(1디모테오2,4) 따라서 그분을 위해서 준비된 음식이란, 우리가 구원되는 일인 것이다. 그래서 우리의 자유의지(proairesis)가 잡수시는 과일이 된다. 그 의지는, 자신이 가지인 것처럼, 하느님께서 우리 영혼을 따시도록 내어드린다. 이상으로부터 알아야할 것이 있다. 앞에서는 신부가 "그분의 과일은 내 입에 달았다."(2,3)고 말하며, 능금의 감미로움을 맛보았지만, 이번에는 그녀 자신이 익은 감미로운 과일이 되어, 경작자의 기쁨을 위하여 제공되는 것이다.

"내려와 주소서"라고 말하는 방식은, "아버지의 이름이 거룩히 빛나소서"나 "아버지의 뜻이 이루어지소서."(마태오6,9-10)와 같은 방식으로 외친 기원의 의미를 담고 있다. 이 두 가지 표현형태가 기원의 의미를 담고 있는 것처럼, 여기서도 "내려와 주소서"는, 덕의 열매가 풍성하다는 것을 하느님에게 고하는, 신부의 기원이기 때문이다. 그리고 신랑의 그 내려오심은 인류에의 사랑(philanthropia)을 의미하고 있다. 그것은 온유한 사람들을 들어 올리시는 주님이 지상에 내려오시지 않았다면, 우리가 지극히 높으신 분이 계신 곳으로 들어 올림을 받을 수 없기 때문이다. 그러기에 높은 곳으로 올라가는 영혼은, [305] 초월자의 이끄심을 요청하여, 그분이 아래에 있는 자의 손에 닿을 수 있도록, 자신의 위대함으로부터 내려와 주시기를 기원하는 것이다. 그분은 예언자를 통하여 "네가 아직 말하고 있는 동안에, '보라 내가 여기에 있다'고 말씀하시는"(이사야58,9) 분이시다. 신부가 그 기원의 말을 다 마치기도 전에, 그분은 그녀의 부탁을 들어주시고, 그녀의 마음이 준비되어있는 것을 보시고, 마파람이 불어오는 정원으로 오신 것이다. 그리고 향기에 가득 찬 열매를 따며, 덕의 과일들에 흡족해 하시며, 그 잔치의 모습을 신부에게 다음과 같이 말하고 있다. "나의 사랑스런 누이여, 신부여, 나는 자신의 정원으로 내려와, 향료와 함께 몰약을 거두고, 꿀과 함께 빵을 먹으며, 젖과 함께 포도주를 마셨다. 벗들아 먹자. 형제들아, 마시고 취하자."(5,1)

그대에게는, 신랑이 그 큰 선물로 신부의 부탁을 능가하는 모습이 보일 것이다. 신부가 원하고 있던 것은, 정원에 있는 자신의 나무들이 한낮에 부는 마파람을 맞고, 향기의 샘이 되는 것, 그리고 과일 열매에로 경작자를 초대하는 것이었다. (누구에게도 분명하듯이, 모든 향기는 후각에 기분 좋은 것이지만, 과일은 음식물로서는 빵의 힘과 비교하면 건강 증진을 위해서는 효능이 없다.) 자신의 정원에 내려오신 분은, 과일의 본성을 보다 위대하고 고귀한 것으로 바꾸어, [306] 몰약을 자신의 향료와 함께 발견하고, 그것을 정원에서 따 모으는 것이다. (주님이 발견될 때에는 언제나 얼마나 아름다운 것이 주님 곁에 있는가, 하고 예언의 시는 노래하고 있다〈즈가리야 9,17〉.) 그는 과일 대신에 자신의 꿀을 섞은 빵으로 나무들을 휘어지도록 열매 맺게 한다. (이를 예언의 시는 "신랑의 꿀과 다른 좋은 것들"이라고 노래 부른다.) 그리고 젖을 섞은 포도주를 그 나무들로부터 끌어온다. 왜냐하면 "만물은 그분으로부터 나와, 그분에 의해 보존되며, 그분을 향해있기"(로마11,36) 때문이다. 오, 지극히 복된 것들의 정원이여. 거기에 심어진 나무들은 그러한 열매들로 풍성함이 증명되어왔다. 그 풍성함은, 그 열매들을 즐기는 사람들의 욕구에 따라, 모든 종류의 감미로움에로 적절하게 변모될 정도이다. 향기 가운데 우아하게 지내는 자에게 있어, 향료와 함께 하는 몰약은, 지상적인 지체(肢體)의 죽음을 통하여 깨끗하고 향기로운 삶을 훌륭하게 마무르는 것이 되고, 그 삶은 덕의 다양하고 다채로운 향료들이 합해져 이루어지는 것이다.

보다 완전한 음식물을 찾는 사람에게 있어서는, 빵은 더 이상, 율법이 명하는 것처럼(출애굽기12,8), **[307]** 쓴 나물을 곁들여 먹을 필요가 없고(왜냐하면 현세의 삶에는 괴로움이 있으므로), 꿀을 곁들여 먹으면 좋다. 그것은 덕의 열매가 그 고유한 시절에, 영혼의 감각기관들을 감미롭게 할 때이다. (그것을 증명한 것이, 주님의 부활 후 제자들에게 나타난 빵이다〈요한21,13〉.) 그 빵은 벌집에서 채취한 꿀로 감미롭고, 목마른 자에게는, 한 잔의 포도주와 젖이 제공되지, 쓸개즙과 초로 적셔진 해면이 제공되는 것은 아니다. 그런데도 그것을 유대인들은 그들의 은인인 주님께 우정의 표시로서 갈대 봉에 끼워서 내밀었던 것이다(마르코15,36).

사실 우리는 이러한 말들 가운데 담겨있는 수수께끼에 관하여 무지한 것은 아니다. 바울로가 어떻게 매일 죽음으로써(1고린토15,31), 몰약을 만들어내는 나무였던가를 알고 있기 때문이다. 그는 자신에게 죽음을 선고하여, 정결함(katharotes)과 정념으로부터의 자유(apatheia)[87]에 의해 향기를 발하고, 구원받을 사람들에게는 생명의 향기가 되었던 것이다. 또한 그가, 정원의 살아있는 나무들로부터 정원의 주인을 위하여 어떻게 빵을 만들었는지를, 우리는 알고 있다. 그것을 옥좌에 앉으신 분은, "내가 굶주렸을 때에, 너희는 먹을 것을 주었다."(마태오25,35)고 증언하여 주신다. (기쁨의 빵이란 선행을 말하며, 그것은 계명의 꿀로 감미롭다.) 또한 어떻게 정원의 꽃핀 나무들로부터 신랑에게 포도주를 붓는지도 알고 있다. 그것을 그는, "내가 목말랐을 때에 너희는 마실 것을 주었다"고 말하고 있다. 그 음료수는, 젖을 섞은 포도주로, [308] 술집 주인이 잘 하듯이 물을 탄 것이 아니다. 젖은, 인간 본성에 있어서 최초의 영양물이며(1베드로2,2), 그것은 순수하고 단순하여 참으로 유아에게 어울리며, 아무것도 섞여있지 않아, 모든 열악함의 원인으로부터 정화되어 있다.

이러한 일들을 신부를 향해서 말하자, 이어서 말씀은 "벗들아, 먹자. 형제들아, 마시고 취하자."(5,1)라고 노래하며, 벗들에게 복음의 신비를 제공하는 것이다. 신비를 전하는 복음 말씀에 정통한 사람들에게는, 여기의 말은 그때 제자들에게 행하신 신비의 전수(mystagogia)와 아무런 차이도 없는 것처럼 여겨진다. 그것은, 그때도 여기서와 마찬가지로, 말씀은 "먹고, 마셔라."(마태오26,26-27)라고 말씀하셨기 때문이다. 여기서 형제들에게 말씀하신 취함에의 권유는, 많은

---

[87] apatheia라는 그레고리오스의 기본적 개념을 '정념으로부터의 자유'라고 번역하였다. 이는 정념을 의미하는 pathos와 그 부정의 접두사인 a가 결합한 의미로, 단지 정념을 억압하는 상태가 아니라, 인간 존재에서 정념의 에네르기아를 용인하고, 그것을 보다 아름다운 삶을 위하여 변모시킴으로써, 정념에 사로잡히지 않고 살아가는 삶의 방식을 가능하게 마음의 상태를 의미한다. 각주10을 참조.

사람들에게는 복음보다도 풍요로운 내용을 담고 있다고 여겨지겠지만, 만일 누군가가 정확히 그 텍스트들을 검토한다면, 이 대목도 복음 말씀에 일치하고 있다는 것을 알게 될 것이다. 그것은, 여기서 벗들에게 말로 권유되어진 것이, 그때에는 실제로 행해졌기 때문이다. 왜냐하면 모든 취함(methe)은, 포도주에 취한 사람들에게 그 사유로부터의 탈자(脫自, ekstasis) 상태[88]를 가져오는 것이 보통이기 때문이다. 따라서 여기서 권해지고 있는 것은, 복음에서의 신적인 음식에 의해, [309] 그때에도 실제로 행해졌으며, 또한 언제라도 행해지는 것이다. 그리고 그 음식에 의해 열등한 상태로부터 보다 나은 상태에로의 탈자와 변화가 수반되는 것이다.

예언(시편36,9)이 말하듯이, 하느님의 집의 풍성함으로부터 마시고, 그 감미로운 흐름으로 목을 축인 사람들은, 이처럼 취하는 것이다. 마찬가지로 위대한 다윗도, 자기 자신으로부터 밖으로 나가, 탈자 상태가 되어 취해있었는데, 그때 그는 보이지 않는 아름다움을 보고, 영감을 받은 목소리로 "사람은 모두 거짓말쟁이"라고 외쳤다(시편116,11). 그 말로 그는 형언할 수 없는 보화를 설명하였다. 이리하여 벤야민 지파의 젊은 바울로도 취해 탈자 상태가 되어 "우리가 미쳤다면, 그것은 하느님을 위해서 미친 것이고(바울로에게 있어서 탈자 상태는 하느님을 향해 있는 것이다), 우리가 제 정신이라면, 그것은 여러분을 위해서입니다."(2고린토5,13)라고 말했다. 그처럼 그는 총독 피스토스에게 한 말 가운데, 자기는 미치지 않았다는 것과, 맑은 정신이며 정의의 말을 하고 있다는 것을 설명하였던 것이다(사

---

[88] '탈자(脫自) 상태'라고 번역한 ekstasis는, 신적 취함이 가져온 영혼의 상태로, ek(밖으로) + stasis(서있음)라는 말의 성립에서 보듯이, 그때까지의 자신의 밖으로 나가는 것이다. 투명하게 보아야할 것을 보고 있는 상태를 의미한다.

도행전26,25).

　게다가 지극히 복된 베드로도 이런 종류의 취함 가운데 허기짐을 느낌과 동시에 취해있었다는 것을 나는 알고 있다. [310] 그것은, 그에게 몸을 위하여 음식물을 내주려고, 집안사람들이 식사를 준비하고 있을 때에, "시장기가 들어 무엇을 좀 먹었으면 하는 생각을 하던"(사도행전10,10) 베드로에게 포도주도 마시지 않았는데 신적인 취함이 일어났기 때문이다. 그로 인해 그는 자신의 밖으로 나가, 복음의 보자기가 "네 귀퉁이에 끈이 달려서 땅으로 내려오는 것"을 보았다. 그 속에는, 무수한 모습을 한 모든 종족의 인간들과 날짐승들, 네 발 가진 짐승과 길짐승, 야수들이 다양한 예배의 대상의 형태를 하고 담겨있었다. 그리고 그것들 가운데 비이성적인 종류의 동물들을 희생물로 바치라고, 말씀이 베드로에게 명하였다. 만일 그것들이 정화되기라도 한다면, 그 나머지는 먹는 데 알맞은 것이 되기 때문이다. 이때 믿음의 말이 순수하게 전해졌기에, "하느님께서 깨끗하게 만드신 것을 부정하다고 하지 말라"는 하느님의 음성이 한 번밖에 들린 것이 아니라, 세 번이나 오고 갔다(사도행전10,15). 그 첫 번째 음성은, 아버지 하느님께서 깨끗하게 하신다는 것을 우리가 알기 위하여. 마찬가지로 두 번째 음성은, 외아들 하느님께서 깨끗하게 하는 하느님이란 것을 우리가 알기 위하여. 그리고 세 번째 음성에서도 거의 마찬가지로, 성령께서 모든 부정한 것을 깨끗하게 하는 하느님이란 것을 우리가 알기 위하여. 이러한 것이, 주님이 함께 마시는 사람들에게 베푸시는 포도주가 가져다주는 취함이다. 그 취함에 의한 탈자 상태는, 영혼에게 있어서는 보다 신적으로 되는 길이다. [311] 따라서 주님이, 멀리 떨어져있는 사람들에게가 아니라, 덕을 쌓음으로써 가까운 자(plesion)가 된 사람들에게, "벗들(plesion)이여, 먹고 마시고 취하자"고 권유하시는 것은 옳다. 왜냐하면 자격

없이 먹고 마시는 자는, 자기 자신에 대한 심판을 먹고 마시고 있기 때문이다(1고린토11,29). 그리고 함께 먹을 자격이 있는 자들을 '형제'라고 부르는 것은 옳다. 그분의 뜻을 행하는 사람이야말로 말씀에 의해 형제, 자매, 어머니라고 불리고 있기 때문이다(마르코3,35).

한편, 취함의 결과에 이어서 일어나는 것은 잠(hypnos)이다. 그것은, 소화에 의해 건강을 위한 힘이 초대받은 사람들에게 주어지기 위함이다. 그런 이유에서, 저 진수성찬 뒤에 신부는 잠에 드는 것이다. 이 잠은 특별한 것으로, 습관적인 자연스런 잠과는 전혀 다른 것이다. 보통 습관적인 잠의 경우, 자고 있는 사람은 깨어있지 않으며, 깨어있는 사람은 자고 있지 않다. 즉 잠과 깸은 서로 이어가며 그 자리를 내어주고, 각각 순서에 따라 일어나므로, 서로의 안에서는 끝나버린다. 그런데 이 신부의 경우에는, 그것들 반대되는 상태의 새롭고도 역설적인 혼합 및 결합이 관상되는 것이다. "나는 자고 있어도, 마음은 깨어있답니다."(5,2)라고 말하고 있기 때문이다.

이 말에 관해서 우리는, 어떤 의미를 헤아려야만 할까? 먼저 잠이란 죽음과 유사한 것이다. 그 안에서는 몸의 모든 감각적 활동이 정지하기 때문이다. [312] 즉 시각, 청각, 후각, 미각, 촉각은 자고 있을 때에는 독자적인 활동을 하지 않으며, 몸의 긴장은 완화되는 것이다. 잠은 걱정을 잊게 하고, 두려움을 진정시키며, 분노를 가라앉히고, 쓰디쓴 체험으로부터 오는 긴장을 풀어주어, 모든 악을 느끼지 못하게 한다. 잠이 몸을 지배하고 있는 동안에는 그러하다. 그러기에 앞의 말에서 우리가 배우는 것은, "나는 자고 있어도, 마음은 깨어있답니다"라고 자랑스럽게 말하는 자는, 그때까지의 자기 자신과 비교해볼 때 한층 고양되어있다는 것이다.

실제 지성만이 단독으로 살아있는 동안에는, 마치 일종의 잠이나 무감각에 의해 몸의 본성이 마비된 것처럼, 어떤 감각기관에 의해서도 번민하는 일이 없다. 그래서 우리가 진실로 말할 수 있는 것은, 어린아이의 눈을 휘둥그렇게 만드는 광경이 경멸되고 있을 때에는, 시각은 작용하는 일 없이 잠의 상태에 있는 것이다. 그 광경이란, 금이나 은이나 그 색채로 탐욕스런 눈을 자극하는 보석과도 같은, 지상의 물질만이 아니라, 하늘에 나타나있는 놀랄 만한 것들도 있다. 즉 별들의 빛남, 태양의 원운동, 달이 차고 기우는 갖가지 모습, 그 밖의 무엇이든 눈을 즐겁게 해주는 것들이다. 그것들이 더욱더 즐거움을 주는 것은, 항상 머무는 일 없이, 시간의 추이와 함께 변화하고 사라져가기 때문이다. [313] 한편 갖가지 참된 선을 관상하고 있는 경우에는, 이 모든 광경은 무시되므로, 육안은 마비된다. 그리고 보다 완전해진 영혼은, 눈에 나타나는 이러한 것들에는 매혹당하지 않는다. 왜냐하면 그 영혼은 보이는 세계를 초월하는 것만을 사유의 목표로 하고 있기 때문이다. 마찬가지로 청각도 묻혀서 활동하지 않게 된다. 영혼은 말을 초월하는 것에 전념하기 때문이다. 게다가 보다 동물적인 종류의 감각에 대해서는 말할 것도 없이, 흡사 시체에서 발하는 악취인 것처럼, 그것들은 영혼으로부터 멀리 내팽개쳐져 있다. 그러한 종류의 감각이란, 냄새를 더듬는 후각, 위에 봉사하기 위해서 대기하고 있는 미각, 그리고 노예인 것처럼 맹목적인 촉각이다. (촉각은 아마 장님만을 위해서 자연이 만든 것이리라.) 이상 모든 감각이, 이른바 잠에 떨어진 것처럼 활동하지 않는 상태에 들어가 버리면, 마음의 활동(energeia)은 정화되어, 이성(logismos)은 감각적 운동에 의해 방해를 받거나 흐려지는 일 없이, 위에 있는 것을 지향하는 것이다.

[이러한 사태의 까닭은] 인간의 본성에는 쾌락이 두 종류 있다는 것이다. 하나는, 영혼 안에서 정념으로부터의 자유(apatheia)에 의해 실현되는 것이고, 다른 하나는, 신체 안에서 정념(pathos)에 의해 실

현되는 것이다. 이 양자 가운데 자유의지가 선택하는 쪽이, 다른 쪽에 대해서 지배력(kratos)을 가진다.[89] 만일 사람이 감각 쪽을 지향하여, 감각에 의해 몸에 심어진 쾌락을 끌어당긴다면, 그 사람은 신적인 기쁨을 맛보는 일 없이 일생을 마칠 것이다. 왜냐하면 뛰어난 것이 열등한 것의 그림자일 정도로 덮여지기 때문이다. 그에 대해서, [314] 욕구(epithymia)가 신적인 것에로 기울어가는 사람들의 자리에는, 그림자로 덮여있지 않은 선(善)이 그대로 남아있다. 그들은 감각을 기쁘게 하는 것은 모두 피해야만 한다고 생각하고 있다. 그러기에 영혼이 참으로 존재하는 것의 관상만을 기뻐할 때에는, 감각적 쾌락을 일으킬 만한 것에는 하등 깨어있는 일 없이, 모든 몸의 운동을 잠재운다. 그리고 영혼은, 순수하게 정화된 통찰력에 의해, 신적인 깨어있음 가운데 하느님의 현현(emphaneia)을 보게 되는 것이다. 우리도 또한 텍스트에서 말해진 잠에 의해, 우리 주님 그리스도 예수 안에서의 영혼의 깨어있음을 달성하는 것으로, 그 현현을 볼 수 있기를. 주님께 영광이 처음과 같이 이제와 항상 영원히. 아멘.

---

89) 이 단락에서는, 사람이 어떤 종류의 쾌락을 애호하는가가, 그 사람의 삶의 형태를 결정적으로 좌우하여 간다는 것을 논한다. 그레고리오스는 그러한 쾌락의 힘을 크게 고려하여, 아파테이아야말로, 자유의지가 선택해야할 참다운 쾌락이라는 것을 밝힌다.

제 11 강화

[신부]

[5.2] 연인의 음성이 문을 두드리고 있습니다.
"열어주오. 사랑스런 누이여, 사랑스런 가인이여.
나의 비둘기여, 완전한 여인이여.
내 머리는 이슬로,
굽이치는 머리채는 밤안개로 흠뻑 젖었다오."

[5.3] "나는 옷을 이미 벗었는데 어찌 다시 입으리까?
발을 이미 씻었는데 어찌 다시 더럽히리까?"

[5.4] 연인이 문틈으로 손을 내밀자
내 가슴은 그이 때문에 몹시도 요동쳤네.

[5.5] 내가 일어나 연인에게 문을 열어주려 하자,
내 양손으로부터 몰약이 뚝뚝 듣고,
손가락에서도 몰약이 흘러넘쳤습니다.
양손으로 문빗장 손잡이를 당겨,

[5.6] 나는 연인에게 문을 열어주었습니다만,
연인은 가버린 뒤였습니다.
그분의 부름에 따라 나의 영혼도 밖으로 나갔습니다.

그분을 찾았지만 찾지 못했습니다.
그분을 불렀건만 대답해주시지 않았습니다.
[5.7] 성읍을 돌아다니는 파수꾼들은 나를 보자
때리고 상처를 내었습니다.
성벽의 파수꾼들은 내 너울을 벗겼습니다.

[315] 주님께서 가르쳐주신 중요한 교훈들 가운데 하나에 다음과 같은 것이 있다. 그 교훈들에 의해 말씀에 의해 배운 자들의 정신은, 자신의 본성으로부터 모든 질료적인 것을 티끌처럼 털어버리자, 초월적인 것에 대한 욕구가 일어난 것이다. 그 하나의 교훈이란, 위에 있는 생명을 올려다보는 자들은 잠과 싸워 이길 필요가 있다는 것, 항상 그 정신은 깨어있어, 영혼과 진리를 교묘하게 속이는 졸음을 눈으로부터 쫓아버릴 필요가 있다는 것이다(마태오24,42). [316] 그러한 졸음과 잠으로 내가 의미하고 있는 것은, 인생에서 속은 자들이 품는 꿈과 같은 환영(phantasmata)의 재료들이다. 즉 관직, 부, 권력, 허영, 기만적인 쾌락, 명성에 대한 욕심과 그 누림, 명예욕, 그 밖에 현세의 삶에서 사려 없는 자들이 망상(phantasia)으로 헛되이 추구하는 모든 것이다. 그것들은 본성상, 시간이 지나감과 함께 흘러가버리는 것이다. 겉으로는 존재를 가지고 있는 것처럼 보이지만, 실은 생각과는 달리 그런 것이 아니다. 즉 생각한대로 언제까지나 머물러있는 것이 아니라는 말이다. 마치 바닷물이 솟아올라 생기는 파도처럼, 그것들은 생겨났다고 여기는 순간 곧 사라져간다. 파도는 바람의 움직임에 맞춰 그때에는 산처럼 솟아오르지만, 그 산은 지속성의 관점에서 보면 불확실한 것이다. 한때 바람의 방향에 맞춰 솟아올랐어도, 바람과 함께 가라앉아 다시 잔잔해지며 해수면의 높이가 되기 때문이다.

[317] 그래서, 이러한 환영으로부터 우리의 정신이 멀리 떨어져 있기 위해서는, 무거운 잠을 영혼의 눈으로부터 떨쳐버리길 권유받는 것이다. 그것은 실재하지 않는 것에로 기움으로써, 실재하며 참으로 존재하는 것들로부터 떠나버리는 일이 없도록 하기 위함이다. 이러한 이유에서 주님은 "허리에 띠를 띠고 등불을 켜놓고 있어라."(루가12,35) 하시며, 우리가 늘 깨어있도록 충고하신다. 눈에 쏘여져 들어오는 빛은 잠을 쫓고, 띠로 묶여진 허리는, 몸이 잠을 받아들이는 것을 허락하지 않는다. 노고를 느끼면, 잠에 의한 풀어짐이 들어올 여지가 없기 때문이다. 이러한 상징들이 말하는 바는 분명하다. 즉 절제(sophrosyne)로 띠를 맨 자는, 깨끗한 양심(syneidos)이 솔직함[90](parresia)의 등불로 그 삶을 비추므로, 빛 안에서 살아간다. 진리가 던지는 빛에 의해 그 영혼은 잠에 떨어지지 않고, 기만당하지 않으며, 사람을 속이는 꿈에 쓸데없이 기울지 않기 때문이다. 만일 이러한 일이 말씀의 도움에 의해 달성된다면, 천사와도 같은 삶이 우리를 찾아올 것이다. 신적 교훈은 우리를 천사와도 같은 사람들에 빗대어, [318] "혼인잔치에서 돌아오는 주인이 문을 두드리면 곧 열어주려고 기다리고 있는 사람들처럼 되어라."(루가12,36)라고 말하고 있기 때문이다.

혼인잔치로부터 주인이 돌아오기를 기다리고 있는 저 사람들은, 천상의 문가에 깨어 앉아있다. 그것은, 혼인잔치에서 돌아온 영광의 왕이 다시 그 문을 통하여 저 천상의 지복으로 들어가기 때문이다.

---

90) '솔직함'이라고 번역한 그리스어 parresia는 본래 '무엇이라도 말할 수 있는 자유'라는 뜻이다. 거기에서부터 '언론의 자유'나 '탁 털어놓는 신뢰'라는 의미를 가지게 된 것이다. 그레고리오스는 이 말을 '생각하고 있는 것을 비밀 없이 신뢰를 가지고 말할 수 있는 마음의 상태'라는 의미로 사용하고 있다. 제12강화 끝에서는, 신부의 정화된 영혼의 상태가 다시 이 '솔직함'이라는 개념으로 말해지고 있다.

그로부터 「시편」에 의하면 "신랑이 그 방에서 나오면"(시편 19,6), 우리를 처녀로서 자신의 약혼자로 삼는 것이다. 그는 우상과의 사이에서 간음을 범한 우리의 본성을, 신비적인 재생(mystike anagennesis)에 의해 처녀의 불멸성으로 회복시켜 주시는 것이다. 따라서 혼인잔치는 완전한 것이 되고, 말씀에 의해 교회는 신부로서 맞아들여지는 것이다. 참으로 요한이 말하듯 "신부를 맞이하는 것은 신랑이기"(요한 3,29) 때문이다. 신부는 이미 신비의 안방에 맞아들여지고, 천사들은 영광의 왕이 자신에게 어울리는 지복에로 귀환하는 것을 기다리고 있었던 것이다. 그래서 주님은, 우리 삶의 본연의 모습도 이 천사들과 닮을 필요가 있다고 말씀하셨던 것이다. 마치 그들이 악덕과 기만으로부터 멀리 떨어져 사는 것으로, [319] 주님의 내림(來臨, parousia)을 맞이할 준비를 하고 있는 것처럼, 우리도 또한, 우리가 사는 집의 현관에서 불침번을 서는 것으로, 주님이 문 앞에 서서 두드릴 때에 응답할 수 있도록 준비하기 위함이다. 주님은 말씀하신다. "주인이 돌아왔을 때 깨어 있다가 주인을 맞이하는 종들은 행복하다."(루가 12,37)

이 문을 두드리는 분에게 응답하는 것은 행복한 일로, 항상 그 행복을 응시하고 있는 영혼은 신랑이 그 문 앞에 서있다는 것을 알고 있다. 그것은 자신의 보물 창고를 자지 않고 잘 지키고 있는 영혼이다. 그래서 "연인의 음성이 문을 두드리고 있습니다."(5,2)라고 말해지고 있다. 어떻게 우리는 이 텍스트를 통하여, 보다 신적인 것에로 올라가는 신부의 여정을 잘 이해할 수 있을까? 그녀는 상당한 권위와 자신을 가지고, 완고한 저 북풍을 그 자리에서 추방하고, 청명한 바람을 자기 곁으로 불러들였다. 그녀는 낙원의 물 흐름을 그 말로 만들어, [그 물가에서 자라는] 과일나무들이 향기를 뿜게 하였다. 또한 자신의 정원을 창조주에게 식탁으로 제공하며, 내어놓은 것들 가운데 버릴 것은 하나도 없이, 몰약도, 향료도, 꿀을 바른 빵도, 젖을 섞은 포도주도 모두 아름답다는 말을 듣게 하였다. 이 일에 관해서는, 말씀이 "그대의 모든 것이 아름다울 뿐, 흠(더러움)이라고는 하나도 없구려."(4,7)라고 완벽하게 증언하고 있었다. [320] 지금 그녀는 다음과 같은 상태에 있다. 제일 먼저 하느님의 현현을 받아들이고 싶다고 생각하고 있지만, 지금 문 앞에 서계신 말씀을 아직 가족으로서는 받아들이지 못하고 있으므로, 그 힘찬 목소리에 경탄하고 있는 상태이다. 그러기에 그녀는, 신랑의 목소리는 아직 그녀 자신이 아니라 그녀의 문만을 붙잡고 있다고 말한다. "연인의 음성이 문을 두드리고 있습니다"라고.

　이제는 하느님을 향하여 상승해가는 사람들에게 그 달려감(dromos)이 얼마나 한이 없는지가 분명할 것이다. 도달한 그때마다 파악되는 것이 그것을 초월한 것에로 향하는 출발점(arche)이 되기 때문이다. 즉 높은 곳으로 나아가는 신부의 달려감이 멈추는 것을, 우리는 여기서 신부에게 말해진 말들로부터 기대하였지만, (그토록 완전하다는 증언이 있은 후에도, 여전히 보다 많은 것을 어찌하여 추구하는 것일까?) 그러나 지금 우리가 보는 것은, 그녀가 아직 집안에 있고, 문밖으로는 나와 있지 않다는 것이다. 그녀는 아직 신랑의 얼굴을 보고 기뻐하는 데는 이르지 못하고, 아직도 듣는 것에 의해서만, 선(善)에 참여(metousia)하도록 인도되고 있다. 따라서 우리는 이 텍스트로부터 하나의 가르침을 받는다. 즉 항상 보다 위대한 것을 향하여 전진하는 사람들에게는, "자기가 무엇을 좀 안다고 생각하는 사람이 있다면 그는 마땅히 알아야할 것을 아직 알지 못하고 있는 것입니다."(1고린토8,2)라고 말하는 사도의 말이 들어맞는다는 것이다. [321] 그것은 이제까지 영혼이 알고 있는 것은, 자기가 파악한 것뿐이기 때문이다. 그리고 아직 파악되지 않은 것은, 이미 파악된 것보다 무한히 큰 것이다. 그러기에 신랑은 종종 영혼에 나타났던 것이다. 그리고 이제껏 눈앞에 나타나지 않았지만, 언젠가 나타날 것을 신부에 대해서 그 목소리로 약속하는 것이다.

이 점을 보다 분명히 하기 위하여, 예를 들어 비유를 말해보자. 만일 누군가가, 태초에 땅으로부터 솟아나와, 모든 지면을 적실만큼의 양을 가지고 있다고 성서가 말하는(창세기2,6), 저 샘 가까이에 있었다고 하자. 그 샘 가까이 서있던 사람은, 거기로부터 끊임없이 솟아 흘러나오는 무한한 물에 감탄할 것이다. 그럼에도 불구하고 그 사람은 물 전부를 보았다고는 말하지 않을 것이다. (어찌하여 대지의 품에 숨어있는 것이 보이겠는가? 그러므로 오랫동안 그 넘쳐흐르는 물가에 머물러있어도, 그 사람은 그때마다 처음 물을 보는 것이다. 왜냐하면 그 물은 멈추는 일 없이 끊임없이 흘러나와, 항상 새롭게 흘러넘치기 때문이다.) 이와 마찬가지로, 저 신적이고 무한한 아름다움을 응시하는 사람도, 이미 파악된 것에 비해서 아주 새롭게 생각을 초월하는 것을 언제나 발견하여 지향하므로, 그 사람은 끊임없이 스스로를 밝히 드러내는 그 아름다움에 감탄한다. 게다가 이미 보여진 것보다 기대되는 쪽이 항상 한층 위대하고 신적이기에, 보고 싶다고 하는 욕구가 멈추는 일이 없다. 이상의 이유로부터 여기서도 신부는, 알려지는 것에 그때마다 감탄하고 경탄하지만, 결코 이미 알려진 것에 안주하지 않고, 관상의 대상에 대한 갈망(pothos)이 멈추는 일이 없다. [322] 그렇기에 지금도 그녀는, 말씀이 문을 두드리는 것을 감지하고, 거기에 응답하기 위하여 일어나 말하는 것이다. "연인의 음성이 문을 두드리고 있습니다."

그래서 신부가 귀를 맑게 하면, 그 목소리로부터 메아리치는 말을 듣는다. 그 말은 다음과 같다. "열어주오. 사랑스런 누이여, 사랑스런 가인이여. 나의 비둘기여, 완전한 여인이여. 내 머리는 이슬로, 굽이치는 머리채는 밤안개로 흠뻑 젖었다오."(5,2) 이 대목의 의미를 우리는 다음과 같은 관상에 의해 파악할 수 있을 것이다. 위대한 모세에 대해서 하느님의 현현(epiphaneia)은 빛에 의하여 시작되었다(출애굽기19,18). 그 뒤 구름을 통해서 그에게 하느님은 말씀하셨다(동20,21). 나아가 모세가 보다 높고 보다 완전하게 되자, 그는 어둠(gnophos) 가운데서 하느님을 보는 것이었다(동24,15-18). 이상으로부터 우리가 배우는 것은 다음과 같다. 먼저, 하느님에 관한 거짓의 혼란한 관념으로부터의 최초의 철퇴(撤退)는, 암흑(skotos)으로부터 빛에로 옮겨지는 것이다. 그 다음에, 감추어진 것을 보다 직접 이해하는 것(katanoesis)이란, 현현해오는 것을 통해서 영혼을 하느님의 볼 수 없는 본성에로 이끄는 것이다. 그 이해는 한편으로는, 현현해오는 모든 것에 그림자를 드리우며, 다른 한편으로는, 더 감추어진 것을 응시하도록 영혼을 이끌며 익숙하게 하는 구름에 비유되고 있다.[91] [323] 이상의 과정에서 영혼은 위로 올라가, 인간의 본성에 있어 도달 가능한 것을 포기해버리면, 하느님 인식(theognosis)의 성역에 이르러, 신적인 어둠에 의해 사방으로 에워싸인다. 그 어둠 가운데서는 드러나 파악되는 것은 모두 밖에 버려져, 영혼의 관상을 위해 남겨진 것은 볼 수 없고 파악 불가능한 것(akatalepton)뿐이다. 그리고 거기에야말로 하느님이 계신다. 참으로 말씀이 율법의 제정자에 관하여 "모세는 하느님이 계신 어둠 가운데로 들어갔다."(동

---

91) 이 구름의 한 작용인 '그림자를 드리우다'라는 것은, 너무나 눈부신 태양빛 아래서 직접 보기보다는, 그 구름의 그림자 아래가 보기 쉽다는 것이다. 다른 작용인 '영혼을 이끌어 익숙하게 한다' 는 것은, 하느님의 본성의 이해를 위하여, 그 구름을 관통하여 태양을 직시하도록 영혼을 서서히 이끌어가는 것이다. '하느님의 볼 수 없는 본성'이라고 여기서 말해지고 있는 것은, 이 설명에서는 너무 눈부셔서 직시할 수 없는 태양이다. 그 '볼 수 없음'이 이 문맥에서는 '어둠'이라고 표현되어있다.

20,21)고 말한 그대로이다.

　이와 같이 관상한 바, 우리는 눈앞에 있는 텍스트의 대목과 이전에 말해진 것과의 연관성도 검토해야할 것이다. 예전에 신부는 검었지만, 그것은 빛을 발하지 못하는 가르침에 의해 검게 되어있었기 때문이다. 그때 태양은 그녀를 잘 비추고 있지 않았다. 즉 태양은, 유혹에 의해 뿌리를 내리지 못한 채 바위 위에 뿌려진 씨를 덥히고 있었던 것이다. 그녀는 자신 안에서 싸우고 있는 것에 져서, 자신의 포도밭을 지키지 못하였다. 또 자신을 몰랐기에, 양 떼 대신에 염소 떼를 치고 있었다. 그러나 그녀가 악과의 친근성(symphyia)으로부터 자신을 떼어놓고, 저 신비적인 입맞춤에 의해 빛의 샘에 그 입을 대기를 갈구하였을 때, 그녀는 진리의 빛에 비추임을 받아 아름답게 되고, 무지(agnoia)의 검댕을 물로 씻어 흘려보냈던 것이다. [324] 그 다음 그녀는, 그 준족(俊足)으로 인해 말에 비유되고, 날랜 비상으로 인해 비둘기에 비유되었다. 그 두 가지 능력으로, 그녀는 파악되고 현현해오는 모든 것 사이를, 말처럼 달리고, 비둘기처럼 날았다. 그 후 사과나무 그림자 아래서 바라던 대로 쉬었다. 그림자를 드리우는 것을 구름 대신에 사과나무라고 부르고 있었던 것이다. 그런데 지금 그녀는 신적인 밤에 둘러싸여있다. 거기서는 신랑은 가까이 와있지만, 모습은 드러나지 않는다.

　어떻게 보이지 않는 것이 밤에 모습을 드러낸다는 말인가. 신랑은, 영혼에 대해서 자신의 현존(parousia)을 지각하게는 하지만, 그 볼 수 없는 본성에 의해 감추어져있으므로, 명백히 이해되는 일은 없다. 그렇다면 그 밤에 영혼에게 일어나는 신비의 전수는 무엇인가? 문을 두드리는 것은 말씀이다. 문이라고 하는 것으로 우리가 생각하고 있는 것은, 뭐라 말할 수 없는 것을 추찰(推察)하는 정신이며, 그곳을 통해서 탐구되고 있는 것이 집안으로 들어오는 것이다.

그러기에 진리는 우리의 본성 밖에 서있다. 우리는 사도가 말하듯이 (1고린토13,12), 한 부분밖에 알지 못하기 때문이다. "열어주오"라고 말하며, 진리는 은유(hyponoia)나 수수께끼 안에서 정신의 문을 두드리며, 이 재촉과 함께 그 문을 적합하게 여는 방식을 시사하고 있다. 즉 닫힌 것을 여는 열쇠와도 같은 것으로서, 노래에 있는 아름다운 몇 개의 호명을 제시하는 것이다. [325] 즉 '누이' '벗' '비둘기' '완전한 여인'이라고 하는 호명이 의미하는 것은, 분명히, 감추어진 것을 여는 열쇠이기 때문이다.

신랑이 말하는 것은, 「만일 그대가 문을 열고 영광의 왕께서 들어오시도록 그대 영혼의 성문이 열리기를(시편24,7) 바란다면, 그대는 내 뜻을 그대의 영혼 안에 받아들여 나의 누이가 될 필요가 있다」는 것이다. 바로 복음서 안에서, 주님의 뜻 안에서 사는 사람이야말로, 주님의 형제자매가 된다고 말하고 있는 대로이다(마르코3,35). 그대는 진리에로 다가와, 어떤 장벽에 의해서도 떨어져있지 않을 만큼, 확실히 진리의 벗(이웃)이 되어야만 한다. 또한 그대는, 본성에 있어서 비둘기와 같은 완전함을 지녀야만 한다. 즉 모든 결백함(akakia)과 정결함으로 채워져 무엇 하나 모자람이 없는 완전함이다. 이러한 호명을 열쇠로 받았다면, 영혼아, 그것들을 가지고 진리에 출입구를 열어라. 그리고 그 누이, 벗, 비둘기, 완전한 여인이 되어라. 「나를 받아들여 머물게 하는 것의, 그대에게 있어서의 이익이란, 내 머리에서 흘러넘치는 이슬이며, 내 굽이치는 머리채에서 흘러내리는 밤이슬이리라」고 [영혼은 부름 받는다]. 이들 가운데 이슬이 치유(iasis)라는 것을 우리는 예언자로부터 확실히 배우고 있다. 그는, "그대로부터 보내지는 이슬은 그들의 치유이다."(이사야26,19)라고 말하고 있기 때문이다. 또한 밤이슬은, 앞에서 관상한 의미와 연결되어있다. [326] 즉 보이지 않는 성역의 내부에로 들어간 자가 호우(豪

雨)나 분류(奔流)와도 같은 인식(gnosis)과 만나는 것은 불가능한 것으로, 빈약하고 불분명한 통찰(dianoia)로 진리가 그 보이지 않는 것들에 대한 인식을 적셔준다면, 그것으로 만족해야할 것이기 때문이다. 이 영적인 이슬은 성인들이나 하느님의 영감을 받은 사람들로부터 흘러나오는 것이다.

전 우주의 머리로부터 늘어뜨려진 '굽이치는 머리채'란, 내 생각으로는, 비유적으로(tropikos) 예언자, 복음서 저자, 사도를 가리키고 있다. 각각은 가능한 한, 어둡고 감추어져 있으며 볼 수 없는 보물창고로부터 우리를 위해 물을 끌어당겨주고, 자신도 물로 가득 찬 강이 되어있다. 하지만 그들은 진리 그 자체에 비하면 이슬방울에 지나지 않는다. 비록 그들이 그 수와 가르침의 위대함이란 점에서 도도하게 흐르는 대하와 같을지라도. 바울로는 천상의 그러한 강이었으며, 그 상념(noema)의 파도를 타고 낙원인 셋째 하늘까지 들려올라갔다. 즉 말할 수도 없고 발성도 되지 않는 말(rema)까지 들려올라간 것이다. 그는 저 모든 장대한 웅변에 의해 말의 바다와도 같았지만, 그 말도 말씀 그 자체와 비교해보면 역시 이슬방울에 지나지 않는다는 것을 보여주고 있다. 그는 말한다. "우리는 부분적으로 알고 있으며 또 부분적으로 예언한다."(1고린토13,9) "자기가 무엇을 좀 안다고 생각하는 사람이 있다면 그는 마땅히 알아야 할 것을 아직 알지 못하고 있는 것이다."(1고린토8,2) 또한 "나 자신은 이미 붙잡았다고는 생각하고 있지 않다."(필립비3,13)고도 말하고 있다. 그래서 만일 머리와 굽이치는 머리채에서 떨어지는 이슬방울이 우리의 유한한 힘에 비해 강이나 바다나 파도처럼 보인다고 한다면, [327] "목마른 사람은 다 나에게로 와서 마셔라."(요한7,37)라고 말하는, 그 샘에 관해서는 어느 정도나 생각해야 할까. 청강하고 있는 여러분 각자가 스스로, 말해진 것과의 유추(analogia)에 의해 그 놀라움을 추찰(推察)해보길 바란다. 만일 한 방울의 이슬로도 강을 탄생시키는데 충분하다면, 어떻게 해야 하느님의 강 그 자체를 그러한 한 방울로부터 유추할 수 있단 말인가.

그건 그렇고, 어떻게 신부가 말씀을 청종(聽從)하는지, 어떻게 그녀가 신랑을 위하여 입구를 여는지를 살펴보자. "나는 옷을 이미 벗었는데, 어찌 다시 입으리까? 발을 이미 씻었는데, 어찌 다시 더럽히리까?"(5,3) 그녀가 누이, 벗(가까운 이), 비둘기 그리고 완전한 여인이 되도록 명하시는 분의 말을 들은 것은 좋은 일이었다. 그 말들을 통하여 영혼에 진리가 거주하게 되었기 때문이다. 그녀는 참으로 들은 바를 행했으며, 죄를 지은 후 입고 있던, 저 가죽옷(창세기 3,21)을 벗었던 것이다. 또한 그녀는 발에 묻은 흙을 씻었는데, 그것은 낙원에서의 나날을 보낸 후 지상으로 돌아올 때 덮였던 것이다. 그때 그녀는 "너는 흙이므로 흙으로 돌아가라."(창세기3,19)고 들었기 때문이다. 이러한 일을 통해서 그녀는, [328] 마음의 베일을 제거하고, 말씀에 대해서 영혼에로의 입구를 열었던 것이다. 그 베일이란, 곧 육(肉, sarx)이다. 육이라고 내가 말하는 것은, '옛 인간'을 가리킨다. 옛 인간을 벗어던지는 것을, 신적인 사도는, 말씀으로 목욕한다고 말하며, 이를 영혼의 발에 묻은 더러움을 씻어버리려는 이들에게 명하고 있다. 그래서 옛 인간을 벗어던지고, 마음의 베일을 걷어버린 자는, 말씀을 위해서 입구를 연 것이다. 영혼은 사도가 이끄는 대로, 안으로 들어온 말씀을 자신의 옷으로 삼는다. 사도는 옛 인간이라고 하는 누더기를 벗은 자에게, "하느님의 형상대로 창조된 새로운 옷을 경건과 정의 안에서 갈아입어라."(에페소4,24)라고 명하고 있기 때문이다. 그리고 그 옷이란 예수라고 말하고 있다(로마13,14).

신부는, 이제 던져버린 옷을 두 번 다시 입지 않는다는 것, 그리고 제자들에게 주어진 분부(nomos, 마태오10,10)에 따라, 위로부터의 탄생에 의해 새로 갈아입은 한 벌의 옷으로 만족함에 동의한다. 이 동의에 의해, 한 번 신적인 옷으로 치장한 자들에 대하여, 더 이상 죄의 옷을 두르지 않고, 두 벌이 아니라 한 벌만을 지닐 것을 명하고 있는 주님의 말씀은, 확고한 것이 된다. 그것은 서로 받아들일 수 없는 옷이 그 사람에게 두 벌 있는 일이 없도록 하기 위함이다. [329] 대관절 어떤 공통성(koinonia)이, 어둠의 옷과 빛나는 비(非)질료적 옷 사이에 있단 말인가. 주님의 분부는, 두 벌의 옷을 지녀서는 안 된다는 것에 머물지 않고, 낡은 옷에 새 천을 대서는 안 된다고도 하시는데, 그것은 그러한 옷을 입은 사람이 더 볼꼴사납게 되지 않기 위함이다. 왜냐하면 기운 자리는 고정되지 않고, 낡은 옷은 더 심하게 찢어져 고치기 어렵게 되기 때문이다. 실제로 "헌 옷에 기워 댄 새 헝겊에 그 옷이 땅겨 더 심하게 찢어진다."(마르코2,21)고 말해지고 있다. 그렇게 하여 흉한 꼴이 드러나 버리는 것이다. 이런 이유에서 신부는, "나는 옷을 이미 벗었는데 어찌 다시 입으리까?"라고 말한다. 왜냐하면, 누가 자신을 감싸는, 정결함과 불멸성으로 짠 태양과도 같은 주님의 옷을 보면서, 빈약하고 누더기 같은 옷을 입으려 들겠는가. 그 옷은 산상 변모 때에 주님이 보여주신 것과 같은 것이며, 누더기 옷은「잠언」(23,21)이 말하는 대로, 술주정뱅이며 음탕한 자가 입고 있는 것이다.

게다가 발을 씻었다고 하면, 다시 흙으로 더럽히는 일은 없을 것이다. 그래서 "발을 이미 씻었는데, 어찌 다시 더럽히리까?"라고 말하고 있다. [330] 왜냐하면 모세도, 거룩하고 빛나는 땅을 딛고 있을 때, 하느님의 명령으로 시체의 가죽으로 만든 신발을 벗은 다음에는(출애굽기3,5), 다시 신발을 신었다고는 말해지고 있지 않기 때문이다. 그것은 그가 산중에서 보여진 본에 따라 제의를 만들었을 때도 그러하였다. 그는 금색, 심홍, 순백, 보라색, 적색으로 온통 빛나는 실을 엮어 천을 짜고(동28,5.8), 그 모든 색의 혼합에 의해 아름다움이 빛나도록 하였다. 그러나 발에는 아무런 장식도 만들지 않았다. 사제의 발이 장식되어있는 것은, 아무 것도 신지 않고 일체의 신발로부터 해방되어있을 때인 것이다. 왜냐하면 사제는 특히 거룩한 땅을 밟지 않으면 안 되고, 시체의 가죽을 신고 거기를 밟는다는 것은 옳은 일이 아니기 때문이다. 그러기에 주님은 제자들에게 이방인의 길로 가지 말고, 거룩한 길로 나아갈 것을 명하였을 때, 그들에게도 신발을 금지했던 것이다(마태오10,5-6.10). 그대는 제자들이 달려가도록 분부 받은 그 거룩한 길을 물론 잘 알고 있다. 그대는 그것을 "나는 길이다."(요한14,6)라고 말씀하신 분으로부터 배웠기 때문이다. 그 길은 죽은 인간[92]의 덮개를 벗지 않은 자는 도달할 수 없는 것이다.

이렇게 하여 신부는 이 길에 들어선 것이며, 그 길에서 주님은, 그곳을 걷는 사람들의 발을 물로 씻고, 허리에 두르고 있던 수건으로 닦아주신다. (주님의 허리띠는 죄를 정화하는 힘이 있다. "주님은 힘을 옷으로 삼고, 몸에 두르셨기"〈시편 93,1〉 때문이다.) [331] 그러기에 신부의 발이 그 임금의 길에서 깨끗하여지면, 그녀는 좌우로 벗어나는 일이 없도록 자신을 지켜본다. 그것은 어느 쪽으로든가 길을 벗어나, 진흙으로 발을 더럽히는 일이 없기 위함이다. 그대에게는 이러한 말이 의미하는 바가 확실히 이해될 것이다. 그것은, 세례에 의해 단번에 신발을 벗은 신부는, 신발과 함께 모든 흙의 더러움을 털어버려, 발을 씻었다는 것이다. (왜냐하면 세례자 특유의 임무

---

92) 이 '죽은 인간'(ho nekros anthropos)이란, 던져버려져야 할 누더기 옷에 비유되고 있는 '옛 인간'이다.

는 신발 끈을 푸는 것이기 때문이다. 요한이, 주님에 대해서만은 그것을 할 수 없다고 증언하였던〈마르코1,7〉것이다. 본래 처음부터 죄의 끈에 묶여있지 않는 분에 관해서, 어떻게 그 끈을 풀어드릴 수 있단 말인가.) 그래서 그녀는, 그 닦여진 길에서의 발걸음이 더럽혀지지 않도록 지켜보는 것이다. 마치 다윗도, 진흙의 더러움을 씻어버린 자신의 발을 바위 위에 올려놓았을 때 그랬던 것처럼. 그때 그는 다음과 같이 말하고 있다. "주님은 괴로움의 구렁, 진흙의 수렁에서 나를 건져주시어, 바위 위에 내 발을 세워주시고, 곧바로 걷도록 붙들어주셨다."(시편40,3) [332] 우리는 이 바위를 빛, 진리, 불후성(不朽性), 정의이신 주님이라고 생각한다. 이 성질들에 의해 영적인 길은 닦여져 있으며, 그 어느 쪽으로도 길을 벗어나지 않는 사람은, 어디에서도 쾌락의 흙탕물로 더럽혀지지 않으므로, 그 발걸음을 깨끗하게 보존하며 가는 것이다. 그리고 내 설명으로는, 이 조건 아래 말씀에 대해서 문이 신부에 의해 열리는 것이다. 즉 신부는, 털어버린 진흙을 더 이상 몸에 묻히지 않는 것, 현세의 인생길에서 흙의 더러움을 받아들이지 않는 것에 동의하는데, 그 동의야말로, 이리하여 준비된 영혼이 성화되는 일의 입구가 되는 것이다. 그리고 주님이야말로 성화하시는 분이시다(1고린토1,30). 이러한 의미 내용이, 이상의 설명으로부터 떠오른 것이다.

이후에 다시 영혼은 높은 곳에로의 등반을 시작한다. 신랑의 음성은 더 이상 그녀의 마음의 문을 두드리는 일 없이, 하느님의 손 그 자체가 문틈을 통하여 안으로 슬며시 들어온다. "연인이 문틈으로 손을 내밀자, 내 가슴은 그이 때문에 몹시도 요동쳤네."(5,4) 사려 깊이 이해하는 자에게 있어서는, 이 텍스트가 앞선 부분보다도 한층 숭고하다는 것은 아주 분명하다. "열어주오"라고, 말씀은 신부를 향하여 말하며, 여는 힘을 신적인 이름을 통하여 그녀에게 부여한다.

그리고 신부는 말씀을 듣고 따른다. (왜냐하면, 그녀는 자신이 들은 바의 것, 즉 누이, 벗〈가까운 이〉, 비둘기, 완전한 여인이 되어있기 때문이다.) 그녀는 저 가죽옷을 벗고, 발에 묻은 더러움을 털어버린다. [333] 그리고 볼꼴사납게 터진 저 옷을 다시 몸에 두르는 일 없이, 이후 그 발자국을 땅에다가 남기는 일도 없다. 그리하여 그녀는, 그분의 음성을 듣고, 그 명령에 따른다. 즉 그 마음으로부터 베일을 걷어버리고, 문을 여는 것이다. 이리하여 육의 장막이 출입구로부터 제거된다. 만일 영혼의 문이 완전히 열린다면, 거기로 영광의 왕이 들어오신다. 하지만 그 문틈은 비좁다. 그곳을 신랑 자신은 통과할 수 없고, 그 손만이 겨우 들어온 것이다. 그 결과, 그 틈으로부터 손은 안에 다다랐고, 신랑을 보고 싶다고 원하는 신부에게 가 닿은 것이다. 하지만 그녀가 얻은 이익은, 그 손이 자신이 연모하여 찾고 있는 분의 것이라는 것을 안 것뿐이었다.

이제 텍스트에 시간을 좀 들여 살펴본다면, 이미 말한 것 안에 포함되는 애지에 의해 우리에게 어떤 가르침이 주어져있는지를 배울 수 있을 것이다. 인간의 영혼은 두 가지 본성에 양다리 걸치고 있는데, 그중 하나는 비(非)물체적, 지성적(noera) 그리고 순수하며, 다른 하나는 물체적, 질료적 그리고 비이성적(alogos)이다. [334] 영혼이 두터운 지상적 삶과의 연결로부터 덕에 의해 얼른 정화되면, 영혼은 자신과 동류(同類)이며 보다 신적인 것을 올려다보며, 존재하는 것의 시원(始源)을 탐구하길 멈출 수 없을 것이다. 존재하는 것의 아름다움의 원천은 무엇인가? 그 힘은 어디로부터 넘쳐나는 것일까? 존재하는 것 안에 드러난 지혜를 샘솟게 하는 것은 무엇인가? 그 지혜는 모든 사고를 발동시키고, 또한 많은 관념을 탐구하는 모든 능력을 움직여, 탐구의 대상을 파악하도록 작용한다. 이리하여 지혜는, 우리가 있는 곳까지 내려온 신적 활동(energeia)의 범위 안에서만 하느님을 파악하게 한다. 그 활동을 우리는 부여된 생명을 통해서 감지하는 것이다. 마치 호수의 물과 함께 땅속으로부터 솟아올라온 공기가 호수 바닥 언저리에 머물지 않고, 포말이 되어 같은 종류인 대기를 향하여 위로 불어올라가는 것을 생각해보자. 그것이 정점인 수면을 지나 대기와 섞인 곳에서, 그 위로 향한 운동이 멈추듯이, 신적인 것을 탐구하는 영혼도 그러하다. 즉 영혼이 초월적인 것의 인식을 목표로 스스로를 밑에서부터 끌어올려, 하느님의 활동의 놀라운 위업(thauma)을 파악하면, 영혼은 그 지적 호기심을 [만족시키는 그 위업들에 눈을 빼앗겨] 한동안은 그 이상 전진할 수 없게 되어버린다.[93] [335] 그리고 '존재한다는 것'이 오로지 신적 활동의 위업을 통해서 인식되는 분에 경탄하며, 그분을 예배한다. 그래서 영혼은, 하늘의 아름다움, 별들의 빛남, 지축의 회전의 빠름, 붙박이별의 질서 있고 조화로운 운행, 사계절의 주기를 보는 것이다. 대지는 그것을 감싸고 있는 것에 의해 지탱되어있고, 저편에 있는 별들의 운동의 차이에 의해 자신의 활동을 변화시킨다. 거기에는 많은 종류의 생물이 서식하고 있다. 즉 물에 사는 것, 공중을 나누어 나는 새들, 땅에 사는 것들 즉 다양한 종류의 식물, 성질과 효능과 형태에 있어서 서로 다른 다채로운 약초들, 독특한 과일이나 과액(果液) 등이 그것이다. 이것들과 그 밖에 다른 모든 것들을 통해서, 하느님의 활동은 드러나는 것이다.

영혼은 이 경탄할 만한 출현들을 응시하는 것으로, 그 위업들을 통하여 이해되는 분이, '존재한다는 것'을 사고에 의해 유추하는

---

93) 여기서는, 현상의 세계에서 경탄할 만한 사상(事象)을 통하여, 그것을 관장하고 있는 하느님이 '존재한다고 하는 것'에 관해서는 인정하고 믿지만, 그 사상의 멋짐에 머물러, 하느님의 본성의 탐구에로는 향하지 못한 단계의 영혼이 기술되어있다.

(analogizetai) 것이다. [336] 오고야말 그때에는, "하늘과 땅은 사라진다."(마태오24,35)는 주님의 말씀에 따라서 보이는 것 모두는 사라져버리지만, 그때 우리는 아마, 시각과 청각과 사고력을 초월한, 저 생명에로 들어가게 된다. 그때에는 더 이상, 선의 본성을 지금처럼 그 위업으로부터 부분적으로 인식하는 일도, 초월적인 것을 그 활동의 드러남으로부터 이해하는 일도 없고, 다른 모양으로 형언할 길 없는 지복의 형태를 똑똑히 파악할 것이며(1고린토13,12), 그 누림의 방식도 다를 것이다. 그 방식은 지금은, "상상조차 되지 않는 본성을 지닌"(동2,9) 것이다. 지금 당장은, 영혼에게 있어 그 뭐라 말할 수 없는 인식은, 존재하는 세계에 드러나 있는 활동의 범위 안에 제한되어있다. 그 활동을 신랑의 '손'이 상징적으로 말하고 있다고 우리는 이해하였다. 이상의 가르침을 우리는, 이 신적인 텍스트들을 통하여 지(知)로서 사랑하고 탐구해왔던 것이다. 이 텍스트에 의하면, 정화된 영혼은, 밑의 세계에 자신의 발을 들여놓아 더럽히는 일이 없도록, 더 이상 지상적이며 질료적인 삶의 길을 걷는 일은 하지 않는다. 그리고 그 영혼은, 신랑 자신의 온몸이 집안으로 들어오심을 맞이하기를 기대했던 것이다.

하지만 당분간, 그 영혼은 신랑의 손만을 보고 기뻐하는 것이고, 그 손은 그의 활동의 힘이라고 해석된다. [337] 그래서 "연인은 문틈으로 손을 내밀었다"고 말하는 것이다. 왜냐하면, 인간의 가난함은, 무한하고 제약이 없는 본성을 자신 안에 받아들일 수 없기 때문이다. 이어서 "내 가슴은 그분 때문에 몹시도 요동쳤습니다"라고 말하지만, 이 '요동침'(파도침, throesis)이라고 하는 말은 명백한 경이로움에 직면했을 때의 동요와 경악을 의미하고 있다. 왜냐하면 사유 능력의 전체가, 하느님의 손에 의해 행해진 불가사의한 위업에 끌어당겨지기 때문이다. 그 위업들을 이해하는 것은 인간의 능력을 넘어서는 것이며, 그것 자체가, 그 위업을 행하시는 분의 본성이 파악되거나 수용될 수 없다는 것을 가리키고 있다. 왜냐하면 만물의 창조 전체는, 문틈으로 우리에게 나타난, 저 손의 위업이기 때문이다. 이것은 요한이 목청을 높여 말하고, 예언자도 복음서 저자도 함께 말하고 있는 바이다. 요한은 "만물은 말씀을 통하여 생겨났다."(요한1,3)고 말하며, 예언자는 존재하는 것을 만들어내는 힘을 '손'이라고 부르며, "내 손은 이 모든 것을 만들었다."(이사야66,2)고 말하고 있다. 따라서 만물 특히 하늘의 아름다움이 그 손의 활동의 위업이라면, 인간의 탐구적 사고는, 하늘이나 태양 그 밖의 창조된 경이로운 천체가 실체로서는 무엇인가를, 결코 파악했다고는 말할 수 없는 것이다.[94] 그렇기에 인간의 마음은 하느님의 활동을 마주하고 요동친다. "만일 이 위업들을 파악할 수 없다면, 어떻게 이를 넘어서는 본성을 파악할 수 있단 말인가" 하며.

[338] 아마 이 텍스트의 수수께끼를 달리 받아들여도, 이 관상을 빗나간 방향으로 끌고 가는 일은 없을 것이다. 내 생각으로는, 신부의 집을 인간의 삶 전체라고 생각할 수도 있다. 그 집에 만물을 만드는 그 손이 살며, 우리의 본성에 참여함으로써, 짧고 가치 없는 인간의 삶에까지 자신을 낮추신 것이다. "죄를 제외하고 모든 점에서 우리와 닮으신"(히브리4,15) 그분은 우리 가운데 태어나시고, 우리의 영혼 안에 요동침과 경악을 가져오신 것이다. [그 요동침을 표현하면 다음과 같은 물음이 된다.] "어떻게 하느님이 육 안에 나타나신 것일까? 어떻게 말씀이 육이 되었을까? 어떻게 하여 아드님이 처녀 안에

---

94) 같은 단락에서 "하느님의 손이 행하신 경이로운 위업을 이해하는 것은 인간의 능력을 넘어서 있다"고 말해지는데, 그와 같은 것을 말하고 있다. 인간의 지적 능력은 창조주이신 하느님의 본성에 관해서는 말할 것도 없고, 하느님의 활동의 위업에 관해서도 그 '무엇인가'를 파악할 수는 없다.

깃들어, 처녀이자 어머니가 될 수 있었을까? 어떻게 하여 빛이 어둠과 섞이고, 생명과 죽음이 서로 안에서 녹아 하나가 될 수 있을까? 어떻게 하여 이 삶의 짧은 구멍이 만물을 감싸는 손을 자신 안에 받아들일 수 있을까? 그 손에 의해 하늘의 모든 것이 재어지고, 대지와 바다의 모든 것이 감싸여져있는데 말이다." 따라서 손이라고 하는 상징으로 신부가 우리에게 예언적으로 의미하고 있는 것은, 당연히 복음의 은총일 것이다. 실제로 주님은 지상에 나타나, 사람들과 함께 생활하였으므로, 우리는 신랑의 깨끗한 영적인 아름다움, 말씀의 신성(神性), 참 빛의 광채를 그 손의 활동을 통하여 알았던 것이다. 왜냐하면 손이라는 것으로 우리가 이해하고 있는 것은, [339] 경이로운 위업을 이루시는 주님의 힘이기 때문이다. 그 힘에 의해 죽은 이는 생명을 부여받고, 장님은 시력을 회복하며, 나병환자의 괴로움은 치워지고, 온갖 불치병은 주님의 명령으로 몸에서 제거되었기 때문이다.

이리하여 그 손에 관하여 두 종류의 관상이 우리 앞에 놓이는 것이다. 그 하나가 시사하는 바는, 하느님의 본성은 파악이나 유추를 완전히 초월하기에, 단지 그 활동(energeia)을 통해서만 인식된다는 것이다. 다른 하나에 의하면, 복음의 은총이 신부의 이러한 말들에 의해 미리 선언되어있는 것이다. 이러한 말들을 들으면 우리는, 다른 은총보다 앞서, 이 텍스트들 깊숙이 있는 가르침에 보다 어울리고, 한층 적합한 그 [복음의] 은총을 선택할 기분이 드는 것이다. 영혼에 보다 도움을 준다고 생각되는 것이 있다면 그것은 별도의 일이다. 선으로 향하는 지도(指導)는 이 두 해석들 가운데 어느 것을 통해서라도 우리에게 충분히 주어졌다. 한편 만일 우리가, 바울로의 말에 따라, "하느님에 관해서 알 만한 것은, 창조된 세계를 통해서 너무나도 명백히 깨달을 수 있다."(로마1,20)는 것을 인식한다면, 우리는 파악 불가능한 것을 호기심 때문에 알고자하는 탐구는 그만둘 것이다. 그 결과, 접근할 수 없고 언표할 수 없는 하느님의 본성을 자연학적으로 말하는(physiologeisthai) 이단설이 진리를 거슬러 주장되는 일[95]은 없을 것이다. 하지만 다른 한편, 우리가 손이라고 하는 그 상징을 복음에 비추어 응시하는 것이 타당하다면, 신비적인 가르침에 대한 우리의 신앙은 한층 확고한 것이 될 것이다. 그리고 **[340]** 그 가르침들이 이미 선언되어있기에, 그 신앙은 의심할 수 없다는 것을 그리스도 예수 안에서 받아들일 것이다. 주님께 영광이 처음과 같이 이제와 항상 영원히. 아멘.

---

95) 하느님의 본성을 그 자체로 인식하는 것은, 인간에게는 불가능하다. 하느님에 관해서 우리가 알 수 있는 것은, 그 활동(창조된 세계)을 통해서 인식되는 것뿐이다. 하지만 자연학적인 말은, 하느님의 본성을 결코 그 자체로서 말할 수 없으므로, 우리는 창조된 세계를 통한 하느님 인식이 어디까지나 자연학적인 말로부터의 유추에 의한 것이라는 것을 잊어서는 안 된다. 여기서 그레고리오스가 지적하고 있는 이단의 오류는, 이상의 구별을 하지 않고, 하느님 인식의 장면에서 자연학적인 말로 과도한 힘을 부여하는 점에 있다.

제 12 강화

[신부]

[5.5] 내가 일어나 연인에게 문을 열어주려 하자,
  내 양손으로부터 몰약이 뚝뚝 듣고,
  손가락에서도 몰약이 흘러넘쳤습니다.
  양손으로 문빗장 손잡이를 당겨,
[5.6] 나는 연인에게 문을 열어주었습니다만,
  연인은 가버린 뒤였습니다.
  그분의 부름에 따라 나의 영혼도 밖으로 나갔습니다.
  그분을 찾았지만 찾지 못했습니다.
  그분을 불렀건만 대답해주시지 않았습니다.
[5.7] 성읍을 돌아다니는 파수꾼들은 나를 보자
  때리고 상처를 내었습니다.
  성벽의 파수꾼들은 내 너울을 벗겼습니다.

부(富)를 얻는다는 희망으로 해외에로의 여행을 준비한 사람들은, 이미 자신이 탄 상선이 정박한 항구로부터 예인되어, 키잡이가 키를 잡고 뱃머리를 먼 바다로 향하면, [341] 항해의 시작부터 기도를 올려, 하느님께서 여정을 안전하게 인도해주시길 기원한다. 그들의 주된 기도는, 온화한 바람이 돛에 불어와, 뱃고물에서 키잡이가 정한 목표대로 배가 나아가는 일이다. 바람이 원하는 대로 불어주고, 수면에 잔물결만이 일 정도로 바다가 쾌적하게 되기만 한다면, 배는 쉽게 수면을 날듯이 미끄러져 가므로, 먼 바다에로의 항해도 전혀 수고스럽지 않다. 이리하여 안전한 항해가 보장되면, 난항의 시련이 일어나기 전에는 교역에 의해 예상되는 부는 이미 그들의 눈앞에 있는 것이다. 그런데 무엇을 보면서 나는 이러한 비유를 서두에서 말하는 것일까? 이해가 빠른 청강자들에게, 이 서두의 목표로서 놓여 있는 것은 너무나도 분명하리라. 이 이야기에서 광대한 먼 바다라고 하는 것은 신적인 말의 관상을 비유한 것이며, 이 항해에 의해 크게 기대가 되는 것은, 인식의 부(富)인 것이다. 그리고 교회를 의미하는 이 살아있는 배에서는, 소속한 선원 전원이, 신적인 말의 해석을 의미하는 그 항해의 앞길을 지켜보고 있다. [342] 그러나 그 배의 선원이 모두 함께 하느님께 기도를 바치지 않는 한, 그 키잡이인 말씀이 키를 움직이는 일은 없다. 그 기도라고 하는 것은, 성령의 힘이 우리에게 불어와, 사유의 파도를 일으켜 주시도록, 그리고 그 파도를 탄 순조로운 항해를 위하여 말씀이 올바르게 이끌어 주시도록 비는 것이다. 그것은, 우리가 이렇게 관상에 의해 먼 바다를 건넘으로써, 인식의 부를 손에 넣기 위함이다. 만일 그대들의 기도에 의해 성령이 돛을 활짝 편 말씀에 불어온다면 말이다.

하느님의 영감을 받은 말의 설명을 그 다음 대목에서부터 시작해 보자. 그 텍스트는 다음과 같다. "내가 일어나 연인에게 문을 열어 주려 하자, 내 양손으로부터 몰약이 뚝뚝 듣고, 손가락에서도 몰약이 흘러넘쳤습니다."(5,5) 그런데 살아계신 말씀이 우리 안에 깃드는 것은, 이 지상의 지체(肢體)를 장사지냄으로써 육의 장막을 제거하는 길밖에는 없다. (그 말씀이란, 정결하고 비물질적인 신랑을 말하는 것으로, 불멸성과 거룩함에 의해 영혼을 자신의 반려로 하시는 분이다.) [343] 이리하여 신부는, 말씀이 영혼 안에 사실 수 있도록, 말씀에 대해서 문을 여는 것이다. 이는 사도의 신적인 가르침만이 아니라, 여기서 하는 신부의 말로부터도 분명하다. "내가 일어나 연인에게 문을 열어주려고 한다"고 그녀는 말하며, 자신의 양손을 몰약(smyrna)의 샘으로 하여, 거기로부터 향기를 흘려보내며, 손가락도 몰약으로 넘쳐흐를 정도라고 알리고 있다. 신랑에 대해서 문을 여는 그 방식을, 사도는 "나는 세례에 의해 그리스도와 함께 묻혔고, 그 죽음에 참여함으로써 일어섰다."(로마6,4)라고 말하고 있다.

자발적인 죽음이 앞서있지 않다면, 부활(anastasis)이 실현되는 일은 없다. 신부의 양손으로부터 듣는 몰약 방울과 그녀의 손가락에 가득 찬 그 향기가 그러한 자발성을 보여주고 있다. 그녀는 그 몰약이 어딘가 다른 곳으로부터 자신의 손에 들어왔다고 말하지 않고(그렇다고 하면, 몰약에 의해 의미되고 있는 것이 그녀에게는 외재적이고 비자발적인 것이었다고 여겨져 버리기 때문에), [344] 그 양손 자체가 스스로 몰약을 넘치게 했다고 말한다. (그 손은 일을 하는 영혼의 운동을 의미한다.) 그 말로 그녀가 의미하고 있는 것은, 육체적인 정념을 스스로 자유의지에 의해 묻어버리는 것이다. 즉 몰약이 모든 손가락마다 넘치고 있다고 말할 때, 그녀는 '손가락'이라는 말로 각각의, 따로따로 힘써 행해진 덕스런 행위를 말하고 있는 것이다. 이상으로부터 여기 텍스트 전체에서는 다음과 같은 것이 사유되고 있다. "나는 지상의 자신의 지체를 묻어버림으로써 부활의 힘을 받았다. 그리고 그러한 지체의 묻음은 자발적으로 실현된 것이다. 즉 이 몰약은 다른 사람으로부터 이 손에 넘겨진 것이 아니라, 나의 자유로운 선택에 의해 흘러나오는 것이다. 이리하여 '손가락'이라고 부르는 덕스런 행위 모두에도, [자발성이라고 하는] 이러한 마음의 자세가 결여되는 일은 없다는 것을 알 수 있다."

한편 불완전한 방식으로 덕을 추구하고 있는 자들에 관해서는, 어떤 하나의 정념에는 죽어있지만, 다른 정념에는 살아있다고 하는 사태를 간파할 수 있다. [345] 예를 들어 우리가 보는 바에 의하면, 어떤 사람들은 간혹 자신 안에 있는 방탕함은 묻고 있지만, 자만심이나 영혼을 해롭게 하는 다른 정념을 여전히 키우고 있다. 즉 금전욕, 분노, 명예욕 등과 같은 것이다. 그러한 나쁜 정념이 영혼 안에 살아있다면, 손가락을 몰약으로 넘치게 할 만큼은 보여줄 수 없다. 왜냐하면 악을 묻어 끊어버렸다는 것이, 모든 행위에까지 미치고 있다고는 보이지 않기 때문이다. 그러한 손가락 모두가 몰약이라고 여겨지는 것으로 가득 차 있다면, 영혼은 일어서서, 신랑에게 입구를 여는 것이다. 그런 이유에서 아마 위대한 바울로는 "밀알 하나가 땅에 떨어져 죽지 않으면 많은 열매를 맺을 수 없다."(요한12,24)고 하신 주님의 말씀을 올바르게 이해했던 것이다. 왜냐하면 그는 교회에 다음과 같은 가르침을 널리 전하였기 때문이다. "죽음은 생명에 앞설 필요가 있다. 왜냐하면 생명이 인간에게 깃들 수 있는 것은, 죽음에 의해 그 입구를 획득한 경우뿐이기 때문이다."

그런데 우리 안에는 두 종류의 본성이 있어서, 하나는 미세하고 지성적이며 가볍고, 다른 하나는 두텁고 물질적이며 무겁다. 그래서 각각의 안에 있는 움직임은 다른 쪽과는 조화를 이루지 못하고 독자적임은 아주 필연적이다. 지성적이며 가벼운 본성은, 위로 향하는 고유의 운동을 가지지만, 다른 쪽의 무겁고 물질적인 본성은, 항상 밑으로 쏠려 내려간다. 따라서 그것들에게는 본성상 반대운동이 생기므로, 한쪽이 그 본성적인 운동에 싫증을 내는 때가 아니라면, 다른 쪽의 운동이 순조롭게 이루어질 수 없다. 그 양쪽의 중간에 서서, 우리의 자발적인 능력 즉 자유의지는, 약한 것에 힘을, 강한 것에 무력함을 자신으로부터 깊이 심는 것이다. [346] 그 의지는, 자신이 편드는 쪽에 다른 편에 대한 승리를 부여한다. 그렇기에 복음서 안에서 저 충실하고 현명한 종이 칭찬을 받고 있는 것이다(마태오24,45). (이 종은 나의 설명으로는, 우리 안에 있는 것을 훌륭하게 감독하고 있는 자유의지를 말한다. 그가 칭찬받고 있는 것은, 적대하는 세력을 묶고 주인의 집에 있는 것을 키우기 때문이다. 적대 세력이 멸망하는 것이, 우리 안에 있는 뛰어난 것의 영양이자 건강이기 때문이다.) 반대로 저 악한 종이 비난을 받고 있는 것은, 술꾼들과 어울리고, 하느님의 집의 사람들을 채찍으로 때려 괴롭히기 때문이다. 악덕의 번영이란, 참으로 덕에 대한 채찍질이다. 따라서 다음 예언의 말을 열심히 자신의 몸에 아침 일찍 실행하는 것은 유익한 일이다. "나라 안의 악인들을 아침마다 찾아내어 그 숨통을 끊어버리고, 못된 자들을 족쳐대어 주님의 성읍에서 다 없애 버리리라."(시편 101,8) (그 성읍이란 영혼을 말한다.) 그러한 악덕들이 멸하는 것은, 영혼의 보다 좋은 부분에 생명이 주어지는 것이다. 이처럼 죽음에 의해 우리는 사는 것이지만, 그것은 예언자가 말하듯이, 우리 안에 있는 어떤 자는 죽음에 부쳐지고, 다른 자에게는 말씀께서 생명을 주실 때이다. 즉 말씀은 "죽이는 것도 나요, 살리는 것도 나다."(신명기32,39)라고 말씀하시고 계시다. [347] 마찬가지로 바울로도 죽은 것 같으나 살아있고, 약해졌을 때 강하며, 묶여있을 때 오히려 가야할 길을 다 달렸으며, 가난하지만 부요하고, 아무 것도 가진 것이 없지만 사실은 모든 것을 가지고 있었다."(2고린토6,9-10;12,10) 그는 말한다. "나는 언제나 예수의 죽음을 몸에 두르고 있지만, 결국 드러나는 것은 예수의 생명이 내 몸 안에 살고 있다는 사실입니다."(2고린토4,10)

여기서 앞의 주제로 돌아가자. 그것은 죽음을 통하여 영혼은 죽음으로부터 일어난다고 하는 것이었다. (만일 영혼이 죽지 않는다면, 그것은 쭉 묻혀있는 채로 있어, 생명을 받을 수가 없기 때문이다. 죽는 일로부터 영혼은 생명에로 들어가며, 모든 묻힘〔可死性〕을 물리치는 것이다.) 그리고 이 가르침을 앞에서 인용한 신부의 다음 말이 우리에게 확증을 주는 것이다. "내가 일어나 연인에게 문을 열어주려 하자, 내 양손으로부터 몰약이 뚝뚝 듣고, 손가락에서도 몰약이 넘쳐흘렀습니다." 몰약이 죽음의 상징이라는 것은, 성경에 친숙한 사람이라면 누구라도 의심치 않을 것이다. 그렇다면 어째서 죽음이 우리를 죽음으로부터 일어서게 한다는 것일까? 우리는 이 점에 대해서 보다 명석한 설명을 구해야만 한다. 그래서 우리는 최선을 다해서 이 설명을 질서정연하게 다루어야 할 것이다. 먼저, 하느님이 창조하신 것은 모두 매우 아름답다고 「창세기」(1, 31)는 증언하고 있다. 그 지극히 아름다운 것들 가운데 하나가 인간이었다. [348] 아니 인간은 다른 어떤 것보다 한층 더 아름답게 꾸며져 있었다. 실제로 이 순수한 아름다움의 모상(homoioma)만큼 아름다운 것이 또 어디 있을까. 그런데 만일 창조된 것 모두가 지극히 아름답고, 사람도 그 가운데 있어, 아니 그것들 이상으로 아름다웠다고 한다면, 죽음이 인간 가운데는 없었다는 것이 확실하다. 왜냐하면 만일 사람이 죽음의 슬픔에 의한 음울한 각인을 몸에 띠고 있었다면, 사람은 아름답지 않았을 것이기 때문이다. 그러나 인간은 영원한 생명의 모상이어서, 진실로 아름답고, 생명이 온통 빛나는 각인으로 수려하게 장식되어 지극히 좋았던 것이다.

그리고 그 사람을 위한 하느님의 낙원이 있었다. 그 낙원은, 나무들이 풍부한 열매를 맺으므로, 생명으로 넘쳐있었다. 게다가 하느님의 규정은 생명의 법으로, 그것은 사람이 죽지 않는다는 것을 알리는 것이었다. 그런데 그 낙원 한가운데에는 생명이 넘치는 한 그루의 나무가 심어져있었다. 그 나무의 열매는 생명이지만, 우리는 그 나무를 도대체 무엇이라고 이해해야만 할까? 또한 그 열매가 선임과 동시에 악이라는 것을 그 이야기는 분명히 하고 있다. 또 한 그루의 '죽음을 가져다주는 나무'도 낙원 한가운데 있었지만, [349] 그 두 그루의 나무가 낙원의 중심 한가운데의 같은 장소를 차지하는 것은 불가능하다. 왜냐하면 어느 쪽 한편이 한가운데를 점령하도록 허용한다면, 다른 편은 그 한가운데의 장소로부터 쫓겨나는 것은 아주 필연적인 일이기 때문이다. 둘러싸여져있는 것에게 있어서 한가운데의 정확한 위치는, 그 테두리의 모든 곳으로부터 같은 거리만큼 떨어져있는 경우에만 결정된다. 그래서 정확하게 말하면 원의 중심은 하나이므로, 동심원에 두 개의 중심이 있을 수는 없는 것이다. 만일 하나의 점이 먼저 점령하고 있던 점 옆에 나란히 한다면, 필연적으로 앞의 것에 덧붙여 또 하나의 원이 나란히 서게 되어, 먼저 있던 점은 제2의 원의 중심으로부터 벗어나게 된다. 제2의 점 주위에 원이 그려지기 때문이다. 그렇지만 성경은 낙원의 한가운데 따로따로 두 개의 중심이 있고, 게다가 서로 반대방향의 힘을 가지고 있다고 기술한다(창세기2,9;3,3). 즉 '생명을 만드는 나무'와 '그 열매가 죽음인 나무'이다. 바울로는 후자를 죄라고 이름 붙여, "죄의 열매는 죽음"(로마6,23)이라고 말하고 있다.

 그렇다면 이 이야기에 포함된 애지를 통해서, 우리는 다음과 같은 가르침을 이해할 수 있다. 생명이야말로 하느님께서 심으신 것들의 가장 한가운데 있다는 것, 죽음은 그 자체로서는 심어진 것도 뿌리를 가진 것도 아니며, 자신의 장소를 어디에도 가지고 있지 않다는 것, 그 나무는 생명이 박탈되었기에, 산 것들에게는 보다 선한 상태에 참여하는 것이 무익함이 되어버린 단계에서 심어진 것이다.

[350] 즉 생명은 하느님께서 심으신 것들의 한가운데 있으므로, 그 생명의 실추(失墜) 안에 죽음의 본성이 있는 것이다. 그 이유로부터, 수수께끼를 통하여 이 가르침을 애지로서 말한 사람은, '죽음을 가져다주는 나무'도 낙원의 한가운데 있으며, 그 나무의 열매는 반대 성질이 섞인 힘을 가지고 있다고 말한 것이다. 그것은 같은 열매를 선임과 동시에 악이라고 규정하고 있기 때문이다.[96] 생각건대 이 규정에 의해 말하는 이는 죄의 본성을 암시하고 있다. 실제로 모든 악덕에 의해 실행되는 것에는 반드시 어떤 쾌락이 앞서있어, 분노와 욕망에 의해 생기는 정념에 관해서, 쾌락으로부터 떨어져있는 죄는 찾아볼 수 없다. 그렇기 때문에 이 열매는 선하다(kalos)라고 불리는 것인데, 그것은 선을 쾌락 안에서 찾는 사람들에게는, 선에 관한 그릇된 판단 때문에 그 열매가 선하게 보이기 때문이다. 그러나 먹어보면 쓴맛이 있어, 나중에 그 열매는 악하다(poneros)고 깨닫는 것이다. 「잠언」의 말에 의하면, "꿀이 악덕의 입술에서 떨어지고, 한동안은 목을 적셔주지만, 악한 의도로 그 감미로움을 맛본 자들에게는, 그 후 그것이 소태보다도 쓰다는 것을 안다."(잠언5,3-4)

이리하여 인간은 선의 모든 열매로부터 멀어져, 불순종(parakoe)으로 인해 멸망을 가져오는 열매로 가득 찼다. [351] (이 열매의 이름이 '죽음을 가져다주는 죄'이다.) 그러기에 곧 인간은, 보다 훌륭한

---

96) "선(kalon)임과 동시에 악이라고 규정하고 있다"란, 「창세기」 2장17절 및 3장5절의 "죽음을 가져다주는 나무"가 "선악(kalon kai poneron)을 아는 나무"라고 말해지고 있는 것에 대응하고 있다. 이 '선악의 지식'이 무엇인가에 관한 많은 해석은, 이어지는 3장6절의 "여자가 쳐다보니 그 나무열매는 먹음직하고 소담스러워 보였다" 이하의 서술과 결부되어있지 않지만, 그레고리오스는 본문에서 보듯이 명백히, '선악의 지식'이 무엇을 의미하는가를 그 6절 이하의 서술로부터 관상하고 있다. 그리스어 성경 안에서 (히브리어 원전에서도 마찬가지인데) '선'이라는 말이 공통으로 사용되고 있는 것에 착목한, 독특한 성경 해석이라고 말할 수 있다.

삶에 대해서는 죽고, 그 신적인 생명을 비이성적이며 짐승 같은 생명과 교환하였던 것이다. 그리고 일단 죽음이 본성 안에 들어와 섞이자, 그 가사성(可死性, nekrotes)은 이어지는 자손의 모든 세대에 넘겨졌다. 그리하여 우리가 넘겨받은 것도 죽어야할 생인 것이다. 그것은 우리의 생명 자체가 어떤 방식 안에서 죽어버렸기 때문이다. 왜냐하면 우리의 생명은 불사성을 빼앗김으로써, 즉시 가사적인 것이 되어버렸기 때문이다. 그렇기에 "두 생명 사이에 있음을 자각하고 있는 자"(하바꾹3,2)는, 열등한 생명을 제거하고 순수한 생명에 승리를 안겨주기 위하여, 이 두 생명의 옳고 그름을 재단하여 결정하는 것이다. 따라서 인간은, 진실한 생명에 대해 죽었기에 이 죽어야할 생 안으로 떨어진 것처럼, 거꾸로 이 죽어야할 짐승 같은 생명에 대해 죽었을 때에 영원한 생명의 상태로 옮겨지는 것이다. 실제로 의심할 여지없이, 죄에 대해서 죽은 자가 되어있지 않으면 지복의 생명 안으로 들어갈 수 없다. 이와 같은 의미로, 저 두 그루의 나무 각각은 낙원의 한가운데 같은 자리에 있다고, 말씀은 애지로서 말씀하시고 계신 것이다. 한 그루는 자연 본성적으로 거기에 있으며, 다른 그루는 생명의 결여에 의해 그 있음 뒤에 생기는 것이다. 즉 그것은 같은 나무로부터 같은 장소에서 참여와 결여에 의해 생명과 죽음의 교체가 일어나기 때문이다. 왜냐하면 선에 대해서 죽은 자는 악을 위해서 살고, 악덕에 대해서 죽어버린 자는 덕을 향하여 재생하기 때문이다. [352] 그러므로 신부가 자신의 손이 몰약으로 넘쳐흐를 정도라고 알리고 있는 것은 훌륭하다. 그녀는 모든 악덕에 대해 죽음으로써, 자신 안으로 난 입구를 말씀에게 열어드리기 위해 일어섰던 것이다. 그녀가 집에 맞아들인 말씀은 생명인 것이다.

　우리가 관상해온 것처럼, 하느님을 바라보는 그 영혼은, 이와 같은 위대함의 단계에까지 올랐다. 그러나 바울로의 말대로, 그 영혼은 "마땅히 알아야 하는 대로 아직 알고 있는 것이 아니며"(1고린토 8,2), "그것을 이미 붙들었다고는 생각하고 있지 않으므로, 여전히 앞에 있는 것(초월자)을 향해 자신을 내뻗으면서(에펙타시스) 계속 달려갈 뿐이다."(필립비3,13) 거기에 이어지는 텍스트의 의미 연관이, 그 영혼에 관한 그러한 이해를 시사하기 때문이다. "양손으로 문빗장 손잡이를 당겨, 나는 연인에게 문을 열어주었습니다만, 연인은 가버린 뒤였습니다. 그분의 부름에 따라 나의 영혼도 밖으로 나갔습니다."(5,5-6) 이 말들을 통하여 신부가 우리에게 가르쳐주고 있는 것은 다음과 같다. 그것은, 모든 이해를 초월하는 힘을 파악하는 유일한 길은, 이미 파악한 단계에서 머물지 말고, 그 단계보다 앞에 있는 것을 항상 추구하여 정지하지 않는다는 것이다. 실제로 신부는 삶의 모든 활동에 관하여 [죽어] 몰약으로 넘쳐흐를 만큼 되어있다. 그 활동들을 그녀는 상징적으로 '손가락'이라고 부르고 있다. 그리고 악에 관하여 죽었음을, 몰약이 양손으로부터 뚝뚝 떨어지는 것을 증표로 보여준다. 그리하여 자발적으로 덕에 도달하였음을 분명히 하는 것이다. 그녀는 자신의 양손이 문빗장을 당기고 있다고 말한다. **[353]** 그것은 자신의 선업(善業)이 협소한 입구(마태오7,14)에 다가갔음을 말하고 있는 것이다. 그 문빗장을 말씀은 베드로와 같은 사람들에게 손수 전하는 것이다(마태오16,19). 따라서 신부는 두 가지에 의해 자신을 위해서 왕국의 문을 연다. 즉 선업을 의미하는 양손과 신앙이라고 하는 문빗장에 의해서이다. 선업과 신앙이라고 하는 이 양자에 의해, 왕국의 열쇠가 우리에게 말씀에 의해 준비되는 것이다.

한편 그녀가, 모세처럼(출애굽기33,13-22), 사모하며 찾는 분(pothoumenos)의 얼굴이 자신에게 또렷이 나타나길 기대한 그때, 그 찾는 분은 그녀에게 포착되지 않고 떠나버렸다. 실제로 "연인은 가버린 뒤였습니다(parelthen)"라고 말해지고 있다. 다만 그분은 자신을 따르는 영혼을 버려두지 않고, 그 자신에게로 끌어당긴다. "그분의 부름에 따라 나의 영혼도 밖으로 나갔습니다"라고 말해지고 있기 때문이다. 영혼이 말씀을 따라나선다고 하는, 그 길 떠남(exodos)은 얼마나 복된 일인가. "주님은 너의 떠남도 돌아옴(eisodos)도 항상 지켜 주시리라."(시편121,8)고 예언자는 말한다. 그것은 진실로 가치 있는 사람들의 하느님에 의해 지켜진 떠남이자 또한 동시에 돌아옴(입구)도 되는 길이다. [354] 왜냐하면 우리가 지금 있는 곳으로부터 떠남은 초월적 선에의 입구가 되기 때문이다. 그래서 영혼은 그러한 떠남에 말씀을 길잡이로 하여 떠났던 것이다. 그 말씀은 "나는 길이요 문이다."(요한10,9)라고 말하며, 또 "나를 통해서 들어오는 사람은, 들어오는 것도 나가는 것도 된다"라고 말한다. 신부는 결코 들어오는 것을 멈추지 않으며, 또한 나가는 것도 멈추지 않으므로, 항상 전진하며 초월하는 것 안으로 들어간다. 그리고 그때마다 이미 파악한 것의 밖으로 나간다. 이리하여 그때에, 사모하여 찾았던 주님의 얼굴은 모세조차도 피하여 지나가 버리고(parelthen), 그리하여 그 율법제정자의 영혼은, 앞서 가는 말씀을 따라 지금 있는 곳으로부터 그때마다 밖으로 나갔던 것이다.

  실제로, 모세가 경험한 저 등반을 모르는 사람이 있을까. 그는 그때마다 위대하게 되고, 결코 보다 위대한 것에로의 성장을 멈추는 일은 없었다. 그가 처음으로 성장한 것은, 이집트인들의 왕국보다도 그리스도의 질책에 보다 높은 가치를 두었을 때였다. 그때 그는 "일시적인 죄의 즐거움보다도 하느님의 백성과 함께 고난을 견디는 쪽을 택하였다."(히브리11,25) 그 다음 성장한 것은, 어떤 이집트인이 히브리인을 괴롭혔을 때로, 그는 그 이스라엘사람을 위하여 이민족인 이집트인을 죽였던 것이다. 그대가 이러한 역사 이야기를 상징적인 관상의 장면에로 옮겨놓고 보면, [355] 이 사례들에 포함된 성장의 방식을 확실히 이해할 것이다. 그가 그때까지의 자신으로부터 보다 크게 된 것은, 오랜 기간 황야에서 지혜를 사랑하고 추구하는 일로, 조용히 그 생명을 지켜보고 있던 때였다. 그때 그는 섶나무 사이의 불길로부터 비추임을 받았다. 그 다음에는, 말씀으로부터, 그 광선에 의해 청각에 비추임을 받기 시작하였다. 거기에 덧붙여 그는, 자신의 발로부터 사체(死體)로 만든 신발을 벗었다. 또한 지팡이로 이집트인의 뱀을 퇴치하고, 파라오의 압정으로부터 동포를 해방하였다. 그는 구름에 의해 인도되고, 바다를 갈라, 그 압정을 바다 밑에 가라앉혔다. 마라의 물을 달게 하고, 바위를 쳐 물이 터져 나오게 했으며, 천사들의 음식을 제공 받았다. 그는 뿔 나팔 소리를 듣고, 불타는 산으로 감히 올라, 그 정상에 도달하여, 구름 속으로 들어갔다. 그는 하느님이 거기 계시는 어둠 가운데 도달하여, 계약을 받고, 그 얼굴로부터 빛을 뿜어, 접근하는 사람들을 다가오지 못하게 하는 태양처럼 되었다. 그러니 어느 누가 있어, 이러한 그의 등반의 모두와 하느님의 다양한 현현을 말로 다할 수 있을 것인가.

그런데 모세는 그만큼 위대해지고, 그만큼 경험을 통해 하느님에게로 고양되었음에도 불구하고, 아직도 만족하지 못하고 보다 많은 것을 욕구하고 있었다. [356] 그리고 직접 대면하여 하느님을 보기를 탄원하는 자가 되었던 것이다. 말씀의 증언에 의하면, 그는 하느님과 직접 대면하여 대화를 나누는 영예를 얻었음에도 불구하고 말이다. 즉 벗이 벗을 대하듯 서로 이야기를 나누는 것도, 또 그가 하느님과의 대화를 직접 입과 입을 맞대고 한 것도, 그의 보다 위에 있는 것에로의 욕구를 멈추게 하는 일은 없었다. 오히려 그는 말한다. "제가 정녕 당신 눈에 드셨다면, 제게 당신 자신을 분명하게 드러내 주십시오."(출애굽기33,13) 그리고 이 요구된 호의를 들어주시기로 약속하신 분은 "나는 너야말로 누구보다도 잘 알고 있다."(동33,17)고 하시며, 신적인 장소에서 모세를 피해 지나가셨는데, 그를 바위 사이에 집어넣고 당신 자신의 손으로 가리시면서 지나가신 것이었다. 그 결과 모세는, 그분이 지나가신 뒤 겨우 그 등만을 보았던 것이다(동33,21-23). 이러한 사실을 통해서 말씀이 가르치고 계시다고 여겨지는 것은, 하느님을 보기를 욕구하는 자가 그 사모하며 찾고 있는 분을 보는 것은, 그분의 뒤를 항상 따른다는 것 안에 있다는 것이다. 그리고 그 하느님의 얼굴의 관상이란, 뒤로부터 말씀을 따라가는 것으로 성취되는, 하느님을 향해가는 끝없는 여정인 것이다. 이리하여 지금 영혼은, 죽음을 통하여 일어서고, 몰약으로 넘쳐흐를 만큼 되었으며, 선업으로 양손을 문빗장에 대고, 사모하며 찾고 있는 분이 집으로 들어오시길 기대한 것이다. [357] 바로 그때에, 그분은 떠나시고(지나가시고, parerchetai), 영혼은 밖으로 나간다. 그 영혼은 자신이 있던 곳에 더 이상 머물지 않고, 보다 앞으로 인도하여 가는 그 말씀을 따라가는 것이다.

　여기에 이어지는 텍스트는 이전에 관상한 생각을 확인하여준다. 그것은 하느님의 본성의 위대함은, 파악되는 것 안에서가 아니라, 파악했다고 여기게 하는 모든 힘 있는 환상을 통과하는 것 안에서 인식된다는 것이다. 그 영혼은 이미 그 본성의 밖으로 나갔으므로, 그 습관이 보이지 않는 것의 인식에 있어서 방해가 되는 일이 없고, 발견되지 않는 것을 탐구하며 멈추는 일이 없으며, 표현할 수 없는 것을 끝없이 부르고 있다. 신부는 "그분을 찾았지만 찾지 못했습니다."(5,6)라고 말하고 있기 때문이다. 그것은 인식 가능한 성질의 어떤 것으로도 계시될 수 없는 분을 찾아낼 방도는 없기 때문이다. 그분은 형태도, 색도, 한계도, 양도, 장소도, 외관도 없으며, 추측이나 유추나 유비되지도 않는 분이어서, 파악을 목표로 하는 모든 접근의 저편에 그때마다 나타날 뿐, 탐구자들의 파악을 완전히 벗어나 계신 분이다. 그렇기에 신부는 말한다. "나는 그분을 찾아보았습니다. 사고와 관념 안에서 탐구하는 영혼의 모든 힘을 다해서. 그러나 그분은 그 모든 것 저편에 나타나, 나의 사유가 가까이 가면 달아나 버리는 것이었습니다."

모든 식별 특징의 저 너머에서 그때마다 발견되는 분이, 어떻게 한 명사(名辭)의 의미에 의해 파악될 수 있을까. [358] 이 때문에 그녀는, 형언할 수 없는 선을 표시하기 위해, 명사에 온갖 기능을 부여하기로 마음먹는다. 하지만 언어의 모든 표현 기능은, 그 표시를 위해서는 힘이 미치지 못하고, 진리보다 열등하다는 것이 분명해진다. 그래서 그녀는 말한다. "나는 언어가 형언할 수 없는 지복을 지시해 보려고, 있는 힘껏 불렀습니다. 그러나 그분은 그러한 표현이 지시하는 것보다 더 뛰어나셨습니다." 그 위대한 다윗도 종종 마찬가지였다. 그는 많은 명사로 신성을 부르면서, 그것들이 진리에는 미치지 못한다는 것을 인정하고 있다. 그는 말한다. "왜냐하면 당신은 자비하시고 너그러우신 하느님, 분노에 더디시고 자애와 진실이 충만하십니다."(시편 86,15) 또한 "당신은 나의 강함, 바위, 피난처, 힘, 도움, 나의 방패, 구원의 뿔입니다."(시편18,2-3) 그리고 다시 그는, 주님의 이름이 온 세상에 널리 알려지지 않았지만, 경탄을 받고 있음을 인정하고 있다. "온 땅에 당신 이름, 이 얼마나 존엄하십니까!"(시편8,2) 마찬가지로 마노아의 아들에 대하여 예언한 주의 천사는, 이름을 묻자, 마노아를 향하여, "이름은 경탄해야 할 것으로, 사람의 귀에 담기에는 신비한 것이다."(판관기13,18)라고 말하고 있다. 그러기에 이 영혼도 힘껏(hos dynatai) 말씀을 불러 보지만, 바라는 만큼(hos bouletai) 그대로의 힘은 없는 것이다. 있는 힘 그 이상을 영혼은 바라고 있기 때문이다. [359] 영혼에는, 그분 그대로를 받아들일 만한 의지의 힘은 없고, 자유의지가 바랄 수 있는 만큼만의 의지력밖에 없기 때문이다. 따라서 부름을 받고 계신 분은 부르는 자의 노력으로는 도달불가능하다. 그러기에 신부는 말한다. "그분을 불렀건만 대답해주시지 않았습니다."(5,6)

　이상의 것에 덧붙여 신부가 하는 말에 관하여 말하자면, 즉시 간파할 수 있는 그 의미는 그녀의 한층 낙담한 모습이지만, 내 생각으로는, 그 말들은 동일한 목표를 보고 있고, 보다 높은 곳에로의 등반과 이어져있다. 그녀는 말한다. "성읍을 돌아다니는 파수꾼들은, 나를 보자 때리고 상처를 내었습니다. 성벽의 파수꾼들은, 내 너울을 벗겼습니다."(5,7) 이러한 말은 아마 어떤 사람들에게는, 기쁨보다는 비탄의 말이라고 여겨질 것이다. 특히 '때리다' '상처를 내다' '너울을 벗기다'라고 하는 말들은 그러하다. 그러나 이러한 말들에 포함된 의미를 정확히 조사하는 사람에게는, 이 말들은 가장 아름다운 것을 뽐내는 말인 것이다. 그래서 말해지고 있는 것은, 다음과 같이 생각하면 우리에게 분명해 질 것이다. 이 대목보다 조금 앞에서, 몸에 두른 모든 것으로부터 신부는 정화되어있는 것을, 말씀은 증언하고 있었다. 거기서 신부는 스스로, "나는 옷을 이미 벗었는데 어찌 다시 입으리까?"(5,3)라고 말하고 있었다. 그리고 다시 여기서는 너울(theristron)이 자신으로부터 벗겨졌다고 말하는 것이다. [360] 그런데 신부의 너울이란, 레베카에 관한 이야기에 있는 것처럼(창세기 24,65), 머리와 얼굴을 푹 가리는 박의(薄衣)이다. 그렇다면 모든 가리개가 벗겨진 신부가, 어째서 파수꾼들이 지금 그녀로부터 벗긴 너울을 가지고 있었던 것일까? 오히려, 이상으로부터 분명한 것은, 앞의 단계로부터 다시 그녀는 보다 높은 곳에로 진보하여 올라왔다고 하는 것이 아닌가. 그녀는 낡은 옷과 모든 옷을 벗어 그만큼 정화되었으므로, 이전의 자신보다 한층 깨끗한 것이 되었다. 이제 막 그녀의 몸에서 일어난 이 정화와 비교해보면, 앞에서는 가리개를 벗고 있었다고는 여겨지지 않고, 그때의 벗겨냄(gymnosis) 뒤에도 여전히 지금 다시, 포기해야할 가리개를 발견한 것이다.

이처럼 하느님에게로 향한 길의 등반은, 그때마다 그녀에게 관해서 발견되는 지상적인 것을 보여주는 것이다. 그러기에 지금의 깨끗함과 비교해보면, 이전에 벗겨진 그 옷은 이번의 베일[97]에 해당하고, 그것이 그녀를 발견한 자들의 손으로 벗겨지는 것이다. 그자들은 성읍을 도는 파수꾼들이며(그 성읍이란 영혼이다), 그들은 때려서 상처를 내는 것으로 그녀의 너울을 벗긴 것이다. 그들의 일은 성벽을 지키는 것이다. 한편 그 너울이 벗겨진 결과, 그녀의 눈은 너울로부터 해방되어, 사모하며 찾고 있는 아름다움을 방해 받음 없이 응시할 수 있기에, 그 벗김은 무언가 선익(agathon)[98]이 되는 것이다. 이 점은 사도에게 주의를 기울이는 사람이라면 의문이 없을 것이다. [361] 사도는 그 베일(가리개)의 벗김을 성령의 힘에 돌려, "그러나 주님께 돌아서기만 하면 그 너울은 치워집니다. 주님은 영이십니다."(2고린토3,16-17)라고 말하고 있기 때문이다.

의미의 연관을 터득한 사람이라면 누구나, 선(익)을 준비하는 것은 그 자체도 반드시 선이라는 것을 의심하지 않을 것이다. 그러므로 만일 너울의 벗김이 선이라고 한다면, 그 벗김을 성취한 타격과 상처는 양쪽 모두 반드시 선일 것이다. 그러나 곧바로 간파되는 의

---

97) 여기서 '베일'이라고 번역되는 kalymma는 가리개를 말하는 것으로, 이 문맥에서는 너울(薄衣)을 가리킨다.
98) 너울의 벗김을 가져오는 신부에의 타격과 상처는 함께 좋은 것임이 이하에서 말해진다. 그 좋음을 표현하는 말로 그레고리오스는 agathon과 kalon이라는 두 말을 사용한다. 그의 용법으로는 kalon은 거의가 '좋다'라는 의미이므로, 이하에서는 agathon을 '선(익)'으로, kalon을 '선한(좋은) 것'으로 번역하였다.

미를 따르면, 이 대목의 말에는 일종의 불쾌감이 표명되어 있으므로 ('나를 때렸다'라든가, '나를 상처 입혔다'라는 말은 고통을 나타내고 있기 때문이다), 처음에 이 말들의 성경에서의 용법을 이해하여 두는 것이 좋을 것이다. 어디에 그것들을 좋은 의미로 사용하고 있는 용례가 있는가하는 것이다. 그 다음에 이 대목에서의 그 말들의 힘을 그러한 의미로 관상하는 것이 좋을 것이다.

[「잠언」에 의하면,] 어떻게 하여 지혜(sophia)는 젊은이의 영혼을 죽음에서 구하는가? 젊은이가 죽어버리지 않기 위하여, 무엇을 하도록 지혜는 충고하는가? 지혜 자신으로부터 들어보자. "그대가 젊은이를 채찍으로 때려도 죽는 일은 없다. 채찍질을 하면 그의 영혼을 죽음으로부터 구하는 것이 된다."(잠언23,13-14) 따라서 '나를 때렸다'고 하는 표현은 불사(athanasia)를 의미하고 있다고 여겨진다. 바로 말씀이 "그대가 채찍으로 때려도 죽는 일은 없으며", 채찍으로 맞지 않으면 영혼이 죽음으로부터 구원받을 수 없다고 말하고 있기 때문이다. [362] 따라서 우리는, 이상으로부터 맞는다는 것은 좋은 일(kalon)이라는 것을 증명한 셈이다. 영혼이 죽음으로부터 구원받는 것은 참된 의미에서 좋은 일이기 때문이다. 하느님도 또한 죽임으로써 살리고, 때림으로써 낫도록 하신다고 예언자는 말하고 있다. "죽이는 것도 나요, 살리는 것도 나며, 찌르는 것도 나요, 고쳐주는 것도 나다."(신명기32,39) 그러기에 저 위대한 다윗도 그러한 채찍으로부터는 타격이 아니라 격려가 나온다고 말하고 있다. 즉 "당신의 채찍과 지팡이는 나를 격려합니다."(시편23,4)라고 말하며, 거기로부터 신적인 식사가 준비되고, 또한 그 「시편」이 계속해서 노래하고 있는 그 밖의 모든 것이 갖춰지는 것이다. 그것들이란, 그의 머리 위의 도유, 깨어있는 취함을 만들어내는, 잔을 가득 채운 순수한 술, 그를 행복하게도 동반하고 있는 자비, 하느님의 집에 평생 산다는

것이다. 그래서 저 감미로운 타격이 「잠언」의 가르침과 예언자의 말대로 이러한 것들을 가져다준다면, 채찍으로 맞는다는 것은 선(익)이 된다. 거기서부터 지금 말한 만큼의 풍부한 온갖 선이 생겨나기 때문이다.

여기서, 이상의 설명 앞에서 언급하지 않고 그대로 두었던 부분을 검토하여보자. 말씀은, 사모하며 찾고 있는 그 신부의 파악으로는 도달할 수 없는 분이 되어, 그녀가 있는 곳으로부터 떠나버렸다. [363] 하지만 그 떠나신 분은, 지나친 그녀를 그냥 버려두지 않고, 자신이 있는 쪽으로 한층 가까이 끌어당기셨다. "그분의 부르심에 따라 내 영혼은 밖으로 나갔습니다"라고 말하고 있기 때문이다. 그래서 먼저 그 영혼은 자신이 있던 곳으로부터 밖으로 나가, 성읍의 파수꾼에게 발견된다. "성읍을 도는 파수꾼은 나를 발견하였습니다." 만일 지옥의 위험이 그녀를 발견했다든가, 도적에 의해 그녀가 발견되었다고 한다면, 그녀가 그렇게 발견된 것은 혹독한 체험이 되었을 것이다. ("그러나 도둑은 다만 양을 훔쳐 죽여 없애려고 온다."〈요한10,10〉) 그런데 성읍을 도는 파수꾼이 그녀를 발견한 것은, 틀림없이 다행한 일이 될 터이다. 파수꾼에게 발견된 자는 도적으로부터 도둑맞을 일이 없기 때문이다. 그렇다면 그 파수꾼들(phylakes)은 누구일까? 그것은 확실히, 이스라엘을 지키시는 분(시편121,4)을 섬기는 자들이다. [364] 즉 오른손을 얹어 지켜주시는 분, 모든 악으로부터 영혼을 지켜주신다고 믿어지는 분을 섬기는 자들이다. 한편 그분은 출구와 입구를 지키시는 분이 된다. 즉 그분은, "주님이 성을 지키지 아니하시면 파수꾼의 깨어있음이 헛일이다."(동127,1)라고 말해지는 성읍의 수호자(phylax)인 것이다. 따라서 말씀이 '성읍을 도는 파수꾼들'로 가리키고 있는 것은, "하느님을 섬기는 영적인 존재들로서, 결국은 구원의 유산을 받을 사람들을 섬

기라고 파견된 영들"(히브리1,14)인 것이다.[99]

　이미 말한 대로, 그 성읍이란 영혼이며, 그것은 곧, 하느님의 주거(住居)이다. 그렇다면 파수꾼들에 의해 영혼이 발견되었다고 말하는 것은, 바로 저 착한 목자에 의해 양이 발견되었다고 하는 것이다. 그것을 기뻐하며, 모든 천사들의 합창대가 주님의 목소리와 하나 되어 축연을 벌인 것이다. 이리하여, 저 잃었던 은전 한 닢도 등불 아래서 발견되어, 그 일을 모든 벗들과 이웃들이 기뻐하는 것이다(루가15,9). 주님의 종인 다윗도 그러한 발견물이 되었다. 「시편」에서 하느님 자신이 "나는 나의 종 다윗을 찾아내어, 나의 거룩한 기름을 부어주었다."(시편89,21)고 말씀하신 대로이다. 이 다윗은 찾으신 분의 소유물이 되었으므로, 어떤 값어치를 갖게 되었을까? 우리는 그것을 다음 구절에서 듣는다. [365] "내가 손으로 그를 굳세게 붙잡아주고, 내 팔로 그에게 용기를 주리라. 원수가 그를 당해내지 못하고, 간악한 자도 그를 괴롭히지 못하리라. 내가 그의 면전에서 그의 적들을 짓부수고, 그를 미워하는 자들을 쳐부수리라."(동89,22-24). 이 축복의 목록에 포함되는 것은 아직 더 있다.

　따라서 신부가 영혼인 성읍을 도는 천사들에게 발견된 것은 좋은 일이다. 이러한 생각을 위대한 다윗도 넌지시 다음과 같이 말하고 있다. "주님의 천사가 그분을 경외하는 이들 둘레에 진을 치고, 그들을 구출해 준다."(시편34,8) 그렇다면 신부가 "파수꾼은 나를 때

---

99) 신부를 때린 파수꾼들(phylakes)은, 여기서 주님과 구원의 상속자가 되는 사람들에게 봉사하는 영을 말하고 있는데, 동시에 같은 말의 단수형 phylax는 전 이스라엘(전 인류)를 수호하는 주님을 가리키는데 사용되고 있다. 그 구별을 분명히 하기 위하여, 여기서는 단수형 표현을 '수호자'라고 번역하였다. 또한 성읍의 파수꾼이라고 하는, 이른바 권위에 봉사하는 자들의 역할이, 이 그레고리오스의 해석에 의해, '사람들에 대한 봉사로서 이해된 것은, 참 권위란 무엇인가를 시사하고 있다는 점에서 주목할 만하다.

렸습니다"라고 말할 때, 그녀는 위를 향한 전진이 다시 어느 정도 이루어졌다는 것을 뽐내고 있었던 것이다. 그것이 상처까지 났다고 말하는 것은, 하느님에 의한 채찍 자국이 자신에게 깊이 남았다는 것을, 그러한 말투로 묘사하고 싶었기 때문이다. 그녀는 그 영적인 채찍의 작용을, 맞은 자리를 모를 정도로 몸 표면에만 맞은 것이 아니고, 그 타격은 압인이 찍힌 것처럼 상처가 깊은 것이라는 것을, 뽐내고 있기 때문이다. 여기서 말해지고 있는 것은 다음과 같은 것이다. 그 하느님의 채찍 즉 때림으로써 치유하는 격려의 지팡이는 성령이다. [366] 그 열매는 바울로가 열거한 갖가지 선인데, 특히 덕에 적합한 생활 방식의 교사인 자제(自制, enkrateia)이다. 이리하여 바울로도 그러한 타격의 소인(燒印)을 받은 사람으로서 그 상처를 기뻐하며, "나는 예수님의 낙인을 내 몸에 지니고 있습니다."(갈라디아 6,17)라고 말하였다. 그는 모든 악에 대한 약함을 보여주었지만, 그 약함을 통해서 그리스도의 힘이 덕의 형태로 드러나는 것이다(2고린토12,9). 이상으로부터, 그 상처도 좋은 것이라는 사실이 우리에게 분명해졌다. 그 상처에 의해 그녀의 너울이 벗겨졌던 것이다. 이리하여 영혼의 아름다움은 그 가리개가 제거되고, 가리개가 만드는 그늘도 이제는 없다.

   여기서 이상의 설명이 의미하는 바를 요약하여보자. 하느님 쪽을 보고, 그 불후의 아름다움에 대해 저 선한 갈망(pothos)을 느끼는 영혼은, 그때마다 초월자를 향한 새로운 욕구를 품으며, 만족함으로써 그 갈망을 결코 무디게 하지 않는다. 그러기에 그 영혼은 앞에 있는 것으로 항상 몸을 내밀어(에펙타시스) 멈추지 않고, 자신이 있는 곳으로부터 밖으로 나가, 보다 안으로 향하여 아직 들어가지 않았던 곳으로 감히 들어간다. 그 영혼에게 그때마다 놀랍고 위대한 것으로 보이는 것은, 그 뒤에 이어지는 것보다는 낮은 것으로 여겨지는데,

그것은 새로 발견된 것은 반드시 이전에 파악된 것보다 뛰어난 것이기 때문이다. 그러기에 바울로도 지난 것에 대해서는 항상 죽고, 이미 달성한 것은 잊으면서, 그때마다 새로운 생명에 참여하고 있었으므로, 매일 죽었던 것이다(1고린토15,31).

[367] 그러기에 신랑을 향해 달려가는 신부도 보다 위대한 것에로의 전진의 길 위에서 멈춤을 모른다. 그녀는 입에서 흘러나오는 향기의 강으로 낙원을 만든다. 그리고 창조주를 자신의 열매로 환영하기 위해, 음식을 마련한다. 정원을 물로 적시고, 생수의 우물이 된다. 그리고 그녀는 말씀의 증언에 의하면 온몸이 아름답고 흠 없는 것으로 나타난다. 게다가 이 단계들을 넘으면, 신부는 말씀이 다가옴에 따라 한층 장엄한 것을 감지한다. 그 머리는 이슬과 굽이치는 머릿결에서 생긴 밤이슬로 넘치고 있다. 그녀는 발을 씻고, 옷을 벗고, 양손으로부터는 몰약이 뚝뚝 떨어진다. 그리고 문빗장에 양손을 대고, 입구를 열어, 파악되지 않는 그분을 찾는다. 그 도달할 수 없는 분을 부르다, 파수꾼에게 발견되어, 몸에 채찍을 맞는다. 이리하여 그녀는 예언자가 "하느님께서 바위를 치시자 물이 솟구쳐 나왔다."(시편78,20)고 하는 그 바위를 모방하는 것이다. 그대에게는 신부가 여기까지 얼마만큼 높이 달려왔는지가 보일 것이다. 그러기에 그녀는 모세가 때렸던 부싯돌처럼 맞지만, 그것은 그 돌과 닮음으로써, 그녀도 말씀에 목말라하는 자들에게, [368] 맞음으로써 물을 솟구치게 하여 나누어주기 위함이었다(출애굽기17,6). 게다가 이에 덧붙여, 파수꾼이 그녀로부터 너울을 벗겼음으로, 그녀는 그 얼굴의 아름다움을 드러낸다. 이상이 이 텍스트에서 우리가 파악할 수 있었던 내용이다. 하지만 감추어진 신비의 덮개를 제거하시는 분으로부터 누군가가 바로 앞의 텍스트에 관해서 더 영혼에 유익한 관상을 할 수 있다면, 그 사람에 대해서 일체 질투가 있어서는 안 된다.

아마 어떤 사람은 이사야의 환시(이사야6,1-8)와 이 텍스트 사이에 어느 정도 공통성이 있음을 발견할지도 모른다. 내가 말하는 환시란, 나병이 걸린 우찌야 왕이 죽은 뒤에 이사야가 보았다고 말하는 것이다. 그는 지극히 높은 하늘에 있는 옥좌에 장엄하게 앉아계신 분을 보았다. 다만 그분의 모습, 형태, 위대함을 볼 수는 없었다. (그것들에 관해서도, 만일 볼 수 있었다면, 그는 확실하게 말했을 것이다. 마치 자기가 본 다른 것에 관해서처럼 말이다. 즉 그는 세라핌의 날개 수와 그 위치와 나는 모습 등을 정확히 서술하고 있는 것이다.) 그는 목소리만을 들었다고 말하고 있다. 그것은 문 상인방이 세라핌의 찬미가에 의해 쳐들리고, 성전이 연기로 자욱하였을 때였다. 이어서 세라핌 하나가 예언자의 입에 숯불을 대었다. 그러자 그 입술만이 아니라 말씀을 받아들인 귀도 깨끗해진 것이다. [369] 한편 여기서 신부는 파수꾼들로부터 맞고 상처를 입었으며, 너울을 벗기었다고 말하고 있는데, 마찬가지로 그 예언자에게도 너울 대신에 상인방이 쳐들리고, 그 덕분에 그가 성역에 있는 것을 관상하는 데에 방해물이 없어졌던 것이다. 파수꾼 대신에 세라핌이, 채찍 대신에 숯불이, 때리는 것 대신에 태우는 것이 말해지고 있다. 그리고 신부와 예언자의 영혼에 있어서 공통의 목적은 정화(katharotes)이다. 예언자가 숯불로 태워져도 고통을 느끼지 못하고, 빛나는 자가 되어 영광을 받은 것처럼, 이 대목에서도 신부는, 타격에 의한 고통을 비난하는 일 없이, 말씀이 너울이라고 부른 베일이 제거되는 것으로 솔직함(parresia)[100]이 더해진 것을 자랑하는 것이다.

바로 앞의 텍스트에는, 이제까지 관상하여 온 것과 하등 조화를 이루지 못함이 없는 어떤 다른 의미도 있다. 즉 주님의 말씀에 따

---

100) 각주90을 참조

라 밖으로 나가, 찾을 수 없는 분을 찾는 영혼은, 명사(名辭)의 의미로는 도달할 수 없는 분을 부르며 찾지만, 거기서 그 영혼은, 자신이 도달할 수 없는 분을 사랑하며 찾고, 파악불가능한 분을 추구하고 있다는 것을, 파수꾼들에 의해 배우기 때문이다. 영혼은 그들에 의해 어떤 방식으로 맞고 상처를 입는다. 즉 그 영혼은 사모하며 찾고 있는 분에의 갈망이 채워지지 않음으로, 그 아름다움에의 욕구가 채워지지 않고 누려지지 않는다고 생각하였기 때문이다. [370] 그러나 그 괴로움의 너울은 영혼이 다음의 것을 배움으로 걷어진다. 그것은, 사모하며 찾는 분을 참으로 누린다는 것은, 그때마다 채워진 욕구가 초월자에로의 새로운 욕구를 낳기 때문에, 탐구의 길 위에서 항상 앞으로 나아가는 것이며, 오르막길에서 결코 멈추지 않는다는 것을 배우는 것이다. 이리하여 절망의 너울이 제거되고, 그 사랑하는 분의, 완전한 영원성 안에 있는 무한하고 파악불가능한 아름다움이 그때마다 한층 더 발견되어가는 것을, 그녀는 보는 것이다. 그와 동시에 그녀는 보다 격렬한 갈망에 몸이 달아, 그 사랑하는 분에게 예루살렘의 딸들을 통하여 자신의 마음 상태를 숨김없이 털어놓는 것이다. 그녀는 하느님이 선택하신 화살을 몸에 받아들여, 믿음의 화살촉에 의해 그 심장이 관통되었고, 사랑의 화살로 인해 치명상을 입었기 때문이다. 요한의 말에 의하면 "하느님은 사랑"(1요한 4,8)이신 것이다. 하느님께 영광과 권능이 처음과 같이 이제와 항상 영원히. 아멘.

제 13 강화

[신부]

[5.8] 예루살렘의 딸들이여,
들판의 힘과 강함을 걸고[101]
나는 그대들을 서약하게 하였습니다.
만일 나의 연인을 찾거든,
이렇게 전해 주세요.
〈내가 사랑의 중상을 입고 있다〉고.

[딸들]

[5.9] 당신의 연인은 어떤 분이십니까?
여인들 가운데서도 아름다운 이여.
당신의 연인은 다른 연인보다도
무엇이 훌륭합니까?
우리에게 그토록 서약을 하게 하시니.

[신부]

[5.10] 나의 연인은 희고 불그레하고,

---

101) 이 구절은 히브리어 본문에는 없다. 그리스어 본문을 따른 것이다.

만인 가운데서 뽑히신 분.
[5.11] 그 머리는 케파즈의 금.
　　그 굽이치는 머리채는 전나무, 까마귀처럼 검답니다.
[5.12] 그 눈은 비둘기 같아요.
　　풍부한 물가에서 젖으로 몸을 씻고
　　풍부한 물가에 앉아있답니다.

[371] 모세를 통해서 율법의 신비를 제정하신 분은, 스스로 율법과 예언자 모두를 성취하셨다. 그것은 복음서 가운데 "내가 온 것은 율법을 폐지하기 위함이 아니라, 성취하기 위함이다."(마태오5,17)라고 적혀있는 대로이다. 그분은 분노를 멸함으로써 살육을 없애고(마태오 5,22), 욕정을 몰아냄으로써 간통의 죄를 제거하였다(마태오 5,28). 또한 맹세를 금지하고, 낯을 움직이지 못하게 함으로써, 위증으로부터 생기는 저주를 삶에서 일소하였다.[102] 왜냐하면 맹세를 하지 않으면, 맹세를 깰 일도 일어날 수 없기 때문이다. 그러기에 그는 이렇게 말한다. [372] "〈거짓 맹세를 하지 말라. 그리고 주님께 맹세한 것은 다 지켜라〉고 옛 사람들에게 하신 말씀을 너희는 들었다. 그러나 나는 이렇게 말한다. 아예 맹세를 하지 말라. 하늘을 두고도 맹세하지 말라. 하늘은 하느님의 옥좌이다. 땅을 두고도 맹세하지 말라. 땅은 하느님의 발판이다. 예루살렘을 두고도 맹세하지 말라. 예루살렘은 그 크신 임금님의 도성이다. 네 머리를 두고도 맹세하지 말라. 너는 머리카락 하나도 희게나 검게 할 수 없다. 너희는 그저 '예' 할 것

---

102) 히브리어 구약성경 「즈가리야서」 5장1절-4절에는, 두루마리가 허공을 나는 환상이 기록되어있다. 이 두루마리는 온 나라를 휩쓸 저주를 의미한다. 그러나 그리스어 성경에서는 이 두루마리가 낯으로 바뀌어있다.

은 '예' 하고, '아니오' 할 것은 '아니오' 라고만 하여라. 그 이상의 말은 악마에게서 나오는 것이다."(마태오5,33-37)

영혼은 「아가」를 통해서 완덕의 경지에 들어섰음이 증명되었다. 즉 낡은 옷을 벗어던지는 가운데 마음으로부터는 베일이 제거되고, 얼굴로부터는 너울이 벗겨졌다.[103] 이 너울이란 대체로 의심하는 마음, 동요하는 생각을 의미하고 있다고 여겨진다. 이리하여 영혼은 맑고 의심 없는 마음으로 진리에 눈을 돌린다. 그리고 예루살렘의 딸들에게 맹세를 시킨다. 하지만 하느님의 옥좌를 두고는 아니다. 그것을 말씀은 하늘이라고 부르고 있다. 또한 하느님의 도성을 두고도 아니다. [373] 그 이름은 예루살렘이다. 그리고 존귀한 머리를 두고도 아니다. 그 털은 검게도 희게도 할 수 없다. 그녀는 맹세를 들판에다 돌린다. 그리고 들판이 가진 힘에다 걸고, 맹세를 딸들에게 재촉하면서 이렇게 말한다. "예루살렘의 딸들이여, 들판의 힘과 강함을 걸고, 나는 그대들을 서약하게 하였습니다."(5,8)

한편 "그 모두가 아름답고, 한 점 더러움도 없다."(4,7)고 그녀는 증언되고 있다. 실제로 이 대목에서 신부는 쓸데없는 말을 일체 입에 담고 있지 않다. 그것은 악마의 일이기 때문이다. 그녀는 하느님을 따라서 위의 말을 하고 있다. 그 말에 관해서는, 「미가서」에 "모두가 좋고 아름답다. 이것보다 뛰어난 것은 없다"라는 표현이 있다.[104] 위에서의 주님의 계명(마태오5)에 의해, 신부에게 더해진 미덕을 배운 자에게는, 이상의 것들이 분명할 것이다.

그 이유는 무엇일까? 그녀는 금지된 맹세의 어떤 형식도 입에 담는 일이 없다. 크신 임금님의 도성도, 옥좌도 딸들의 맹세의 징표로

---

103) 제11강화의 아가5,3 및 제12강화의 아가5,7에 관한 해석을 참조.
104) 이 구절은 「미가서」가 아니라 「즈가리야서」 9장17절에 나온다.

는 하지 않는다. (이를 통해 우리는 다음과 같은 것을 배운다. 즉 맹세 안에서 하느님에 대해 오만하게 구는 것을, 얼마나 멀리하지 않으면 안 되는지 말이다. 왜냐하면 옥좌도 도성도 맹세 안에서 거론하는 것은 허용되어있지 않기 때문이다.) 그것만이 아니라, 그녀는 머리조차도 삼가고 있다. 머리는 존귀하기 때문이다. 그녀는 이하의 말 가운데서(5,11), 머리는 금이라고 말하고 있다. 그 털은 검지도 희지도 않은 것이다. (어떻게 금이 검거나 흰색으로 변한다는 말인가.)

[374] 이리하여 신부는 딸들에게 다음과 같은 맹세를 제시하고 있다고 할 수 있다. 그것은 복음의 계명에 저촉되는 일이 없다. 그렇기는커녕 "하느님을 두고 맹세하는 이들은 모두 자랑스러워하리라."(시편63,12)라고 말하는 예언자의 말처럼, 맹세를 하는 자에게 찬사가 주어지는 이유조차 되는 맹세이다. 그런 까닭에, 여기서 말해지는 말의 취지는 '예' '아니오'를 벗어나는 것은 아니다. 복음의 계명은, 진리가 이 두 가지에 의해 확실한 것이 되길 바라고 있다. 복음은 이렇게 말한다. "너희는 말할 때에 '예' 할 것은 '예'하고, '아니오' 할 것은 '아니오'라고만 하여라."(마태오5,37)

맹세에는 다음과 같은 것을 거론하는 것이 금지되어있다. 즉 임금의 옥좌. 왕국이 서있는 도성. 마찬가지로 참된 머리도 맹세에 끌어들여서는 안 된다. 그리고 단지 '예'와 '아니오'만이 허용된다. '예' 안에 있는 진리는, 이 두 가지 말을 똑같이 사용하여 관상되는 것이다. 그렇다면 지금 여기서도, 신부로부터 딸들에게 제시된 맹세가 '예'라고 하는 의미에로 향해진 것은 분명할 것이다. 우리 영혼의 동의는, '예' 안에 서 충분히 확고한 것이 되어야만 하기 때문이다. 텍스트는 이렇게 되어있다. "예루살렘의 딸들이여, 들판의 힘과 강함을 걸고, 나는 그대들을 서약하게 하였습니다. 만일 나의 연인을 찾거

든, 이렇게 전해 주세요. 〈내가 사랑의 중상을 입고 있다〉고."(5,8)

[375] 이것과 같은 구절에 대해서는 이미 말한 대목에서, 의미 관련이 시사하는 대로 관상을 끝냈다.[105] 하지만 여기서도, 발견된 것을 간결하게 말하고 싶다. 사도는 맹세란 불변의 것이므로, 스스로 진리를 확고한 것으로 한다고 말한다. 그리고 인식된 것의 확증을 향하여 모든 이의에 종지부를 찍는 것이라고 정의한다(히브리6,16-18). 그런 까닭에, 신부가 맹세를 처녀들에게 제시하는 것은, 그녀들이 말하는 말이, 깨질 수 없는 것으로서 그녀들에게 지켜지기 위함이다. 그런데 사도도 말하고 있듯이(히브리6,16), 모든 맹세는 자신보다 큰 것을 두고서 하는 것이다. (자신보다 비천한 것을 두고 맹세하는 사람은 하나도 없다.) 그러므로 맹세를 함에 있어서 무엇이 보다 큰 것으로서, 신부로부터 처녀들에 대해서 부과되고 있는지를 검토하는 것이 좋을 것이다.

신부는 말한다. "예루살렘의 딸들이여, 들판의 힘과 강함을 걸고, 나는 그대들을 서약하게 하였습니다." 이 구절에서 우리를 넘어서 있는 것은 무엇인가? 여기서 '들판'이란, 비유적인 의미로 세상이라고 의심할 여지없이 이해된다.[106] 주님도 들판을 세상이라고 부르고, 들판이란 세상이라고 설명하였다.[107] 그러면 맹세에 있어 제안된 이 세상의 많은 힘과 강함이란 무엇인가? 그것들은 우리들보다 큰 것이라고 여겨져야만 한다. 맹세는 보다 큰 것을 두고 하는 것이며, 진리의 확증을 위하여 힘을 얻기 위함이다.

[376] 여기서 지금 앞에 놓인 어구를 분명히 하기 위하여, 텍스트

---

105) 아가2,7 및 제4강화에서의 해석을 참조.
106) 제4강화의 아가2,7에 관한 해석 참조
107) 마태오13,31.38을 가리킴.

가 다음과 같이 되어있는 판과 대비하여 볼 필요가 있다. 그 판은 위의 두 어구를 설명한 별도의 문장을 싣고 있다. "예루살렘의 딸들이여, 나는 그대들을 서약하게 하였습니다. 들판의 영양(羚羊)과 젊은 사슴을 두고서." 우리는 [영양과 젊은 사슴이라는] 이 두 명사를 통해서, 이 세상의 강함이 무엇 안에 있으며, 무엇 안에 그 힘이 있는지를 배울 수 있다. 이 두 말은, 진리의 확증을 위하여 서약의 자리에서 거론되고 있기 때문이다.

인간을 하느님과 결합시키는 것에는 두 가지가 있다. 먼저 하나는, 저 실재[108]에 관한 파악의 흔들림 없음이다. 이는 신적인 것에 관한 이교적 이단적인 견해에로, 그릇된 판단에 의해 벗어나는 일이 없도록 하기 위함이다. 이것이야말로 참으로 '예'이다. 또 하나는, 영혼의 모든 정동(情動)적 상태를 불식시키는 맑은 이성이다. 이것도 그 자체로서 '예'와 무관한 것은 아니다.

이리하여 좋은 것들을 에워싼 이 두 종류 가운데, 하나는 저 실재를 응시하게 한다. 다른 하나는 영혼을 해치는 정념을 쫓아버린다. 영양과 젊은 사슴에 대한 언급이, 상징을 통하여 각각의 힘을 알려준다. 이들 가운데, 전자는 그릇됨 없이 숙시(熟視)한다. 후자는 짐승들의 이른바 게걸스럽게 먹어치우는, 소비적인 힘을 갖고 있기 때문이다.[109]

그런 까닭에 신부는, 이 두 가지를 '예'로서 처녀들에게 제시한다. 즉 신적인 것을 경건하게 응시해야한다는 것과, [377] 삶을 아파테이아(정념으로부터 자유) 안에서 맑게 달려 나가야 한다는 것이다. 이 두 가지가 성취되었을 때, 우리 안에서 불변의 '예'가 확립된다.

---

108) 출애굽기3,14에서의 하느님의 이름 "나는 있는 나다"를 가리킨다.
109) 영양과 젊은 사슴에 관해서는 제5강화의 아가2,9에 대한 해석을 참조.

왜냐하면, '예'라는 것은, 예언자가 "하느님을 두고 맹세하는 이들은 모두 자랑스러워하리라."(시편63,12)고 말하고 있는 것으로, 진리를 확실한 것으로 하는 서약이기 때문이다.

지금 다음과 같은 사람이 있다고 하자. 그는 헤매는 일 없이 진리를 직시할 때에는 신앙의 말 안에, 또 악덕으로부터 생기는 모든 좀으로부터 깨끗해졌을 때에는 삶의 본연의 자세 안에, 바로 불변의 것을 자신 안에 확립하는 사람이다. 이러한 사람이라면 주님에 대해서 "자신 안에 주님이 계실 곳을 찾을 때까지, 스스로 자신 안에 사시는 분의 장막이 될 때까지, 잠자리에 들지도, 눈 붙이고 잠들지도, 눈시울에 선잠조차 붙이지 않겠습니다."(시편132,3-5)라고 서약할 것이다.

한편 우리도 천상 예루살렘의 자녀들이 된다(갈라디아4,26). 그래서 어떻게 하면, 찾고 있는 분을 만날 수 있는지, 스승인 신부에게 들어보고 싶다. 그녀의 말을 빌려 보자. "우리가 스스로 다음과 같은 서약을 하였다고 합시다. 시력이 예리한 영양의 힘과, 악을 말살하는 젊은 사슴의 강함 가운데 있다고 하는 서약을. 그러면 그것에 의해, 청순한 신랑, 사랑의 사수(射手)를 볼 수 있습니다. 그리고 각각의 영혼은 그분에 대해서 〈나는 사랑의 중상을 입었습니다〉라고 말할 수 있습니다."

그런데 우리는 사랑의 중상은 아름답다는 것을[110] 「잠언」으로부터 배운다. "벗이 주는 상처는 바람직하지만, 미워하는 자의 입맞춤은 나쁜 것이다."(잠언27,6) 벗이 주는 상처가 원수의 입맞춤보다 낫다고 하는 그 벗은 누구를 말하는 것일까? [378] 이는 구원의 신비를 알고 있는 모든 사람에게는 분명한 것이다. 무엇보다도 먼저, 우리

---

110) '사랑의 중상을 입은 자'에 관해서는, 제4강화의 아가2,6에 대한 해석을 참조.

가 원수가 되어도 사랑을 멈추지 않는 사람은 진실하고 확실한 벗이다. 그에 대해서 조금도 악을 행하지 않고 있는 사람을 죽음으로 이끄는 자는, 믿을 수 없는 잔인한 원수이다.

최초로 창조된 아담과 하와에게, 계명에 의해서 생겨난 악의 금지[111]는 상처처럼 여겨졌다. (왜냐하면 쾌락을 멀리하는 것은 상처라고 여겨졌기 때문이다.) 다른 한편, 쾌락이나 보기에 탐스러운 것에 대한 유혹[112]은 입맞춤처럼 여겨졌다. 하지만 이 유혹에 의해, 벗이 주는 상처처럼 여겨졌던 것이, 실은 원수의 입맞춤보다도 유익하고 보다 바람직하다는 것이 드러났던 것이다.

이리하여 우리의 영혼을 사랑하시는 아름다우신 분은 자신의 사랑을 증명하셨다. 그리고 그 사랑에 의해, "우리가 죄인이었을 때에 그리스도께서 우리를 위하여 돌아가셨던"(로마5,8) 것이다. 그러기에 신부는 그분에게 사랑을 돌려드린다. 먼저 사랑을 받았기 때문이다. 그리고 사랑의 화살이, 자신 안에 깊숙이 박혀있다는 것을 보여준다. 이 사랑의 화살이란 그분의 신성에의 참여이다. 왜냐하면 앞에서도 말했듯이[113] 사랑이란 하느님이시기 때문이다. 그 사랑은, 신앙이라고 하는 화살촉에 의해 마음속에서 생겨나는 것이다. 만일 이 화살의 이름도 말해야만 한다면, 성 바울로로부터 배운 바를 말하리라. 이 화살이란 "사랑으로 표현되는 믿음"(갈라디아5,6)이다.

[379] 그러나 이상은 각 사람이 최선을 다해 이해하는 대로 놔두고, 우리는 처녀들이 스승에게 던진 물음을 살펴보도록 하자. "당신의 연인은 어떤 분이십니까? 여인들 가운데서도 아름다운 이여. 당

---

111) 「창세기」 2장17절
112) 「창세기」 3장6절
113) 제4강화의 아가2,5에 관한 해석을 참조. 또한 1요한4,8,16을 참조.

신의 연인은, 다른 연인보다도 무엇이 훌륭합니까? 우리에게 그토록 서약을 하게 하시니."(5,9) 이 텍스트는 위에서 검토된 것과의 연관으로 볼 때 추측 가능한 의미를 가지고 있다고 여겨진다.

처녀들은, 신부인 영혼의 아름다운 떠남을 알았다. 신부가 "그분의 부르심에 따라, 내 영혼은 밖으로 나갔습니다."(5,6)라고 말하며, 말씀에다 자신의 몸을 내맡겼던 때의 일이다.[114] 그리고 다음과 같은 사실을 알게 되었다. 신부가, 표징에 의해서는 발견되지 않는 분을 찾으려나가, 이름을 불러도 대답하지 않는 분을 부르며 찾고 있다는 것이다. 그러기에 처녀들은 다음과 같이 말한다.

「인식할 수 있는 어떤 표징에 의해서도 발견되지 않고, 불러도 대답이 없으며, 찾아도 파악할 수 없는 분이라면, 우리는 어떻게 하여야 알 수가 있을까요? 그러므로 당신도, 우리의 눈으로부터 너울을 벗겨주십시오. 성읍의 파수꾼이 당신에게 한 것처럼. 당신이 우리들을 위하여, 찾고 있는 분에게로 우리들을 인도하여 주십시오. 당신의 연인이 어떤 분인가를, 그 본성을 말해줄 수 있는 말로 말씀해 주십시오. [380] 우리에게 무엇인가 인식될 수 있는 표징을 통해서, 그분을 알 수 있는 실마리를 주십시오. 당신은 아름다움으로 가득 차고, 그 때문에 여인들 가운데서도 가장 아름다운 여인이 되었기 때문입니다. 당신이 찾고 있는 분을 우리들에게 알려주십시오. 모습이 보이지 않는 분이, 어떤 표징에 의해 발견될 수 있는지를 우리에게 가르쳐주십시오. 그분에게, 사랑의 화살에 관하여 알려드릴 수 있기를 … 당신이 그 화살에 의해 마음 한가운데 중상을 입고, 감미로운 고통을 통해서 그리움을 더하고 높인 바로 그 사랑의 화살을.」

지금 말한 의미가 텍스트와 조화를 이루도록, 앞에 있는 같은 텍

---

114) 제12강화의 아가5,6-7에 관한 해석을 참조.

스트를 다시 한 번 한 구절씩 반복함이 좋을 것 같다. "당신의 연인은 어떤 분이십니까? 여인들 가운데서도 아름다운 이여. 당신의 연인은 다른 연인보다도, 무엇이 훌륭합니까? 우리에게 그토록 서약을 하게 하시니." 그럼 이에 대한 신부의 답변을 들어보자. 그녀는 너울을 말쑥이 벗고, 베일을 제거한 영혼의 눈으로 진리를 응시하고 있다. 신부는 딸들에게, 찾고 있는 분을 어떻게 묘사하고 있는 것일까? 그리워하고 있는 분의 특질을, 어떻게 말로 채색하고 있는 것일까? 아직 알려지지 않은 분을, 어떤 형태로 처녀들의 눈에 비치도록 하고 있는 것일까?

창조된 것도 창조되지 않은 것도, 다 그리스도에게 속하고 있다.[115] 여기서 창조되지 않은 것이란, 그분 안에 있는 영원성을 의미한다. 즉 시간에 앞서 있으며, 모든 존재물을 창조하는 분을 가리킨다. 한편 창조된 것이란, 우리를 위해서 섭리에 따라 우리의 비천한 몸(필립비3,21)으로 육화하신 분을 가리킨다. 그러나 오히려, 신적인 말 그 자체에 의거하는 편이, 여기서의 의미가 보다 더 잘 텍스트에 부합될 것이다.

[381] 창조되지 않은 것이란, 태초에 있었던 말씀, 영원히 하느님과 함께 있으며 하느님이신 말씀을 가리킨다. 즉 그것에 의해 만물이 생겨났으며, 그것에 의하지 않고 생겨난 것은 하나도 없는 말씀을 가리킨다(요한1,1-3). 한편 창조된 것이란, 사람이 되시어 우리 안에 거처를 마련하신 분을 가리킨다(요한1,14). 이 분이 사람이 되셨을 때 드러내신 영광은 "하느님께서 육(肉) 안에 나타나셨다."(1디모테오3,16)는 것을 분명히 하였다. 이 하느님이란 온전한 의미로,

---

115) 이하에서 말해지듯이, '창조되지 않은 것' 혹은 '태초에 있던 것'은 그리스도의 신성을 의미한다. 이에 대해서 '창조된 것' 혹은 '말로 할 수 있는 것'이란 그리스도의 인성을 가리킨다.

"아버지의 품안에 계신 외아들"(요한1,18)을 말한다. 요한은 다음과 같이 기록하고 있다. "우리는 이분의 영광을 보았다." 나타난 분은 인간이었지만, 그분에 의해 알려진 것은 "아버지로부터 오신 외아들로서의 영광이며, 그 영광은 은총과 진리로 충만하였다."(요한1,14) 그러기에 그분의 창조되지 않은 부분, 시간 이전에 있으며 영원한 것은, 총체적으로 파악되지 않고 또한 형언할 수 없는 것으로 남는다. 한편 육신을 통하여 우리에게 분명해진 것은, 어느 정도일망정 우리가 인식할 수 있다.

그런 까닭에, 스승인 신부는 듣는 자들이 수용할 수 있는 한만의 것에 눈을 돌려, 그것에 관하여 말한다. 내가 여기서 말하고 있는 것은 "경건함(우리 종교)의 위대한 신비"(1디모테오3,16)이다. 이 신비를 통해서, 하느님은 육(肉) 안에 나타나셨다. 이 분은 하느님의 몸이면서도 종의 모습을 취하고, 육신을 통하여 사람들과 함께 사셨다(필립비2,6-7). 그리고 육신의 죽어야할 본성을, 첫 열매에 의해 자신에게로 단 한 번에 끌어당기신 것이다. 그는 육신의 본성을, 부패하지 않는 처녀성을 통하여 수용하였다. 그러기에 본성에 공통된 반죽을(로마11,16), 첫 열매와 함께 항상 성화(聖化)한다. [382] 이 성화는, 그와 한 몸이 된 사람들에 의해 신비의 친교를 통하여 행해진다. 이리하여 이분은 자신의 몸 즉 교회를 기르신다. 나아가 그분은, 신앙에 의해 자신에게 뿌리를 내린 손과 발을, 공통의 몸에 어울리게 조화시킨다. 그리고 모든 것을 조화로운 것으로 완성한다. 즉 눈, 입, 양손 및 그 밖의 다른 부분에로, 믿는 이들을 썩 잘 어울리게 또 조화롭게 배치하는 것이다.

실제로 바울로는 다음과 같이 말하고 있다. "몸은 하나이지만, 그 몸은 많은 지체들로 이루어져있다. 그렇긴 하나 모든 지체들이 같은 기능을 하는 것은 아니다(로마12,4). 몸에 있어서, 예를 들면 눈이 손을 경멸해서는 안 되며, 머리가 발이 필요 없다고 해서도 안 된다. 손발을 통해서 몸 전체가, 다양한 기능들에 의해 서로 긴밀히 결합되어있다. 이것은 각 부분이 전체에 대해서 다툼을 일으키지 않기 위함이다(1고린토12,12-)."

바울로는 이와 같은 생각을 상징적으로 표현했지만, 보다 명확하게는 다음과 같이 말하고 있다. "하느님은 교회에 사도, 예언자, 교사, 목자들을 두셨다(1고린토12,28). 그것은 성도들을 준비시켜서 봉사활동을 하게 하여, 그리스도의 몸을 자라게 하려는 것이다. 이리하여 마침내 우리 모두가 하느님의 아드님에 대한 신앙과 지식 안에서 하나가 되어 성숙한 인간으로서 그리스도의 넘치는 풍요로움(완전성)에까지 도달하게 되는 것이다."(에페소4,11-13) 그리고 더 나아가 이렇게 말하고 있다. "우리는 모든 면에서 자라나, 머리이신 그리스도와 한 몸이 되어야 합니다. [383] 그리스도에 의해 우리의 몸 전체는, 각 마디로 서로 연결되고 얽혀서 영양분을 받아 자라납니다. 그리스도를 머리로 하는 교회도 이와 같이 각 부분이 자기 구실을 다함으로써, 사랑 안에서 자신을 완성해나가는 것입니다."(에페소4,15-16) 그러므로 교회를 바라보는 자는 곧 그리스도에게로 눈길을 돌린다. 교회 또는 그리스도는, 구원된 자들이 더해짐으로써, 자신을 세우며 크게 만들어가는 존재이다.

이리하여 신부는 눈에서 너울을 걷어내고, 깨끗한 눈으로 신랑의 형언하기 어려운 아름다움을 응시한다. 그런 까닭에, 영적이며 활활 타오르는 에로스의 화살에 의해 중상을 입는다. 왜냐하면 연애(에로스)는, 고양된 사랑(아가페)이라고 말해지기 때문이다. 그러기에 에로스의 활이 육(肉)에 따라 당겨진 것이 아니라면, 누구도 에로스를 부끄러워하는 일은 없다. 오히려 마음 깊은 곳을 통하여 영적인 그리움의 화살촉을 받아들인다면, 당한 중상을 자랑스럽게 보여준다.

딸들에게 "나는 사랑의 중상을 입었습니다"라고 말하는 신부도, 바로 이러한 것이다.

이런 까닭에, 그녀는 이만큼이나 진보한 완덕의 경지에 도달하고 있다. 그녀는 처녀들에게도 신랑의 아름다움을 분명히 해둘 필요를 느꼈다. 하지만 '맨 처음에 있던 분'을 말하지는 않는다. (말할 수 없는 분을 말의 힘에 의해 분명히 하는 것은 불가능하기 때문이다.) 그녀는 오히려, 육신을 통해서 우리에게 일어났던 하느님의 현현에로 처녀들을 이끈다. (바로 이는 저 위대한 사도 요한이 행한 바이다. 그는 '처음부터 계셨던 분'에 관해서는 침묵을 지켰다. 그리고 "진리인 말씀에 관하여, 우리가 눈으로 보고, 귀로 듣고, [384] 손으로 만진 분"의 일을 주의 깊게 기록하였던 것이다⟨1요한1,1⟩.)

그래서 신부는 처녀들에게 이렇게 말한다. "나의 연인은 희고 불그레하고, 만인 가운데서 뽑히신 분. 그 머리는 케파즈(순금). 그 굽이치는 머리채는 전나무, 까마귀처럼 검답니다. 그 눈은 비둘기 같아요. 풍부한 물가에서 젖으로 몸을 씻고, 풍부한 물가에 앉아있답니다. 그이의 아래턱은 향료 사발 같아, 향기를 뿜어내네. 입술은 백합꽃, 넘치는 몰약이 흘러 떨어집니다. 손은 돋을새김을 한 금 세공, 타르시스의 보석이 가득 박혀있네. 복부는 상아(象牙)의 회양목 판(板), 사파이어를 덮고 있네. 다리는 두 개의 기둥. 순금 받침대 위에, 대리석으로 세워져있네. 그이의 모습은 선발된 레바논 산 같고, 삼나무로 무성하네. 목은 감미롭고, 나는 그이의 모든 것을 원합니다. 이분이 나의 형제 같은 연인. 예루살렘의 딸들이여, 이런 분이 바로 나의 벗이랍니다."(5,10-16)

이상의 말로 신랑의 아름다움이 묘사되었다. 하지만 이 모두가, 눈에 보이지 않고 파악할 수 없는 신성을 나타내는 것은 아니다. 하느님의 섭리에 의해 분명해진 것을 나타내는 것이다. 이것은 인간의 본성을 두르신 분이, 지상에서 사람들에게 그 모습을 드러내고, 사람들과 함께 살았을 때의 일이다. 사도의 말을 빌린다면(로마1,20), 눈에 보이지 않는 하느님의 본성의 특질도, 피조물 안에서 밝히 알려졌기 때문에, 확실히 볼 수가 있다. 교회라고 하는 세계의 제정(制定)에 의해, 하느님의 보이지 않는 신성이 명확해진 것이다. 왜냐하면 교회의 제정이란 세계의 창조이기 때문이다. [385] 예언자의 목소리에 의하면(이사야65,17), 이 창조 안에서는 하늘도 새롭게 창조된다. (이 하늘이란 바울로가 말하듯이, "그리스도에 대한 확고한 신앙"〈골로사이2,5〉이다.) 또한 땅도 새롭게 창조된다. 이 땅이란 "그 위에 내리는 비를 빨아들이는"(히브리6,7) 땅이다. 그리고 인간에 관해서도 "제2의 인간"(1고린토15,47-49)이 창조된다. 이 제2의 인간이란, 위로부터의 탄생에 의해, 창조주와 닮은 자로서 새롭게 된 인간이다(골로사이3,10). 또한 별들의 성질도 다른 것이 된다. 그 별에 관해서는 "여러분은 세상의 빛입니다"(마태오5,14), 또는 "여러분은 세상에서 별처럼 빛을 내십시오."(필립비2,15)"라고 말해진다. 이리하여 신앙의 하늘로 떠오르는 별은 점점 그 수를 늘린다. 그렇다고 해도, 이것도 하등 놀랄 일은 아니다. 이 새로운 세계에서는, 별의 수효는 하느님에 의해 헤아려지고, 낱낱이 이름을 부여받고 있기 때문이다. 그 별들의 이름은 하늘에 기록되어있다고 시인은 말한다(시편147,4). (또 이 새로운 창조주가, 자신의 별들에 대해서 "여러분의 이름은 하늘에 기록되어있습니다."〈루가10,20〉라고 말하는 것을 우리는 듣고 있다.) 그러기에 새로운 창조의 경이로움이란, 수많은 별이 말씀에 의해 창조되었다는 것만은 아니다. 태양이, 선행이라고 하는 광선에 의해 다수 창조되어, 세상을 비추고 있는 것이다. 그러한 태양의 창조주는 이렇게 말한다. "여러분의 빛을 사람들 앞에 비추시오."(마태오5,16), "그때 의인들은 해와 같이 빛날 것

입니다."(마태오13,43)

[386] 그러므로 예를 들어, 지각할 수 있는 세계를 바라보고, 피조물의 아름다움에 의해 분명하게 드러난 지혜를 이해하는 사람이 있다고 하자. 그는 눈에 보이는 사물을 통해서 눈에 보이지 않는 아름다움이나 지혜의 샘을 유추한다(지혜서13,1-5). 그 지혜의 흘러나옴이 피조물의 본성을 성립시킨 것이다(지혜서7,25). 꼭 그와 마찬가지로, 교회의 창조에 의한 이 새로운 세계에 눈을 돌리는 자가 있다고 하자. 그는 새로운 이 세계 가운데, 모두에게 있어서 모든 것이며(골로사이3,11), 또한 모든 것이 되는 분을 본다. 그리고 우리의 본성으로 수용하고 파악할 수 있는 것을 통하여, 알 수 없는 것에로 우리의 인식을 인도하는 것이다.

그러기에 처녀들의 영혼은, 완덕을 향하여 질주하는 신부의 영혼에게 소원을 말한다. 그 소원이란, 그리워하는 분을 자신들도 알고 싶다는 것이다. 이에 따라 신부는, 구원을 위하여 우리에게 분명해진 것들을 통해서, 찾고 있는 분의 특징을 처녀들에게 묘사한다. 그녀는 그때, 교회 전체가 신랑과 한 몸이라는 것을 보여준다. 그리고 신랑의 아름다움을 묘사하는 가운데, 지체(肢體)의 각 부분마다 고유한 의미가 있음을 보여준다. 지체를 통하여, 각각의 부분에서 관상되는 것들로부터, 몸의 아름다움의 전모가 완성되는 셈이다.

이리하여 신부는 그 가르침을 시작한다. 그 시작은 우리에게 친근하고 밀접한 관계를 가진 것이다. 그녀는 신랑의 몸으로부터 가르침의 초보(카테케시스)를 시작한다. 이것은 사실 저 마태오가 행한 것과 같은 방식이다. 마태오는 [그리스도의] 육(肉)에 의한 신비를 계보 상으로 더듬어갈 때, 아브라함과 다윗으로부터 시작한다(마태오1,2-17). 그리고 그가 저 위대한 사도 요한을 위하여, 말하지 않고 남겨두었던 것이 있다. 그것은 위의 계보에 의해 이미 기초된 것을 토대로, 영원한 옛날로 소급되어 생각된 원초(아르케)와, [387] 그 원초와 함께 생각된 말씀(로고스)을 복음으로서 알린다는 것이었다.

이런 생각으로부터, 신부는 딸들을 신비에로 이끈다. 즉 다음과 같은 생각에 기초한 것이다. "먼저 눈에 보이는 것의 의미를, 신앙에 의해 이해해야만 한다. 그 뒤에야 그대들의 사유는, 파악되지 않고 눈에는 보이지 않는 것에로 인도될 것이다." 여기서 눈에 보이는 것이란, 육(肉)의 본성이다.

먼저 그녀는 "나의 연인은 희고 불그레하고"(5,10)라고 말한다. 이 두 가지 색채를 섞음으로써, 신랑의 육체의 특성을 말로 묘사하고 있는 것이다. 그녀는 앞에서도(아가2,3), 같은 방식을 취하고 있었다. 신랑을 '사과'라고 부르고 있는 것이다.[116] 사과는, 하얀 색과 붉은 색, 두 색이 서로 섞인 그 양쪽의 모습으로 볼 수 있다. 왜냐하면 사과는, 하얀데다가 불그레함을 띠고 있기 때문이다. 이 불그레함이란, 피의 본성을 상징적으로 나타내고 있다고 나는 생각한다.

모든 육체는 출산 때에 그 형태가 만들어진다. 탄생을 통해서 이 세상의 생명에로 나오는 사람들에 대해서는, 그 출산을 반드시 결혼이 이끈다. 그렇지만 저 경건함(우리 종교)의 신비(1디모테오3,16)에 관한 육(肉)의 기원을, 인간 본성의 행위와 정념에 비추어 받아들여, 그것을 생각함에 있어서 걸려 넘어지는 자가 있어서는 안 될 것이다. 저 신비에서의 육체의 기원도 모든 사람과 동질의 것이라고 생각해서는 안 되는 것이다. 그 때문에 신부는 먼저, 살과 피에 참여한 그분이, 하얀 색과 붉은 색을 띠고 있음에 동의한다. 이 두 가지 색에 의해 육체의 본성을 상징하고 있는 것이다. 하지만 그녀는, 그분을 분만하는 행위가 일반적인 출산과는 결코 동일한 종류의 것이

---

116) 제4강화의 아가2,5에 관한 해석을 참조.

아니었음을 말한다. 그분은 모든, 수많은 사람들 가운데서 특별하신 분이다. [388] 이 수많은 사람들이란, 인간이 탄생한 시점으로부터, 자손의 본성이 출산에 의해 흘러나오고, 흘러가는 한의 시간에 속하는 사람들을 가리킨다. 그 가운데 이분은 단 한 사람, 분만의 새로운 형태에 의해 이 세상의 생명에로 들어오셨다. 그분이 태어남에 즈음하여, 자연본성은 힘을 빌려준 것이 아니라 섬긴 것이다.

그러기에 신부는 먼저 "그분은 희고 불그레하다"고 말한다. 즉 그리스도는 살과 피를 통해서 현세에 사셨다. 그렇긴 하나 그분은 수많은 사람들 가운데 홀로, 처녀의 정결함을 통해서 뽑히신 것이다. 그리스도를 잉태하는 행위는, 배우자 간의 결합에 의한 것이 아니다. 그 분만은 더럽힘을 입지 않았고, 진통도 따르지 않았다. 그 신부의 방은, 이른바 구름처럼 처녀성을 덮은, 지극히 높으신 분의 힘이다(루가1,35). 그리고 성령의 광휘가 혼인의 횃불이 된다. 침대는 정념을 동반하지 않고, 혼인은 불멸이다. 그런 까닭에, 이와 같이 출생하신 분은 아름답고도 "만인 가운데서 뽑히신 분"이라고 불리고 있다.

이것은 그분이 산모로부터 태어나신 분이 아님을 나타내고 있다. 왜냐하면 이분 단 한 분만이 그 탄생이 분만을 겪지 않았기 때문이다. 또한 마찬가지로 그분의 육신이 만들어졌을 때, 혼인이 동반되지 않았기 때문이다. 처녀이면서 혼인을 경험하지 않은 여성에 대해서, 분만이라고 하는 말을 사용하는 것은 적합하지 않다. 왜냐하면 동일한 한 여성에 관하여, 처녀성과 분만이라고 하는 말은 서로를 받아들일 수 없기 때문이다. 즉 마치 우리에게 성부 없이 성자가 주어진 것과 마찬가지로, 아이는 분만에 의하지 않고 태어났다. 즉 이 동정녀는 어떻게 해서 자신의 몸 안에, 하느님의 아드님의 몸이 만들어졌는지를 알지 못한다(루가1,34). 그와 마찬가지로 출산을 알아차리지도 못했던 것이다. [389] 예언서는 그녀에게는 진통이 따르지 않는다고 기록하고 있다. 즉 이사야는 이렇게 말한다. "그녀는 몸을 비틀 사이도 없이 해산하여, 진통이 오기도 전에 사내아이를 낳는구나."(이사야66,7) 그러기에 그분은 선택되신 분이고, 쾌락을 기원으로 하지 않을뿐더러, 고통을 통해서 출생하신 것도 아니다. 그렇기에 그 각각에 관해서 본성적인 경과를 새로운 것으로 하고 있는 것이다. 하지만 이것도 또한 섭리에 따라서 일어나고 있는 것이며, 필연성을 벗어나 있지는 않다. 죽음을 잘못에 의해 본성에로 불러들인 여자(하와)는, 통증과 괴로움 안에서 자식을 낳도록 벌을 받았다. 그러기에 생명의 어머니이신 분은 기쁨으로 아이를 배기 시작하여, 기쁨 안에서 출산을 마쳐야 했던 것이다. 그래서 대천사는 그녀에게로 와서, "은총이 가득하신 마리아여, 기뻐하소서."(루가1,28)라고 말한다. 그 목소리로 고통을 제거한 것이다. 그 고통이란, 원초부터 과오에 의해 출산 때에 그리 되도록 정해져 있던 것이다.

 이리하여 이분은, 탄생의 새로움과 특별함에 의해, 수많은 모든 사람들 가운데서 홀로 선택받은 분이 되셨다. 그분은 살과 피 때문에 "희고 불그레하다"고 아름답게 불린다. 동시에 "만인 가운데서 뽑히신 분"이라고도 말해진다. 이것은 다른 사람들과 비교해서, 그 출산이 부패하지 않고 정념에서 자유롭다고 하는 특성 때문이다. 혹은 그 탄생이 지금 말한 것 이외의 형태도 취하고 있기에, 신부는 위와 같은 말을 신랑에게 적용시킨 것인지도 모른다. 그것은 분만을 겪지 않고 행해진 탄생이다.

 그대도 잘 알고 있을 것이다. 그분이 얼마나 자주 탄생하셨는가를. 새로이 창조된 모든 것들의 만물로서(골로사이1,15). 많은 형제들 가운데서 맏아들로서(로마8,29). 또한 죽은 자들 가운데서 살아나신 최초의 분으로서(골로사이1,18), 그분은 맨 처음으로 죽음의 고통을 해방시킨 분이다. 혹은 모든 사람들을 위해서 부활로 죽은 자들 가운데서의 탄생의 길을 내신 분(사도행전2,24)이기도 하다. [390] 이와 같이 모든 경우에 있어서 그분은 탄생하셨다. 하지만 분만에 의해 탄생하신 적은 한 번도 없다. 즉 물에 의한 탄생(요한3,5)이나 죽은 자들 가운데서의 재생(마태오19,28), 거기에다 지금 말한 것과 같은 신적인 창조에서의 최초의 탄생(골로사이1,15)은 그 어느 것도 분만의 고통을 겪지 않았다. 그러한 모든 경우에 있어서, 그분을 출산하는 행위는 분만을 면하고 있다. 이런 이유에서 신부는 "[그분은] 만인 가운데서 뽑히신 분"이라고 말하고 있는 것이다.

그런데 신랑의 아름다움은, 지체의 각 부분 안에서 어떻게 묘사되고 있는 것일까? 이제 그것을 고찰해야할 대목에 이른 것이다. 텍스트는 이렇게 되어있다. "그 머리는 케파즈의 금."(5,11) 먼저 [케파즈(kephaz)라는] 히브리어의 어휘를 우리의 언어로 옮기면, 그것은 깨끗하고 정련(精鍊)된, 모든 혼합물과는 무관한 순금을 의미하는 것이 된다. 히브리인의 말을 그리스어로 번역한 사람들은, 케파즈라고 하는 어휘를 번역하지 않고 그대로 두었다. 그것은 그리스인의 말 가운데, 히브리어의 말이 담고 있는 의미를 충분히 전달할 수 있는 말을 발견할 수 없었기 때문이라고 나는 생각한다. 그러나 이 어휘가 나타내는 의미는 분명해졌다. 그것은 순수하고 깨끗하며, 더러운 질료는 조금도 섞여있지 않으며, 또한 그것을 받아들이지도 않는다는 것이다. 그래서 이 대목의 표현을 둘러싸고 우리는 "그리스도야말로 교회라고 하는 몸의 머리이다."(골로사이1,18)라는 것을 생각하도록 인도된다. [391] 여기서 그리스도라고 말하는 것은, 그 이름을 신성의 영원성이 아니라, 하느님을 수용한 인간에 돌리는 것이다. 즉 지상에 나타나, 사람들과 생활을 함께 하고, 처녀성의 싹이 되었던 분을 가리킨다. 그분 안에는 "넘쳐흐르는 신성이 남김없이 보이는 형태로 깃들어있다."(골로사이2,9) 또한 그분은 "만물로 바치는 공통된 빵 반죽 덩이"(로마11,16)의 첫 부분이다. 그분을 통해서 말씀이 우리의 본성을 두르셨다. 그리고 우리의 본성을, 순수함으로 회복시키시고, 거기에 뿌리박은 모든 정념으로부터 정화하셨다. 그것은 그분에 대해서 예언자가 "이분은 죄를 범한 적도 없고, 그 입에도 거짓이 없었다."(이사야53,9)고 말하고 있기 때문이다. 또 그분은 "죄 이외의 모든 것에 관해서, 우리와 똑같이 시험을 받으신"(히브리4,15) 것이다. 그러기에 교회라고 하는 몸의 머리, 우리의 모든 본성의 첫 열매는, 깨끗하고, 어떤 악의 혼합물도 없고, 그것을 받아들이지도 않는 금인 것이다.

한편 "그 굽이치는 머리채는 전나무, 까마귀처럼 검답니다"에서 그 '굽이치는 머리채'는, 예전에는 암흑처럼 검고 그 모습은 까마귀와도 닮은 것이었다. (여기서 내가 말하는 까마귀란, 「잠언」에 의하면, "사람의 양 눈을 도려내어, 시력을 빼앗긴 그것들을, 독수리 새끼에게 먹이로 내어주는"〈잠언30,17〉 일을 업으로 하는 자들을 말한다.) 이 굽이치는 머리채는, 전나무 즉 키가 크고 하늘까지 뻗는 나무가 된다. 즉 지상으로부터 하늘 높은 곳까지 뛰어오름으로써, 하느님의 머리에 스스로를 걸고, 신랑의 아름다움을 증대시키는 것이 되는 것이다.

[392] 그런데 이 굽이치는 머리채가 해야 할 일은 무엇일까? 그대는 이미 잘 알고 있을 것이다. "내 머리채는 밤이슬로 흠뻑 젖었다오."(5,2)라고 하는 신랑의 말로부터 이미 배웠기 때문이다.[117] 즉 이것은 이슬을 듣게 하는 굽이치는 머리채이며, 예언자들에 의해서 구름이라고 불리는 것이다.[118] 이 구름으로부터는 가르침의 비가 내

---

117) 제11강화의 아가5,2에 관한 해석을 참조
118) 예를 들면 이사야45,8 등을 가리키고 있다고 생각된다.

리고, 하느님의 밭의 풍요로운 열매를 위하여 생명을 감추고 있는 경작지에 물을 붓는다(1고린토3,7-9).

이 굽이치는 머리채란, 사도들을 비유적으로 나타내고 있는 것이라고 나는 생각한다. 어떤 사도들은 이전에는 이 세상의 일 때문에 암흑 속에 있었다. 즉 세리(마태오10,3), 도둑놈, 박해자(1디모테오1,13), 그 밖의 그러한 부류의, 우리 눈에 상처를 입히는 검은 육식성의 까마귀였다. 이 까마귀란, 바울로가 말하듯이, 어둠의 권력의 지배자를 의미한다(에페소2,2;골로사이1,13). 바울로는 까마귀로부터 전나무가 되고, 그러기에 하느님의 머리의 굽이치는 머리채가 되었다. 그는 "예전에 나는 하느님을 모독하는 자, 박해자, 폭력을 휘두른 자였다."(1디모테오1,13)고 말하고 있다. 이것은 바울로가 까마귀였던 때의 일을 가리키고 있다. 그러나 그는, 저 은총을 향하여 다시 태어났고, 하늘로부터 내린 이슬에 젖은 굽이치는 머리채가 되었다. 그리고 교회라고 하는 몸 전체에, 숨겨지고 또 감추어진 [393] 신비의 말씀(골로사이2,2-3)을 계속하여 방울방울 듣게 하였던 것이다.

이리하여 우리는, 다음과 같은 사람들이 신부로부터 굽이치는 머리채라고 불리리라고 추측한다. 그들은 금으로 된 머리에 걸려있다. 하지만 성령의 바람을 받으면, 그들 자신, 신랑의 아름다움을 적지 않게 늘리는 작용을 한다. 그들은 더럽혀지지 않은 머리의 아름다움에 대해서 왕관의 역할을 다한다. 저마다의 고유한 화환으로 머리를 장식하는 것이다. "[하느님,] 당신은 값비싼 돌로 만든 왕관을, 그의 머리에 씌우셨습니다."(시편21,4)라는 예언 가운데서, 왕관이란 이러한 사람들을 두고 말하는 것이라고 내게는 여겨지기 때문이다. 따라서 위와 같은 사람들은, 두 가지의 이름으로 의미된다. 즉 보기에 아름다운 굽이치는 머리채로서, 또한 값비싼 돌로서, 머리를 스스로 아름답게 장식하는 것이다.

　순서에 따라서, 신랑의 눈에 관한 묘사를 관상해보자. 텍스트는 이렇게 되어있다. "그 눈은 비둘기 같아요. 풍부한 물가에서 젖으로 몸을 씻고, 풍부한 물가에 앉아있답니다."(5,12) 그런데 여기서 말해지고 있는 영적 의미는, 우리의 이해력보다도 숭고한 것이다. (그것은 만일 이것들에 관해서 우리가 아무리 생각한다 할지라도, 그것은 진리에는 미치지 못하기 때문이다.) 하지만 주의 깊게 검토한 결과, 그 의미는 대략 다음과 같은 것이 되리라고 본다. 신적인 사도 [바울로]는, 서간의 어떤 대목에서 다음과 같이 말하고 있다. "눈이 손을 향하여 〈자네는 필요 없다〉고 말할 수 없다."(1고린토12,21) 이 표현에 의해서 그는, 다음과 같은 가르침을 보여주고 있다. 즉 교회라고 하는 몸은, 진리를 통찰하는 것과, 실천하는 것 이 두 가지에 의해 아름답게 활동한다는 것이다. [394] 즉 관상은, 만일 윤리적인 면에서 삶을 바르게 하는 행동이 따르지 않는다면, 그 자체로는 영혼을 완성시킬 수 없다. 한편 지혜에 대한 사랑을 실천하는 행위도, 참다운 경건이 그 결과를 인도하지 않는다면, 그것만으로는 유익조차 가져올 수 없다. 눈이 손과 협조하는 것은 필요불가결하다. 그래서 우리는 다음과 같이 인도될 것이다. 먼저 이 대목의 텍스트를 통해서, 눈이 어떠한 것인지를 관상한다. 그 다음에, 여기서의 눈에 관한 찬사도 관상 가운데 파악한다. 그런데 손에 관한 고찰은, 해야 할 그때까지 보류해두고 싶다.[119]

　본성상 눈에 고유한 활동이란, 보는 것이다. 그러기에 눈은, 그 놓여 있는 장소로부터 보아도, 모든 감각기관의 위에 위치하고 있다. 즉 본성적으로, 몸 전체의 인도자로서 정해져있는 것이다. 따라

---

119) 손에 관한 관상은, 다음 제14강화의 아가5,14에 관한 해석 가운데 행해진다.

서 진리에로 인도하는 자들은, 하느님의 책 안에서 다음과 같이 불리고 있다. 즉 어떤 자는 '선견자(先見者)'[120], 또한 다른 자는 '멀리 보는 자'[121], 또한 다른 자는 '망보는 자'[122]라고 불린다. 우리는 그들이, 하느님으로부터 예언서를 통하여 위와 같이 이름을 부여받고 있음을 듣는다. 그렇다면 이 대목에서도, 앞을 보고, 멀리 보고, 망을 보도록 정해진 사람들이 '눈'이라고 불리고 있다고 생각하도록 인도된다.

[395] 우리는, 눈인 그들에게 놀랄 만한 일이 일어남을 배운다. 그것은 눈에 결부되어 말해지는 비유 때문이다. 눈의 아름다움을, 보다 뛰어난 쪽으로 묘사하는 비유가 말해지고 있는 것이다. 즉 이와 같이 말해진다. "그 눈은 비둘기 같아요"라고. 위와 같은 눈에 대해서 말해지는 찬사로서, [비둘기처럼] 악이 없다고 하는 것은 참으로 아름답다. 더 이상 육적인 삶 안에서 더럽혀지는 일 없이 성령 안에서 살고, 성령을 따라서 걷고 있는 사람들은(갈라디아5,25), 그 악이 없음을 성취하고 있다. 왜냐하면 영적이고 비질료적인 삶은, 비둘기의 모습으로 특징 지워지기 때문이다. 실제로 저 성령 그 자체도, 복음사가 요한에 의하면 비둘기의 모습으로 하늘로부터 물 위로 춤추며 내려왔던 것이다(요한1,32).

지금 어떤 사람이 교회라고 하는 몸의 눈이 되도록 하느님으로부터 세워졌다고 하자. 그는 깨끗하게 앞을 보고, 멀리 보고, 망을 보려고 한다. 그러자면 악으로부터 생기는 눈물 모두를, 물로 씻어버림이 좋을 것이다. 하지만 눈을 세정하는 물은 하나로 한정되지 않

---

120) 1사무엘9,9 ; 1역대기29,29 참조.
121) 아모스7,12 ; 2사무엘24,11 참조.
122) 에제키엘3,17 ; 33,7 참조.

는다. '풍부한 물'이라고 하는 표현은, 그러한 물이 많음을 이야기하고 있다. 왜냐하면 덕과 같은 수만큼의, 세정수의 샘을 생각하지 않으면 안 되기 때문이다. 그 샘에 의해 눈은 항상, 그때까지의 자신보다도 더 깨끗해져 간다. 세정수의 샘으로서, 예를 들면 절제를 들 수 있다. 참다운 겸허함이나 정의, 용기, 또는 선을 바라는 마음, 혹은 악으로부터의 이탈 등도, 그와 비슷한 다른 샘들이다. [396] 이러한 또한 그러한 종류의 물은, 유일한 샘으로부터 나온다. 또 다양한 흐름의 물은, 하나의 풍부한 물에로 모아진다. 이 물을 통해서, 눈에는 모든 정념의 눈물로부터의 정화가 태어나는 것이다.

이리하여 더러움과 악이 없기에 비둘기에 비유된 눈은, 풍부한 물가에 있다. 그러나 그들을 깨끗이 씻어주는 것은 '젖'이다. 텍스트는 이렇게 되어있다. "젖으로 몸을 씻고 있다." 위에서 말한 비둘기가, 젖으로 몸을 씻어 아름답게 된다고 말해지는 것은, 지금 말한 눈에 아주 적합한 찬사이다. 젖에 관해서는, 다음과 같은 것이 참으로 인정되기 때문이다. 즉 액체 가운데서 젖만이 독특한 성질을 가지고 있다. 젖에는, 어떤 영상도 형상도 반영되지 않는다. 액체에 속하는 모든 것이, 거울과도 닮아, 그것을 들여다보는 사람들의 형상을 반사하는 성질을 갖추고 있다. 그것은 그 표면이 매끄럽기 때문이다. 하지만 단지 젖만이 그러한 영상을 만들 여지가 없다.

그러기에 교회에 대한 찬사로서, 다음과 같은 말은 가장 완전하다. 「결코 자기 안에 비실체적인 것, 속은 것, 공허한 것의 그림자를 그리는 일은 하지 않는다. 이것들은 자연의 진리에 거스르고, 거짓에 의한 것이기 때문이다. [397] 다만 참된 실재에 눈길을 쏟는다. 그리고 현세의 삶의 속임에 가득 찬 시선이나 환영을 수용하는 일은 없다.」 이러한 이유로부터, 완전한 영혼은, 눈의 깨끗함을 얻기 위해서는 젖에 의한 씻음이 확실하다고 판단한 것이다.

그런데 다음에 이어지는 시구는, 눈이 무엇에 열의를 가져야 하는지에 관해서, 귀를 기울이는 사람들에게 계명을 수여한다. 즉 이렇게 말해진다. "비둘기는 풍부한 물가에 앉아있다." 이 묘사는 깨끗한 눈을 찬미하는 표현을 통해서, 신적인 가르침에 권태를 느끼는 일 없이 마음과 힘을 쓰도록 촉구하는 것이다. 그리고 우리에게 대해서 「어떻게 하면, 풍부한 물가에 언제나 앉아, 눈에 고유한 아름다움을 얻을 수 있을까」에 관하여 가르치고 있다. 그런데 실은, 눈으로서 세워진 얼마나 많은 사람들이, 그러한 풍부한 물가에 있으라고 하는 가르침을 등한시하면서, 바빌론의 강가에 앉아있는 것일까(시편 137,1). 그러한 자들은, 하느님의 얼굴로부터 행해지는 다음과 같은 비난을 채우고 마는 것이다. "그들은 생수가 솟는 샘인 나를 버리고, 갈라져 새기만 하여 물이 괴지 않는 웅덩이를 팠다."(예레미야2,13)

때문에 금으로 된 머리에 어울리게 조화롭고 아름다운 눈이 되기 위한 가르침이란, 다음과 같은 것이다. 눈이, 먼저 비둘기를 닮아 더러움이 없는 것이 될 것. [398] 또한 젖의 본성을 닮아서, 흔들림이 없으며 거짓의 형상을 지니는 일도 없고, 비실체적인 물질의 어떤 미망(迷妄)에도 환상을 품는 일이 없을 것. 나아가 물가에 심어진 시드는 일이 없는 나무처럼(시편1,3), 인내와 열심을 갖고, 신적인 물의 풍부함 곁에 앉을 것. 이리하여 열매는 저마다의 고유한 계절에 열릴 것이다. 또한 늘 푸른 가지는, 잎 색깔도 선명하게 덮여서 보호될 것이다.

그러나 지금, 눈이어야 할 사람들의 대부분은, 위와 같은 영적인 물에 마음을 향하지 않는다. 또한 말씀에 대한 열심에도 인색하여 주의를 기울이지 않는다. 그리고 자신을 위한, 금전에 대한 애착 때문에 물구덩이를 파고 있다. 허영을 꺼내기도 하고, 교만의 우물을 파기도 하고, 혹은 허위의 물구덩이를 열심히 파기도 한다. 그 물구덩이들은, 그들이 열의를 쏟은 물을 계속 유지해두는 성질을 가지고 있지 않다. 왜냐하면 많은 사람들이 열의를 쏟은 이 세상의 명성이나 권력이나 영광은, 항상, 태어남과 동시에 흘러가버리기 때문이다. 그리고 속은 사람들 안에는, 헛된 열의의 자취를 전혀 남기지 않는 것이다.

 그런 까닭에 말씀은, 미리 보기도 하고, 망을 보기도 하는 사람들에 대해서 다음과 같이 바란다. 먼저 그들 앞에, 하느님의 가르침의 확실함이라고 하는, 이른바 눈썹에 해당하는 덮개가 세워져있을 것. 그리고 삶의 방식의 깨끗함과 광채가, 겸허함이라고 하는 이른바 눈꺼풀에 해당하는 덮개에 의해 덮여 감추어져있어야 한다는 것. 그것은, 허영심이라고 하는 대들보가 눈동자의 깨끗함에 떨어져 걸려서, 시각 장애가 되거나 하지 않도록 하기 위함이다(마태오7,3;루가6,41).

 [399] 눈에 이어서, 신랑의 몸의 각 부분에 대한 찬사는 어떠한 것일까? 이것에 관해서는, 만일 하느님이 허락하신다면, 그리스도의 은혜에 의해 다음 차례에 이야기 하고자 한다. 우리 주 예수 그리스도께, 영광이 처음과 같이 이제와 항상 영원히. 아멘.

제 14 강화

[신부]

[5.13] 그이의 아래턱은 향료 사발 같아
향기를 뿜어내네.
입술은 백합꽃,
넘치는 몰약이 흘러 떨어집니다.

[5.14] 손은 돋을새김을 한 금 세공,
타르시스의 보석이 가득 박혀있네.
복부는 상아(象牙)의 회양목 판(板),
사파이어를 덮고 있네.

[5.15] 다리는 두 개의 기둥.
순금 받침대 위에,
대리석으로 세워져있네.
그이의 모습은 선발된 레바논 산 같고,
삼나무로 무성하네.

[5.16] 목은 감미롭고,
나는 그이의 모든 것을 바랍니다.
이분이 나의 형제 같은 연인.

예루살렘의 딸들이여,
이런 분이 바로 나의 이웃이랍니다.

거짓이 없는 젖으로, 영적인 나이로 보면 아직 어린이인 자를 양육하는 분은, 교회 안에서 새로이 이제 막 태어난 자들에게는, 어머니가 된다. 이 말은 사도 자신의 말을 빌은 것이다(1데살로니카2,7). 그리고 이분은, 내적 인간(로마7,22)이란 면에서 볼 때 완성의 경지에 도달한 사람들에게는 지혜의 빵을 나누어준다. 바울로는 이렇게 말한다. "우리는, 신앙이 성숙한 사람들 사이에서는 지혜를 말합니다."(1고린토2,6) **[400]** 그 우리는, 좋은 가르침의 경험을 통하여 이미 단련된 영혼의 감각을 지니고 있으며, 지혜의 빵을 쉽게 받아들일 수 있다. 그러기에 이성이라고 하는 이빨 안에서, 자양분을 얻기 위해, 씹어 으깨어 줄 수 있는 아래턱을 더 찾는다. 이리하여 더 이상 말씀의 젖꼭지에 의존하지 않고, 이미 보다 단단한 음식물을 찾는 사람들에게는, 그리스도의 몸 안에 있는 아래턱이 필요한 것이다.

그 아래턱에 관하여, 지금 신부는 다음과 같이 말한다. "그이의 아래턱은 향료 사발 같아, 향기를 뿜어내네."(5,13) 이 아래턱의 묘사는, 눈에 관하여 관상된 것에 대해서, 의미의 연관에 따라 이어지고 있다. 그것은 예리한 이해를 갖고 귀를 기울이는 사람 모두에게 분명하리라.

위의 텍스트에서, 영적으로 풍부한 물가에 앉아있던 눈은, 악함이 없는 비둘기에 비유되고 있었다.[123] 그 비둘기는, 흔들림 없고 거짓이 없는 젖으로 몸을 씻지 않으면 안 된다. 그것은 눈이, 교회라고 하는 하나의 몸에 속하는 모든 자들을, 저마다에게 고유한 선에

---

123) 이하의 설명에 관해서는, 제13강화의 아가5,12에 관한 해석을 참조.

참여하는 자가 되도록 하기 위함이다. 그러기에 저 위대한 이사야도 또한, 성무(聖務)를 위하여 높은 산에 오르는 자에 대하여, 맑은 목소리로 다음과 같이 외치도록 명하고 있다. 그것은 그에게 귀를 기울이는 자들이 다음 사실을 알도록 하기 위함이다. "보라, 주 하느님께서 권능을 떨치며 오신다. 당신의 팔로 왕권을 행사하신다. [401] 그분께서는 목자처럼 당신의 가축들을 먹이시고, 새끼 양들을 팔로 모아, 품에 안으시며, 좋은 희망으로 곱게 새끼 밴 어미 양들을 곁으로 부르신다. 주님은 하늘을 장뼘으로 재고, 손바닥으로 온 땅을 움켜쥐신다."(이사야40,10-12) 그 밖의 예언서 안에서, 산등성이에 오른 자로부터 선포되어지지 않으면 안 된다고 하는 것이 여기에 부가된다. 이리하여 진리를 인식하기 위한 힘이, 물과 젖에 의해 이 사람의 눈에서 생겨나도록 하자. 그러면 의미의 연관으로부터, 눈에 이어서 아래턱이 찬사를 받게 된다. 몸의 본성과 힘이 유지되도록, 음식물을 씹어 으깨는 것이 아래턱의 일이기 때문이다.

   그러면 아래턱에 대한 찬사가 어디에서 발견되는지 검토하여보자. 신부는 신랑의 아래턱이 어떠한 것이라고 설명하고 있는 것일까? 그녀 자신의 말을 들어보자. 신부는 말한다. "그이의 아래턱은 향료 사발 같아 향기를 뿜어내네." '사발'이라고 하는 명사에 의해, 입을 벌리고 있는 컵과 같은 형태가 의미되고 있다고 하자. 그 가운데에는 움푹 팬 곳이 한껏 공들여 감추어져 있다. 그 형태는 그다지 깊이를 가진 것도 아니고, 또한 곧바로 젖혀진 것도 아니다. 그리고 분명히 우묵하게도 편평하게도 보이지 않는다. 신부가 사발에 의해 그러한 형태를 나타내고 있다고 하자. 그러면 이러한 형태로부터, 여기서의 아래턱에 대한 찬사는 고유한 이유를 지니고 있는 것이 되리라. 왜냐하면 "이 한 구절은 사발을 비유로, 단순하고 열려있으며 거짓이 없는 가르침을 칭찬하려 하고 있다"고 말할 수 있기 때문이다. 그 사발 가운데에는, 예언자가 다음과 같이 말하며 물리치고 있는 깊이도 존재할 수 없다. [402] 그 깊이란, "제 원수들에게서, 물속 깊은 데에서 제가 구출되게 하소서."(시편69,15)라고 말해지고 있는 것이다.

그러므로 우리는 이렇게 말하고 싶다. 사발이라고 하는 명사에 의해, 조금도 거짓의 팬 곳을 지니지 않은, 단순함 가운데 분명히 드러나는 진리가 의미되고 있다. 그 질료는 향료이며, 그 작용은 향기를 뿜는 일이다. 왜냐하면 "그분의 아래턱은 향료 사발처럼 향기를 뿜고 있기" 때문이다. 즉 이 사발은, 은이나 금이나 유리 혹은 그와 같은 종류의 질료로 만들어진 것이 아니라, 향료 그 자체로부터 만들어져 있다. 그리고 향기의 소재가 되는 것을 스스로 만들어내는 것이다.

이 대목의 텍스트 안에서 관상되는 영적 의미는 극히 명료하다. 그것은 몸을 위하여, 아래턱으로 음식물을 잘게 부수어 잘 넘어가게 음식을 준비하는 것이야말로, 교회의 깨끗한 눈이 해야 할 일이라는 것이다. 그리고 그 음식물은 다음의 조건을 채우는 것이어야 한다. 그것은 말해진 것 가운데 찾기 어렵거나 속이는 것이 일체 보여서는 안 된다는 것이다. 오히려 모든 것이 광채를 발하고, 자유로우며, 거짓에 의한 모든 비밀이나 깊이와는 무관한 것이어야 한다. 그리고 모든 것이 무지한 자에게조차 지극히 명료한 것이어야 한다는 것이다. 마치 예언자가 "주님의 법은 참되어 어수룩한 이를 슬기롭게 하네. 주님의 계명은 맑아서 눈에 빛을 주네."(시편19,8-9)라고 말하고 있는 것을 따라야한다. 만일 말씀의 사발이 그러한 것이라면, 그 사발이 흙으로 만들어진 것이 아니라는 것은 분명하다. 요컨대 사발인 사람들에게 있어서는, 그 본성은 향료로 만들어진다. 즉 신부가 「아가」 서두에서 "모든 향료보다 낫다."(1,3)고 말한 그 향료로부터 만들어진 것이라고 말할 수 있을 것이다.

[403] 사도 바울로는 이와 같은 사발이었다. 그는 악한 활동 안에

서 말씀을 속이는 짓 따위는 하지 않았다. 진리를 밝힘으로써, 자기 자신을 확립하였던 것이다(2고린토4,2). 그의 질료는 흙으로부터 되는 것을 거부하였다. 세례에 의해, 눈의 비늘을 육과 함께 자신의 몸에서 던져버린 것이다(사도행전9,18). 그리고 감미로운 향기를 뿜는 향료에 의해 재건되고, 성령의 자녀가 되었다. 그는 그와 같은 놋쇠에 의해 '선택의 그릇'으로서 주조되어(사도행전9,15), 말씀의 포도주를 따르는 사발이 되었다. 더 이상 그는 자신에게 신비의 지식을 부어주는 사람을 필요로 하지 않았다. (그는 이제 더 이상 살과 피에서 조언을 구하지 않았기 때문이다〈갈라디아1,16〉.) 오히려 그는 자신 안에서 신적인 음료를 만들어 쏟아내었다. 그리스도의 향긋한 향기에 의해(2고린토2,15), 덕의 다채로운 꽃을, 귀를 기울이는 자들을 위하여 피게 하였다. 이리하여 그는, 말씀을 받아들이는 자들의 서로 다름과 개성에 맞추어, 구하는 자의 필요에 따라, 유다인, 그리스인, 여성, 남성, 주인, 노예, 부모, 자식, 율법의 아래에 있는 사람, 율법의 아래에 없는 사람, 그 각각에 어울리는 향기가 발견되도록 하였다(갈라디아3,28;1고린토12,13;골로사이3,11). 그에 의해서, 가르침의 은혜는 이처럼 모든 덕이 결합된 다채로운 것이 되었다. 즉 사발은, 말씀을 받아들이는 자들을 위하여, 다채로운 가르침을 통하여 각각의 필요에 적합하도록, 향료를 만들어냈던 것이다. 이러므로 신랑의 아름다움을 다채롭게 묘사하는 신부는, 위와 같이 아래턱을 칭송하고 있는 것이다.

아래턱에 대한 찬사는 이러한 내용을 의미하고 있는 것이리라. 그것은 그 다음에 이어지는 말이 의미의 연관을 갖고 증언하고 있다. **[404]** 왜냐하면 아래턱 다음에 입술이 칭송되고 있으며, 향료를 곁들인 말이 말해지고 있는 것은 그 입술을 통해서이기 때문이다. 입술의 찬사는 다음과 같이 되어있다. "입술은 백합꽃, 넘치는 몰약이 흘러 떨어집니다."(5,13) 이 표현은 백합과 몰약이라고 하는 두 비유에 의해, 두 가지 덕을 증거하고 있다. 그 덕 가운데 우선 하나는, 말해진 것 안에서 관상되는, 눈부시게 빛을 뿜어내는 진리이다. (그것은 이 백합의 종류가, 그 빛남이, 말해진 말의 깨끗함과 진리의 상징이 되는 흰 백합이기 때문이다.) 그리고 또 하나의 덕은, 가르침을 통해서 영적이고 비질료적인 생명만을 명료하게 하는 행위이다. 이것은 영적인 것의 관상에 의한 것인데, 살과 피에 의해 작용하는 지상적인 생명이 묻히는 것을 통해서 행해진다. 왜냐하면 몰약이 입으로부터 흐르기 시작하여, 받아들이는 자의 영혼을 스스로 가득 차게 한다는 것은, 육(肉)을 죽은 것으로 한다는 것을 의미하기 때문이다. 실제로, 하느님의 영감을 받은 성경이 몰약이라고 하는 어휘로 죽음을 언급하고 있는 예는 다수 발견된다.

완전하고 깨끗한 눈은, 아래턱을 스스로 향기를 만들어 내뿜는 사발이 되게 한다. 즉 그러한 눈은, 신적인 빛남에 의해 아름답게 장식된 말의 백합을, 입을 통하여 꽃피게 한다. 즉 깨끗하고 덕에 의해 감미로운 향기를 발하는 사람들이, 여기서 백합이라고 불리고 있는 것이다. 그리고 그들로부터 발생하는 몰약 방울이, 받아들이는 사람들의 생각을 멈추는 일 없이 채우는 것이다. 그 방울이란, 질료적인 삶을 경시함을 의미한다. 이리하여 현세에서의 삶에 몰두해있던 모든 자들이, 천상적인 선에 대한 소망에서, 지상에서의 활동을 그치고 묻힌 자가 되는 것이다.

[405] 성 바울로는 그러한 몰약을, 현려(賢慮)의 깨끗한 백합과 섞어서, 자신의 입으로부터 성스런 처녀(그녀의 이름은 테클라였다)의 귀에다 부었다.[124] 그리고 그녀는 그 백합으로부터 흘러나오는 방

---

124) 성녀 테클라의 전설에 관해서는 『바울로행전(行傳)』 7장 이하를 참조.

울을, 아름답게도 영혼에로 자신 안에 받아들였다. 그리고 외적인 인간을 죽음이라고 보고, 자신의 모든 육적인 사고와 욕정을 소거했던 것이다. 선한 가르침을 받아들인 후 그녀의 젊음은 죽었다. 그리고 그녀의 빛나는 아름다움은 꺼지고, 육체의 감각기관은 모두 멸하였다. 단지 그녀 안에는 말씀만이 살게 되었다. 이리하여 그녀에게 있어서 세상은 모두 죽어버리고, 그녀 또한 세상에 대해서 죽었던 것이다(갈라디아6,14).

또한 위대한 바울로도, 어느 때 마찬가지로 몰약으로 가득 차, 코르넬리우스 앞에서 말의 빛나는 백합을 이야기하여, 듣는 사람들의 영혼을 준비시켰다(사도행전10,34-48). 그러자 사람들은 즉시 그 말을 받아들이고, 세례에 의해 그리스도와 함께 묻혔으며, 현세의 삶에 대해서는 죽은 자가 되었던 것이다(골로사이2,12-13;로마6,4). 그밖에도 성인들의 모범은 무수히 찾아볼 수 있다. 그들은 정념에 죽음을 가져다주는 몰약으로 채워져, 교회라고 하는 협동태의 공통의 입이 되었다. 나아가 말의 백합으로, 듣는 자들로 하여금 꽃을 지니게 하였다. 그리고 신앙의 위대한 투사들은, 그 백합에 의해 몰약으로 흠뻑 적셔진 자가 되었다. [406] 즉 경건함을 위한 투쟁 가운데, 아름다운 신앙고백으로 증언의 기회를 잡았던 것이다. 그렇기에 왜 또다시 많은 말을 낭비해가며, 이 일들에 관하여 길게 설명할 필요가 있을 것인가. 우리에게는 텍스트로부터, 여기서의 영적 의미가 분명해졌기 때문이다. 즉 어떻게 교회의 입이 백합이 되는지, 또 어떻게 그 백합의 몰약이 방울을 듣게 하는지, 그리고 받아들이는 자들의 영혼이, 그 방울로 어떻게 채워지는지 하는 것이 명확해진 것이다.

그래서 이에 이어지는 묘사로 옮겨가고자 한다. "손은 돋을새김을 한 금 세공, 타르시스의 보석이 가득 박혀있네."(5,14) 교회라고 하는 몸에 있어서는, 손의 봉사가 없다면, 눈에 주어진 은혜도 불완전한 것이 된다. 이것에 관하여, 우리는 저 위대한 바울로부터 분명하게 배우고 있다. 즉 그는 이렇게 말하고 있다. "눈이 손을 보고 〈자네는 필요 없네〉라고는 말할 수 없다."(1고린토12,21)고. 따라서 눈의 활동이 가장 잘 드러나는 것은, 눈의 작용이 아름다운 것에 대한 열의에 의해 선한 인도를 보여주며, 뛰어난 시력을 증거하는 때이다.

지금 신적인 몸 가운데서 손에 관한 찬사를 하였다. 그런데 교회 안에서 손의 역할을 하는 사람들은, 어떻게 결합되는 것이 어울릴까? 그것에 관해서는 텍스트의 이 대목으로부터 인도를 받아야만 한다. 우리는 위의 바울로의 한 구절을 염두에 두고, 하느님의 허락하심 안에서, 이 텍스트 안에 포함되어있는 의미를 관상해보도록 하자.

신부는 말한다. "그이의 손은 돌을새김을 한 금 세공"(5,14)이라고. 이제까지 말해진 것들로부터, 이 의미는 명료할 것이다. [407] 즉 앞에서 머리의 모습이 '금'이라는 말로 칭송되었다.[125] 그것과 같은 금에 의해서, 손에 관해서도 그 찬사가 채워져 있다. 그런데 앞에서, 머리란 육(肉)에 의한 그리스도라고 우리는 생각하였다.[126] 그리고 바울로의 말에 의하면, 그리스도 가운데는, 세상을 자신과 화해시키는 하느님이 계시다(2고린토5,19). 육 안에 계신 하느님이, 힘과 기적에 의해 스스로를 드러내시기 때문이다. 한편 우리가 생각하는 이와 같은 머리가, 모든 죄를 벗어나 있기 때문에, 앞의 텍스트 가운데서는 더러움이 없는 금이라고 불리었다. ([베드로에 의하면] "이분은 죄를 범한 일이 없으며, 그 입에서는 거짓을 찾아볼 수 없었기"〈1베드로2,22〉 때문이다.) 여기서는 손도 금이라고 한다. 이상을 종합해볼 때, 아주 명료하게 다음과 같이 생각된다.「여기에서 말

---

125) 아가5,11 참조.
126) 제13강화의 아가5,11에 관한 해석을 참조.

씀은 〈아주 깨끗하고 과오가 없으며, 어떤 악도 섞여있지 않으며, 악을 받아들이는 일이 없는 것〉을 손이라고 규정하고 있다는 것이다.」 그런데 손이란 대체로 교회에 공통된 물건을, 계명의 필요에 따라 관리하는 부분이라고 우리는 생각한다. 그 깨끗함과 죄 없음으로 인해, 본성상 머리와 동등한 것으로 여겨지는 것은, 손에 대한 찬사이다.

또한 손은 돌을새김(浮彫)에 의해 아름다움의 방해가 되는 모든 것이 깎여나갔을 때 깨끗한 것이 된다. [408] 예를 들면, 대리석을 무언가 동물의 형태로 조각하는 사람은, 돌을새김에 의해 돌로부터 파서 드러낸다. 그리고 파낸 부분을 제거하여, 모델에 맞춰 그 닮은꼴을 두드러지게 한다. 흡사 그와 마찬가지로, 교회라고 하는 몸의 일부인 손의 아름다움을 위해서도, 이성의 돌을새김에 의해 많은 것을 깎아내지 않으면 안 된다. 손이 참으로 금이 그리고 더러움이 없는 것이 되기 위함이다. 그런데 손으로부터 제거하지 않으면 아름다움을 해치고 마는 것은 얼마나 많은가. 이것들은 모든 사람들에게 지극히 분명하다. 예를 들면, 남에게 아첨하는 것, 이익을 탐하는 마음, 명성을 사랑하는 마음이다. 거기에 덧붙여, 보이는 것에만 눈을 주는 것, 자신의 영예가 되는 일을 권세를 통해서 부러 행하는 것이다. 또한 사적인 쾌락과 방종을 위하여, 하느님으로부터 맡겨진 것을 남용하는 것 등이다. 이러한 것 및 이러한 종류의 것 모두를 이성의 기관으로부터 벗겨내지 않으면 안 된다. 그리고 다만, 더러움 없는 머리에 비유된, 깨끗하고 거짓이 없는 자유의지라고 하는 금만을 남겨두어야 하는 것이다.

다음과 같이 말하는 사도의 말에 의해, 지금 말한 것은 우리에게 보다 명료해질 것이다. 즉 바울로는 하느님을 "신실(信實)하신 분"(1고린토1,9)이라고 부른다. 그리고 관리인에게 요구해야할 것도, 신실하다고 인정받는 것 외에는 없다고 한다. 그는 이렇게 말하고 있다. "신실한 자라고 인정받는 것이 관리인에게는 무엇보다도 요구되는 것이다."(1고린토4,2) 그러므로 신실하고 현명한 관리인은, 교회에 있어서 손의 역할을 완수하는 자가 된다.[127] 이 관리인은, 몸 가운데서 손이 머리와 마찬가지로 금이라는 것을 보여준다. 자신의 삶을 통해, 현명한 주인을 닮음으로써 그렇게 하는 것이다.

[409] 사도라고 하는 몸 가운데서, 저 가련하고 비참한, 아니 오히려 꺼려지고 혐오스러워 기피해야할 유다는 전혀 그러한 손이 아니었다. 그에게는 가난한 이들의 관리가 맡겨져 있었으나, 그는 금전욕이라고 하는 돌을 깎아내지 못하였다. 돈주머니를 맡고 있었음에도 불구하고, 도둑들을 통하여 자신도 스스로 도둑이 되어버렸다. 자신의 손으로 도둑질한 것을, 자신의 손 안에 가지고 있었던 것이다. 그는 계명이 아니라 돈에 눈을 돌리고 있었던 것이다(요한12,4-6). 그 돈을 누린 결과는 어떠한 것이었을까? 스스로 목매달아 죽음, 생명으로부터의 이탈, 영혼의 완전한 멸망, 그의 삶 이후의 모든 시대에 미친 나쁜 기록이다. 그러기에 손은 돈을새김을 하고, 움푹 파낸 것이어야만 한다. 악하게 두드러져 나온 부분을 깎아내려, 그 남은 부분이, 모습으로도 머리의 아름다움에 어울리는 금이 되기 위함이다.

다음에 '타르시스(Tarshish)'라고 하는 어휘는, 성경의 관용어로는 다의적이다. 항상 동일한 의미로는 나오지 않는다. 종종 비난받는 것으로, 또는 종종 신적이고 지복한 것으로 그 의미가 변화한다. 예를 들어, 예언자 요나는, 하느님의 얼굴로부터 도망치려고 타르시스 행(行) 배를 탔다(요나1,3). 또 위대한 다윗은 "타르시스의 배가 격렬한 바람에 부서졌다"(시편48,8)고 말하고 있다. 생각건대 여기서

---

127) 이러한 착한 관리인(충실한 종)에 관해서는 루가12,41-48을 참조.

'격렬한 바람'이란 그리스도의 제자들에게 나타났던 것이리라(사도행전2,1-3). [410] 그것은, 다락방에 모여 있던 그들에게, 먼저 격렬한 바람이 불어오는 듯한 소리와 함께 나타났다. 하지만 그 뒤 그들의 눈에는, 혀와 같은 형태를 한, 불길의 광채와도 닮은 것으로 비쳤다. 이 바람에 의해, 인간적 본성에 다양한 형태로 나뉘어져 머물러 있던 악이 부서진 것이다. 그 악을 예언자는 '타르시스의 배'라고 부른 것이리라. '타르시스'라는 말로 표현된 악한 쪽의 의미는, 먼저 이상과 같은 것이다.

한편 위대한 에제키엘은, 언젠가 자신에게 발생한 신현(神顯)의 상(像)을 묘사하려고 하였다. 그리고 신적인 광경 가운데 하나의 상을 이 말로 표현하며 다음과 같이 말하고 있다. "그것들의 모습은 타르시스의 모습과도 같았다."(에제키엘1,16) 그런데 히브리어의 의미를 정확히 검토한 사람들은, 예언서 가운데에서는 이 말에 의해 '색이 없고, 영적이며, 실체를 수반하지 않는 것'이 의미되고 있다고 말한다. 이리하여 이 말 안에는 의미가 두 가지 있게 되는 것이다. 하지만 지금 여기서는, 이 말이 의미하는 바가 보다 좋은 방향으로 사용되고 있음이 극히 명백하다. (왜냐하면 비난의 말이 칭찬을 위해서 쓰이는 일은 없을 것이기 때문이다.)

여기서 손은 칭찬을 받고 있다. 따라서 다음과 같이 생각할 수 있다. 즉 그 손은, 자기 자신으로부터 모든 불필요한 또한 물체적인 것을 파내고 있다. 그리고 여러 가지 일을 둘러싼 모든 질료적이고 무게를 지닌 관계를 털어버리고, 신적이며 또한 영적인 것에로 변화시킨다. [411] 실제로, 예를 들면, 조각가는 에메랄드 덩어리를 앞에 두고, 다음과 같이 제작을 한다고 한다. 즉 빛이 안 나는 토질(土質)을 숫돌로 문질러 닦아낸다. 그리하여 초록이며 올리브색의 빛이 보이는 부분만을, 제거하지 않고 남기는 것이다.

이것은 신적인 사도 [바울로]가, 보다 명료하게 설명하고 있는 듯이 여겨진다. 즉 그는 서간의 어느 대목에서 다음과 같이 충고하고 있다. 그것은, 눈에 보이는 것과의 관계는 제거하고, 눈에 보이지 않는 것을 바라며 나아가지 않으면 안 된다는 것이다. "보이는 것이 아니라 보이지 않는 것을 우리가 바라보기 때문입니다. 보이는 것은 잠시뿐이지만 보이지 않는 것은 영원합니다."(2고린토4,18)

어떻게 하여 손이, 질료적인 집착으로부터 깊이 파내어져 더러움이 없는 것이 되고, 자유의지에 의해 비질료적인 또한 영적인 것에로 변화하는가? 이 질문을 둘러싸고, 우리는 이상과 같은 것을, 손의 찬사에 해당하는 이 대목으로부터 생각하였다. "그이의 손은 돌을새김을 한 금 세공, 타르시스의 보석이 가득 박혀있네"라고 말해지고 있기 때문이다.

순서에 따라서, 다음에 이어지는 표현을 검토해보자. 그것은 복부(腹部)에 관해서 행한 묘사이다. 텍스트는 이렇게 되어있다. "복부는 상아(象牙)의 회양목 판(板), 사파이어를 덮고 있네."(5,14) 자연본성의 입법자이신 분은 모세에 대하여, 돌 판에 새겨진 율법을 수여하셨다. 이 판은 그래서 '돌 판'이라고 불리며, 거기에는 신적인 문자가 각인되어있었다. [412] 모세에게 고하는 목소리는, 그 판에 관해서 다음과 같이 말하고 있다. "너는 내가 있는 이 산으로 올라와 거기 머물러라. 내가 백성을 가르치려고 율법과 계명을 기록한 돌 판을 너에게 주겠다."(출애굽기24,12) 그러나 그 후, 복음이 명료해짐으로써, 율법은 모든 물체적 지상적인 것을 깎아버렸다. 그러기에 문자를 수용하는 판은 이제 더 이상 돌 판이 아니라, 광채를 발하며 새롭게 새기는 상아로 만든 것이 되었다. 그러므로 계명과 율법을 수용하는 것이 이 대목에서 '복부'라고 불리고 있다. 그래서 "그이의 복부는 상아(象牙)의 회양목 판(板), 사파이어를 덮고 있네"라고 말해지고 있는 것이다.

그런데 먼저 여기서의 물체에 관한 비유를 분명히 해둘 필요가 있다고 여겨진다. 그런 뒤에, 텍스트에 의한 관상으로 나아가는 것이 필요하다.

'회양목'이란, 치밀한 하얀 목재의 일종이다. 사람들은 회양목으로부터 판을 세공하여, 문자를 써넣을 수 있는 것이 되게 한다. 그런데 문자를 써넣기 위해서 만들어진 그러한 판이라면, 비록 다른 질료(목재)로 되어있다 하더라도, 말의 전용(轉用)에 의해 '〈회양목〉 판'이라고 불릴 것이다. 그러기에 우리는 '회양목 판'이라고 듣고서, 문자를 받아들이는 용구로서 어울리는 일종의 매끄러운 것을 생각하였다. 그런데 '회양목 판'이란, 그러한 판의 이른바 속명(屬名)이다. [413] 따라서 비유된 '회양목 판'에는, 종명(種名)도 부가되어있다. 그런 까닭에, 그 판의 구조는 나무의 것이 아니라 '상아의' 것이라고 말해지고 있는 것이다. 덧붙여서 말하면 이 [상아라고 하는] 뼈 상태의 것은 극히 치밀하고 단단하기에, 시간이 지나도 하등 손상을 받지 않으며, 아주 오랜 기간에 걸쳐 그대로 보존된다는 것이다.

다음에 '사파이어'는 짙은 청색을 하고 있으며, 눈의 피로를 완화하는 것으로 생각된다. 그러한 색의 빛은, 문자가 기록된 판에 대해 노고를 마다하지 않고 전념하는 사람들의 눈을, 본성적으로 쉬게 하는 것이다.

그러므로 비유로 말해진 것은 이상과 같은 의미를 지닌다. 교회의 복부가 찬사를 받아, 비유를 통하여 회양목 판에 비겨진 것이다. 그런데 예언서 가운데는, 하느님의 얼굴로부터 다음과 같이 명해진 것을 들을 수 있다. "너는 환시를 기록하여라. 확실하게, 회양목 판 위에다"(하바꾹2,2) 찬미를 받는 주님의 몸 가운데서 '배(腹部)'라고 하는 말로부터 무엇을 생각하는 것이 적합할까? 나는 그 해석을, 지금 인용한 예언으로부터 얻는다. 즉 위에서 말씀은, 신적인 환시를 확실히 회양목 판 위에 기록할 것을 명하고 있다. 그렇다면 텍스트에 있어서는, 아마 마음의 깨끗함이 '배'라고 하는 말로 언표 되고 있는 것이리라. 마음의 깨끗함 안에서야말로, 우리는 기억에 의해 신적인 환시를 기록할 수 있기 때문이다.

예를 들면, 저 위대한 에제키엘의 입을 열어, 그 입에 두루마리를 넣어 준 자가 있다(에제키엘2,8-3,2). **[414]** 그 두루마리는, 겉과 안 양면에 문자가 가득 차 있었다. 그는 에제키엘을 향하여 "이 두루마리로 배를 불리고 속을 채워라."(에제키엘3,3)고 말한다. 여기서 그는, 영혼의 사유적 이성적 부분을 배라고 부르고 있다. 하느님의 가르침이 거기에 담기기 때문이다. 위대한 예레미야의 경우도 거의 마찬가지이다. 우리는 그가 저 비통한 생각들에 의해 괴로워하는 마음을, 배라고 부르고 있음을 알고 있다. 그 생각들에 의해 "아이고 배야, 배가 뒤틀리네! 내 안에서 심장이 마구 뛰어 가만히 있을 수가 없구나!"(예레미야4,19)라고 그는 말하고 있다.

그러므로 이 대목에서의 의미는 지금 말한 대로이다. 이를 보다 힘 있게 설득시키는 예를, 하느님의 말씀으로부터 끌어온다면, 그것은 믿는 이들에게 주님께서 하신 말씀이 될 것이다. "주님을 믿는 자들의 배로부터 생명의 강물이 흘러나온다"는 말씀이다. 원문은 이렇게 되어있다. "나를 믿는 사람은 성경 말씀대로 '그 배로부터 생수의 강들이 흘러나올 것이다.'(요한7,38)"

이상, 지금 말한 모든 것을 통해서 우리는, '배'라고 하는 명사에 의해 깨끗한 마음을 생각하도록 인도된다. 복부는, 다음과 같은 사람들 안에서 하느님의 율법의 회양목 판이 된다. 그것은 사도가 말하고 있듯이 "율법에서 요구하는 행위가 자기들의 마음에 쓰여 있음을 보여주는"(로마2,15) 사람들이다. 나아가 그 문자는 "먹물이 아니라 살아계신 하느님의 영으로"(2고린토3,3) 영혼 안에 쓰여 있다. 즉 사도가 말하고 있는 대로, [415] "돌 판이 아니라" 마음의, 깨끗하고 매끄러운 빛나는 회양목 판에 새겨져있는 것이다. 이는 영혼의 지배적 부분이, 다음과 같은 것이어야만 하기 때문이다. 즉 하느님의 말씀의 기억이, 자신 안에서, 명료하고 혼란 없이 새겨져 있지 않으면 안 된다. 그리고 그 기억은, 이른바 읽기 쉬운 문자로 또렷이 기록된 것이어야만 한다.

위와 같은 회양목 판과 함께, 복부를 찬미하기 위하여 사파이어를 끌어댄 것은 아름답다. 사파이어가 발하는 빛은 하늘빛을 닮고 있기 때문이다. 따라서 이 비유는, 우리의 마음이 천상의 것을 생각하고 또 보는 것의 상징이 되어있다. 하늘이란 마음이 보물을 쌓아두는 장소이기 때문이다. 또한 이 비유는, 눈이 하늘에서 휴식을 얻는다는 것의 상징이기도 하다. 하느님의 계명에 열심인 나머지, 눈이 지치는 일이 없도록, 하늘에 대한 희망이 영혼의 눈의 시력을 쉬게 하는 것이다.

복부에 이어서, 신랑의 다리가 찬미된다. 신부는 이렇게 말한다. "다리는 두 개의 기둥. 순금 받침대 위에, 대리석으로 세워져있네."(5,15) 지혜가 자신을 위해 세운 지혜의 집은 많은 기둥을 가지고 있다(잠언9,1). 증거의 성막을 지탱하는 기둥의 수도 많다. 그 기둥은 다양한 소재로 장식되어있다. 먼저 그 머리 부분과 기초는 금으로 되어있다. 한편 그 중앙부는 은 덮개로 아름답게 장식되어있다(출애굽기37,4.15).

그럼 교회의 기둥은 어떠한 것일까? (덧붙여 말하자면, 교회는 집이다. 사도가 "하느님의 집에서 어떻게 처신해야 하는지"〈1디모테오3,15〉라고 말하고 있듯이.) [416] 신부는 여기서, 교회의 기둥은 대리석이며 금으로 된 기초 위에 서있다고 말한다. 그녀가 아름다움의 묘사 방식에 관해서, 브살렐의 지혜(출애굽기35,30-33)에 동의하고 있다는 것은, 성막에 관한 성경의 기술에 친근한 자에게는 아주 분명하다. 그녀는 브살렐과 거의 마찬가지로, 머리와 기초를 금으로 장식하고 있기 때문이다.[128] 그는 기둥의 각각에 대해서 머리 부분을 금으로 덮고, 금으로 된 기초 위에 세웠다. 신부도 마찬가지이다. 그녀는 이미 신랑의 아름다움을 깨끗한 눈으로 응시하며, 그의 머리는 순수하고 더럽혀지지 않은 금이라고 말하고 있다. (왜냐하면 '케파즈'라고 하는 말은 그러한 것을 의미하고 있기 때문이다.)[129] 한편 그 다리는 "순금의 기초 위에 세워져있다"고 그녀는 여기서 말한다.

그럼 기둥에 관한 상징적 표현은 어떻게 해석되어야만 할까? 성 바울로에게 배운다면, 우리는 참된 해석으로부터 벗어나는 일은 없을 것이다. 바울로는 사도들 가운데서도 중심이 되는 사람들을 교회의 기둥이라고 부르고 있다. 그 사람들이란 베드로, 야고보, 요한이다(갈라디아2,9). 여기서 어떻게 하면 기둥이 될 수 있는가를 배우는 것도 좋을 것이다. 우리도 또한 기둥이라고 하는 호명에 적합한 자가 되기 위함이다. 이에 관해서도 또한, 바울로의 지혜를 들어보자. 그는 말한다. "기둥은 진리의 토대 위에 세워진다."(1디모테오3,15) 말할 것도 없이 진리는 금이다. 따라서 진리가 다리의 기초가 되며, 또한 손이나 머리를 스스로 아름답게 장식하는 것이 된다.[130] 한편 토대를 대리석의 본성에다 적용시켜 그르치는 일은 없을 것이다.

[417] 이리하여 텍스트의 의미는 다음과 같은 것이 된다. 몸 안에서 다리는, 대리석으로 된 기둥이다. (이 기둥이란, 빛나는 삶과 건

---

128) 브살렐에 의한 장식에 관해서는 「출애굽기」 제37장을 참조.
129) 제13강화의 아가5,11에 관한 해석을 참조.
130) 아가5,14 및 5,11 참조.

전한 말에 의해, 교회라고 하는 협동태를 짊어지고 또한 지탱하는 사람들이다. 그들 덕분에 신앙의 기초가 견고한 것이다. 그들에 의해 덕의 경주로(競走路)가 완성된다. 또한 그들에 의해, 신적인 희망이라고 하는 비약 안에서 전신이 공중에 뜨는 것이다.) 이 기둥은 진리와 확실성이라고 하는 두 가지에 의해 수립된다.

왜냐하면 먼저 '금'이란 진리라고 이해된다. 진리는, 바울로에 의하면 신적인 건물의 기초가 되며, 또한 그렇게 불리기도 하기 때문이다. (그는 다음과 같이 말한다. "어느 누구도 이미 놓여있는 기초, 곧 예수 그리스도 이외에 또 다른 기초를 놓을 수는 없다."〈1고린토 3,11〉 예수 그리스도는 진리이다〈요한14,6〉. 그 진리 위에 다리가, 즉 교회의 기둥이 세워져있다.) 한편 '대리석'을 통해서, 우리는 다음과 같은 것을 생각한다. 그것은 생의 빛남과, 선한 일들에 대한 자세에 있어서의 엄숙함과 불변성이다.

그런데, 증거의 성막을 지탱하는 기둥의 수는 많다. 또한 지혜의 집을 짊어지고 있는 기둥의 수도 많다. 그러나 지금은, 몸 전체를 자신 위에 지탱하는 데엔 두 개의 기둥으로 충분하다. 따라서 이 대목에서의 상징적 표현의 취지를, 다른 의미로 바꾸어볼 필요가 있을 것이다. [418] 그것은 나로서는, 지금 말한 것을 통해서, 다음과 같은 것을 확실히 말할 수 있다고 생각하기 때문이다. 먼저 율법으로부터 덕에로의 인도는 다양한 것이 될 수 있다. 또한 지혜의 가르침은, 동일한 목표를 바라보고 있다고는 하나, 역시 그 수가 많다. 그렇기는 하지만, 간결한 복음의 말씀은, 덕에 의한 삶의 완전성 전체를, 세기 쉽게 한데 모았다. 주님은 이렇게 말씀하신다. "온 율법과 예언서의 정신이 이 두 계명에 달려있다."(마태오22,40).

그런데 무게는, 밑에 있든 위에 있든, 그것을 유지하는 힘에 관해서는 완전히 동일하다. 왜냐하면 각각의 방식으로 무거운 짐을 지고 있는 다음 두 사람에 관해서, 힘의 양은 같다고 생각되기 때문이다. 즉 무거운 짐을 축 늘어뜨려 가지고 있는 사람도, 그냥 손바닥 위에 들고 있는 사람도, 똑같이 자기가 무거운 짐을 지고 있는 것이다.

그런데 주님은 두 가지 계명에 율법 전체와 예언자가 기초하고 있다고 말씀하신다. 한편 신부는, 금으로 된 토대 위에 서있는 두 기둥으로 몸이 지탱되고 있다고 말한다. 그래서 다리를 둘러싼 상징적 표현의 관상에는, 주님의 두 계명을 결부지어 생각하는 것이 좋을 것이다. 주님은 그 하나를 제일가는 계명이라 부르고, 또 다른 하나는 그것과 다름없는 것이라고 하였다. 주님은 이렇게 말씀하신다. "네 마음을 다하고, 네 영혼을 다하고, 네 힘을 다하여 주 너의 하느님을 사랑해야 한다. 이것이 가장 크고 첫째가는 계명이다. [419] 둘째도 이와 다름없다. 네 이웃을 네 자신처럼 사랑해야한다."(마태오22,37-39)

바울로도 저 위대한 디모테오를, 이른바 하느님을 받아들이는 집으로서 준비하였다. 디모테오 안에 두 기둥을 세워, 하나에는 신앙, 또 다른 하나에는 양심이라고 하는 이름을 두었던 것이다(1디모테오 1,19). 바울로는 신앙이라는 이름으로, 하느님에 대한 마음, 영혼, 힘을 다한 사랑을 의미하고 있다. 한편 선한 양심으로는, 이웃에 대한 사랑으로 가득 찬 태도를 표현하고 있는 것이다.

어쩌면 앞에서 진술한 해석[131]에 지금 발견한 의미가 대립하는 것은 아닐까? 왜냐하면 베드로, 야고보, 요한을 따르는 사람들이 기둥이 된 것은, 그 양쪽을 통해서이기 때문이다. 또한 그밖에도 누군가 지금 그들의 뒤를 잇는 자가, 기둥이라는 이름에 값하는 자가 되거나, 앞으로 그러한 자가 된다고 한다면, 그것은 그 양쪽에 의해서

---

131) 앞에서 말한 해석이란, 기둥이 진리와 확실성에 의해 세워져있다고 하는 해석을 가리킴.

이기 때문이다. 왜냐하면, 지금 말한 제1, 제2 두 계명 안에서 완성되는 기둥은, 사도의 말을 빌리면, '진리의 토대'로서도 세워지기 때문이다(1디모테오3,15). 이리하여 양쪽의 바른 행위에 의해, 진리라고 하는 몸 전체가 마치 두 다리로 지탱되는 것처럼 되는 것이다. 신앙에 의한 기초라고 하는 금으로 된 기초가, 기울어지는 일도 변하는 일도 없는 것, 그리고 온전한 선 안에 있는 견고함을, 이성에 의해 완성해가기 때문이다.

이상의 찬사에 이어서 신부는, 이른바 신랑의 아름다움 전부를 요약하듯이 말한다. "그이의 모습은 선발된 레바논 산 같고, 삼나무로 무성하네. 그이의 목은 감미롭고, 나는 그이의 모든 것을 바랍니다. 그이는 나의 형제 같은 연인. 예루살렘의 아가씨들이여, 이런 분이 바로 나의 벗이랍니다."(5,15-16) [420] 이 가운데 신부는, 이제까지의 찬사가 신랑의 눈에 보이는 아름다움에 관한 것이었음을, 보다 명확하게 보여주었다고 내게는 여겨진다. (여기서 '눈에 보이는'이라고 내가 말하는 것은, 다음을 가리킨다. 즉 사도가, 교회를 완성하는 지체의 각 부분으로부터, 전체를 몸으로서 구성하고 있다는 것이다〈1고린토12,12이하〉.) 그녀는 신랑의 모습은 하나이고, 게다가 레바논 산 전역을 덮고 있는 수만 그루의 삼나무와도 같다고 말한다. 이 표현에 의해서 신부는 "키가 작고 땅바닥에서 자라는 듯한 것은, 신랑의 몸의 아름다운 모습과는 아무런 관련이 없다. 모두 삼나무와 동등한 높이를 가지고, 그 우듬지에서 위를 바라보고 있다"는 것을 표현하고 있는 것이다.

그렇지만 오히려, 텍스트 가운데 비유로서 인용되고 있는 어휘를 먼저 이해해보도록 하자. 그녀는 이렇게 말한다. "그이의 모습은 선발된 레바논 산 같고, 삼나무로 무성하네."(5,15)

그런데 모든 일의 선택은 반대되는 것과의 대비를 통해서 행해진다. 예를 들어, '선'(善)이라고 하는 말은 다음 두 경우에 똑 같이 사용된다. 먼저 참으로 선한 것에 대해서. 또한 선하지 않음에도 불구하고, 속임에 의해 거짓 모습으로, 선하게 보일 뿐인 것에 관해서. 여기서 아름다움을 판단할 때 오류가 없다면, 거짓 선이 아니라, 선발된 선을 택하게 된다. 신부는 신랑의 모습을 "선발된 레바논 산"에 비기고 있다. 따라서 이 표현은, 두 가지 레바논 산을 마음에 그리며 한 것이라고 추측된다. [421] 먼저 하나는, 열악하고 타도되어야할 것이다. 이것은 예언에 의하면(시편29,5-6)에 의하면, [금으로 된] 송아지[132]와도 동등한 것으로, 자기 위에 난 삼나무와 함께 짓부수어야 할 것이다. 또 하나는 선발된 귀중한 것이다. 그 아름다움은 하느님에게 어울리고, 하느님과 닮은 것이다.

그래서 이 대목의 텍스트를 통해서 우리가 생각하는 것은, 다음과 같은 것이다. 주님답고 참으로 첫째가는 임금은 단 한 분뿐이시다. 그분은 모든 피조물의 임금이시다. 그런데 암흑세계의 지배자도(에페소6,12), 왕이라고 하는 존칭으로 스스로를 높인다. 천사들의 군대(마태오26,53)는 참된 임금 곁에 있다. 한편 악령들의 군대(마르코5,9-15;루가8,30;마태오9,34)는 암흑의 권위를 지배하는 자 곁에 있다. 또한 지배와 권위와 힘은, 임금들의 임금이신 분, 주님들의 주님이신 분(1디모테오6,15) 아래에 있다. 한편 사도의 말에 의하면, 또 다른 왕도 지배와 권위와 힘을 가지고 있으나, 그것들은 악이 부서져 존재하지 않게 되었을 때에 폐지된다. (그것은 그리스도께서 모든 지배와 권위와 힘을 멸하실 때이다〈1고린토15,24〉.) 예언자는 영광의 왕이, 높이 올려진 왕좌에 앉아계신 것을 보고 있다(에제키엘10,1.18-19;43,7). 한편 또 다른 왕도, 별들보다도 높이 자신의 옥

---

132) 「출애굽기」 제32장을 참조.

좌를 차리고, 지극히 높으신 분처럼 될 것이라고 알려져 있다(이사야 14,13-14). 만물의 주님은, 자신의 커다란 집에 '선택의 그릇'(사도행전9,15)을 가지고 있다. 다른 한편 또 다른 왕도, 파멸에로 정해진 '분노의 그릇'(로마9,22)을 가지고 있다. [422] 또한 천사들의 주님은, 천사들을 통하여 생명과 평화를, 어울리는 자들에게 풍성하게 주신다(루가2,13-14). 한편 또 다른 왕도, 격노와 격분 및 박해를, 재앙의 천사들을 통해서 보낸다(시편78,49).

여기서 또 다시 예를 들 필요가 있을까. 선에 대립하는 것이라도, 그 본성에 거슬러 선한 것에로 고양되는 경우는 적지 않다. 시각적으로 레바논 산은 아주 또렷한 광경을 보여준다. 즉 한 면을 키 큰 삼나무가 덮어 짙은 그늘이 드리운 산이다. 그래서 이 산은, 성경 안에서는 대립하는 의미에로 양분되어있다. 각각의 경우에 적합하게 의미가 이해되고 있는 것이다. 마찬가지로 동일한 명사가 같은 예언자에게서도, 의미되는 바의 차이에 따라 칭송되기도 하고 단죄받기도 하는 것을 볼 수 있다.

어떤 대목에서, 주님은 레바논 산의 삼나무를 짓부수고, 레바논 산 전체를 거기서 나는 삼나무와 함께 타도한다. 황야에서 우상으로 만들어진 송아지(출애굽기32,20)와 마찬가지로(시편29,5-6). (그러한 표현을 사용하여, 예언서는 악 그 자체와 악에서 나와 하느님의 지식에 거슬러 스스로를 높이는 모든 교만〈2고린토10,5〉은 파멸하여 존재하지 않게 되리라는 것을 표현하려 하고 있다.) [423] 또 다른 대목에서는, 레바논 산의 의미는 좋은 쪽으로 해석되어 다음과 같이 말해진다. "의인은 대추야자처럼 무성하고, 레바논 산의 삼나무처럼 풍성히 자라리라."(시편92,13) 즉 참으로 올바른 것으로서, (주님이야말로 우리를 통해서 대지로부터 일어나시는 올바르신 분이시다.) 저 우뚝 선 대추야자는, 우리의 본성이라고 하는 숲 가운데 피어나 산이 된다. 그리고 신앙을 통하여 주님 안에 뿌리를 내리는 삼나무에 의해 풍요롭게 된다. 그 삼나무는 "하느님의 집에 심기어, 하느님의 뜰에서 무성하게 자라날 것이다."(시편92,14) 이 집이란 교회를 말한다고 우리는 생각하였다. 사도의 해석을 따른 것이다(1디모테오3,15). 이 집 안에 삼나무라고 하는 하느님의 나무가 자란다. 한편 뜰이라고 하는 것은 영원의 천막집이라고 생각된다. 그 뜰 안에서는, 선한 희망이 적합한 시기에 개화하여 분명하게 드러날 것이다.

그리스도의 몸은, 몸의 각 부분에 의해 완성된다. (그것은 사도가 말하듯이, 많은 지체들이 하나의 몸을 이루기 때문이다〈1고린토12,12〉.) 그래서 신부는 신랑의 아름다움 전체를 가리켜 '선발된 레바논 산'이라고 부르는 것이다. 짓부수어져야 할 레바논 산과의 차이를 '선발된'이라는 말로 명확하게 규정하고 있는 것이다. 악한 레바논 산 쪽은, 이사야에 의하면[133] 높은 나무들과 함께 타도되어야 할 산이기 때문이다. [424] 이 일은, 이새의 뿌리로부터 꽃이 피고, 권위의 지팡이가 싹을 낼 때 일어난다. 그 지팡이에 의해, 사자나 표범 혹은 살무사들의 본성이 길들어져 순종하는 것으로 바뀐다. 사자는 송아지와 함께 살고, 표범은 새끼 산양과 함께 쉰다. 이 동물의 새끼들을, 우리를 위해 태어나신 저 아기(이사야9,5)가 다스린다. 그는 손을 살무사의 굴에 넣어 그 새끼들을 쥐며, 그 독을 무디게 한다. 이러한 일이 일어날 때에 "레바논 산은 높은 나무들과 함께 타도된다."(이사야10,34)고 예언자는 말하고 있는 것이다.

이상의 상징적 표현에 의해 이 예언이 보여주고 있는 것은, 모든 사람에게 너무도 분명한 것이다. 그러기에 하나하나 상세히 설명하는 것도 필요 없다고 여겨진다. 우리를 위하여 나신 아기가, 살무사

---

133) 이사야10,34-11,1 및 11,6-8 참조.

의 새끼들을 손으로 붙잡는다는 것을 모르는 자는 없을 것이다. 그분의 다스림은, 독 있는 짐승들을 우리와 함께 살게 한다. 그 짐승들에게서 본래의 독성을 없애버리는 것이다. 이상과 같이 레바논 산, 즉 악은 쓰러진다. 또한 진리를 거스르는 교만은, 모든 악의 첫째 근원과 함께 타도된다. 이런 까닭에, 신부는 주님의 아름다움을 '선발된' 레바논 산에 비겨 이렇게 말하는 것이다. "그이의 모습은 선발된 레바논 산 같고, 삼나무로 무성하네."

한편 신부는, 목에도 어울리게 '감미(甘美)'라고 찬사를 덧붙이고 있다. 그리고 신랑을 '소망(所望)'이라고 부른다. 원문은 이렇게 되어 있다. "목은 감미롭고, 나는 그이의 모든 것을 바랍니다."(5,16) 이 어구를 둘러싸고 우리가 생각하는 것은, 다음과 같은 것이다. 목이라고 불리는 것은, 관습적으로 턱 아래에 있는 부분이다. 기관(氣管)에서 나온 숨이 이 목에 충격을 주어, 소용돌이가 되어 울리는 소리가 난다고 말해진다. [425] 그런데 "아름다운 말은 꿀방울"(잠언16,24) 같다고 한다. 목소리는 말의 도구이다. 그리고 목소리는 목으로부터 생겨난다.

따라서 아마 '목'이라고 하는 어휘에 의해, 말씀을 섬기고 말씀을 전하는 자가 의미되고 있다고 생각해도 틀린 일은 아닐 것이다. 그들 가운데서는 그리스도가 말씀하신다. 저 위대한 세례자 요한도 "당신은 누구입니까?"라는 질문을 받고서, 자신은 '목소리'라고 대답하였다(요한1,23). 그는 말씀의 선구자이기 때문이다. 또한 성 바울로도, 자신 안에서 그리스도께서 말씀하시는 것을 증거를 들고 있다(2고린토13,3). 바울로는 자신의 목소리를 그리스도에게 맡겼다. 그리스도를 통해서 말하는 그는 감미로웠다. 또한 모든 예언자들도, 자신의 목소리를 내는 기관(器官)을, 자신의 귀에 울리는 성령에 의탁하였다. 그렇기에 그들은 감미로운 것이 되었다. 그리고 각각의 목을 통하여 신적인 꿀을 솟구치게 하였던 것이다. 그 꿀은 "왕들과 보통 사람들 모두 건강을 위해 먹는 것"(LXX잠언6,8)[134]이다. 그 꿀은 아무리 먹어도, 배가 불러 소망의 마음이 꺾이는 따위의 일은 없다. 오히려 바라고 있는 것에 참여함으로써, 그 그리움이 한층 자라나는 것이다.

이러한 이유로 신부는, 신랑의 몸 전체를 '바라는 것'이라고 부른다. 찾고 있는 분의 아름다움을 이 표현에 의해 묘사하고, [426] 신랑을 이른바 정의 내리고 있는 것이다. 그녀는 말한다. "[저분의] 모든 것이 바라는 것"이라고. 몸 전체가 '바라는 것'이 되는 지체는, 얼마나 행복한 것일까. 그것은, 모든 선 안에서의 완덕에 의해, 모든 면에서 조화를 갖춘 기분 좋은 아름다움을 완성하는 지체이다. 이리하여 그의 몸 전체는, 눈이나 머리칼에 관해서만이 아니라, 발과 손과 다리, 거기에 목까지도 동등하게 바람직한 것이 된다. 아름다움의 넘침에 관해서, 지체의 어느 부분도 열등한 것은 없다.

신부는 말한다. "이분이 나의 형제 같은 연인. 예루살렘의 딸들이여, 이런 분이 바로 나의 이웃이랍니다."(5,16) 신부는 말씀(신랑)의 묘사를 통하여, 모든 특징을 딸들의 눈앞에 제시하였다. 그 특징에 의해, 찾고 있는 분을 명료하게 마음속에 그릴 수 있게 되었다. [427] 이 시점에서, 신부는 지시어를 사용하여 말한다. "이분이" 찾고 있는 분이라고. 그분은 형제가[135] 됨으로써 유다의 땅으로부터 우리들 곁으로 올라오신다(히브리7,14). 그리고 도적들의 손에 떨어진 자들에게 있어서는 이웃[136]이 되신다(루가10,30-35). 그분은 그 불

---

134) 이 구절은 그리스어 성서에서만 나온다.
135) 원어 adelphidos는 '형제' 및 '연인'이라고 하는 의미를 겸하고 있다.
136) 원어 plesion에는 '이웃' 및 '귀여운 사람' 이란 두 가지의 의미가 포함되어있다.

행한 자의 타박상을 올리브기름과 포도주, 붕대를 가지고 치료한다. 그리고 자신의 나귀에 태워, 여관으로 데려가 쉬게 하며, 치료비로서 두 데나리온을 내어준다. 게다가 "저 사람을 돌보아 주십시오. 비용이 더 들면 제가 돌아올 때에 갚아드리겠습니다"라고 말한다.

지금 말한 하나하나가, 무엇을 의미하였는가는 아주 명백할 것이다. 먼저 주님을 시험하고자 하는 율법 전문가가 있었다(루가 10,25). 그는 다른 사람들보다도 자신이 뛰어나다는 것을 보여주려고 한다. 오만하게도, 자신은 다른 사람과 가치에 있어서 같다는 것을 거절하는 것이다. 그리고 이렇게 묻는다. "그러면 누가 저의 이웃입니까?"(루가10,29)

이에 대해서, 말씀이신 그리스도는 비유를 들어, 인간에 대한 사랑의 섭리의 전모를 제시한다.[137] 즉 인간의 천상계로부터의 하강, 도적들의 함정, 썩는 일이 없는 옷을 빼앗김. 거기에 덧붙여, 죄로 인한 상처, 영혼이 불사에 머물러있는 채 죽음이 본성 한가운데까지 들어와 버리는 것. 게다가 율법이 무익하게도 통과해버리는 것. 즉 사제도 레위인도 도적의 손에 떨어진 자의 타박상을 치유하지 않았다는 것. 그것은 수소나 숫염소의 피로는 죄를 제거할 수 없기 때문이다(이사야1,11;히브리9,12-13). 이에 대해서, 그리스도는 모든 인간적인 본성을, 반죽 덩이의 맏물을 통해서 주시는 분이시다(로마11,16). 이 맏물 가운데는, 모든 민족 즉 유다인, 사마리아인, 그리스인, 그밖에 모든 사람의 몫이 있다. [428] 그리스도는 자신의 몸 즉 나귀에 타고, 이 인간이 재난을 만난 장소를 향하여 간다. 그리고

---

137) 여기에 이어지는 구절은, 루가10,30-32에 나오는 표현을, 하나하나 상징으로서 해석한 것이다. 즉 차례대로 '예루살렘에서 예리고로 내려감' '노상강도를 만남' '옷이 벗겨짐' '매맞음' '초주검이 됨' '사제 및 레위인이 보고도 보지 않은 척하며 지나가버림'을 가리킨다.

상처를 치료하고, 그를 자신의 나귀 위에서 쉬게 한다. 나아가 인간에 대한 자신의 사랑을, 그들을 위한 쉼터로 만든다. 그 사랑 아래, 모든 지친 자, 무거운 짐 진 자들이 쉬는 것이다(마태오11,28).

한편 그리스도 안에 있게 된 사람은 반드시, 자신이 그 안이 된 분 즉 그리스도를 자신 안에 받아들인다. 말씀은 이렇게 말하고 있다. "그는 내 안에 머무르고, 나 또한 그 사람 안에 머무른다."(요한 6,56) 그 사람은 자신이 할 수 있는 한, 이 무한하신 주님을 자신 안에 받아들여 환대한다. 그리고 주님으로부터 두 가지 화폐를 받는다. 저 율법학자도 대답했듯이, 그 하나는 완전한 영혼으로 하느님을 향해있는 사랑이며, 또 하나는 이웃을 자기 자신처럼 대하는 사랑이다(루가10,27). 그러나 "율법을 듣는 이가 하느님 앞에서 의로운 이가 아니라, 율법을 실천하는 이라야 의롭게 될 것이다."(로마 2,13) 그렇기에 이 두 가지 화폐를(즉 하느님에 대한 믿음과 이웃에 대한 착한 양심을) 받기만 해서는 안 된다. 맡겨진 것을 성취하기 위해서는, 몸소 행위에 의해 무언가 협력을 해야만 하는 것이다. [429] 그런 까닭에, 주님은 여관 주인을 향하여 이렇게 말씀하신다. 「재난을 만난 자의 치료에 관해서 그대가 부담한 몫은, 내가 다시 돌아올 때, 그대의 열의의 고귀함에 따라 받아주길 바랍니다.」

이리하여 그리스도는, 인간에 대한 이와 같은 사랑을 통해서 우리에게 '이웃'이 되셨다. 그분은, 유다의 땅으로부터 우리 곁으로 올라오심으로써(히브리7,14) '형제'가 되신 분이다. 이분이야말로, 신부의 말이 딸들에게 전하는 분이다. 이분이야말로, 예루살렘의 딸들에게 순결무구한 신부로부터, 다음과 같은 말로 가리키는 분이다. 신부는 말한다. "이분이 나의 형제 같은 연인. 예루살렘의 딸들이여, 이런 분이 바로 나의 이웃이랍니다."

그리스도 그분을, 우리들도 분명해진 특징을 통해서 발견하고 싶다. 그리고 성령의 인도하심에 따라, 우리의 영혼의 구원을 위해서 붙잡고 싶은 것이다. 그리스도께, 영광이 처음과 같이 이제와 항상 영원히. 아멘.

제 15 강화

[딸들]

[6.1] 그대의 연인은 어디로 가버렸나요?
　　　여인들 가운데서도 아름다운 이여.
　　　그대의 연인은 어디로 눈길을 돌려버리셨나요?
　　　우리들도 그대와 함께 그분을 찾으리니.

[신부]

[6.2] 나의 형제 같은 연인은
　　　내려갔어요.
　　　자신의 정원에로, 향료의 화분에로.
　　　정원에서 양떼를 치며, 백합꽃을 따려고.

[6.3] 나는 그이의 것, 그이는 나의 것.
　　　그이는 백합 가운데서 양떼를 치시는 분.

[신랑]

[6.4] 나의 가인(佳人)이여, 그대는
　　　선한 생각처럼 아름답고,
　　　예루살렘처럼 어여쁘며,
　　　질서 잡힌 군대처럼 경이롭구려.

[신부]

[6.5] 당신의 눈길을 내게로만 돌려주세요,
　　그 눈은 내게 날개를 주고 있었답니다.

[신랑]

　　그대의 머리채는
　　길르앗 산으로부터 나타난
　　산양의 무리 같다오.
[6.6] 그대의 치아는,
　　세척장에서 올라온,
　　털 깎은 암양의 무리 같다오.
　　모두가 쌍둥이를 낳아,
　　새끼를 낳지 못한 것은 하나도 없구려.
[6.7] 그대의 입술은 진홍빛 끈 같소.
　　그 말씨 또한 곱기도 하구려.
　　그대의 볼은 석류 껍질 같다오.
　　침묵의 밖에 있는 한에서는.
[6.8] 왕비는 육십 명, 후궁은 팔십 명.
　　궁녀는 수도 없이 많네.
[6.9] 그렇지만 나의 비둘기, 나의 완전한 여인은 오직 하나.
　　그 어미에게는 오직 하나뿐인 딸,
　　그녀를 낳은 어미에게는 둘도 없는 딸.

[431] 사도 필립보는, 안드레아와 베드로의 마을 [베싸이다] 출신이라고 일컬어진다(요한1,44). (나에게 이것은 필립보에 대한 찬사처럼 여겨진다. 왜냐하면 「요한복음」 가운데, 안드레아와 베드로 형제는 필립보보다 앞서, 그들에게 일어난 사건을 통하여 칭찬을 받고

있는데, 필립보는 그 두 사람과 같은 마을 출신이라고 여겨지고 있기 때문이다. [형제 가운데] 먼저 안드레아는, 세례자 요한이, 누가 세상의 죄를 없애는 어린양인가를 가리켰을 때〈요한1,29〉 그 신비를 이해하였다. 가리켜진 분의 뒤를 따라가, 그분이 어디에 머무시는지를 알았던 것이다. 나아가 자신의 형 시몬에게 "예언서 가운데 예고되어 있는 분이 거기에 계시다"고 하는 복음을 전하였다〈요한1,37-42〉. 한편 베드로는, 그 소리를 듣자마자 신앙의 경지에 도달하여, 전심으로 그 어린양을 따랐다. 그리고 주님에 의해 이름이 바뀌어, 보다 신적인 인물로 새로 태어났다. 시몬 대신에 베드로(바위)라고 불리었으며, 또한 실제로 그렇게 되었던 것이다.

여기서 아브라함과 사라의 경우를 생각해보자. 주님은 아주 오랜 기간에 걸쳐, 많은 현현(顯現) 뒤에, 이름에 기초한 축복을 두 사람에게 나누어주셨다. [아브람을] '아브라함' 즉 아버지로서, 또한 [사래를] '사라' 즉 다스리는 여자로서 뽑아, 그 이름을 바꾸었던 것이다〈창세기17,5.15〉. 마찬가지로 저 야곱도, 밤을 새운 격투 끝에, [432] '이스라엘'이라고 하는 다른 이름과 힘에 어울리는 자가 되었다〈동32,29〉. 그런데 이 위대한 베드로는, 조금씩 성장함에 의해 위와 같은 은혜에 다가갔던 것은 아니다. 형제의 음성을 들음과 동시에 저 어린양을 믿어, 신앙으로 완덕에 도달하였다. 바위[이신 그리스도]로부터 태어나 베드로가 되었던 것이다(1고린토10,4).)

그러기에 필립보는, 이처럼 위대하고 중요한 두 사람과 출신 마을을 같이 하는 것이다. 그는 주님이 찾아낸 자였다. 복음서에 "예수는 필립보를 찾아내었다."(요한1,43)고 쓰여 있는 대로이다. 그때 말씀이 "나를 따라오라"고 하시어, 그는 제자로서 선발되었다. 필립보는 진리의 빛(요한1,9)에 다가가, 그곳으로부터 마치 횃불처럼 빛을 자신 쪽으로 끌어당겨, 빛에 참여하는 자가 되었던 것이다. 그리고 그는 나타나엘을 비추기 시작한다. 나타나엘에게 경건(신앙)의 신비를 운반하는 횃불이 되었던 것이다. 필립보는 이렇게 말한다. "우리는 모세가 율법에 기록하고 예언자들도 기록한 분을 만났소. 나자렛 출신으로 요셉의 아들 예수라는 분이시오."(요한1,45)

[433] 그러자 나타나엘은 그 복음을 주의 깊게 받아들였다. 그는 주님의 신비에 관하여, 예언서로부터 아주 정확하게 초보적인 가르침을 받고 있었다. 그러기에 그는 다음 두 가지 사실을 알고 있었다. 먼저 육(肉)에 의한 하느님의 최초의 현현은 베들레헴으로부터 일어나리라는 것(미가5,1). 그렇지만 주님은 나자렛에서의 생활을 통하여 나자렛 사람이라고 불리게 되리라는 것(판관기13,5). 그는 이 두 가지를 합쳐 생각하였다. 그리고 다음과 같이 추론하였다. 먼저 다윗의 마을인 베들레헴에서, 육에 의한 탄생의 섭리로부터, 동굴과 포대기와 구유에 의한 신비(루가2,7.12.16)가 일어남이 필연이라는 것. 그 다음에, 갈릴래아라는 이름이(갈릴래아는 이방인의 땅이다〈이사야8,23〉), 언젠가는 자진하여 이방인의 땅을 향해가는 말씀의 앞에 붙어 말해지리라는 것. 이리하여 나타나엘은 그에게 인식의 빛을 비추는 자에게 동의하면서 말했다. "나자렛에서 무슨 좋은 것이 나올 수 있겠소?"라고. 그러자 필립보는 은혜에로 인도하는 자가 되어 말했다. "와서 보시오."(요한1,46)

이리하여 나타나엘은 율법의 무화과를 버렸다. 그 무화과의 그림자는 빛에 참여하는 것을 방해하고 있었던 것이다(히브리10,1). [434] 그리고 그는, 무화과가 선의 열매를 맺지 못한다는 이유로 그 잎을 말라버리게 하신 분(마태오21,19)을 따라나섰다. 이런 이유로 그는 말씀으로부터, 서출이 아니라 적출(嫡出)의 이스라엘 사람이라는 증언을 듣는 것이다. 그는 선택되었을 때 거짓이 없으며, 조상의 순수한 특질을 나타내 보였기 때문이다. 말씀은 이렇게 말하고 있

다. "보라, 저 사람이야말로 참으로 이스라엘 사람이다. 저 사람은 거짓이 없다."(요한1,47)

그런데, 딸들에 의한 서두의 말(6,1)은 무엇을 의미하고 있는 것일까? 이에 관해서는, 이해가 빠른 사람들에게는, 의미의 연관에 따른 지금까지의「아가」독해로부터 지극히 명료할 것이다. 먼저 안드레아는, 세례자 요한의 말에 의해 어린양이 있는 곳으로 인도되었다. 한편 나타나엘은 필립보에 의해 빛으로 인도되어, 자신을 둘러싸고 있던 율법의 그늘로부터 벗어나 진리의 빛(요한1,9)에 참여하는 자가 되었다. 꼭 이와 같이 딸들도, 자신들에게 나타나 보인 선을 발견하기 위해서는 인도자를 필요로 한다. 그 인도자는, 아름다움을 통해 완덕의 경지에 도달한 영혼이다. 딸들은 그 영혼에 대해서 다음과 같이 묻는다. "그대의 연인은 어디로 가버렸나요? 여인들 가운데서도 아름다운 이여. 그대의 연인은 어디로 눈길을 돌려버리셨나요? 우리들도 그대와 함께 그분을 찾으리니."(6,1)

스승인 신부에게 딸들의 영혼이 던지는 물음은 순서를 따르고 있다. 그녀들은 먼저, 그분이 무엇인가에 관한 물음을 던진다. 앞에 나온 "그대의 연인은 어떤 분이신가요? 여인들 가운데서도 아름다운 이여"(5,9)라는 물음이 그것이다. 이에 관해서는 "그분은 눈부시게 하얗고 붉은 빛을 띠고 있으며"(5,10) 그 이하에서 말해진 표징에 의해, [435] 이미 그녀들은 가르침을 받았다. 이 말들에 의해 찾고 있는 분의 모습이 묘사되었기 때문이다. 그 다음에 딸들은 "그분은 어디에 계신가요?"라고 묻는다. 그녀들은 묻는다. "그대의 연인은 어디로 가버리셨나요?" 이어서 "어디로 눈길을 돌려버리셨나요?"라고. 즉 먼저 지금 그분이 어디에 계신가를 알고자한다. 그분의 다리가 놓인 곳을 향하여 무릎을 꿇기 위함이다. 다음에 그분이 어디로 눈길을 돌려 버리셨는지에 관한 가르침을 청한다. 자신들도 그분의 영광을 볼 수 있는 곳에 서기 위함이다. 왜냐하면 그분의 현현은 바라보는 자들에게 구원이 되기 때문이다. 그것은 예언자가 "당신 얼굴을 비추소서. 저희가 구원되리이다."(시편80,4)라고 말하고 있는 대로이다.

그래서 스승인 신부는 필립보와 똑같이 말한다. 즉 "와서 보시오."(요한1,46)라고. 찾고 있는 분을 붙잡기 위하여 인도하는 것이다. 찾고 있는 분이 어디에 계신 것인지, 또 어디에서부터 보고 계신지를 가리켜, 그 장소를 '보시오'라고 말하는 것은 아니다. 신부는 이렇게 말한다. "나의 형제 같은 연인은 내려갔어요. 자신의 정원에로, 향료의 화분에로."(6,2)

이상에서, 신랑은 어디에 있는지가 말해졌다. 다음에 그분이 무엇을 보고 있는지, 또한 어디에서 보고 있는지를, 스승인 신부는 말로 표현한다. "그분은 정원에서 양떼를 치고, 백합을 따고 있습니다"라고. 이상은 딸들에 대한 말씀에의 문자적 의미에 의한 인도이다. 즉 이것들에 의해 딸들은, 신랑이 어디에 있고, 어디에서 보고 있는지를 배우는 것이다.

[436] 그런데 하느님으로부터 영감을 받은 성경의 유익함을, 영적인 관상에 의해 인식해야함은 말할 것도 없다. "나의 형제 같은 연인은 내려갔습니다. 자신의 정원에로"라고 들을 때, 우리는 이 텍스트로부터 복음의 신비를 배운다. 여기서 사용되고 있는 각각의 어휘가, 그 신비의 말을 분명히 하여주는 것이다.

먼저 육(肉) 안에서 나타나신 하느님(1디모테오3,16)은, 유다 민족으로부터 나온다(히브리7,14). 또한 어둠과 죽음의 그늘에 앉아있는 이방인들에게서 빛난다(루가1,79;이사야9,1;42,6). 이러한 이유로, 영원한 유대 아래 그분과 약혼하고 있는 딸로부터, 아름답고도 어울리게 "형제와 같은 연인"[138]이란 이름으로 불린다. 그 딸은 유다

민족 출신이기에, 자매와 같은 연인이기 때문이다.

또한 "내려갔습니다"라는 말은 다음을 나타낸다. 그것은, 예루살렘으로부터 예리고로 내려가는 도중에 도적의 손에 걸린 인간을 위하여, 그분 자신도, 이 적의 손에 떨어진 사람과 내려가는 길을 같이한다는 것이다.[139] 이 표현을 통해서, 말로 할 수 없는 위대함으로부터 우리 본성의 비천함으로까지 하느님께서 몸을 낮추셨다는 것이 의미되고 있다.

나아가 '정원'이라고 하는 상징을 통하여, 우리는 다음을 배운다. 그것은, 참 농부이신 주님이 우리 인간을 자신의 밭으로 하여, 거기에다 나무를 심으신다는 것이다〈시편80,9.16〉. (왜냐하면 바울로의 말에 의하면, "우리는 하느님의 밭"〈1고린토3,9〉이기 때문이다. [437] 주님은, 하늘에 계신 아버지께서 심으신 인간이라고 하는 나무를, 낙원에서 처음으로 기르셨다. 그런데 우리 즉 낙원을 들짐승이 몹시 황폐하게 하고, 하느님의 밭을 해치고 말았다〈시편80,14〉. 그래서 그분은 이 몹시 황폐해진 낙원을, 다시 덕(德)이라고 하는 나무에 의해 아름답게 장식된 것으로 만들기 위하여 내려오셨다. 그러한 수목에 대한 배려로부터, 순수하고 신적인 가르침의 샘을 말로 끌어들인 것이다.)

다음으로 "향료의 화분"은, 앞서 아래턱에 관한 찬사로서, 신랑의 아름다움의 묘사 가운데 사용되고 있었다(5,13). 그 아래턱에 의해, 양육되는 자들을 위한 영적인 곡물이 잘게 갈려 으깨어지는 것이다. 그런데 여기서는, 신랑이 있는 곳 또는 주거라는 것이 알려진다. 그

---

138) '형제' 및 '연인'이라는 말에 관해서는, 각주135를 참조
139) 루가10,30 '착한 사마리아인의 비유'의 상징적 해석이다. 또한 제14강화의 아가5,16에 관한 해석을 참조.

래서 우리는 다음 사실을 배운다. 즉 덕이 결여된 영혼 안에 신랑이 머무는 일은 없다. 하지만 만일 누군가가, 앞서 제시된 말에 따라서, 향기를 뿜는 "향료의 화분"이 된다고 하자. 그러한 사람은 지혜의 그릇이 되어(잠언9,2), 자신 안에 신적이고 순수한 포도주를 받아들인다. 그 포도주로부터, 받아들인 자에게는 기쁨이 생겨나는 것이다(시편104,15).

텍스트의 다음 말은 아름다운 목자(요한10,11)의 양떼가 어떠한 목장에서 길러지는지를 우리에게 가르친다. [438] 그분은, 어디인가 몹시 거칠어진 가시덤불을 내는 토지로 양떼를 몰고 가, 여물 같은 사료를 먹게 하지는 않는다. 양떼 앞에는, 낙원에서 난 향료가 음식으로 놓여있다. 그리고 여물이 아니라 백합이 나있다. 그 백합은, 목자에 의해 양떼를 기르기 위해 모아진 것이라고 말해지는 것이다.

이러한 표현을 통해서, 말씀은 우리에게 다음과 같은 의미를 상징적으로 보여주고 있다. 즉 피조물을 감싸 안는 본성과 힘이란, 만물을 자신 안에 품는다. 그리고 자신을 받아들이는 자의 깨끗함을 자신의 장소로 삼는다. 그들 안에는, 덕에 의해 경작된 다양한 모습의 정원이 백합꽃을 피우고, 향료의 풍성함으로 가득 차있다.

여기서 먼저 '백합'은, 사고의 빛남, 순수함의 상징이 되어있다. 또한 '향료'의 좋은 향기는, 죄의 모든 악취와 무연(無緣)임을 상징한다. 이성을 지닌 양떼를 다스리는 분은, 이러한 백합이나 향료 가운데 살고 계신다고 말해진다. 그분은 낙원에서 방목을 하고, 양떼의 먹이로서 백합을 따 모은다. 그분은 이 백합을, 위대한 바울로를 통하여 양떼에게 주신다. 바울로는 백합으로 만든 음식을 하느님의 창고에서 우리에게 꺼내준다. 이 백합이란 "모든 참된 것, 모든 고귀한 것, 모든 의로운 것, 모든 정결한 것, 모든 사랑스러운 것, 모든 영예로운 것, 또한 덕이 되는 것과 칭송받는 것"(필립비4,8)이다.

[439] 이것들이 내 생각으로는 '백합'이다. 그 백합에 의해, 아름다운 목자 또는 스승 아래 양떼가 길러지는 것이다.

여기에 이어지는 텍스트는, 깨끗하고 얼룩이 없는 신부가 이렇게 말하는 것이다. "나는 그이의 것, 그이는 나의 것."(6,3) 이것은 덕에 관한 완전성의 규범, 정의(定義)이다. 왜냐하면 우리는 이 텍스트를 통하여 다음을 배우기 때문이다. 깨끗해진 영혼은, 하느님 외에는 자신 안에 아무것도 지녀서는 안 된다. 또한 하느님 외에는 어떤 것도 보아서는 안 된다. 자신을 모든 질료적인 것이나 사고방식으로부터 정화해야한다. 그리고 자신의 모든 것을 영적이고 비질료적인 것으로 완전히 변화시켜, 범형(範型)인 아름다움의 가장 명료한 이미지에로 자기 자신을 완성시켜야 한다.

비유를 들어보자. 판자 위의 그림을 보고 있는 사람이 있다고 하자. 그 그림은, 무언가 어떤 범형에로 향하여 정확하게 형태를 부여받은 것이다. 양쪽 다 그 형태는 동일하다고 그는 판단한다. 그리고 이미지(像)에 묘사된 아름다움은 그 원형(原型)의 것이며, 범형은 명료하게 모상 안에서 파악할 수 있다고 말한다. 마치 그와 마찬가지로, 신부는 "나는 그이의 것, 그이는 나의 것"이라고 말한다. 즉 그녀는 다음과 같이 말하고 있는 것이다. "나는 그리스도를 모방한 형태가 되었습니다. 자신에게 고유한 아름다움, 즉 우리들의 본성에 있어 으뜸가는 지복(至福)을, 나는 그리스도로부터 받은 것입니다. 그리고 제일가는, 유일한, 진실한 아름다움의 상(像) 또는 닮음으로서(창세기1,26) 나는 아름다운 것으로 만들어졌습니다."

[440] 예를 들어 여기에, 정교하고 또 필요에 알맞게 준비된 거울이 있다고 하자. 이 거울은 깨끗한 반사 안에서, 정확하게, 비추어진 인물의 특징을 자신 안에 받아들인다. 그때 거울 위에 생기는 것을 생각하여보자. 마치 이 거울과 마찬가지로, 이 영혼은 자신을 필

요에 알맞게 준비하였다. 모든 질료적인 얼룩을 던져버리고, 더러움 없는 아름다움의 정결한 모습을 자신 안에 새겨 넣은 것이다.

이런 까닭에, 자유의지를 가진 살아있는 거울은 다음과 같이 외친다. "나는 연인의 얼굴을 원(圓) 안 가득 보고 있습니다. 그러므로 그분의 모습의 아름다움은 모두, 내 안에서 볼 수 있는 것입니다." 저 바울로가, 세상에 대해서는 죽고, 하느님에 대해서는 살아있음을 말하며(로마6,11), "자신 안에는 다만 그리스도만이 살아계시다."(갈라디아2,20)고 말할 때, 그는 참으로 위와 같은 목소리를 모방하고 있다. 그것은 그가 "나에게는 삶이 곧 그리스도이다."(필립비1,21)라고 말하고 있기 때문이다. 그는 이 말에 의해 다음과 같은 것을 외치고 있는 것이다. 「자신 안에는 인간적 질료적인 정동(情動)은 전혀 살아있지 않다. 쾌락, 고뇌, 분노, 두려움, 비겁, 걱정, 기만, 오만, 악의 기억, 질투, 복수를 꾀하는 생각, 금전욕, 야망, 명예심, 그밖에 이른바 집착에 의해 영혼에 얼룩을 지게 하는 것은 무엇 하나 없다. 다만 나에게는 그분, 즉 위와 같은 것과는 하등 관련이 없는 분이 유일한 존재인 것이다. 나는 그분의 본성에 속하지 않는 것을 모두 깎아서 떨쳐버렸다. 내 안에는 그분 안에 없는 것은 하나도 없다.」[441] 그러기에 「나에게는 삶이 곧 그리스도이다」, 혹은 신부가 말하듯이 "나는 그이의 것, 그이는 나의 것"이다. 그분은 거룩함, 정결함, 불멸, 빛, 진리 및 그와 같은 것들이다. 그분은 나의 영혼을, 마른 풀이나 땔감 같은 것 가운데서가 아니라, 거룩한 것의 광채 가운데서 기르신다. 그것은 백합의 본성이, 빛나는 색깔의 아름다움 가운데 위와 같은 의미를 상징적으로 표현하기 때문이다.

이리하여 "백합 가운데서 양떼를 치시는 분"(6,3)은, 백합의 옥토에로 자신의 양떼를 인도한다. 이것은 "우리 주님이신 하느님의 광채가 우리 위에 내리기 위함"(시편90,17)이다. 양육되는 것은 음식물의 종류로부터 반드시 영향을 받는다. 무엇을 예로 들면 좋을까? 가령 유리 제품으로서 속이 텅 빈 용기가 있다고 하자. 그 안에 들어가는 것은 어떤 것이라도, 즉 검댕이든 아주 맑고 빛나는 것이든, 모두 투명하게 비쳐 보인다. 그런 까닭에 그분은, 백합의 빛남을 영혼 안에 둠으로써, 그 백합을 통하여 영혼을 빛나는 것으로 완성한다. 안에 놓인 것의 모습이 밖으로 투명하게 비쳐 보이는 것을 살리는 것이다. 이 의미가 보다 명료하게 제시되도록 다음과 같이 말해보자.

[442] 영혼은 덕에 의해 길러진다. 덕은 상징에 의해 '백합'이라고 불리고 있다. 선한 생활 방식에 의해 덕으로 가득 찬 사람이 있다고 하자. 그는 각각의 덕의 모습을, 삶을 통하여 분명한 것으로 만들어 간다. 생활 방식을 통하여 자신을 증거하여 가는 것이다. 정결한 백합이란 절제, 정의, 용기, 현려(賢慮)이며, 사도가 말하는 바의 "모든 참된 것, 모든 고귀한 것, 모든 의로운 것, 모든 정결한 것, 모든 사랑스러운 것, 모든 영예로운 것, 또한 덕이 되는 것과 칭송받는 것"(필립비4,8)이다. 이러한 것은 모두 영혼의 내부에서 생기며, 정결한 삶을 통하여 분명해진다. 그리고 그러한 덕을 담고 있는 자를 아름답게 만든다. 또한 덕을 안에 받아들인 자에 의해, 이 덕들도 아름답게 되는 것이다.

이리하여 신부는, 사모하는 분에게 자신을 봉헌하였다. 그녀는 자신의 고유한 모습 안에, 사랑하는 사람의 아름다움을 받아들였다. 그럼 그녀는, 자신에게 영광을 돌리는 사람들에게 영광을 주시는 분(1사무엘2,30)으로부터, 어떠한 것에 적합한 자라고 여겨지는 것일까? 계속 이어지는 텍스트와의 연관을 통해서, 그것을 들어보도록 하자. 말씀은 신부에게 이렇게 말한다. "나의 가인(佳人)이여, 그대는 선한 생각처럼 아름답고, 예루살렘처럼 어여쁘며, 질서 잡힌 군대처럼 경이롭구려."(6,4)

다음 사실은 복음 말씀에 친숙한 자 모두에게 분명하리라. 먼저, 인간에 대한 하느님의 선한 생각 덕분에, [443] 하늘의 군대로부터 지극히 높으신 곳에 계시는 하느님께 영광이 돌려지고 있다는 것. 이것은 양치기들이, 지상에 평화가 탄생한 것을 알았을 때에 들은 것이다(루가2,13-14). 다음은, 예루살렘이 모든 피조물의 주님으로부터, 임금의 도성이라고 불리고 있다는 것(마태오5,35). 이 두 가지 사실로부터, 말씀이 여기서 예루살렘 및 선한 생각에 대한 비유를 통하여, 신부의 아름다움이 어떠한 것이라고 증언하고 있는지를 알게 될 것이다. 그것은 이 비유 안에서, 말씀이 다음 사실을 드러내고 있다는 것이 분명하기 때문이다. 즉 영혼은, 그분 곁까지 곧바로 준비된 상승의 길을 통하여 고양된다. 그리고 주님에 의한 다양한 경이로운 일들에까지, 자신의 몸을 뻗는 것이다.

지극히 높은 곳에 계시는 하느님은, 아버지의 품 안에서(요한1,18), 인간에 대한 선의로 살과 피에 몸을 맡겼다. 지상에 평화로서 태어나기 위함이다. 그렇다면, 그 선의에 자신의 아름다움을 닮도록 한 신부는, 올바른 행위로 그리스도를 모방하는 것은 분명하다. 그녀는 다른 사람들에게, 그리스도가 인간의 본성 안에서 그러했던 것과 같은 것이 된다. 마치 그리스도의 모방자인 바울로가, 자신을 생명으로부터 분리하여 행동했던 것과 마찬가지이다. 바울로는 자신의 고난과 이스라엘의 구원을 교환하기 위하여 그리했던 것이다. 그는 이렇게 말하고 있다. "사실 육으로는 내 혈족인 동포들을 위해서라면, 나 자신이 저주를 받아 그리스도에게서 떨어져 나가기라도 했으면 하는 심정입니다."(로마9,3)

따라서 신부에게 말해진 이 대목의 말을, 바울로를 향해서 한 말이라고 해도 적절하게 들어맞는다. 그 말은 [444] 「그대의 영혼의 아름다움은, 마치 주님으로부터 우리에게 향해진 선의와도 같은 것입니다」라는 의미이기 때문이다. 주님은 스스로를 무(無)로 하여 종의 모습을 취하셨다(필립비2,7). 자신을 세상의 생명을 위한 대가로서 주시고, 부요하셨지만 우리를 위하여 가난하게 되셨다(2고린토8,9). 이는 우리가, 그분의 죽음 안에서 살고, 그분의 가난함 안에서 부요해지며, 그분의 종으로서의 모습 안에서 왕이 되기 위함이었다.

한편 예루살렘의 어여쁨과 닮았다는 비유도, 같은 위대함을 나타내고 있다. 참으로 하늘 위에 있는 예루살렘. 자유로운 성읍. 자유로운 사람들의 어머니(갈라디아4,26). 우리는 이 예루살렘을, 주님의 말씀으로부터 '대왕의 수도'(마태오5,35)로서 배우고 있다. 그녀는[140] 거두어들일 수 없는 분을 자신 안에 받아들였다. 이리하여 하느님은 그녀 안에 살고, 그녀를 둘러싸고 거니신다(2고린토6,16). 자신 안에 사는 분의 어여쁨으로 아름답게 장식된 신부는, 예루살렘의 아름다움을 자신의 위에 받아들여, 천상의 예루살렘이 되는 것이다.

또한 임금의 도성의 아름다움과 어여쁨은, 온전히 임금 자신의 아름다움이다. 「시편」에 의하면, 아름다움과 어여쁨은 저 임금의 것이기 때문이다. 그를 향하여 예언은 이렇게 말한다. "그대의 어여쁨과 그대의 아름다움을 가지고, 진리와 평화와 정의를 위하여, 힘을 다하고, 번영하고, 다스리라."(시편45,4-5) **[445]** 신적인 아름다움은, 이 말들로 특징 지워진다. 즉 진리와 정의와 평화에 의해서이다. 이런 까닭에 저 영혼은, 이러한 아름다움 안에서 형성되어있다. 신부는, 왕의 어여쁨으로 아름답게 장식된 예루살렘처럼 어여쁜 것이 되어있는 것이다.

여기까지의 텍스트는 명료하다. 신부가 지닌 아름다움에 대한 찬사가, 선의와 예루살렘에 대한 비유로 가득 차있기 때문이다. 그리

---

140) 이하 '그녀'라는 말 안에는, 신부와 여성명사 예루살렘, 그 두 가지 뜻이 함께 담긴다.

고 이하의 말이 신부에 대한 찬사라는 것은 의심할 수 없다. 하지만 그 영적 의미를 배운다는 것은 쉽지 않다. 즉 그녀가 이러한 찬사로 고양되고, 이와 같은 영예에 어울리는 자로 여겨지고 있는 의미는 난해하다. 텍스트는 이렇게 되어있다. "그대는 질서 잡힌 군대처럼 경이롭구려."(6,4) 아마 여기까지 관상한 것을 따르는 자는 다음과 말할 것이다. 「말씀은 초지상적인 본성에 대한 비유를 통해서, 신부를 찬사로 높이고 있는 것이다.」 왜냐하면 질서 잡힌 군대가 있는 곳은, 지상을 초월한 장소이기 때문이다. 거기서 권위(능품천사)는 영구히 주님의 좌(座)에 있다. 주권(주품천사)은 모든 것을 통치한다. 옥좌(좌품천사)는 견고히 세워져있다. 그리고 지배(권품천사)는 노예화되는 일 없이 유지되고 있다.[141] 또한 모든 군대는 멈추는 일 없이 하느님을 찬미한다(시편103,21). 세라핌은 정지하는 일 없이 하늘을 날며 돌고 있고(이사야6,2) 그 지위는 변함이 없다. 지극히 높이 들어 올려진 옥좌를 헤루빔은 멈추는 일 없이 유지하고(에제키엘 10,15), **[446]** 주님 곁에서 시중드는 자는 주님의 뜻을 수행하고, 말씀을 듣는 것을 멈추는 일이 없다(시편103,20-22).

    이리하여 천상에서는, 모든 권위는 하느님에 의해 질서 지워진 것이다. 영적이자 초지상적인 여러 힘의 전열은, 영구히 혼란스러움 없이 유지된다. 그 규율은 어떠한 악에 의해서도 뒤집히는 일이 없다. 이러한 이유로부터 영혼도 이 군대를 모방하여, 모든 것을 규율에 따라 고귀하게 행한다. 그리고 이 질서 잡힌 군대들에서 보여 지

---

141) 여기에 보이는 천상의 제 권위는 골로사이1,16에 나오는 것과 동일하다. 참고로 천사의 9가대(歌隊)는 다음과 같다. 상급[seraphim : 치품천사(熾天使), cherubim : 지품천사(智天使), thrones : 좌품천사(座天使)], 중급[dominations : 주품천사(主天使), virtues : 역품천사(力天使), powers : 능품천사(能天使)], 하급[principalities : 권품천사(權天使), archangels : 대천사(大天使), angels : 천사(天使)]

는 경이(驚異)를 자신의 몸에서 일으키는 것이다. 그것은 '두렵다'는 말의 의미는 놀람을 나타내고 있으며, 우리는 그 놀람을 통하여 경이를 생각하여도, 진리로부터 벗어나는 일은 없기 때문이다.

그리고 관련되어 여기에 부가된 한 구절은 이렇게 되어있다. "당신의 눈길을 내게로만 돌려주세요. 그 눈은 내게 날개를 주고 있었답니다."(6,5) 이 표현은, 누구로부터 누구에게 말해지고 있는 것일까? 그 양자를 애매한 것으로 하고 있다. 어떤 사람들은, 이것은 주님으로부터 깨끗한 영혼을 향하여 말해진 것이라고 생각하고 있다. 하지만 나로서는, 이 말은 오히려 신부가 말하는 것으로서 적절하다고 추론한다. [447] 왜냐하면, 이 말에 의해 표현되고 있는 영적 의미는, 그녀에게 어울린다고 생각되기 때문이다. 나에게 드러나는 것들을 간결하게 제시하고자 한다.

나는, 하느님의 영감을 받은 성경의 많은 대목에서 "하느님에게 날개가 있다"는 표현이 행해지고 있음을 듣는다. 예를 들면, 먼저 예언서는 "당신 날개 그늘에 저를 숨겨주소서."(시편17,8)라고 말한다. 또 "(하느님은) 날개 아래에 희망을 두신다."(시편91,4)는 표현도 있다. 한편 모세는, 저 위대한 노래 가운데서 같은 것을 언표하고 있다. 모세는 이렇게 노래한다. "주님은 당신 날개를 펴시어, 그들을 받아들이셨다."(신명기32,11). 다시 주님은 예루살렘을 향하여 "암탉이 제 병아리들을 제 날개 밑으로 모으듯, 내가 몇 번이나 너의 자녀들을 모으려고 하였던가."(마태오23,37)라고 말씀하셨다. 텍스트와의 연관에 눈을 돌리고 있는 사람이라면, 이 날개의 용법들이, 눈앞에 놓여있는 구절의 의미와 관계가 없다고는 말하지 않을 것이다.

이리하여 하느님의 영감을 받은 성경은, 어떤 신비한 이유에서, 신성이 날개를 가지고 있음을 말하고 있다. 또한 인간 창조에 관한 최초의 기술(창세기1,26)은, 우리의 본성이 하느님의 상(像)으로서, 또한 하느님과 유사한 것으로서 창조되었음을 증언하고 있다. [448] 따라서 상으로서 창조된 것이, 모든 면에서 범형(範型, archetype)에 대한 유사성을 가지고 있다는 것은 아주 확실하다. 사실 성경에 따르면, 조형(祖型, prototype)에는 날개가 있었던 것이다. 이런 까닭에, 인간의 본성도 날개 있는 것으로서 창조되었다. 날개에 있어서도, 신적인 것과 마찬가지이기 위함이었다. '날개'라는 말이, 상징적인 관상에 의해 하느님에게 어울리는 본연의 상태로 이해되는 것은 분명하다. 그것은 힘, 지복, 불멸, 혹은 날개라고 하는 이름에 의해 표현되는 그러한 본연의 상태이다. 그리고 인간이, 모든 면에서 하느님과 닮은 것이었을 때에는, 이러한 본연의 상태가 인간에 관해서도 해당되었다. 그러나 그 후에, 악에로의 기욺이 그러한 날개를 우리로부터 강탈하여 버렸다. (왜냐하면 우리가 하느님의 날개의 비호로부터 벗어났기 때문에, 우리들 자신의 날개마저도 빼앗겨, 벌거숭이가 되어버렸기 때문이다.) 이러므로 우리를 비추는 하느님의 은혜가 명백해졌다(디도2,11-12). 그것은 불경건이나 지상적인 욕망을 팽개쳐버리고, 경건과 정의에 의해 다시 우리가 날개를 기르기 위함이다.

[449] 위와 같은 이해가 진리로부터 멀어지지 않도록 하자. 그러면 자신의 위에 생긴 신적인 눈으로부터의 은혜를 인정하는 것은 신부에게 어울리는 일일 것이다. 이는 하느님이 인간에 대한 사랑의 눈길로 우리에게 눈을 돌리신 것과 동시에, 우리도 원초의 은혜에 의해 새로이 날개를 얻었기 때문이다.

그런데 텍스트의 이 대목에서는, 다윗이 「시편」 제17편에서 말하고 있는 것과 같은 것이 표현되어있다고 나는 생각한다. 다윗은 주님께 기도를 드리면서 이렇게 말한다. "당신 눈으로 올바른 것을 보아주소서. 당신께서 제 마음을 시험하시고, 밤중에도 캐어보시며,

저를 달구어보셔도 부정을 찾지 못하시리이다."(시편17,2-3)「당신 눈으로 공정함을 보아주소서」라고 말하는 것과「당신 눈이 공정함 이외의 것을 보는 일이 없이 하소서」라고 말하는 것은 동일하다. 왜냐하면 곧바른 것을 보는 사람은 구부러진 것을 보지 않으며, 구부러진 것을 보지 않는 사람은 곧바른 것만을 응시하기 때문이다.

이런 까닭에, 신부는 여기서 자신 이외의 것을 거절하는 것이며, 하느님의 눈에 선한 것을 비추고 있다. 하느님의 눈에 의해, 영혼은 다시 새로운 날개를 얻는다. 영혼은, 최초에 창조된 사람들의 불순종에 의해, 날개를 빼앗겼던 것이다. 이상으로부터, 우리는 텍스트로부터 그 의미를 다음과 같이 이해하였다. 당신의 눈은, 그 눈길이 제 위에 부어지고 있는 때에는, 저게 거스르는 것으로부터는 비껴져 있습니다. 이는 그 눈이 제 안에서, 제게 거스르는 어떠한 것도 보는 일이 없을 터이기 때문입니다. 그러기에 저에게는, 당신 눈으로부터 다시 날개를 부여받아, 덕에 의해 마치 비둘기가 가지고 있는 날개 같은 것을 얻을 수 있습니다. 그 비둘기로부터, 제게는 비상(飛翔)의 힘이 태어납니다(시편55,7). [450] 그리고 날개를 펼치고 또한 쉬게 합니다. 그 휴식은 말할 것도 없이, 하느님께서 자신의 일로부터 쉬셨다고 하는 저 휴식입니다(창세기2,2).

이상의 말에 이어서, 신부의 아름다움에 대한 묘사가 다시 말해진다. 말씀은, 그녀의 어여쁨에 이바지하는 각각의 부분을, 어울리는 비유를 가지고 더욱 고양시킨다. 즉 그녀의 머리칼의 아름다움, 치아의 가지런함, 입술에 핀 꽃, 목소리의 감미로움과 발그스름한 뺨이 칭송되는 것이다. 말해지는 각 부분에 대한 찬사는, 신부에게 어울리는 비유의 인용으로 가득 차있다. 먼저 머리칼은 길르앗 산으로부터 나타난 산양의 무리에 비유된다. 또한 털을 깎아 손질한, 쌍둥이 새끼들을 보며 기뻐 뛰는 암양의 무리가, 그 유사함에 의해 치아에 대한 찬사를 채우고 있다. 입술은 진홍색 끈에 비유된다. 또한 뺨은 석류 껍질로 아름답게 장식된다.

텍스트는 다음과 같이 되어있다. "그대의 머리채는, 길르앗 산으로부터 나타난 산양의 무리 같다오. 그대의 치아는, 세척장에서 올라온, 털 깎은 암양의 무리 같다오. 모두가 쌍둥이를 낳아, 새끼를 낳지 못한 것은 하나도 없구려. 그대의 입술은 진홍빛 끈 같소. 그 말씨 또한 곱기도 하구려. 그대의 볼은 석류 껍질 같다오. 침묵의 밖에 있는 한에서는."(6,5-7) 이미 이것들은 충분히 검토되었다.[142] 그러므로 동일한 관상에 의해, [451] 반복되는 말로 설명을 많이 하는 것은 쓸데없을 것이다. 하지만 여기서도, 앞에서 이와 동일한 표현[143]을 에워싸고 관상한 것을 듣지 못한 사람들 때문에, 이 표현에 관한 설명을 해주길 바라는 사람이 있을지도 모르겠다. 그래서 간결하게, 이 상징적 표현의 의미를 따라가 보도록 하자.

몸 가운데서, 머리칼은 그 이외의 부분과 비교하여 보면 독특한 본성을 지니고 있다.[144] 몸은 그 전체가 감각적인 힘에 의해 지배를 받고 있다. 그 힘을 빼고서는, 생명 안에 있다고 하는 본성을 가질 수 없다. (감각이란 몸의 생명이기 때문이다.) 그러나 우리는 머리칼만이, 몸의 일부이면서도 감각과는 무관하다는 것을 알고 있다. 이 부위에 관한 이러한 특질은, 다음과 같은 점에서도 나타나고 있다. 즉 연소(燃燒)에 의해서도 절단에 의해서도, 몸의 다른 부분처럼 이 머리칼은 아파하는 일이 없다. 그런데 바울로의 말에 의하면, 긴 머리칼은 여성의 영예이다(1고린토11,15). 머리칼을 땋음으로써 머

---

142) 제7강화에서 이미 관상이 행해졌다.
143) 아가6,5-7과 아가4,1-3은 동일한 어구이다.
144) 제7강화의 아가4,1에 관한 해석을 참조

를 아름답게 장식하기 때문이다.

따라서 신부의 머리채에 행해지는 찬사를 통해서 우리는 다음 사실을 배운다. 즉 신부의 머리 둘레를 장식하는 것처럼 간주되는 사람들이 있다. 그들에 의해서 교회에 영광이 돌려지는 것이다. 그들은 감각보다도 뛰어나야만 한다. 지혜에 의해 감각을 감추는 자가 되어야만 하는 것이다. 마치 「잠언」(10,14)이 "지혜로운 자는 감각을 감출 것이다"라고 말하고 있듯이. 지혜로운 자에게 있어서는, 시각이 미의 기준이 되지 않는다. 선을 미각으로 판정하는 일도 없다. 미의 판단이, 후각이나 촉각 혹은 그 밖의 다른 감각기관에 맡겨지는 일도 없다. 모든 감각은 묻혀있다. [452] 다만 영혼만을 통하여, 내성(內省)에 의해서 좋다고 여겨지는 것을 만지고 또 그쪽으로 뻗는다. 그들은 이리하여 여성 즉 교회에 영광을 돌린다. 그들은 명예로 우쭐거리는 일도 없고, 고난에 처해도 소심해져서 잘아지는 일이 없다. 비록 그리스도에 대한 신앙 때문에 사지가 절단되거나, 맹수나 불에 던져질지라도, 그 밖에 어떤 고난을 감내하지 않으면 안 될지라도, 고뇌의 시련 가운데서 머리칼의 무감각을 가지고 견디어내는 것이다.

길르앗 산으로부터 나타난 엘리야는 이러한 인물이었다(2열왕기 1,8-17). 그는 거칠고 씻지 않은 몸을 산양 가죽으로 입혔다. 그리고 참주(僭主)의 어떤 협박에도 불요불굴(不撓不屈)이었다. 이 예언자의 고매함을 모방하는 사람들이 있다. 그들은 궁핍함과 박해와 고난에 부딪치면서도, 산이나 바위굴이나 땅굴에서 살며, 자신을 이 세상 모든 것보다 위에 두었다. 그들에게 이 세상은 살 만한 곳이 아니다(히브리11,37-38). 이러한 사람들은, 무리를 이루며 만물의 머리를 감싸는 것으로 간주된다. 그리고 길르앗 산사람과 함께 천상의 은혜로까지 올라가, 교회의 영예가 되는 것이다.

그런데 산양이라고 하는 동물이, 머리털에 대한 찬사로서 거론된 것은 어째서일까? 아마 첫째로는 우선 다음과 같은 이유에서 일 것이다. 이 동물의 본성은, 머리털을 생산하는 데에 적합하도록 갖추어져있다. 그렇기에 머리털을 위한 장식의 상징이 되었을 것이다. 이 동물의 털은 본성적으로 하얗기 때문이다. 혹은 다음과 같은 이유에서 일지도 모른다. [453] 이 동물은 바위 사이를 미끄러지는 일 없이 달리며, 산의 정상 주위에서 산다. 달리기 어려운 깎아지른 길을 통과하며, 과감하게 발걸음을 옮긴다. 이러한 본연의 자세가, 덕의 힘난한 길을 끝까지 가는 사람들에게 어울리게 들어맞기 때문일 것이다. 다른 한편 또한 이 동물은, 율법을 제정하신 분에 의해, 규정에 의한 거룩한 의식에 많이 쓰이고 있다.[145] 여기서부터, 산양은 머리털로서 머리를 섬기고, 찬미의 역할을 완수한다고 말하는 사람도 있을 것이다. 하지만 나는 「잠언」 안에서 다음과 같은 상징도 배우고 있다. 그 가운데에는, 당당한 걸음걸이를 하는 네 종류 가운데 하나에, 또한 아름답게 걷는 것들 가운데, 산양의 무리를 인도하는 수산양이 거론되고 있다(잠언30,29.31).

  그래서 우리가 이것에 관하여 억측과 함께 추론한 것은 다음과 같은 것이다. 모든 일은 한 사람에 의해 시작되어 많은 사람에게 분배된다. 예를 들어 성경은 대장일(鍛冶)에 관해서는 두발-카인을 이 기술의 발명자라고 부른다. 그리고 그의 뒤, 쇠 일을 모든 사람이 손수 다루고 있음에도 불구하고 그에게 이 기술의 지식을 돌리고 있다(창세기4,22). 마찬가지로 목축에 관해서도 아벨이 창시자라고 간주된다. 한편 카인은 농경의 개설(開設)자라고 여겨진다(창세기4,2). 또한 니므롯이 수렵 기술 지식의 창시자라고 말해지며(창세기10,9), 노아가 포도 재배를(창세기9,20), 에노스가 주님의 이름을 받들어

---

145) 예를 들면 레위기4,23. 9,3. 16,5. 23,19 ; 민수기7,16 등등.

부르기 시작했다(창세기4,26)고 말해진다. 성경에 보이는 많은 이러한 사항에 관해서, 다음 사실을 배울 수 있다. 즉 한 사람이 무언가를 업(業)으로 한 결과, 모방에 의해 그 업이 삶 가운데 들어왔다고 하는 것이다. 그런데 하느님께 대한 열의에 관해서는, 특히 모든 탁월함으로 엘리야가 선구가 되었다. [454] 그렇기에 그 뒤 그의 열의를 모방하여, 이 예언자의 자유로운 삶의 자세와 동일한 발자취를 따르는 사람들은 모두, 그러한 삶의 선구자가 이끄는 산양의 무리가 되었던 것이다. 그들은, 머리털이라고 하는 장식의 좌(座)에 놓여, 교회의 영광 또는 영예가 된다. 감각적인 삶은 그들로부터 분리되어, 그들과는 아무런 인연이 없는 것이 되었다.

마찬가지 방식으로, 신랑은 신부의 치아를 찬사로 채우고 있다.[146] 이 치아들은, 교회라고 하는 몸을 스스로 기르는 사람들에게 해당될 것이다. 신랑은 그들이 다음과 같은 모습으로 보여 지길 바란다. 먼저 막 물가에서 목욕하고 나온 것처럼 정결할 것. 또한 막 털을 깎은 것처럼 불필요한 것을 조금도 지니고 있지 않을 것. 나아가 덕을 산출함에 있어서는 쌍둥이를 낳을 정도로, 두 배로 정결함의 어버이가 될 것. 즉 그 정결함이, 영혼에 관해서도 몸에 관해서도 발견될 것. 그리고 신랑은, 보다 좋은 것을 열매 맺지 못하는 것이, 모두 그 치아로부터 제거되기를 바라는 것이다.

신부의 입술에는 끈이 놓여 있다.[147] 이 끈은, 말이 재고 헤아려져 사용되고 있음을 상징으로 나타내고 있다. 이 끈을 예언자는 "안에 있는 생각의 파수꾼, 문"(시편141,3)이라고 부르고 있다. 입이, 말을 위하여 적당한 때에 열리고, 그때의 사정에 따라 닫히는 것을 이

---

146) 제7강화의 아가4,2에 관한 해석을 참조.
147) 이하, 제7강화의 아가4,3에 관한 해석을 참조.

렇게 부르고 있는 것이다. 그런데 끈이란 측량의 이름이라는 것을, 우리는 즈가리야의 예언으로부터 배워 알고 있다. 즈가리야의 안에서 말하는 천사가, 손에 "측량줄"을 쥐고 있기 때문이다(즈가리야 2,5). 그런데 말이 측량될 수 있는 것은 특히 어떤 경우일까? [455] 그것은 말씀이 붉음으로 속속 물들 때일 것이다. 이 붉음은, 우리를 구속(救贖)한 피의 상징이다. 그런 까닭에, 지금 어떤 사람이 바울로가 말하듯이(2고린토13,3), 자신 안에서 말씀하시는 그리스도를 지니고 있다고 하자. 그리스도는 자신의 피로써 우리를 구속하신 분이다. 따라서 그 사람은 입 위에, 핏빛 염료로 아름답게 장식된 측량 끈을 가지고 있는 것이다.

다음에 이어지는 텍스트의 어귀는 상징의 해설이다. 붉은 끈은, 고운 말을 한다. 왜냐하면 끈이라고 하는 어휘에 의해 여기서도 '그때의 사정에 알맞은, 절도 있는 것'이 의미되고 있기 때문이다. 때에 꼭 들어맞아 아름다운 것, 즉 저마다의 고유한 한창 때에 출현하는 것은, 그때그때의 사정에 어울리지 않거나, 때를 놓치는 일이 없기 때문이다.

이어서 신랑은, 석류 껍질로 신부의 부풀어 오른 뺨을 장식한다. 그는, 좋은 것들 가운데서도 가장 큰 완덕을 신부에게 돌리고 있다. 그것은 다음 사실을 의미하고 있기 때문이다. 신부의 보물은, 그녀 이외의 어떤 것 가운데서도 마련되는 일이 없다. 신부 스스로가 그녀 자신의 보고(寶庫)인 것이다. 신부는 모든 선의 갖춤을, 자신 안에 감싸고 있다. 즉 석류의 먹을 수 있는 부분은 껍질에 감싸여있다. 바로 그와 같이, 그녀의 안에 있는 보물은 드러나는 삶의 아름다움에 의해 감싸여있음이, 여기서 보여 지고 있는 것이다. 그 보물이란, 희망이라고 하는 숨겨진 보물이다. 이것은 영혼에 고유한 열매이다. 이 열매는 덕에 가득 찬 삶에 의해, [456] 바로 석류 껍질에 감싸인 것처럼 확실하게 보존되어있는 것이다.

그리고 "침묵의 밖에 있는 한에서는"이라는 어귀는, 다음과 같은 의미를 가지고 있다고 생각된다. 신부에 대한 찬사는, 말에 의해 알려지고 분명해지는 것에 한정되지는 않는다. 오히려 침묵 안에 숨겨지고, 말로는 알릴 수 없는 것으로 이루어진다. 침묵은 말 밖에 있다고 생각되기 때문이다. 바로 그처럼, 말이 침묵 밖에 있는 것이라고 생각하여도 틀린 일은 아닐 것이다. 표현을 통하여 알리는 것이 불가능한 것에 관해서, 우리는 침묵하기 때문이다. 이리하여 침묵은, 표현으로 전할 수 있는 것 밖에 있다고 생각된다. 그렇다면 침묵의 밖에 있는 것이란, 의미의 연관으로부터 볼 때 틀림없이 말씀일 것이다. 이리하여 신랑은 "침묵의 밖에 있는 한에서는"이라는 말로써, 다음 사실을 명료하게 언표하고 있는 것이다. 말에 의해 표현할 수 있는 것은, 침묵의 밖에 있는 한의 것으로서, 아름답고 또한 위대하다. 그렇지만 말의 밖에 있는 것, 즉 침묵에 의해 숨겨져 있는 것은, 말할 수 없고 표현하기 어려운 것이다. 그것은 완전히, 표현할 수 있는 것보다도 위대하고 경탄할 만한 것이다.

그러면 아래에 이어지는 찬사도 들어보자. 그 영적인 의미는, 구약성경의 역사이야기[148]에서의 우물처럼 생각된다. 그 우물의 작은 입을 무거운 돌이 막고 있다. 그리고 양치는 처녀들이 물 긷기를 어려워하고 있다. **[457]** 하지만 야곱은 멈춰 서서, 우물 입에 놓여있던 돌을 치워버렸다. 그리고 물통을 물로 가득 채워 양들에게 충분히 마시게 하였던 것이다. 그러면 대관절 그러한 우물에 비유되고 있는 것은 무엇일까? [텍스트는 이렇게 되어있다.] "왕비는 육십 명, 후궁은 팔십 명. 궁녀는 수도 없이 많네. 그렇지만 나의 비둘기, 나

---

148) 창세기29,2-10에 나오는 이야기이다.

의 완전한 여인은 오직 하나. 그 어미에게는 오직 하나뿐인 딸, 그녀를 낳은 어미에게는 둘도 없는 딸."(6,8-9) 누가 우리를 위하여, 이 의미의 난해함이라고 하는 돌을 굴려 치워줄 것인가? 누가, 우리의 이성에는 도달할 수 없을 만큼 깊은 곳에 있는 영적 의미의 물을 길어 올려줄 것인가? 나에게는, 듣는 분들에게 확실히 이렇게 말씀드리는 것이 좋겠다고 여겨진다. 즉 이 대목의 의미를 이해하는 것은, 저 사도가 "모든 말, 모든 지식에 있어서, 어느 모로나 여러분은 부요해져있다."(1고린토1,5)고 말하는 사람들만의 일이라고. 그런데도 우리의 가난함으로는, 지금 텍스트로서 눈앞에 놓여있는 보물을 파악하기가 불가능하다. 하지만 게으르다는 비난은 면하고 싶다. 그래서 성경을 상세하게 조사하도록 우리에게 명하신 분(요한5,39)을 위하여, 이 텍스트에도 조금이나마 땀을 보태기를 주저하지 않겠다.

그런데 이 텍스트에 보이는 상징적 표현은, 신부에 대한 찬사를 통해서 보다 고귀한 가르침을 우리에게 제시하고 있다고 말할 수 있다. 그 가르침이란 다음과 같은 것이다. 여러 존재물이 창조되거나 재창조되거나 하는 것은, 동일한 순서나 사리에 의한 것이 아니다. 태초에 하느님의 힘에 의해 피조물의 본성이 규정되었을 때의 일을 생각해보라. **[458]** 저마다에는, 그 존재의 기원[이 되는 하느님의 명령]에 대해서 시간의 간격을 두는 일 없이, 완성된 모습이 주어졌다. 즉 무로부터 유로 창조된 모든 것에, 그 기원과 동시에 완성이 발생한 것이다. 그리고 인간의 본성도 창조된 것 가운데 하나이다. 하지만 인간의 본성은 다른 피조물과 달리, 하느님의 선도(先導)에 의해 완성에로 나아가는 일은 없었다. 맨 처음에 인간 본연의 모습이 정해진 시점으로부터, 완전성과 함께 창조된 것이다. 왜냐하면 인간이 창조된 것은 "하느님의 상(像)으로서 또한 하느님과 닮은 것으로서"(창세기1,26)였다고 기록되어있기 때문이다.[149] 이 표현은, 지고하고 가장 완전한 선을 나타내고 있다. 하느님과의 유사성보다도 뛰어난 것이 대관절 무엇이란 말인가.

그런 까닭에 원초의 창조에 즈음해서는, 기원에 대해서 시간의 간격을 두는 일 없이 완성된 모습이 나타나, 인간 본성은 완전성으로부터 존재를 시작한 것이다. 하지만 인간 본성은, 악과의 관련에 의해 죽음을 몸에 불러들이고(지혜서2,23-24), 선 가운데 머무는 일로부터 일탈하여버렸다. 그러기에 완전성을 회복하려고 하여도, 원초에 형성되었을 때처럼 즉시는 할 수 없다. 이른바 길을, 보다 커다란 것을 향하여 나아가는 듯한 형태를 취한다. 순서와 사리에 따라서, 조금씩 반대되는 것에 대한 집착을 제거하면서 말이다. 즉 원초의 창조에 즈음해서는, 인간 본성의 완전성이 탄생과 걸음을 같이 하는 데에 대한 방해는, 어떤 것도 존재하지 않았다. 그런데 제2의 창조(재형성)에 즈음해서는, 필연적으로 다음과 같이 된다. [459] 즉 시간적인 길이가, 원초의 선을 향하여 질주하는 자들에게 동반하는 것이다. 그러기에 악에 의해 질료적인 집착에 묶여있는 우리의 생각은, 보다 열등한 것과의 결합을 조금씩 떼어내며 가는 것이 된다. 마치 주위를 덮고 있는 나무껍질을 벗겨내며 가는 것처럼, 보다 고귀한 행위를 통해서 간다.

그런 까닭에, 우리는 "아버지의 집에는 머무를 곳이 많다"(요한 14,2)고 하는 것의 의미를 다음과 같이 배웠다. 즉 각자의 선미(善美)에 대한 관련과 열악한 것으로부터의 이탈에 따라, 모든 사람에

---

149) 이 구절에서 그레고리오스의 취지는 다음과 같이 생각된다. 즉 「창세기」 제1장의 창조이야기에 의하면, 빛, 하늘, 땅이나 물 등에 관해서는 하느님의 명령에 이어서 즉시 그 물체가 완성되었다. 이에 대해서 인간 창조는 그러한 명령에 의해서가 아니라, "우리의 이미지로서, 또한 우리와 닮은 것으로서 인간을 만들자"라고 말씀함으로써 행해진다. 이 하느님의 말씀 안에, 이미 인간에게는 하느님과의 닮음이라고 하는 완전성이 주어져있다.

게는 그 보답이 준비되어있다는 것이다.

비유를 들어보자. 어떤 사람은 지금, 보다 선한 것을 막 선택하였다. 즉 이른바 악투성이인 삶의 심연으로부터, 진리에 참여하려고 헤엄쳐 나온 순간이다. 하지만 어떤 사람에게는 이미 근면함에 의해, 보다 뛰어난 것이 부가되어있다. 또 다른 사람은, 선을 바라는 마음에 의해 한층 더 성장을 달성하고 있다. 나아가 지금 한 사람은, 지극히 높은 곳으로 향한 등반 한가운데 있다. 또 다른 사람은, 그 중간점조차도 지나서 달려가고 있다. 다시 이 사람들에 대해서, 자신을 보다 더 능가한 사람들도 있다. 그러나 다른 사람들은, 그러한 사람들조차도 추월하였다. 다시 또 그들조차도 추월하여, 별도의 사람들이 위로 향한 길을 달려가고 있다. 대체로 하느님은, 자유의지의 다양한 차이에 따라, [460] 각자를 저마다의 고유한 자리에 받아들인다. 모든 사람들에 대해서, 저마다의 존엄함에 적합한 것을 할당하는 것이다. 즉 하느님은, 보다 높은 사람들에게는 좋은 것들을 보수로서 주시고, 보다 떨어진 사람들에게는 그 분수에 따른 취급을 하시는 것이다.

말씀은 이상과 같은 것을, 이 대목에서의 표현을 가지고 상징적으로 나타내고 있음을 우리는 살펴보았다. 말씀은 텍스트 가운데서, 신랑을 바라보고 있는 영혼들 사이의 차이를 명확히 한다. 먼저 수가 많고, 헤아릴 수 있는 한도를 넘어서있는 영혼을 '젊은 궁녀들'이라고 부른다. 또한 다른 영혼 가운데 어떤 자를 '후궁', 또한 어떤 자를 '왕비'라고 말한다. 그리고 후궁의 수는 팔십이라 하고, 왕비들은 총 육십이 된다고 말한다. 그러나 그 모든 영혼들 위에, 유일한 영혼 안에서 볼 수 있는 완전한 비둘기를 둔다. 그리고 그녀는 그 어미에게는 단 하나뿐인 딸이며, 그녀를 낳은 어미에게는 둘도 없는 딸이라는 것을 분명히 한다.

이상의 신적인 말을 통하여, 우리는 다음과 같은 것을 생각하도록 인도된다. 먼저 어떤 사람들은, 깊은 곳에 누워있는 허위로부터 지금 막 벗어났다. 이른바 그 태내로부터 지금 막 출생한 아이와도 같다. 그렇기에 아직 자신 안에서, 말을 명료하게 이해하여 받아들이지는 못한다. 신앙의 동의가, 말에 충분히 기초하고 있지 않은 것이다. 따라서 수에 한도가 없는 자들이라고 간주된다. 즉 그들은, 신비의 말씀이 구원이라는 것을 믿고는 있다. 하지만 자신 가운데서 진리를, 지식과 말에 의한 강한 확신 안에 두고 있지는 못하는 것이다.

이러한 사람들이, 영적인 연령의 어림 때문에 '젊은 궁녀들'이라고 불리고 있는 사람들이다. 그녀들은 신앙의 언어에 의해 탄생은 하였다. 하지만 아직 어울리는 성장을 겪지는 않았다. 따라서 혼인에 적합한 성숙을 이루지 못하고 있고, 완덕을 갖춘 남성 곁으로 달려갈 수 있게 되어있지는 않다. 즉 결혼 적령기에는 아직 도달하지 못한 것이다. [461] 그러기에 그녀들에는, 주님에 대한 경외심에 의해 임신하는 일도, 구원의 영(靈)을 낳는 일도 불가능하다. 영적인 본연의 모습이 아직 어리고 불완전하여, 충분히 말에 뿌리를 내리지 못한 채 살고 있는 것이다. 그렇긴 하나, 이 사람들도 구원된 자들 안에 포함된다. 예언자가 이렇게 말하고 있기 때문이다. "주님, 당신은 사람들과 가축들을 구하십니다."(시편36,7) 여기서 가축이란, 구원된 사람들 가운데, 충분히 말에 뿌리를 내린 신앙을 가지고 있지 않은 자들을 가리키고 있다.

우리는 본문으로부터 다음 사실을 배운다. 그것은, 어울리는 근면함에 의해 영적으로 성장하여, 이미 어린 시절을 벗어난 자들에게는 두 종류의 서로 다름이 있다는 것이다. 이 두 종류의 영혼들은, 모두 말씀과 결합되어 있다. 먼저 그 가운데 하나는, 연애와도 닮은 방식으로 말씀과 일체가 되어있다. (그것은 마치 다윗이나 바울로의 영혼과도 같은 것이다. 다윗은 "나에게 있어, 하느님과 한 몸이 되어있는 것은 좋은 일이다."〈시편73,28〉라고 말한다. 한편 바울로는 "누구도 주 그리스도 예수에게서 드러난 하느님의 사랑에서 우리를 떼어 놓을 수 없습니다. 죽음도, 삶도, 현재의 것도, 미래의 것도, 그 밖의 어떠한 피조물도."〈로마8,38-39〉라고 말한다.) 그러나 다른 한편으로는, 벌에 대한 두려움 때문에 간통의 유혹을 벗어나 있는 것도 있다. 이 영혼들도, 불멸과 거룩함 가운데 머물고는 있다. 하지만 악을 그 이상 받아들이지 않는 것은, 동경(憧憬)에 의한 것이 아니라, 단지 두려움에 의해 가르쳐 인도되고 있기 때문이다.

[462] 그래서, 전자는 보다 완덕에 가까운 본연의 모습을 통해, 불멸에 대한 동경에 의해 하느님의 정결함과 사귀고 있다고 말할 수 있다. 이렇게 하여 왕국에 참여하고 있기에 '왕비들'이라고 불리고 있는 것이다. 한편 말씀은, 위협을 무서워하여 괴로워하면서도 덕을 격려하는 후자를 '후궁'이라고 부른다. 후궁들은, 왕의 어머니가 되거나 존엄에 참여하거나 하는 일은 결코 없다. 다음과 같은 자에게 어떻게 그것이 가능할까. 자신 안에, 덕으로 가득 찬 사려를 누구에게도 지배당하지 않고 통제할 수 있는 의지를 가지고 있지 않으며, 노예와 닮은 두려움에 의해 악과의 교분으로부터 멀어진 자에게.

이런 까닭에, 여기서 비유를 들어 말해지고 있는 것은 다음과 같은 의미를 지닌다. 먼저 '왕비들'은 왕의 오른편 자리에 어울리는 사람들에 관한 예이다. 그들에 대해서 왕은 이렇게 말한다. "자, 내 아버지께 복을 받은 이들아, 너희를 위하여 준비된 나라를 차지하여라."(마태오25,34) 그리고 다른 한편의 '후궁들'은, 두 번째로 보다 낮은 자리에 배정된 사람들이다. 그들에 대해서 주님은 이렇게 말씀하신다. "육신을 죽인 다음 지옥에 던지는 권한을 가지신 분을 두려워하여라."(루가12,5)

나에게는 [왕비와 후궁들의] 수에 관한 차이는, 위와 같은 두 자리의 차이를 상징에 의해 설명하고 있는 것처럼 여겨진다. 이것을 어떻게 말하면 좋을까?

   먼저 하늘나라에서는, 왕의 오른편 자리를 마련하는 여섯 가지 계명[150]이 있다. 각각의 계명은 주님께서 주시는 탈렌트라고 생각할 수 있다. [463] 이렇게 맡겨진 것은, 착하고 신실한 관리인의 활동에 의해 열 배가 됨이 마땅하다(마태오25,14-21;루가19,13-17). 이런 활동에 의해 그는, 주님의 기쁨 안으로 들어가게 된다. 작은 일에도 충실하다고 여겨진 그에게는 많은 것이 맡겨지기 때문이다. 그런 까닭에, 영혼이 왕국에 참여하게 되는 것은, 저 여섯 가지 계명에 의한다. 한편 각각의 영혼에게 활동의 완전함이란, 하나의 계명을 열 배로 만드는 것이다. 저 착한 관리인이 "주님, 저는 당신의 한 탈렌트를 열 탈렌트로 늘렸습니다."(루가19,16)라고 말하고 있듯이 말이다. 그러면 우리는 조리의 연관으로부터, 한 명의 왕비가 왜 육십 명으로 늘어났는지 알게 된다. 한 영혼이, 맡겨진 여섯 가지 계명을 열 배로 함으로써, 마땅히 왕국의 친교 안으로 받아들여진 것이다. 즉 먼저 한 영혼이, 맡겨진 계명의 다양한 성질로 나뉜다. 이어서 각각의 올바른 행위에 관해서 저마다 고유한 방식으로 형태가 부여된다. 이때 하나가 많은 것이 되는 것이다.

   이리하여, 한 명의 왕비는 육십 명으로 나뉜다. 이것은 맡겨진 계명의 종류에 따라 나누어지고 세어진 결과이다. 또한 왕비의 한 무리로서, 그리스도의 왕국에 참여하는 한 명의 신부도 된다. 이것은,

---

150) 마태오25,35-36. "굶주린 이에게 먹을 것을 주고, 목마른 이게 마실 것을 주며, 나그네에게 잠자리를 제공하며, 헐벗은 이에게 입을 옷을 주고, 병든 이를 방문하며, 감옥에 갇힌 이를 찾아보는 것"

육십 계명에 들어맞는 업적을 통하여 세어지고 있던 것이, 한 명의 신부가 되었을 때이다.

[464] 이상과 같은 우리의 추론이 정곡을 벗어나 있지 않다고 하자. 즉 '육십 명의 왕비'라고 하는 상징에 의해, 한 영혼 가운데서, 여섯 가지로 맡겨진 것이 열 배가 된다는 식으로 양육된다'는 것이 의미되고 있다고 하자. 그렇다면 연관 상 '팔십'이라고 하는 수에 의해 설명되고 있는 것은, 여덟을 둘러싼 신비라는 것이 된다. 위와 마찬가지의 상징적 표현이 사용되고 있는 셈이다.

여덟이라고 하는 수에 주목하는 자는, 두려움에 의해 가르쳐 인도되고, 악과의 사귐으로부터 멀어진다. 이것은 우리가 「시편」[제6편] 안에서 배우고 있는 것이다. 거기에는 제명(題銘)에 이미 '제8도로'라는 지시가 있다(시편6,1). 이것을 본 다윗의 목소리는, 곧바로 마치 채찍을 맞은 자와 같은 목소리가 된다. 예기(豫期)된 것에 대한 두려움으로부터, 하느님의 귀를 연민에로 이끄는 것이 된다. '제8도'를 보면서, 다윗은 두려운 심판자에 대해서 이렇게 말한다. "주님, 당신의 진노로 저를 벌하지 마소서. 당신의 분노로 저를 징벌하지 마소서. 저에게 자비를 베푸소서. 주님, 저는 쇠약한 몸입니다. 저를 고쳐주소서, 주님, 제 뼈들이 떨고 있습니다."(시편6,2-3)

다윗은 그 다음을, 저 공정한 재판관에 대해서 탄원으로 아뢴다. 그 안에서 그는, 죽음 안에서는 하느님을 기억하는 일조차 없음을 통곡한다(시편6,4-6). (울부짖음이나 이를 갊에로 정해진 사람들[151]의 마음에, 하느님을 상기하는 기쁨이 어떻게 생겨날 것인가. 예언자는 다른 대목에서 "하느님을 상기함이 기쁨을 가져온다."〈LXX시편76,3〉고 말하고 있다.) 이러한 종류를 아뢰는 가운데 '제8도'를 두려워하고 있

---

151) 마태오8,12. 13,42.50. 22,13. 24,51. 25,30 ; 루가13,28 등을 참조.

던 그는, 하느님의 자비에 참여하는 자가 된 것을 느끼고 다음과 같이 말한다. "주님께서 나의 울음소리를 듣고 계신다."(시편6,9)

복된 두려움은 성경 가운데 많이 명시되어있다. 이 두려움들에 관해서도, 앞의 여섯 가지 계명의 경우처럼, 열 배에 의한 수의 증가가 꼭 들어맞는다. [465] 그런데 위의 시편으로부터 다음 사실을 배운다. 그것은, 주님에 대한 두려움이, 행선피악(行善避惡)(시편34,15)으로부터, 어떻게 하여 올바르게 확립되는가, 하는 것이다. 그러면 그것을 배운 자는, 두려움이라고 하는 재화를 이른바 미나 혹은 탈렌트로서, 활동에 의해 열 배가 되게 할 수 있다. 이리하여 사랑에 의해서가 아니라 두려움에서 아름다운 일을 행하는 영혼은, 왕비에 이어 제2위의 자리를 차지하는 것이다. 그리고 팔십에 이르기까지 그 수를 증가시킨다. 이 영혼은, 두려움으로부터 행하는 올바른 행위의 각 종류를, 자신의 삶에서 혼동 없이 명확히 보여준다. 그런 까닭에 이러한 영혼에 관해서도, 여덟은 열 배에 의한 수의 증가에 의해 확대된다. 이리하여 혼례에 적합한 사랑으로부터가 아니라, 노예와 같은 두려움으로 선에 다가가는 영혼은, 왕비가 아니라 '후궁'이 된다. 이 영혼은, 여덟에 대한 두려움을 올바른 행위 가운데서 열 배로 증가시켰기에, 총합이 팔십이 되는 것이다.

구약성경의 이야기 가운데, 하갈은 적자(嫡子)가 아니라, 서자(庶子)를 일시적으로 섬긴 후궁이었다. 그녀는 언제까지나 왕비(사라)와 함께 살 수는 없도록 명해졌다. 왕가의 유산 상속권은, 노예 신분의 아들과 자유 신분의 아들이 평등하지 않았기 때문이다. 그러기에 다음과 같은 명령이 내려졌다. "저 여종과 그 아들을 내쫓으시오."(창세기21,10) 이것은 여자 노예의 아들이, 자유 신분인 여성의 아들과 함께 상속에 참여하는 일이 결코 없도록 하기 위함이다. [466] 그런데 텍스트에 나타난 수를 둘러싼 이러한 관상이, 좀 억지이며 지나

치다고 여겨질지도 모른다. 그렇다면 처음에 분명히 다음과 같이 말해둔 것을 상기했으면 한다. 「상징적인 표현을 검토하지 않은 채, 대충하고 지나가버리는 일이 없도록」이라는 정도로 텍스트를 읽어서는, 결코 그 안에 담겨있는 진리에 도달할 수 없다는 것을 말이다.

성경에 쓰여 있는 대로, 만일 사랑이 두려움을 완전히 제거하고(1요한4,18), 두려움이 변하여 사랑이 된다고 하자. 그러면 그때, 유일한 선에로의 일치 안에서, 구원된 것이 하나가 된 모습으로 발견될 것이다. 그것은 모든 사람들이, 비둘기를 닮아 완덕에 의해 서로가 하나로 결합된 모습이다. 이러한 것을, 우리는 다음에 이어지는 말씀으로부터 생각하는 것이다. 말씀은 이렇게 말하고 있다. "나의 비둘기, 나의 완전한 여인은 오직 하나. 그 어미에게는 오직 하나뿐인 딸, 그녀를 낳은 어미에게는 둘도 없는 딸."(6,9) 위의 해석은, 복음에서의 주님의 음성[152]에 의해, 보다 명확한 형태로 우리에게 주어진다.

즉 주님은, 모든 힘을 자신의 제자들 안에 축복을 통하여 주셨다. 그리고 그밖에 좋은 것들도, 아버지에게 청하여 성인들에게 은혜로서 주셨다. 그 은혜 가운데서도, 주님은 다음을 선의 극치로서 더하셨다. 그것은 그들이 선을 판단할 때에, 더 이상 선택의 다름 안에서 다양하게 분열하는 일 없이, 모든 이가 유일한 선에 결합되어, 하나가 된다고 하는 것이다. 이리하여 모든 사람들은, 저 사도도 말하고 있듯이(에페소4,3-4), 성령의 일치를 통하여, [467] 평화라고 하는 끈으로 굳게 결합되어 한 몸이 된다. 그와 동시에, 하나의 희망을 통하여 하나의 영이 된다. 이 희망이란, 거기로 향하여 사람들이 초대받고 있는 희망이다.

복음에서 말해진 하느님의 목소리 그 자체를, 한 구절씩 인용함이

---

[152] 「요한복음서」 제17장을 참조.

좋을 것이다. "아버지, 아버지께서 제 안에 계시고, 제가 아버지 안에 있듯이, 그들이 모두 하나가 되게 해 주십시오. 그들도 제 안에서 하나가 되기 위함입니다."(요한17,21) 이러한 일치의 역할을 완수하는 끈이란, 영광이다. 그리고 영광이라고 말해지는 것이 성령이라고 하는 데에는, 누구도 반론할 수 없을 것이다. 주의 깊게 조사한 사람은 "아버지께서 저에게 주신 영광을 저도 그들에게 주었습니다."(요한17,22)라고 하는 주님의 음성을 보게 될 것이기 때문이다. 진실로 그리스도는 제자들에 대하여 그러한 영광을 주셨다. "성령을 받아라."(요한20,22) 하고 말씀하시는 것이 그것이다. 이 영광이란, 세상이 있기 전에 그리스도가 항상 지니셨던 것이다(요한17,5). 하지만 주님은, 인간의 본성을 걸치심으로써 그 영광을 받으셨다. 그러기에 이 인간의 본성이 성령에 의해 영광을 받음으로써, 영광 즉 성령의 부여(附與)가 제자들로부터 시작하여, 탄생을 같이 하는 것 모든 것에 미치는 것이다. 그렇기에 주님은 이렇게 말씀하신다. "아버지께서 저에게 주신 영광을 저도 그들에게 주었습니다. 우리가 하나인 것처럼 그들도 하나가 되게 하려는 것입니다. 저는 그들 안에 있고, 아버지께서는 제 안에 계십니다. 이는 그들이 완전히 하나가 되게 하려는 것입니다."(요한17,22-23)

이리하여 어린아이로부터 완덕을 갖춘 사람에로의 성장을 통해서 질주하며, 영적인 연령의 경지에 도달한 사람이 있다고 하자(에페소 4,13-14). 이 사람은 여종이나 후궁으로부터 벗어나, 그 대신에 왕비의 위엄을 획득한다. [468] 나아가 아파테이아와 정결함을 통하여, 성령이라고 하는 영광을 받는 데 적합한 자가 된다. 이 사람이 완전한 비둘기이다. 이 비둘기를 보면서 신랑은 말한다. "나의 비둘기, 나의 완전한 여인은 오직 하나. 그 어미에게는 오직 하나뿐인 딸, 그녀를 낳은 어미에게는 둘도 없는 딸." 우리는 이 비둘기의 어미를 잘 알고 있다. 열매로부터 나무를 가려낼 수 있기 때문이다. 예를 들어 우리가 어떤 사람을 보았다고 하자. 그 사람이 인간으로부터 태어났다는 것은 의심할 여지가 없다. 마치 그처럼, 선발된 비둘기의 어미를 찾을 때, 그 어미는 비둘기 이외의 것일 수는 없을 것이다. 낳은 어미의 본성은, 반드시 자식 안에서 확인되기 때문이다. 그런 까닭에 지금, 영으로부터 태어난 것은 영이며, 자식은 비둘기이다. 그렇다면 이 자식의 어미도 또한 완전한 비둘기이다. 이 어미 비둘기는, 요한이 증언하고 있듯이(요한1,32), 하늘로부터 요르단 강 위로 춤추며 내려온 비둘기이다.

그런 까닭에, 지금까지 말해온 신부를, 딸들은 '행복한 이'라고 부르며, 후궁이나 왕비들도 또한 그녀를 찬미한다. 왜냐하면 어떤 영혼 앞에도, 모든 자리로부터 공통된 주로(走路)가 놓여있기 때문이다. 이 주로는 위에서 말한 지복(至福)에로 향해있다. 그러기에 다음과 같이 말해지는 것이다. "그녀를 보고 딸들은 '행복한 이'라고 부를 것이다. 왕비도 후궁도 그녀를 칭송할 것이다."(6,9)

모든 사람들의 본성은 바램에 의해, 지복한 것, 칭송 받는 것에로 뻗어간다. 이리하여 만일 딸들이 저 비둘기를 '행복한 이'라고 부른다면, 이 딸들도 또한, 꼭 비둘기가 되리라는 것을 간절히 바라고 있는 것이다. 또한 이 비둘기가 후궁이나 왕비들로부터도 칭송을 받는다는 것은, 후궁이나 왕비들도 또한, 칭찬을 받는 것에 대해서 열의를 가지고 있다는 것의 증거이다.

모든 사람이, 같은 소망의 목표에로 주목하여 하나가 되기를. 그리고 어떤 악도, 누구 한 사람에게도 남는 일이 없기를. 하느님은 모든 사람 안에서 모든 것이 되며, 사람들은 좋은 것의 나눔 안에서, 우리 주 예수 그리스도 안에서 일치하며, 서로 한 몸이 되기를. 그리스도께 영광과 권능이 처음과 같이 이제와 항상 영원히. 아멘.

후기

　여기에 번역한 니싸의 그레고리오스의 『아가 강화』는, 기원 4세기, 교부의 황금시대라고 평가되는 시대를 대표하는 작품의 하나이다. 그것은 『모세의 생애』와 나란히 그레고리오스 만년의 원숙한 사색과 관상의 정화(精華)를 표현한 것이었다.
　이 작품의 내용은 한마디로, 영혼(인간)이 자신의 존재의 고향, 궁극적 사랑의 대상인 하느님을 그리워하며 찾아가는 '사랑의 여정기(旅程記)'이다. 즉 『아가 강화』라는 제목대로, 본서 안에서 그레고리오스는, 이스라엘 민족에게 전해진 연애시 안에서 하느님과 인간의 사랑의 상징을 읽어내고, 그것을 이른바 그리스도의 죽음과 부활의 빛 안에서 관상함으로써, 무릇 인간이라는 존재자의 가장 근원적인 모습, 형태를 이야기하고 있는 것이다. 그러한 해석의 방향은 그 기본선으로서는, 로마의 히폴리투스, 오리게네스 이래, 그리스교부의 전통에서 공통의 사상재(思想財)가 되어있는데, 그레고리오스는 그러한 학통을 계승하면서, 그것을 신학, 철학으로서 하나의 완성의 경지에까지 고양시켰다고 말할 수 있다.
　그런데 교회는 원래, 신적인 집회, 그리스도의 몸이라고 파악되고 있었다. 그리고 그레고리오스에 의하면, 우리 인생의 모든 활동은, 본래는 결코 따로따로 분리되어 존립할 수 있는 것이 아니고, 다양하면서도 하나인 신적인 친교에 저마다의 방식으로 참여하는 한에서 무언가 존재의 의미를 부여받고 있다. 이러한 파악은, 『아가 강화』의 어느 대목에서도 다양한 상징적 표현으로 말해지고 있는데, 그것은 시대를 넘어, 우리에게 존재와 자기를 둘러싼 하나의 근본적 반성을 촉구하는 것이다.

생각건대 우리는 서구의 근대적인 개체 파악이나 개인주의를, 거의 의식하지 못한 채 익숙해져서, 비록 명시적으로는 절대자(신)를 참칭하지는 않아도, 개인은 개인으로서 독립된 완결된 존재를 가지고 있다는 선입견에 의존하고 있다. 그러나 눈을 한번 안으로 돌리면, 자기동일성(=자기가 자기로서 존재하는 것)이나 존재의 의미는, 사실은 깊이 감추어져있다. 예를 들면 어제의 자기와 오늘의 자기가 같은 하나의 자기라는 것에 관해서조차, 그 성립의 의미와 근거를 정확히 알아맞히는 일은 지극히 어려운 일이다. 또한 많은 물질로부터 구성되고, 감각, 인식, 행위 등 다양한 활동에 의해 성립하고 있는 우리의 삶, 우리의 존재가, 대관절 어떤 의미에서 하나일 수 있는가는 —즉 사람은 하여간 '우리'라든가 '자기'라는 말을 하고 있지만— 결코 자명하지 않다. 인간이 말(로고스)을 가진 자로서 존재하고 있다는 것 자체가, 하나의 수수께끼이며, 신비인 것이다. 인간이라는 존재자가 지금도 언제나 짊어지고 있는 이 신비에 대해서, 그레고리오스는 우리에게 하나의 기본적인 통찰을 제시하고 있다. 그것은 '자유로운 선택(프로에레시스)', '보다 선한 것에로의 혼, 정신의 끊임없는 지향, 초출(에펙타시스)', '인간 안에서의 하느님의 현현, 육화(이코노미아)', '다양하며 하나인 신적인 친교(에클레시아)', '그리스도의 죽음과 부활에 참여함으로써 이루어지는 인간의 재창조(아포

카타스타시스)'론으로서 전개되고 있다. 그리고 그것들의 근저에는, 우리들은 어떠한 의미, 어떠한 방식으로 참으로 존재(그것은 히브리 그리스도교 전통에서는 바로 하느님의 이름이었다)에 참여할 수 있는가 하는 소박한 물음이 있다고 생각된다.

본래 그레고리오스는 그리스교부의 전통 안에 있던 사람이며, 시대, 민족, 풍토 등 많은 점에서 우리와는 큰 거리가 있다고도 하겠다. 그러나 그레고리오스의 저작에는 그러한 언뜻 보기에는 특수한 모습 안에, 인간의 인간으로서의 가장 보편적인 신비를 탐구하며, 그것에 참여하여 가는 정신이 넘쳐흐르고 있다. 그 말은 때로, 너무나도 엄격한 자기부정을 우리에게 들이대, 정념과 죄의 악습 안에서 졸고 있는 우리의 모습을 가차 없이 드러낸다. 하지만 그레고리오스의 시선은 언제나, 모든 것이, 비록 부분으로 잘려지고 한정되면 나쁜 것이며 비존재에로 전락할 수밖에 없다할지라도, 한번 근저에서 정화되고 변모를 수용하면, 보다 선한 신적인 친교에 저마다의 방식으로 참여할 수 있는 소재가 된다는, 자애로 가득 차있다. 여기서 신적인 친교의 모습이란, 우리가 저마다의 구체적인 삶의 장면 안에서, 무언가 자신을 봉헌하여 가며 함께 참여할 궁극의 모습이며, 영적인 고향, 진실한 사랑의 대상이기도 했다. 모든 사람, 모든 것은, 아마 그러한 신성(神性)의 전일적인 현현이라고 하는 단 하나의 것 즉 창조의 신비에 대해서 열려있는 것이다.

이리하여 그레고리오스는 예부터 지금까지의 사부(師父)들과 함께, 이 세상에서의 온갖 비애와 고뇌를, 나아가서는 죽음도 초월해 가는 신적인 교제의 모습에로 모든 사람을 초대하고 있다. 그러한 사랑의 여정이, 단지 인간의 덧없는 바람에 머무는 것이 아니라, 우리 존재의 근저에, 우리 존재에 앞서 이미 설정되어, 게다가 우리가 자신을 봉헌하면서 그것에 참여해 가야할 자로서 있다는 곳에, 시간과 역사의, 그리고 필경은 자기 존재의 신비가 있는 것이다. 그런 의미에서, 그리스도의 육화, 죽음, 부활이라고 하는 사태는, 과거 역사 안에서 일어난 것임과 동시에, 우리가 무언가 자기부정을 통해서 그것에 관여하며, 신성의 전일적인 현현에 따라 참여하여 가야할 원형이며, 그러기에 인간이라는 존재자에 보편적으로 관련되어 오는 것이 아닐까 하는 것이다. 『아가 강화』는, 그러한 일의 관상에로, 그리고 자기 탐구의 길(愛知, philosophia)에로, 지금도 우리를 인도하고 있는 것이다.

번역은 다음과 같이 분담하여 하였다. 그때 각종 표기는 물론, 기본적인 번역어에 관하여 대체로 통일을 기하였다. 다만 말은 문맥에 따라 미묘하게 차이가 나는 사정이 있고, 역자의 문체와의 균형도 있어서 반드시 하나의 말에 하나의 번역어로 대응시킬 수는 없었다. 최종적으로는 역자마다의 재량에 맡겨졌다. 담당 부분은 다음과 같다.

제1강화 – 제3강화 (오오모리 마사키)

제4강화 – 제6강화, 프롤로고스 (미야모토 히사오)

제7강화 – 제9강화 (타니 류이치로)

제10강화 – 제12강화 (시노자키 사카에)

제13강화 – 제15강화 (아키야마 마나부)

우리는 이 번역을 위해, 각자가 준비한 번역 원고를 가지고 와, 여기저기서 수차례에 걸쳐, 연구 합숙을 거듭했다. 서로의 번역문을 기탄없이 비판하고 음미하는 데에 미력을 다하였다. 오래된 벗들 사이이기에 그것은 가차 없는 각고면려(刻苦勉勵)의 자리가 되었다. 지금 와서는 그리운 추억이 되었다. 물론 원전은, 젊은 날에 수사학 교사를 한 '교부 중의 교부'의 손에 의한 난해한 문장이며, 또한 그 이상으로, 서구의 신비철학의 원류를 형성하는 심원한 작품이기에,

생각지도 못한 오류나, 이해가 미치지 못한 점이 적지 않을 것이다. 많은 분들의 질정(叱正)을 부탁드린다.

　최근 그리스교부의 연구는 구미에서 서서히 왕성해졌다고는 하나, 우리나라에서는 이제 막 시작된 것이 현실이다. 그러나 그리스교부의 다양하고 풍부한 전통은, 예를 들면 동양에서의 대승 불전의 성립의 역사에 비길 수 있는 것으로, 그 이후 서양의 삶과 사색의 일대 원천이며 고향이라는 것은 의심할 여지가 없다. 말할 것도 없이 그 전통은, 히브리 그리스도교와 고전 그리스라고 하는 두 조류의 해후와 길항 위에서 성립한 것이다. 그것은 특정 종교의 교의적 모습을 넘어서, 인간이라는 존재에 맡겨진 신비를 온몸과 온 마음에 담아 짊어지고 살아간 사람들의, 하나의 신적인 친교라고 생각할 수 있다. 그런 의미에서 이 번역이, 우리나라의 철학 신학 분야에서 예부터 살아온 보편적 전통을 보다 풍요롭게 수용하고 연구하기 위한 작은 계기가 되며, 또한 길을 찾는 모든 사람들에게 하나의 등불이 된다면, 역자들에게 이를 넘어설 기쁨은 없을 것이다.

　또한 이 번역을 진행함에 있어서 많은 사우(師友)들로부터 격려를 받았다. 마지막으로 특히 신세사(新世社)의 나카야마 노리오(中山訓男)씨로부터는 모든 면에서 많은 배려를 받았다. 고전에 대한 나카야마씨의 깊은 이해가 없었다면, 묻힌 보물이라고도 말할 수 있는 본서의 번역 출판은, 쉽게 세상에 나올 수가 없었을 것이다. 이에 깊이 감사를 드린다.

1990년 12월

타니 류이치로(谷 隆一郎)